［監修］東京女子大学比較文化研究所・上海外国語大学日本研究センター

［全体編集］和田博文・高潔

コレクション・近代日本の中国都市体験

●第5巻 大連

郭勇・編

『コレクション・近代日本の中国都市体験』刊行にあたって

研究基盤の構築を目指して

和田博文

二〇二一年四月に東京女子大学比較文化研究所と上海外国語大学日本研究センターが研究所協定を結び、国際共同研究「近代日本の中国都市体験の研究」がスタートした。日本側は一一人、中国側は九人、合わせて二〇人の研究者が、中国の一七都市と、都市体験基本資料・旅行案内・内山書店をテーマに、三年間の共同研究を実施している。五回のシンポジウムで各テーマの研究発表を行い、活発な議論を積み重ねてきた。

国際共同研究には前段階がある。それは和田博文・王志松・高潔編『中国の都市の歴史的記憶』（二〇二二年九月、勉誠出版）で、日中二一人の研究者が、中国一六都市についての、日本語表象を明らかにしている。日本人が異文化体験を通して、自己や他者とどのように向き合ってきたのかというドラマは興味深い。ただこの本は論集なので、一次資料を共同で研究したわけではない。

本シリーズは復刻頁と編者執筆頁で構成している。前者は、単行本と雑誌掲載記事の二つである。単行本は稀覯本を基本として、復刻済みの本や、国会図書館デジタルライブラリーで読める本は、対象から外している。雑誌掲載記事は一年目にリストを作成して、その中から選定した。後者には、「エッセイ」「解題」「関連年表」「主要参考文献案内」を収録している。

コレクションの目標は、研究基盤の構築である。コレクションがスタート地点となって、日本人の中国都市体験や、中国主要都市の日本語表象の研究が、活性化することを願っている。

（わだ・ひろふみ　東京女子大学特任教授）

人を以て鑑と為す

高　潔

国際共同研究「近代日本の中国都市体験」は三年間の共同研究の期間を経て、全五回のシンポジウムを開催した。いよいよその成果となる『コレクション・近代日本の中国都市体験』全二〇巻の出版を迎えることとなる。

共同研究に参加する中国側九名の研究者にとって、一番大きな収穫は、日本語で記録された一次資料を通して、自分が現在実際住んでいる中国の各都市の近代史を、新たに考えてみる契機を与えられたことであった。最近、中国の都市では「シティー・ウォーク」が流行っているが、日本語による一次資料で都市のイメージを構築しながら、各都市の図書館で古い資料を調査し、「歴史建築」と札の付いている建物を一軒一軒見て回るなどの探索を重ねていくと、眼前にある都市の表情の奥底に埋もれていた、近代の面影が次第に現れてくる。

中国では、「上海学」「北京学」というように、特定の都市に関する研究がこの三四十年来盛んになってきたが、日本語で記録された一次資料を駆使する研究はまだ稀にみるものであった。中国人にとって、日本語による近代中国の都市表象は、どうしても侵略と植民のイメージが付き纏ってくるが、日本語の案内記や、都市概況の説明書は、当時の都市生活の事情が、詳しい数字や克明な記録を以て紹介されている。この共同研究で再発掘されたこれらの資料は、中国各都市の近代史の研究において、見過ごすことのできない重要なデータとなるだろう。

（こう・けつ　上海外国語大学教授）

凡例

・本書は、東京女子大学比較文化研究所と上海外国語大学日本研究センターによって、二〇二一年～二〇二四年に行われた国際共同研究「近代日本の中国都市体験の研究」に基づく復刻版資料集である。中国の主要一七都市についての未復刻、および閲覧の困難な一次資料を、巻ごとに都市単位で収録した。

・各巻ごとに編者によるエッセイ・解題・関連年表・主要参考文献を収録した。

・収録に際しては、A五判（210ミリ×148ミリ）に収まるよう適宜縮小した。収録巻の書誌については解題を参照されたい。

・二色以上の配色がなされているページはカラーで収録した。

・本巻作成にあたって、原資料の提供を、東京女子大学比較文化研究所、監修者の和田博文氏よりご提供いただいた。ここに記して深甚の謝意を表する。

目次

大連民政所 編『大連事情』（小林又七支店、一九一五年八月） 3
『大連アルバム』（日華堂出版部、一九二五年四月） 243
『定期航空案内』（通信省・日本航空輸送、一九三四年一〇月） 281
楯田五六『満鮮周遊』（一九三五年一〇月） 283
増田貞次郎『旅順と大連』（東京堂、一九四三年三月） 401
雑誌掲載記事 441

エッセイ・解題
関連年表・主要参考文献　郭勇

大連——幻と不確かな街としての空間 585
解題 602／関連年表 639／主要参考文献 663

コレクション・近代日本の中国都市体験

●第5巻 大連

郭勇・編

大連民政所・編

『大連事情』

（小林又七支店、一九一五年八月）

5　大連民政署 編『大連事情』　（小林又七支店、1915年8月）

緒言

殖産興業ノ實ヲ擧ケムト欲セハ須ラク土地ノ事情ヲ明カニシ之ヲ既往ノ形勢ニ鑑ミ以テ現在ノ實狀ニ察シ利害ノ伏スル所、得失ノ存スル所ヲ勘考シテ以テ將來ノ計畫ヲ爲サヽルヘカラス而シテ之カ探究ノ方法一ニ統計ノ事實ニ維レ依ルノ外ナシ即チ最近（大正四年六月末又ハ同三年ノ事實ヲ基礎トス）大連ニ於ケル施設經營ノ一班及市街發展ノ事情並各種産業ノ狀態ヲ記述シ以テ廣ク一般觀察ノ資ニ供セムトスル所以ナリ固ヨリ記載ノ事實悉ク正鵠ト謂フヲ得サルヘシト雖苟モ將來ニ於ケル各種事業ノ興進上當事者萬一ノ參考タラント信スルモノハ載セテ以テ遺漏ナキヲ期セリ若夫レ不備ノ點ニ至リテハ將來調査ヲ怠ラス漸次改訂增補以テ本書編纂ノ主旨ニ背カサランコトヲ努ムヘシ讀者幸ニ之ヲ諒セヨ

緒言

大正四年八月

大連民政署

大連事情

目次

目次　（2）

大連事情

第一章　沿革

大連ハ西暦千八百九十八年（明治三十一年）露清兩國ノ間ニ締結セラレタル追加條約ニ由リテ租借セラレタル地ニシテ初メ青泥窪ト稱スル一寒村ニ過キサリシモ露國ノ東亞經營ニ急ナル極東ニ於ケル一大不凍港ヲ建設セムトシ千八百九十九年（明治三十二年）東清鐵道會社ヲシテ大藏省令ノ下ニ清國人民ヨリ土地ヲ買收セシメ地名ヲ「ダーリニー」ト改稱シ咄嗟ノ間ニ工ヲ起シテ東洋屈指ノ良港ヲ築キタリ今日ノ大連實ニ是ナリ關東州ノ租借地ニ於テ市街ト稱スルモノ旅順、ダーリニー、金州及貔子窩トス其ノ内新ニ市街ヲ建設シタルモノ

ハ「ダーリニー」ニシテ特別市制ヲ布キ土地ヲ買收シタルモノ亦「ダーリニー」ナリトス
露國ハ市ノ全街ヲ大別シテ行政區歐羅巴區及支那人區トシ更ニ歐羅巴區ヲ別ツテ商業區邸宅區及市民區ト爲スノ計畫ヲ立テタリシモ家屋ノ建築道路ノ築設及水道下水等ノ諸設備未タ完成ノ域ニ達セス港灣ノ設備モ亦數個ノ埠頭突堤及大小二個ノ船渠等皆半成ニ及ハスシテ日露干戈相見ユルニ至リ南山ノ將ニ陷落セムトスルヤ露人悉ク旅順ニ退去シ鼠賊所在ニ起リテ掠奪横領至ラサルナク全市殆ンド燒殘ノ慘狀ヲ視ル明治三十七年五月二十九日我軍ノ此地ヲ占領スルヤ翌三十日直ニ軍政委員ノ派遣トナリ初メテ軍政ヲ布キ翌三十八年二月十一日地名ヲ大連ト改稱シ同年六月關東州民政署ヲ置クヤ州行政ノ中心トナリ鋭意秩序ノ回復ト之カ整頓ニ著手シ市街モ亦露國ノ設計ヲ踏襲シテ著々諸般ノ計劃ヲ立テ玆ニ行政ノ曙光ヲ見ルニ至ル次テ同年九月邦人ノ自由渡航開始セラレテヨリ來リ住スル者踵ヲ接シ

三十九年九月關東都督府官制實施ト共ニ面目更ニ一新シ以テ今日ノ盛況ヲ呈スルニ至レリ

當市ハ實ニ歐亞貿易ノ關門ニシテ東洋稀ニ見ルノ宏大ナル港灣ヲ有シ南滿鐵道ノ幹線ハ北走四百三十餘哩ニシテ長春ニ至リ東清鐵道ニ接續シテ遠ク歐露ニ達ス今後時世ノ進運ニ伴ヒ諸般ノ施設ト相俟テ異數ノ發展ヲ見ルハ信シテ疑ハサル所ナリ

第二章　地誌

一　地勢

大連ハ遼東半島ノ一隅漸ク狹リ南西ニ突出セル所謂關東半島ノ南端則北緯三十八度五十六分東經百二十一度三十六分東西二里南北二十七町面積約一方里半北ハ大連灣ヲ挾ンテ遙

ニ柳樹屯ト相對シ東南ハ重疊セル南山山脈ニ圍繞セラレ南北ニ亘ルノ斜面緩クシテ東西ノ兩部ヲ除ケハ殆ント坦々タル平地ヲ形成シ山水ノ勢態眞ニ佳ナリ而シテ所謂大連灣ハ口ヲ東方ニ開キ灣內頗ル廣ク東北風劇シキトキハ波濤稍高シト雖灣內ノ潮流緩漫ニシテ水深ク灣口數個ノ島嶼散點スルヲ以テ大洋ノ寒流ヲ直受スルコト少ク港內結氷ヲ見ルコト稀ナリ天然ノ地勢ハ露國ノ雄大ナル計劃施設ニ由リテ規模宏大ナル港灣トナリ更ニ我經營ニ依リ東洋無比ノ良港ヲ完成シタリ港ハ之ヲ三ツノ埠頭ニ分ツ第一埠頭第二埠頭第三埠頭則是ナリ第一埠頭ハ市街海岸線ノ中央ヨリ東方ニ突出シ第二埠頭ハ同シク東部ヨリ東北ニ向ツテ海中ニ延ヒ長一千九百尺水深實ニ二十八呎埠腹優ニ一萬噸ノ巨船ヲ抱擁ス第三埠頭ハ第二埠頭ト並行シテ築造中ニ屬シ遠ク海ニ出テ外港トノ境界ヲ劃シ其ノ尖端ニハ千二百二十一尺ノ防波堤ヲ築キ更ニ此ヨリ千二百尺ヲ隔テテ第二第三兩埠頭ヲ保護スル二千八百五十尺

ノ北防波堤ヲ築造シタリ故ニ東北及西北ノ激風ナクンハ波靜ニシテ鏡ノ如シ第二埠頭ニハ鐵道ヲ導キテ人畜貨物ノ積卸ニ便シ足ニ土セスシテ船車互ニ移乘スルヲ得ヘシ

二　氣象

關東半島到ル處丘陵伏起平地頗ル少ナク其ノ大陸ト接續スル一部分ヲ除ケハ全ク海洋ニ圍マルルヲ以テ其ノ氣候ハ毎ニ海陸兩者ノ支配ヲ受ケ就中冬季大陸ノ影響ヲ蒙ムルコト極メテ著シク强大ナル高氣壓ノ北支那蒙古方面ニ現出スルニ際シテハ氣層ノ傾斜忽チ急峻トナリ氣温頓ニ降下シテ强烈ナル寒風連日ニ亘リ寒威凜烈堪エ難キノ思アラシム然レトモ氣壓ノ高低部位南北其ノ位地ヲ轉換スレハ忽如平穩快晴眞ニ温和ノ天候ヲ來ス要スルニ此地方氣候ノ特徵トシテハ氣層傾度ノ緩漫ナル時期ニ於テハ海洋的氣候ノ狀態ヲ現ハシ晝夜寒

温ノ差酷シカラス概シテ寡雨乾燥ニシテ天氣良好ナルモ冬季ハ北風卓越其ノ速度强大ナルニ在リ今當地ニ於テ明治三十七年觀測開始以來ノ累年結果ニ基キ主要ナルモノヲ擧クレハ次ノ如シ

種類／月	温度（攝氏） 平均	最高極	最低極	降水 總量	降水日數	風 平均方向	平均速度	最大速度
一月	(一)四、四	九、六	(一)一七、四	一三、九	五	北四〇度西	六、三	三五、〇
二月	(一)三、八	八、四	(一)一七、五	八、八	二	北四七度西	六、四	二七、五
三月	一、六	一七、七	(一)一三、四	一〇、九	四	北二二度西	七、一	三〇、三
四月	九、〇	二三、七	(一)三、一	二五、九	四	南一六度西	七、二	二七、八
五月	一五、〇	二九、一	二、八	四九、五	六	南一九度東	七、〇	二六、一
六月	二〇、二	三二、七	一三、三	四三、三	九	南一九度東	五、六	二五、一
七月	二三、三	三三、一	一四、九	一七九、三	一二	南三八度東	五、三	二四、四
八月	二四、五	三三、七	一五、〇	一〇四、一	一〇	南六三度東	四、八	二五、七
九月	二〇、一	三一、〇	六、八	八八、五	七	南四三度西	五、三	二五、三
十月	一三、七	二七、四	(一)一、九	三一、九	七	南八二度西	六、一	二五、五
十一月	四、九	一八、六	(一)九、三	三三、五	五	北三六度西	七、四	三一、〇
十二月	(一)一、七	一三、三	(一)一七、六	一〇、四	五	北四七度西	六、四	二五、五
年	一〇、三	三三、一	(一)一七、六	五八九、八	七六	南六九度西	六、二	三五、〇

暴風日數	濕度 平均	濕度 最乾
一八	六七	二六
一七	六四	二〇
一二	五八	九
一二	五九	一七
一三	六二	一七
一六	七三	二〇
一二	八三	三〇
八	八〇	二八
一三	六九	二五
一七	六五	二二
二〇	六〇	二三
一七	六二	一九
二〇三	六七	九

三　戸口

當地ニ於ケル戸口ハ逐年滿蒙ニ於ケル邦人ノ發展ニ伴ヒ當市産業ノ勃興ト共ニ益増加ノ趨勢ヲ示シ今ヤ邦人ノ戸數九千六百四十八、人口三萬六千七百八ノ多キニ達シ支那人ノ來リ住スル者モ亦甚多シ然レトモ各種勞働者ノ如キ一去一來諸工事ノ消長ニ依リテ増減常ナキモノハ其ノ數ヲ詳ニスル能ハスト雖戸數六千五百五十七、人口三萬七千百十七ヲ算ス唯外國人ニ至リテハ寥々數フルニ足ラス而モ年ヲ逐フテ増加スヘキハ疑ヲ容レス今三十九年

以降ノ戸口ヲ示セハ左ノ如シ

大連戸口

年度	戸数				人口				前年ニ比シ増減（一印減）							
	日本人	支那人	外國人	計	日本人	支那人	外國人	計	戸数 日本人	戸数 支那人	戸数 外國人	戸数 計	人口 日本人	人口 支那人	人口 外國人	人口 計
明治三十九年末	一、九九三	三、〇三八	六	五、〇三七	八、二四八	一〇、六〇一	二三	一八、八七二	—	—	—	—	—	—	—	—
同　四十年末	四、七九一	三、三八〇	二三	八、一九四	一六、六八八	一四、五八二	五四	三一、三二四	二、七九八	三四二	一七	三、一五七	八、四四〇	三、九八一	三一	一二、四五二
同　四十一年末	六、六一五	三、六〇二	二二	一〇、二三九	二一、五九三	一七、五六一	五四	三九、二〇八	一、八二四	二二三	（一）一	二、〇四五	四、九〇五	二、九七九	—	七、八八四
同　四十二年末	七、〇〇〇	三、七八一	三三	一〇、七五一	二二、八七七	一七、八八二	八五	四〇、八四四	三八五	一一六	一一	五一二	一、二八四	三二一	三一	一、六三六
同　四十三年末	七、五八〇	三、一八八	三九	一一、四三七	二六、〇二三	一九、七五五	八九	四五、八六六	五八〇	一〇〇	六	六八六	三、一四五	一、八七三	四	五、〇二二
同　四十四年末	八、七九七	三、九九三	四一	一二、八三一	二九、七七五	二一、〇三三	九六	五〇、九〇三	一、二一七	一七五	二	一、三九四	三、七五三	一、二七七	七	五、〇三七
大正元年末	九、一四五	四、八四五	四七	一四、〇三七	三二、八八五	二二、九〇八	九五	五五、八八八	三四八	八五二	六	一、二〇六	三、一一〇	一、八七六	（一）一	四、九八五
大正二年末	九、五三一	五、七四二	二八	一五、三〇一	三五、四三九	三六、九六二	八二	七二、四八三	三七六	八九七	（一）九	一、二六四	二、五五四	一四、〇五四	（一）一三	一六、五九五
大正三年末	九、七七八	五、七八九	四〇	一五、六〇七	三七、三一二	三六、〇一八	九四	七三、四二四	二五七	四七	二	三〇六	一、八七三	（一）九四四	一二	九四一
大正四年六月	九、六四八	六、五五七	三八	一六、二四三	三六、七〇八	三七、一一七	一〇二	七三、九二七	（一）一三〇	七六八	（一）二	六三六	（一）六〇四	一、〇九九	八	五〇三

第三章　土地家屋

一　土地

大連市街地ハ露國極東經營上所謂ダーリニー市建設ノ計畫ヲ樹ツルニ當リ土人ヨリ買收シタル處ニシテ「ポーツマウス」條約ノ結果我官有（露治時代競賣拂下ヲ爲シタル私有地少許アリ）ニ歸シタルモノナリ而シテ此一部ハ滿鐵會社ニ對スル政府ノ出資トシテ同社ニ引渡シ又其一部ハ非常ノ場合ニ供フル爲軍用地區トシテ存置シ此餘ノ土地ハ官衙及公共用建物敷地トシ或ハ將來缺クヘカラサル市諸般ノ施設ノ爲要スヘキ土地等ヲ豫想シテ之ヲ保留シ他ハ店舗地區住宅地區及支那人地區ニ區劃シ一般ニ貸付スルモノトス

貸付地ハ之ヲ普通間口五間乃至八間奥行十間乃至十五間ニ區劃シ地番ヲ附シ街路ニヨリ

テ等級ヲ定メタリ而シテ貸付ノ方法ハ隨意契約ニ依ルコトトシ貸付期間ヲ二十ヶ年（永久建築ヲ爲スモノニ限ル）及七ヶ年ノ二種ニ分テリ貸付料ハ之ヲ七等ニ分チ一等一坪一ヶ月金拾貳錢トシ以下順次貳錢ヲ下リ七等ヲ金壹錢トス

貸付スヘキ土地ノ面積ハ別ニ一定ノ制限ヲ設ケスト雖必ス貸付面積ノ十分ノ三以上施設ヲ爲ササルヘカラサルコトトシ建築上ニ就テモ店舗地區及住宅地區ニ依リテ制限ヲ設ケ以テ土地兼併其他ノ弊害ヲ除去スルニ努メ居レリ

本市街ニ少許ノ私有地アルコトハ前述セリ該私有地ハ露國ノダーリニー市建設ノ計畫既ニ成リ地區割及主要道路ノ漸成スルヤ市經營費ノ一部ニ充テンカ爲競賣及臨時貸付規則ヲ定メ競賣拂下ヲ爲シタルモノナリ而シテ競賣土地ノ拂下代金ハ二十ヶ年ノ年賦納入ノ方法ニ依ルコトヲ得タルヲ以テ其大部分ハ未タ年賦納入期間中ニ係リ之カ代金受領ノ權利亦

「ポーツマウス」條約ノ結果我ニ於テ繼承シタルモノナリ私有地ノ賣買讓渡ヲ爲スニハ我官憲ノ承認ヲ要ス之レ未納代金ノ擔保トシテ其土地ニ先取特權ヲ有スルヲ以テナリ今大連市街地ノ土地ヲ細別スレハ次ノ如シ

一、既成地區	四七五、七二三、六九九坪
官公共用地	一六五、六二二、八四二
一般貸付地	三一〇、一〇〇、八五七
二、未成地區	八〇、〇四五、六二五
三、公園地	三七一、一三一、五五〇
四、軍用地區	一八六、五八六、三一六
五、滿鐵用地	六九八、〇四六、〇〇〇
六、道路敷	三三三、三九四、七八〇
七、私有地	四九、六三三、九六〇

計	二、一九五、九〇八、〇八五
支那人地區（小崗子）	
一、既成地區	一一三、九二九、二四二
官公共用地	四、五三二、七五五
一般貸付地	一〇九、三九六、四八七
二、道路敷	二一、一三七、二〇〇
計	一三五、〇六六、四四二
未成工場地區	三七七、五〇〇、〇〇〇
未成市街地	三二九、六四二、〇〇〇
總計	三、〇三八、一一六、五二七

二 家屋建築

家屋ノ建築ニ關シテハ軍政時代家屋建築取締規則ナルモノヲ制定シ以テ今日ニ及ヘリ則チ建築ヲ永久建築及假建築ノ二種ニ分チ永久建築ハ煉瓦石造又ハ金屬造等ニシテ軒高三十尺以上タルコトヲ要シ假建築ハ木造又ハ煉瓦造ニシテ二層以下軒高十二尺以上トセラレタリ然ルニ其後市經濟上ノ狀勢ニ鑑ミ何レノ方面ヲ問ハス煉瓦造又ハ石造タルコトヲ要シ店舖地區ニ在リテハ一等街路ニ面スルモノハ軒高二十七尺以上二等街路ハ同シク二十四尺以上三等街路ハ同シク十二尺以上トシ三等街路ヲ除クノ外ハ必ス道路ニ沿ヒ建築スルヲ要スルコトニ改メタリ而シテ住宅地區ノミハ煉瓦造ニシテ軒高十二尺以上トシ他ニ何等ノ制限ナシ今明治三十七年軍政開始後大正二年末ニ至ル間ノ建築坪數ト建築ニ固定シタル資金トヲ別表ニ示スニ當リ我占領當時ニ於ケル露治時代ノ建築物ノ概況ヲ一言センニ稍市街ノ體裁ヲ爲シ家屋ノ存在セシハ行政區即チ日本橋以北及現今ノ大山通飛彈町及敷島町ニ圍繞セ

ラルル三角形ノ地域内ニシテ其他ハ所々點在セシニ過キス而モ建築物ノ完成ノ域ニ達シタルハ行政區ノミ他ハ殆ント土磚造又ハ木造等ノ粗惡ナル假建築物大部分ヲ占メタリ蓋シ露治時代ニ於テハ市街地ヲ漸次競賣拂下ヲ爲スノ方針ナリシヲ以テ拂下地ニ對シテハ一定ノ永久的建築ヲ爲サシメタルモ臨時貸付地區ハ其期間モ短クシテ三ケ月若ハ六ケ月毎ニ更改シ地上家屋モ一ケ月ノ豫告ヲ以テ何時ニテモ無償取拂ヲ爲サシメタレハ勢ヒ建築物ノ粗惡ヲ免レサリシナリ然レトモ我施政後數次ノ改築命令ニ依リ是等建築物ハ大半取拂ハレ今ヤ大厦高樓櫛比スルニ至リ過去十年間ニ於ケル市街ノ膨張發展ハ實ニ著シキモノアリ

自明治三十八年至大正三年 市街家屋建築統計

一、大連

（15）

土地家屋

種別	竣功 棟數	竣功 坪數	未竣功 棟數	未竣功 坪數	計 棟數	計 坪數	建築費
煉瓦造五階建	二	坪 七四九	—	—	二	坪 七四九	円 四四九、六三六
煉瓦造三階建	四	一九八	—	—	四	一九八	四七、七七一
煉瓦造二階建	七〇八	三一、一〇九	四〇	二、五四三	七四八	三三、六五二	五、三三三、一一五
煉瓦造平家建	一、四八三	四七、七八九	三五	一、四〇四	一、五一八	四九、一九三	四、二四〇、三三〇
煉瓦造倉庫	一五八	九、五五九	三五	二、六九七	一九三	一二、二五六	七九三、八〇一
セメントブロック二階建	一	五〇	—	—	一	五〇	五、九六三
セメントブロック平家建	三	四一	—	—	三	四一	二、八七〇
雜石造平家建	六	一六八	—	—	六	一六八	一〇、〇七八
木造二階建	五〇七	一五、二六一	一	二三	五〇八	一五、二八四	一、五二七、四四三
木造平家建	一、二四三	二九、四七七	一	二六	一、二四四	二九、五〇三	一、三三七、一二七
木造倉庫	八八	二、七七五	—	—	八八	二、七七五	二二四、八七九
木骨土塊造二階建	九	三七〇	—	—	九	三七〇	一八、五一三
木骨土塊造平家建	二〇〇	四、五四三	—	—	二〇〇	四、五四三	一三六、三〇三
木骨土塊造倉庫	二	五五	—	—	二	五五	一、六六四

種別	竣功 棟數	竣功 坪數	未竣功 棟數	未竣功 坪數	計 棟數	計 坪數	建築費
計	四四一四	一四二、一四三	一二二	六、六九三	四、五三六	一四八、八三六	一四、〇一八、三七三

二、小崗子

種別	竣功 棟數	竣功 坪數	未竣功 棟數	未竣功 坪數	計 棟數	計 坪數	建築費
煉瓦造三階建	一	二六坪	—	—	一	二六坪	五、一〇八円
煉瓦造二階建	一七一	四、七四七	—	—	一七一	四、七四七	六八四、一一三
煉瓦造平家建	一、五六二	四四、六二九	一	七八	一、五六三	四四、七〇七	四、一七三、九九五
煉瓦造倉庫	七	三五三	二	一四二	九	四九五	二六、九二五
木造二階建	三	六七	—	—	三	六七	六、七〇三
木造平家建	一一七	三、三三〇	—	—	一一七	三、三三〇	一四四、六四一
木造倉庫	一	三一	—	—		三一	一、四〇五
計	一、八六二	五三、〇七三	三	二二〇	一、八六五	五三、二九三	五、〇四二、八八九

第四章　商業

一　貿易

日露戰役前ニ在リテハ滿洲ノ輸出入貿易ハ營口ノ獨占スル所ナリシモ大連ノ我國ニ歸シテ以來諸般ノ經營其緒ニ就キ海陸交通ノ聯絡完成及經濟界ノ發展ニ伴ヒ開港日淺キニモ不拘急激ナル進歩ヲ來シ遂ニ營口ヲ凌駕スルニ至レリ今試ニ兩港ノ貿易總額ヲ比較スルニ左表ノ如シ

大連及營口純貿易總額（單位海關兩）

		大連
一九〇九年	輸入	二五、七八三、五六二 一、〇三四、八九三
	輸出	二六、七四四、三五九 二、九五三、一八三
一九一〇年	輸入	二一、一五三、七〇六 一、〇七六、〇〇六
	輸出	二八、三六七、九七四 二、一七四、五六一
一九一一年	輸入	二八、三三一、一二〇 一、三九四、二二〇
	輸出	三三、七三〇、九七六 一、四五三、二三〇
一九一二年	輸入	三一、六三八、三五九 一、一五一、四〇八
	輸出	二八、八八五、九四四 一、五〇八、二七一
一九一三年	輸入	三三、二九九、一四八 八六八、一〇〇
	輸出	三九、〇四七、七四三 一、八三九、一三八
一九一四年	輸入	三三、六一一、九八四 六七四、六三四
	輸出	四五、一〇五、八〇七 一、四一三、三三六

商業

營口	一九、二九九、四八一	三六、〇八二、三五八	一九、五四七、五九七	二五、三三五、八六四	三一、三五九、七九四	三六、七二二、七三七	二七、六〇九、二六一	二二、七七六、〇六五	二五、五八四、三六七	二四、四八〇、〇八七	二一、一七七、九八二	一六、三一七、四五九
	九、六三六、二四二	五、四七八、〇六四	八、一三八、六三九	三、九五九、二〇九	一〇、二四〇、九〇六	五、九四八、〇五三	六、五五三、〇五七	四、七一〇、六七九	五、八一三、八一三	三、八五六、一三〇	六、三七二、七〇七	三、四三七、六五六

一、本表ハ支那海關ノ統計ニ依ル
二、右方ノ數字ハ汽船左方ノ數字ハ「ジヤンク」貿易額ヲ示ス

一九〇九年ニハ當港ハ遙ニ營口ニ及ハサリシカ爾後六ケ年間ニ於テ營口カ幾分ノ衰勢ヲ示セルニ拘ハラス當港ニ於テハ三千四百二十餘萬兩即チ七割强ノ增加ヲ來シ輸出入共ニ營口ヲ凌駕スルニ至レリ是レ營口カ舊來ヨリノ貿易港トシテ滿洲ノ奥地ト深キ商業關係ヲ有シ且過爐銀取引ノ助ケアルカ爲其勢力容易ニ拔クヘカラサルモノアルモ當港ハヨリ以上ニ發達速ニシテ殊ニ近年日本品ノ需要增加及當地ノ油坊業勃興等ニ基因スルモノニシテ最近三線聯絡運賃低減ノ爲輸入貿易ニ於テ打擊ヲ受ケタリト雖大勢ニ於テハ頗ル順潮ニシテ今ヤ支那全國海關中上海、漢口、天津、廣東ノ次ニ位スルニ至レリ今統計ニ依リテ輸出入品ノ

重ナルモノヲ擧クレハ輸出ニ在リテハ大豆及其加工品ヲ以テ大宗トス即チ大豆九百二十三萬餘兩豆粕千四百十九萬兩豆油四百七十萬兩ニシテ合計二千八百十二萬餘兩ニ及ヒ實ニ輸出總額ノ六割七分强ニ當ル蓋シ當港輸出貿易隆昌ノ起因ハ大豆ノ歐洲向輸出ニ始マリ次テ油坊ノ勃興ト共ニ其加工品タル豆粕豆油ノ輸出激增ヲ來シタルニ依ルモノニシテ將來益盛運ニ向フヘキヲ疑ハス大豆等ニ次クモノハ粟黍其他穀類ノ四百二十三萬餘兩撫順石炭ノ二百六萬兩柞蠶及柞蠶糸ノ百七十五萬兩織物類ノ百四十三萬兩等ヲ以テ重要品トス又輸入ニ在リテハ綿絲、綿布ヲ以テ第一トシ一ケ年約六百五十萬兩ニ達ス日本ヨリ滿洲ニ輸入スル綿絲綿布ハ近年破竹ノ勢ヲ以テ激增シ優ニ外國品ヲ驅逐スルニ至リ而シテ其輸入經路ハ多ク大連、營口ヲ經由シタリシカ大正二年夏以來露支國境陸路通過減税規則ニ均霑セル安東關税率三分ノ一減實行セラレシニ亞テ鐵道院、朝鮮鐵道及滿鐵ノ三線聯絡特定運賃實施セラレタル結果安東ヲ經由スルモノ頗ル多ク爲ニ當港輸入貿易ニ大打擊ヲ與ヘ現ニ大正二年ニ於テ綿絲布一千萬兩ニ達シタルモノ翌三年ニ於テハ前記ノ如ク六百數十萬兩ニ減少シタリ綿絲布ニ次クモノハ建築材料ノ三百六十八萬兩機械類ノ二百二十六萬兩米ノ百九十八萬兩金屬製品及材料ノ百九十萬兩麻袋ノ百六十八萬兩衣服類ノ百四十四萬兩紙及紙製品ノ百三十萬兩煙草ノ百十萬兩麥粉ノ百七萬兩藥材及賣藥ノ百二萬兩等ヲ以テ主ナルモノトス今輸出入品類別、貿易額累年比較及滿洲特產物ノ大宗ニシテ當港輸出品ノ過半ヲ占ムル大豆及其加工品ノ統計ヲ示セハ左ノ如シ

一、大連港輸出入貿易表（單位海關兩）

品目	輸出		輸入	
	大正二年	大正三年	大正二年	大正三年
第一類 穀菽物及穀粉澱粉	一〇、九五九、四三五	一三、七一七、二六六	五、四三八、三八九	五、一六三、一三九

米	九、九四二	四八、六八〇	一、五五三、三六八	一、九八〇、二二一
麥	六、一三三	六三、四二三	二一、四九〇	二八、七九〇
粟	一、八六一、三三四	八一四、八六四	六五、三〇三	一六、四八一
大豆	五、一三五、八五七	九、三三五、三五二	五八二、三一三	一、八三九、九四五
小豆	九二六、六三五	一、二一三、八六七	五八、六一七	五六、八二三
黍	一、三五五、九三三	四七五、七一四	九、八九八	二、七六九
玉蜀黍	二九六、一四六	七五八、六九九	二七、一一四	七五、四四五
其他穀菽類	一、二五五、一九一	八二八、六〇二	二六、八八一	七三、四二〇
麥粉	一二二、二五五	一七七、六二一	三、〇七六、五三一	一、〇六九、六五二
其他粉類	一一九	四四五	一四、八七五	一九、六〇三
第二類 野菜及果實類	六、三一三	一一、〇一一	四五二、九一六	三九二、八三七
野菜類	六五三	一、六四二	九〇、七〇六	九二、八一九
果實類	五、六六〇	九、三六九	三六二、二一〇	三〇〇、〇一八
第三類 魚介及海藻類	五六、七〇四	七三、五二七	四五二、九六五	四八六、五二〇
鮮魚介	五、二四四	五、三九四	一五六、九六八	一四六、六七八

乾鹽魚	四八、七九四	六五、三三三	三三、四〇三	一八一、八八六
海藻類	二、六六六	二、九〇〇	七〇、五九五	五七、九五六
第四類 製鹽	五三、二三六	五三、六四三	九三	三、七三五
第五類 砂糖及菓子類	一五四、四四三	八九、六〇七	八六五、七九二	七九四、七三三
白砂糖	一三六、四六六	七七、六一九	六八六、五七五	六七六、四六六
赤砂糖	六六九	一、一四四	四〇、七〇〇	五二、四八三
氷砂糖	—	六六九	—	二一、一九六
其他砂糖	一六、六九三	三、四一六	九五、三二八	一五、六八四
菓子類	六一四	六、七五九	四三、一八九	二八、八九三
第六類 茶及珈琲類	三四〇	四三七	九七、七七六	一四四、八八八
茶	一七九	三六一	九〇、六〇九	一三四、七〇一
珈琲類	一六一	七六	一七、一六七	一〇、一八七
第七類 酒及清涼飲料	一八三、九〇六	一〇四、三一六	七四八、五五七	九六三、一〇四
清酒	三、九六八	一八、二六九	三九七、五九七	五〇八、六二三
支那酒	—	六五、四四三	—	四、二四五

麥酒	三、六二〇	八、〇四九	一二五、三四七	一五九、〇九二
其他酒類	一七四、一四〇	七、三七九	一九九、八〇七	二五七、五〇八
清涼飲料	二、一八八	五、一七六	二五、八〇六	三三、六三七
第八類 其他飲食料品	四二、一七八	一六五、九八三	四七九、一〇二	六五五、四七四
味噌醬油漬物類	三、〇一三	一一、一二九	一二七、四四三	一五八、三七六
罐詰壜詰甕詰類	一、一八七	六、五〇四	一一九、九四五	一五六、三〇八
其他飲食料品	三七、九七八	一四八、三五〇	二三一、七一四	三四〇、七九〇
第九類 煙草	二〇六、四三七	二三二、七五三	一、三一八、六六三	一、一〇六、七〇五
葉煙草	一四七、三九一	一二八、〇四五	三九四、七九〇	八一、〇七七
刻煙草	三、二八八	一五、五六一	四一、四〇〇	三九、一八三
卷煙草	五五、七五八	八九、一四七	八八二、四七三	九八六、四四五
第十類 綿、絲及繩索類	三、一九七、九六〇	二、九一九、二二三	二、六六〇、九八〇	二、五五九、九九九
棉	八七六	五五、二三七	一六六、三三四	一一九、七一三
綿織絲	六四二、五一六	八五八、八九九	二、一一三、三八三	二、〇四五、九四六
綿縫絲	一、〇一七	一、〇八五	一四三、六一七	一〇三、一一七

麻及麻糸	八、七三五	一〇、二六〇	五三、八七九	六〇、三三九
柞蠶繭	四七九、四二五	一四七、二七九	—	二九五
生糸及絹糸	一、九四九、〇三二	一、六一〇、〇〇八	一一九、〇〇五	一四四、三一六
毛及毛糸	一一五、一六四	二三〇、九三三	一三、八九一	二七、七六九
其他繊維及縄索類	一、二〇五	五、五一三	三九、八八一	五八、五〇四
第十一類 織物及編物類	一、七四五、九八一	一、四三三、一四三	一〇、二三五、四九九	七、三八六、九八五
木綿	三四、九二四	六六三	二二六、七三六	一一三、七二〇
金巾	一七、四八八	三三、三一五	一、〇五九、二五四	六三五、七四〇
粗布	三三九、六一〇	四五八、一九四	一、八三八、五九五	一、〇八七、六九一
大尺布	六六、三三〇	五二、一三八	二、四九一、二九二	八一五、三九七
綾木綿	八六、三八〇	七九、二三三	一、〇七五、七〇七	六〇三、五一〇
更紗	—	六五二、一五八	—	一五、三一一
綿繻子	七、〇二七	二一、四七四	二七八、〇九八	二五一、〇八三
綿フランネル	—	六、三一七	—	五三、九一九
其他綿織物	一、一一八、六二五	六〇、二八〇	四八四、〇二二	六〇八、〇九八

絹織物	四、一三四	一八、一三三	四二九、一七八	六九一、六三二
毛織物	二九、〇〇八	二〇、四〇八	四二一、四九一	四〇三、四五九
フランケット	三三、三〇〇	一一、八八四	一〇四、三六八	六八、八七〇
地氈及旋氈	一、六二六	六三九	三六、二八一	三〇、五七五
ガンニー袋(麻ノ)	六、五八三	二、七九〇	一、二七七、四九二	一、六八三、七一九
其他織物及編物類	三三、〇四五	一六、五三八	五一二、九八六	三八、二六三
第十二類　衣服及身邊用品	一五〇、一七七	一一九、〇三六	一、七八〇、四九六	一、四四三、七六六
衣服	三三、〇七五	三〇、二六八	八六九、八四一	三三、二八三
シャツズボン下		五、五三三		一四一、六九九
帶子		四四、四〇二		二三九、五六四
其他附屬品		六、七六五		二七六、九六八
帽子	五、一五八	八、一六九	一九八、八六一	七一、四〇七
履物	四、四〇九	三、五五〇	二七七、一九一	二五七、〇五六
其他身邊用品	一、三九〇	二、九〇九	一三〇、七五八	六九、五六三
化粧品	一八、一四五	一七、四五一	三一四、二四五	二七五、三三六

第十三類 諸機械類	一二四、〇二七	七五、二一三	一、三八五、四六八	二、二六〇、〇二三
車輛	九、三四九	七、三九三	三二〇、四一六	二二八、七三六
船舶	二一、〇五六	七、三六〇	二七、九一一	二〇、八一九
發動機發電機及作業機械	六〇、二五一	二六、五五四	六五〇、九七九	一、〇九八、〇二二
其他ノ機械	三三、三七一	三三、九〇六	四八六、一六二	九一二、四四七
第十四類 諸器具類	五一、四一六	八三、七二六	一、〇五九、四四八	一、〇五九、三九九
陶磁器	二、一一三	三、〇四〇	一一一、一六五	一〇六、三四二
硝子及硝子器	二三、七九七	五〇、一〇五	三三五、九八八	三三九、一八三
漆器	一〇三	二三九	七、五七〇	一一、七九九
其他木竹類製品	七、三四六	一五、〇四五	一〇八、七〇五	二〇二、七三五
皮革、護謨、セルロイド類製品	二、二七三	三、〇五一	一四六、七一五	一一八、四一六
文房具	二、一一五	四、三六二	一〇一、八一〇	一三九、三三八
其他諸器具及裝飾品	一三、七六九	七、八九四	二四七、三九五	一五一、六九六
第十五類 金屬製品	二三二、八二〇	一五〇、三四〇	一、三八三、七二一	三、〇九五、二七一
建築材料	一九一、七七五	一〇六、一四八	六六六、八二九	二、一九六、一四五

家具工匠具農具類	八、二四九	八、〇七四	二〇三、〇七〇	二九三、六三三
空罐	四、〇三五	二、〇一九	一七四、五四三	一六二、一一七
其他金屬製品	二八、七六一	三四、〇九九	三三九、二七九	四四三、三七六
第十六類　金屬	三九、一一三	一三九、六六二	一、四七六、三五八	一、〇〇八、七三四
鐵及鋼鐵	一四、六七三	三六、一九二	一、一〇九、一五一	八四六、二〇六
銅	一八、七八三	七八、六三三	一六四、四九九	五六、〇二七
鉛及亞鉛	三、六六〇	一一、九三七	八二、二四七	三三、一八五
其他諸金屬	一、九九八	二、九一〇	一三〇、四六一	七三、三一六
第十七類　動物、植物、礦物類	二八、八〇六	三三、三七四	一一〇、〇六七	一〇三、八六九
動物	二〇、〇八五	二五、九〇三	四八、八三四	七〇、九五二
植物	一九八	二四〇	七、二六八	八、九五九
礦物	八、五二三	七、二三一	五三、九六五	二三、九五八
第十八類　皮革、角牙、貝殼類	一七六、二三五	二〇三、二五三	二〇七、一一四	二三三、四一〇
皮革	一七五、六四九	二〇一、五三三	二〇六、九〇七	二二八、八八二
角牙貝殼類	五八六	一、七二〇	二〇七	三、五二八

第十九類 紙及紙製品	一七、一三九	四五、六八六	一、二四〇、九三五	一、三二四、五八八
和洋紙	一、九三三	一、九八七	三三一、〇六四	三一〇、八九〇
其他紙	二、六九九	五、九三三	三三八、九七七	三八六、一六一
書籍、新聞紙、雜誌	九、八六二	一五、三八七	四一〇、五七三	三九〇、三三三
帳簿其他紙製品	二、六四五	二二、三九〇	一六〇、三二一	二三七、二〇四
第二十類 油脂及蠟	四、五五三、四三二	四、七八八、六六三	四八七、三八八	五四一、六六五
豆油	四、五〇五、一六六	四、六九五、五七四	一九、四三六	六、八五八
其他ノ油脂	三〇、三三九	六一、〇七九	二五五、七九一	三三四、一三三
蠟及蠟製品	一七、九二七	三二、〇一〇	二一三、一六一	二〇〇、六七五
第二十一類 藥材、藥品及染料塗料	九六、三四六	一八一、一八四	八〇八、九九九	一、三四六、六〇三
藥品及賣藥類	八二、七一三	一六六、三六四	五八五、四五九	一、〇二六、三九三
染料及塗料	一三、六三三	一四、八二〇	二二三、五四〇	三二〇、三一〇
第二十二類 建築材料	三三五、五一一	三一六、〇四七	一、一八三、一四四	一、四八〇、六四〇
木材	五三、九三六	四七、八〇一	五五一、三〇一	四七七、六七五
鐵道枕木及電柱	一、〇七五	二七、三四二	一六一、一三三	三四六、七〇三

其他木竹材	四、六三三	二、九三九	六七、三五五	五八、一四七
疊及建具類	一、一〇七	三、〇四八	六六、六二八	八一、五五一
セメント	二五六、四九一	三一五、一五三	二〇七、〇八三	二三七、四九八
其他建築材料	一八、二六九	一九、七六四	一三九、五四六	二七九、〇六七
第二十三類 燃料	二、七六五、七九二	二、三一九、四七五	一、六〇二、九九八	一、三一一、二六一
石油	二五七、一一一	二〇六、〇九三	一、一三九、九四六	九六四、六七三
石炭	二、四九四、三八七	二、〇六五、七〇七	一六、二四〇	一一、九七九
木炭	一六九	五、八九五	一一三、三九八	八六、六九九
燐寸		二七、三五〇		二〇三、六六五
其他燃料	一四、一二五	一四、四三〇	三三三、四一四	四四、二四五
第二十四類 肥料	一七、三四八、五五一	一四、三一四、七七三	三四、八一三	六五、五〇二
豆粕	一七、三三一、二七四	一四、一八九、六三〇	二五、四七二	五八、九九五
其他肥料	一七、二七七	一二五、一四三	九、三四一	六、五〇七
第二十五類 武器及爆發物	七、九二八	二、九三〇	一三六、九二〇	四八六、三八七
第二十六類 雜品	二八二、三四九	一四六、八〇〇	三三二、八七七	三四二、九三四

總計	四三、二七四、四五三	四二、一八〇、〇六九	三五、九七一、四七六	三五、七四一、一五〇

備考　本表ハ都督府統計表ニ依ル
海關兩一兩ハ凡ソ我金壹圓參拾五錢ニ當ル

二、輸出入品仕向地生產地別

大正三年

仕向地又ハ仕出地	輸出 滿洲產	輸出 其他產	輸出 計	輸入
日本 內地	兩 二三、二八一、四三〇	兩 三七九、九五七	兩 二三、六六二、三八七	兩 一六、二八五、五四三
日本 朝鮮	五九七、〇七一	八二、三七四	六七九、四四五	一、二五〇、八五九
支那	八、三五九、八一四	三、四七九、八九〇	一一、八三九、七〇四	九、七七三、四三三
香港及印度、南洋	二、一二三、九六八	五九、〇六二	二、一八三、〇三〇	七九七、四七七
諸外國	三、七九三、五五七	二三、九四六	三、八一七、五〇三	七、六三三、八三八
合計	三八、一五五、八四〇	四、〇二四、二三九	四二、一八〇、〇六九	三五、七四一、一五〇

三、輸出入品價額累年比較

年次	輸出	輸入	計
明治四十年	一四、五七〇、三九八	二七、八九一、八九六	四二、四六二、二九四
同四十一年	三四、七二六、八九六	三一、三五五、六四七	六六、〇八二、五四三
同四十二年	四二、八一二、三〇二	二四、五四九、二八三	六七、三六一、五八五
同四十三年	三八、七九七、九二七	二八、七三二、七九七	六七、五三〇、七二四
同四十四年	四八、三九二、三九八	四五、一〇七、二七八	九三、四九九、六七六
大正元年	五五、三〇六、二九七	五八、七一一、七五四	一一四、〇一八、〇五一
同二年	五八、四二〇、五一二	四八、五六一、四九三	一〇六、九八二、〇〇五
同三年	五六、九四三、〇九三	四八、二五〇、五五三	一〇五、一九三、六四六

備考　大正二年及同三年ハ前掲第一表ノ海關兩ヲ我金額ニ換算シタルモノナリ

四、大豆、豆粕、豆油、仕向地別

自大正二年十月
至大正三年九月分

仕向地	大豆 噸數	大豆 價額	豆粕 噸數	豆粕 價額	豆油 噸數	豆油 價額
横濱	四四、五四二噸	二、五七七、四九二円	二〇一、七三五噸	八、九二〇、八三三円	七八二噸	八九、一七五円

日本向	神戸	二九、八〇七	一、七二五、一七九	九〇、五七三	四、〇三三、九三七	一、一七八	一四六、一〇九
	武豊	二七、六七四	一、五八八、八八三	三九、八三八	一、七六五、五四八	—	—
	四日市	一四、四三一	八三三、〇三〇	三三、六一〇	九九七、五四五	—	—
	門司	二、七五六	一五八、九七六	三六、四五四	一、六一三、八一三	—	—
	熱田	四、六四六	二六五、一五三	二一、〇二一	九四一、六九九	—	—
	清水	一、四〇九	八一、五九六	一〇、二五三	四六三、〇二九	—	—
	長崎	一、三八三	八〇、三四〇	一四、六二六	六四八、三八二	—	—
	名古屋	四九四	二九、九三四	一、九三八	九〇、九九五	—	—
	大阪	一、四〇一	八〇、五三五	一六九	七、六二二	—	—
	臺灣	三、八三八	三二一、三四三	三〇、〇〇一	一、三三三、九六二	六二	七、八三二
	朝鮮	三七	二、一八七	五七三	二四、七五六	九六	一三、〇五八
	其他	二、四二一	一三九、四四三	三五、六一三	一、九五三、七六三	—	—
	計	一三四、八二八	七、七七四、〇八九	三〇五、四〇三	一三、七七四、八六三	三、一一八	二五五、一六三
支	上海	六、九七六	三九九、七四〇	七、九七八	三七九、五五五	六、〇七四	七六一、三九三
	廣東	一八、二五三	一、〇六一、六一三	—	—	二、七二六	三四四、〇八〇

支那向 厦門	支那向 香港	支那向 其他	支那向 計	歐洲向 アントワープ	歐洲向 リヴープール	歐洲向 ハル	歐洲向 ロンドン	歐洲向 其他	歐洲向 計	南洋向	露領向	米國向	合計
七、〇九〇	五、〇二二	三、八七三	四一、二二三	—	—	二、二三三	—	二、四八六	四、七〇八	六、九八一	—	—	一八七、七二九
四〇五、二六一	二九〇、七二八	二三三、四八八	二、三七九、八三〇	—	—	一三一、八八〇	—	一四九、四六三	二八一、三四三	三九五、三五一	—	—	一〇、八三〇、六一三
一〇、一八〇	—	一、一〇八	一九、三六六	—	—	—	—	—	—	—	—	—	五二四、六六九
四四二、四五五	—	四九、一四三	八七一、一五三	—	—	—	—	—	—	—	—	—	二三、六四六、〇一四
二〇二	八六四	八〇三	一〇、六六九	一六、一七六	五、九三七	四、一七三	二、九九八	四、一七二	三三、四五六	八〇	三、九五七	四、六五〇	五四、九三〇
二五、七九八	一〇九、五三三	一〇一、一三一	一、三四一、九二四	二、〇六七、八九六	七五八、〇四二	五三八、六九九	三八四、九四九	五一八、一三六	四、二六七、七一二	一〇、〇四二	四九〇、〇三一	六〇一、六九一	六、九六六、五六三

本表ハ重要物産同業組合ノ調査ニ依ル

二 會社

經濟界ノ進展ニ伴ヒ一般ニ商工業經營ノ形式變化シ個人經營ヨリ會社組織ノ形式ヲ採ルモノ増加スルハ自然ノ趨勢ニシテ當市ニ於テモ現在會社九十八ヲ算シ前年ニ比シ三十三ノ増加ヲ見ル而シテ内本店ヲ有スルモノ株式十六合資三十三合名五計五十四（内日本人五十三支那人一）ニシテ支店、出張所ヲ設置セルモノ四十四ナリトス

保險會社亦近年人口ノ増加及市街發展ニ伴ヒ著シク増加シ當地ニ本店ヲ設クルモノナキモ出張所又ハ代理店ヲ置クモノ四十三ニ達セリ

一、會社營業別

種別	日本人 本店 會社數	日本人 本店 資本金	日本人 本店及出張所 會社數	日本人 本店及出張所 資本金	支那人 會社數	支那人 資本金	外國人 會社數	外國人 資本金
銀行	二	円 一、一五〇、〇〇〇 一、〇七五、〇〇〇	二	円 五八、〇〇〇、〇〇〇 三七、五〇〇、〇〇〇	二	円 六〇、〇三〇、〇〇〇 六〇、〇一五、〇〇〇	一	円 三五、〇〇〇、〇〇〇
金品貸付	四	六五六、〇〇〇 五八一、〇〇〇			一	二〇、〇〇〇		
鐵道礦炭等	一	二〇〇、〇〇〇、〇〇〇 一二六、〇〇〇、〇〇〇						
運送	一八	二、二九〇、〇〇〇	二	三六、七〇〇、〇〇〇				
貿易	一	一〇〇、〇〇〇	六	三三、〇〇〇、〇〇〇 二六、二五〇、〇〇〇				
諸物品販賣	一四	八四九、五〇〇 四五四、五〇〇	一三	二一、六四〇、〇〇〇 一七、七九二、二五〇			二	一、二五〇、〇〇〇
魚市場	一	一八〇、〇〇〇 七九、二〇〇						
信託	一	一、〇〇〇、〇〇〇 二五〇、〇〇〇						

土木建築請負	二	二〇、〇〇〇						
旅館	三	一六、一〇〇						
料理店	一	五〇、〇〇〇						
造船及修理			一	一〇、〇〇〇、〇〇〇 六、四〇〇、〇〇〇				
新聞	一	一三五、〇〇〇						
牛乳搾取	二	二〇、二〇〇						
煉瓦製造	一	三〇、〇〇〇						
油坊	一	二五、〇〇〇	三	四、〇〇〇、〇〇〇 一、三七五、〇〇〇				
骨粉製造	一	一八、〇〇〇						
セメント製造			一	一、八〇〇、〇〇〇 一、五〇〇、〇〇〇				
計	五三	二〇六、五三九、八〇〇 一三二、一四四、〇〇〇	三九	一六五、一四〇、〇〇〇 一三七、五一七、二五〇	三	六〇、〇五〇、〇〇〇 六〇、〇三五、〇〇〇	三	三六、二五〇、〇〇〇

備考　支店又ハ出張所ノ資本金ハ本店ノ分ナリ

二、會社組織別

種別	本店 會社數	本店 總資本金	本店 拂込資本金	支店 會社數	支店 總資本金	支店 拂込資本金	出張所 會社數	出張所 總資本金	出張所 拂込資本金
株式	一六	二〇五,三四四,〇〇〇円	一二九,九四九,二〇〇円	一八	二〇八,九八〇,〇〇〇円	一七五,八四二,二五〇円	九	四七,五五〇,〇〇〇円	三四,〇五〇,〇〇〇円
合資	三三	八七九,八〇〇	八七九,八〇〇	二	三〇〇,〇〇〇	三〇〇,〇〇〇	二	六,〇〇〇,〇〇〇	六,〇〇〇,〇〇〇
合名	五	三三五,〇〇〇	三三五,〇〇〇	七	一,二九〇,〇〇〇	一,二九〇,〇〇〇	六	六,三〇〇,〇〇〇	六,三〇〇,〇〇〇
計	五四	二〇六,五五九,八〇〇	一三一,一六四,〇〇〇	二七	二一〇,五七〇,〇〇〇	一七七,四三二,二五〇	一七	五九,八五〇,〇〇〇	四六,三五〇,〇〇〇

資本金中二行アルモノ、右ハ總資本金左ハ拂込資本金ニシテ一行ノ分ハ全部拂込ノモノナリ

三、保險會社

種別	國籍	會社數	收入 保險料	支拂 保險金	支拂 保險金以外	繰越契約高 口數	繰越契約高 金額	本年契約高 口數	本年契約高 金額	本年解約高 口數	本年解約高 金額	年末現在高 口數	年末現在高 金額
生命	日本	一三	二七,三二四円	一八,〇〇〇円	三,三〇五円	二,一七三	二,六一九,〇〇〇円	一,七六六	一,七三八,六〇〇円	二〇五	三〇七,八〇〇円	三,七三三	四,〇四九,八〇〇円
火災	日本	八	三九,二〇〇	一,八八八	—	一,九五八	六,八七九,三〇一	二,三六六	九,二七五,九一八	一,四九〇	四,六二二,八七三	二,八三四	一一,五四二,三四六
火災	外國	一三	四〇,五九三	七,七三〇	二四三	一,〇〇八	四,二五五,五二五	一,五一四	八,四三七,六〇六	一,〇五四	五,三三〇,七九二	一,四六八	七,三七二,三三九

海上 日本	海上 外國
六	三
	一,四〇三
一,000	
三四	—
—	—
—	—
四,三四七,三八一,九七,八二六	四三〇 八七二,二三三
四,三四七,三八一,九七,八二六	四三〇 八七二,二三三
—	—
—	—

三　稅關

關東州ノ稅關制度ハ一九〇七年（明治四十年）五月北京ニ於テ調印セラレタル大連稅關設置ニ關スル協定ニ依リ定メラレタル、特例ニシテ範ヲ膠州灣ノ舊制（千八百九十九年七月ヨリ千九百五年十二月迄實施シタル制度）ニ採リ租借地全部ヲ自由區域トシ大連ニ支那海關ノ設置ヲ許容スルヲ以テ眼目トス內容ノ梗概ヲ列記スレハ左ノ如シ

一、輸入稅ハ租借地ノ境界ヲ踰エテ支那內地（背後地）ニ入ル場合ニ於テ始メテ海上ヨリ大連ニ輸送セラレタル物品ニ對シ課稅セラルヘシ詳言スレハ物品カ租借地ニ入ルノミニテハ課稅ヲ受ケサルモ租借地ノ境界ヲ踰エテ支那領土ニ入ル場合ニ始メテ大連ニ於テ課

税ヲ受ク

二、輸出稅ハ物品カ租借地ヨリ他ノ地方ニ輸送セラルル場合ニ始メテ支那內地（背後地）ヨリ大連ニ輸送セラレタル物品ニ對シ課稅セラル詳言スレハ支那內地ヨリ陸路租借地ニ入ルノミニテハ輸出稅ヲ要セサルモ物品ノ租借地ヲ離レテ海路他ノ地ニ輸送セラルル場合ニ陸路支那內地ヨリ大連ニ來リタル物品ニ對シ輸出稅ヲ課セラル

三、租借地ノ產物及此產物ヨリ作リタル物品ハ大連ヨリ海路他ニ輸出セラルルニ當リ課稅セラルルコトナシ海路租借地ニ輸送セラレタル原料ニ加工シテ輸出スル場合亦同シ租借地產品若ハ海路輸入ノ物品ヲ原料トシテ租借地ニ於テ加工セラレタル物品ヲ陸路背後地ニ輸入スル場合ニハ其產品又ハ製品ニ對シ輸入稅ヲ課セラルヘク背後地ヨリ輸入シタル原料ニ加工シテ更ニ背後地ニ逆送スル場合ニ於テハ一定條件ニ依リ之ヲ證明スルニ

依テ課税ヲ免除セラル
四、支那條約港ノ一ヨリ大連ニ回漕セラレタル外國品ハ條約上ノ條件ヲ具備スル限リ先ノ輸入港ニ於テ全部ノ戻税ヲ受ク
五、外國汽船ノ內水航行ニ關シテモ大連ヲ支那ノ一開港ト看做シ大連ト他ノ不開港又ハ開港及不開港トノ航行ニ對シ大連稅關ハ內水航行免狀ヲ發給ス
現行ノ制度ハ自由區域廣濶ニシテ商人ハ州內何レノ地ニモ日本又ハ他國ヨリ取寄セタル商品ヲ無稅ニテ藏置スルヲ得ヘク日本其他諸外國ヨリ輸入シ州內ニ於テ消費セラルル物品ハ何等課稅ヲ負擔セス又州內產品ノ輸出ニ付テハ何等課稅ヲ受ケサルノ長所ヲ有スト雖租借地內ニ於テ加工シタル物品ヲ支那ノ內地若ハ開港、不開港ニ輸送スルニ際シテハ其成品ニ對シテ課稅セラレ支那領土內ニ於ケル同一ノ場合ニ於テ原料品ニ課稅ヲ受クルニ比シ不

利ナルノ短所ヲ有ス

關東州ニ於テ生產シタル物品ノ日本內地ニ於ケル輸入稅率ハ明治三十九年勅令第二百六十二號ニ依リ關稅定率法ニ定ムル稅率カ協定稅率ヨリ高キトキハ協定稅率ニ依ルモノナルモ現今此特典ニ浴スヘキ生產品ヲ有セス

大連海關收稅額

（單位海關兩）

稅目	明治四十三年	明治四十四年	大正元年	大正二年	大正三年
輸入稅	三七三,八三二	五二〇,八二四	六一七,二九三	七七八,三二四	五八三,三七一
輸出稅	七一一,九九三	八三一,四七八	七五九,八〇六	九六一,〇二二	九七三,七〇五
沿岸貿易稅	一六,四五五	一五,七七四	二六,二〇三	一五,四二六	二四,三三八
噸稅	四〇七	一,〇六九	八七六	七九三	一,五一七
通過稅	一〇七	四二一	三,七四九	七,三五三	三,九六四
計	一,一〇二,七九四	一,三六九,五六六	一,四〇七,九二七	一,七六二,九〇六	一,五八六,八九五

四　商業會議所

大連商業會議所ハ大正四年六月ノ創立ニ係ル元當市ニハ明治三十九年以來大連實業會ナルモノアリ會員約百二十名ヲ有シ商業會議所ト略同一ノ職務ヲ行ヒ或ハ官府ノ諮問ニ應シ或ハ各地ヨリ來ル各種實業上ノ調査委囑ニ應シ或ハ雜誌ヲ發刊シテ滿洲產業ノ眞相及貿易發展ノ狀況等ヲ調査發表シ以テ實業界ニ貢獻スル所尠少ナラサリシカ市內一部ノ商工業者ニ過キザリシ爲經費潤澤ナラス從テ活動亦意ノ如クナラス有識者ノ常ニ遺憾トスル處ナリシカ適々本年日支交涉圓滿ニ解決セラレ滿蒙ニ於ケル我利權ノ伸長ヲ來シタルト共ニ當地實業家ノ率先活動ヲ要スルノ氣運ニ際シタルヲ以テ此機會ニ於テ豫テノ希望ヲ實現スルハ頗ル時宜ニ投スルモノナリトノ議實業會幹部及市內有力者ノ間ニ意見一致シ終ニ本會議所

ノ創立ヲ見ルニ至リ同時ニ大連實業會ハ解散スルコトトナレリ

當會議所ノ目的及其職務ハ內地商業會議所ト同一ナルモ其組織ニ於テ異ル所尠カラス即チ內地ノ如ク特別法ノ規定ニ依ルモノニアラスシテ民法第三十四條ニ依リテ設立セラレタル社團法人組織ナリトス從テ會員ノ資格及役員選擧方法等ニ於テ一樣ナラサルノミナラス會員ハ外國人モ等シク加入シ得ルコトトナリ居レリ其事務所ハ市內敷島町ニ在リテ一ケ年ノ經費約一萬五千圓ヲ計上ス會員ハ目下百數名ニ過キサルモ著々加入者募集中ニシテ日ヲ逐フテ活動ノ域ニ達スヘク前途多大ノ期待ヲ以テ囑目セラレツツアリ

五　社團法人滿洲重要物產同業組合

明治四十年六、七月ノ交特產物輸出同業者ノ有志相謀リ同業者相互ノ利益ヲ增進シ取引上ニ於ケル弊害ヲ匡正防止スルノ目的ヲ以テ新ニ組合ヲ組織スルコトトシ滿洲重要物產輸出商組合ノ名義ノ下ニ同年十二月事務所ヲ設置シタルヲ以テ本組合成立ノ濫觴トス

斯クテ翌明治四十一年中ハ事務所ノ新設、移轉及倶樂部ノ設置等ヲナセシカ同年十二月組合設立ノ認可ヲ得テ日本商人中（後支那人及外國人ヲモ加入スルコトニ改ム）ノ同業者ヲ廣ク網羅シ同四十二年一月總會ヲ開キ新ニ組合長以下ノ改選ヲ行ヒ組合內部ヲ一新スルト共ニ事務所ヲ現在ノ寺內通ニ移轉セリ而シテ同年四月組織ヲ改メテ社團法人トナシ定款ヲ定メ都督府ノ許可ヲ得テ其定ムル所ノ各種ノ事業ヲ施行シ今日ニ及ヘリ組合事業ノ重ナルモノハ明治四十年末以來埠頭取引商人集合所ノ設置及其管理、大正二年九月ニ於ケル大連重要物產取引所設置ニ對スル準備及信託會社ノ設立及重要物產ニ關スル月報年報ノ發行等ニシテ其他同業者ノ利害ニ關シテハ之カ調査研究ヲ怠ラス

六　公議會

支那人商工業者ノ團體トシテ大連華商公議會及小崗子公議會アリ前者ハ明治三十七年後者ハ同三十八年ノ設立ニ係ル
公議會又ハ商務總會ト稱スル商工業者ノ團體ハ支那國內到ル處ノ商埠地ニ設立セラレ一種ノ自治機關タルノ態ヲ具ヘ其勢力侮ルヘカラサルモノアルモ當地ハ我統治ノ下ニ在リテ支那各地トハ事情ヲ異ニスルヲ以テ公議會ノ性質及其職務モ一樣ナラス單ニ當業者ノ利益ヲ圖ル一組合ニ過キス

七　市場

當市ニ於ケル市場ハ信濃町市場、山縣通市場及小崗子市場ノ三ヶ所ニシテ孰モ大連民政署ノ管理ニ屬ス之カ經營ノ目的ハ主トシテ日常食料品ヲ輕便ニ販賣セシムルニ在ルヲ以テ專ラ衛生ト價額ノ統一ニ留意シ市場貸下規則及市場取締規則ノ下ニ經營シ居レリ右ノ內信濃町市場ハ市街ノ中樞ニ位スルカ故ニ商況殷盛ニシテ小崗子之ニ亞ク山縣通市場ハ附近人家未タ稠密ナラス現今ニ在リテハ需給相伴ハス頗ル不振ノ狀況ニ在リ今各市場ノ店數及貸下料ヲ表示スレハ左ノ如シ

信濃町市場

區域	營業種目	販賣店數	一ヶ月貸下料
內部販賣	日用食料品	一五	一店ニ付　金拾圓
	鳥獸肉	一〇	同
	蔬菜及果實	二三	同

店	外部販賣店		合計
魚類	雜貨	生鳥類	
三〇	三九	一二	一二九
同	一店ニ付金五圓	同	

同附屬倉庫

區別	貨物室	氷室	計
室數	二八	一	二九
一ヶ月貸下料	一室ニ付金五圓	同金貳拾圓	

山縣通市場

營業種目	日用食料品
販賣店數	二〇
一ヶ月貸下料	一店ニ付金參圓

鳥獸肉	五	同
蔬菜及果實	二〇	同
魚類	三〇	同
牛鳥類	五	同
合計	八〇	

同附屬倉庫

室數	一ヶ月貸下料
二四	一室ニ付 金貳圓

小崗子市場

營業種目	販賣店數	一ヶ月貸下料
蔬菜及果實	一二	一店ニ付 金五圓
魚類	六	同

鳥獸肉	八	同
合計	二六	

同附屬倉庫

室數	一ヶ月貸下料
一四	一室ニ付　金壹圓

八　取引所

大連重要物産取引所設立ノ沿革及組織等左ノ如シ

一設立ノ沿革　滿洲ノ重要物産中大連市ニ於テ取引セラルルモノ年額約二百萬噸内大豆ノミニテモ既ニ六十萬噸ニ達シ實ニ大連輸出貿易額ノ約八割ヲ占ム然ルニ從來是等農産物

ノ取引ニ就テハ兎角常軌ヲ逸シタル無謀不正ノ投機行ハレ價格ハ常ニ亂調ヲ極メ不渡品ノ紛議亦大ニ起リ弊害百出殆ト收拾スヘカラサルヲ以テ關東都督府ハ此等ノ弊害ヲ抑制シ貨物ノ集散ヲ確實圓滿ナラシメ以テ價格ノ平準ヲ保持スル公共的經濟機關ヲ設立スルノ必要ヲ認メ去ル明治四十二年以來之カ調査ニ著手シ滿洲ハ勿論南北支那ニ吏員ヲ派遣シ專ラ商習慣ヲ調査セシメタル結果大連ニ重要物産取引所ヲ設立スルコトヲ確定シ明治四十四年其建物ノ新築ニ著手スルト共ニ一面其賣買取引ニ關スル諸規定ヲ發布シ大正二年九月一日ヲ以テ始メテ事業ヲ開始シ大豆、豆粕、豆油及高粱其他ノ雜穀ヲ賣買取引セシムル機關ト爲セリ

二組織及機關　取引所ノ組織ハ關東都督ノ管理ニ屬スル所謂官營取引所ニシテ重要物産ノ賣買取引ノ確實ヲ期シ且其便宜ヲ圖ルヲ以テ目的トス而シテ其所務ヲ掌理スル爲所長其

他ノ職員ヲ置キ尙外ニ商議員會ナルモノヲ置キ所長及商議員ヲ以テ之ヲ組織ス商議員ハ學識又ハ經驗アル者ニ就キ關東都督之ヲ任命シ定員七人任期三年トシ當取引所ノ先物取引人ノ免許其他重要ナル事項ヲ評決セシムル機關トス

又當取引所ニ於テ先物取引ヲ爲ス者ノ賣買取引ノ履行ヲ擔保シ及其精算事務ヲ掌理スル爲關東都督ノ特許シタル株式會社設立セラレ其商號ヲ大連取引所信託株式會社ト稱シ資本金百萬圓トス

三業務ノ成績　當所取引人ハ日支兩國人及英國人ニシテ先物取引人六十三名短期取引人二十九名現物取引人七十八名(大正四年七月一日現在)トス當初支那人ハ取引所ノ業務ニ慣熟セス且擔保會社ノ性質ヲ誤解スル者多キ爲取引所ニ於テ賣買取引スル者極メテ少數ナリシモ日ヲ經ルニ從ヒ大ニ諒解シ漸次賣買取引ノ數量ヲ增加シ開設以來一ヶ年間ノ取引

高ハ先物取引ニ於テ大豆外三品二十七億五百七十六萬八千五百八十斤此價額一億七百三十五萬七千六百二十九圓現物取引ニ於テ大豆外三十餘種類四億四千三百三十五萬三千四百四十一斤此價額三千百二十萬四千六百三十八圓ニ達スルノ盛況ヲ呈シ南滿洲ハ勿論日本内地及南支那樞要ノ地ニ於ケル大豆、豆粕及豆油等ノ市場ハ當取引所ノ公定相場ヲ標準トシテ賣買取引スルニ至レリ

九　物價及勞銀

當地ニ於ケル貨物ノ市價ハ内地ニ比シ概シテ一、二割高率ニアルモ中ニハ却テ低廉ナルモノアリ蓋シ内地ニ於テ生產セラレタル商品ハ荷造、運送費等ヲ要スルヲ以テ其手數ト費用トノ割合ニ應シ高率トナルハ自然ノ勢ナリトス但貴金屬其他外國ヨリ輸入スルモノハ關

税ヲ要セサル爲又煙草、酒ノ如キハ内地ニ於ケル戻税ノ關係上却テ低廉ナルモノアリ

勞銀ハ前年各方面ニ於テ事業興起シ勞力ノ需要甚タ熾ナリシ時代ニ比スレハ漸次低落ノ傾向アリ内地人ハ一般ニ生活程度高キ等ノ關係上内地ニ比シ稍高率ナルモ支那人勞働者ハ生活程度極メテ低ク一定ノ住宅ヲモ有セサルモノ多ク一日僅ニ十錢内外ヲ以テ衣食シ得ルカ故ニ其賃銀從テ低率ニシテ殊ニ普通勞働者即チ所謂苦力ハ一層簡易ノ生活ヲナシ且力强ク能ク命令ニ服シ又之ヲ備入ルルコト容易ナルノ利便アリ

一、日用重要品卸賣相場

品名	單位	相場
白米 朝鮮上	一石	一六、〇〇円
同 同中	同	一五、〇〇
同 同下	同	一三、五〇
麥酒札幌	一箱	八、四〇円
醬油 (文)極上	三斗五升入一樽	一一、二〇
同 [illegible]	一斗	三、一〇

麥粉	支那上	一石	一〇、七〇
	鐵嶺粉紅龍	一袋	一、九八
	米國粉英金貨	同	二、一五
砂糖	白BB	一俵	九、五〇
清酒	澤龜		二〇、〇〇
	白菊盛	一樽（四斗五升入）	一九、〇〇
	金露		二〇、五〇
煙草	不二	一箱	八六、五〇
	敷島	同	七三、〇〇
美濃紙	仝印	一〆	四、五〇
半紙	仝	同	二、一七
石油	美孚	一箱	三、三〇
燐寸		同	二三、二〇
木炭	熊野	十貫一俵	七五
洋釘	一吋	一樽	八、一〇
綿布	粗布人面印	一反	四、二五
	綾木綿星聚印	同	四、五二
	大尺布光印	同	一、二六
綿糸	扇面印	一俵	九七、〇〇
麻袋	新青筋	百枚	三三、〇〇
	古青筋	同	二四、〇〇
亞鉛涙板	三十番	一枚（六尺モノ）	八五
棟瓦	上	百枚	六五
瓦	日本型並	百枚	三、〇〇
石灰	上	百斤	四五
セメント	小野田	一樽	三、一〇
石炭	撫順塊炭	一噸	七、八〇
板硝子	百二十枚入	一箱	一二、五〇

二、勞働者賃銀

大正三年末

業名	日本人 上等	日本人 下等	日本人 普通	支那人 上等	支那人 下等	支那人 普通
大工職	円 一、五〇	円 一、〇〇	円 一、三〇	円 八〇	円 五〇	円 六〇
木挽職	一、七〇	一、〇〇	一、二〇	一、〇〇	五〇	七〇
指物職	一、七〇	一、〇〇	一、三〇	一、〇〇	―	七〇
左官職	一、八〇	一、三〇	一、五〇	七〇	五〇	六〇
石工職	一、八〇	一、二〇	一、五〇	八〇	五〇	六〇
煉瓦積職	一、二〇	―	一、〇〇	六〇	四〇	五〇
屋根職	一、八〇	一、三〇	一、五〇	一、〇〇	六〇	八〇
疊職	一、八〇	一、〇〇	一、三〇	―	―	―
ペンキ職	一、七〇	一、〇〇	一、二〇	八〇	五〇	七〇
ブリキ職	一、八〇	一、三〇	一、五〇	一、〇〇	―	―
鍛冶職	一、八〇	一、〇〇	一、四〇	一、〇〇	―	―
活版植字職	一、五〇	七〇	一、〇〇	五〇	―	―

裁縫職工（洋服）	二、〇〇	一、二〇	一、五〇	一、三〇	、七〇	一、〇〇
裁縫職工（和服）	—	—	一、〇〇	—	—	—
染色職工	月三〇、〇〇	月一〇、〇〇	月一五、〇〇	月八、〇〇	月五、〇〇	月七、〇〇
土工夫	一、二〇	、八〇	一、〇〇	、六〇	、三五	、四〇
舟夫	一、〇〇	、六〇	、八〇	、八〇	、六〇	、七〇
農事苦力	—	—	—	—	—	、三〇
雜役苦力	—	—	—	—	—	、三〇
下女	月八、〇〇	月五、〇〇	月六、〇〇	—	—	—

備考　本表ハ一日ノ賃銀ナレトモ染色職工及下女ハ月額ニシテ尚外ニ賄ヲ給ス
支那人ノ賃銀ハ小洋錢ニ依ル

三、建物賃貸價格

（一坪當）　大正三年末

建物	等級	一　上
		賣買 / 賃貸
煉瓦二階		八二、八〇円 / 一、三八
煉瓦平家		五九、八〇円 / 一、二〇
木造二階		六二、九六円 / 一、二〇
木造平家		四四、一六円 / 、九二

商業

一等地 中 賣買	一等地 中 賃貸	一等地 下 賣買	一等地 下 賃貸	二等地 上 賣買	二等地 上 賃貸	二等地 中 賣買	二等地 中 賃貸	二等地 下 賣買	二等地 下 賃貸	三等地 上 賣買	三等地 上 賃貸	三等地 中 賣買	三等地 中 賃貸	三等地 下 賣買	三等地 下 賃貸
六二、五六	一、二〇	五二、四四	一、一〇	四九、二八	、八八	三九、一六	、八〇	二八、一六	、六二	二八、一六	、六二	二三、〇〇	、四四	一七、六〇	、四〇
四四、一六	一、〇二	四〇、一六	、八三	三一、七八	、七〇	二五、五二	、六二	一七、六〇	、五四	二三、〇〇	、五三	二一、六〇	、四〇	一〇、五六	、三〇
四七、八四	一、一〇	三七、七二	、八三	三五、二〇	、七〇	二八、一六	、六二	二三、〇〇	、五三	二三、〇〇	、五三	一七、六〇	、三八	一四、八〇	、三〇
三六、八〇	、七四	二六、六八	、六四	二五、五二	、六二	二〇、二四	、五三	一四、〇八	、三八	一七、六〇	、三八	一四、〇八	、三〇	一〇、五六	、二六

第五章　工業

市街ノ發展ニ伴ヒ諸般ノ事業次ヲ以テ起リ殊ニ各種ノ工業ハ彌々勃興ノ氣運ヲ呈シ油坊、釀造、石鹼、玻璃、塗料、煉瓦、柳行李、陶器等相當ノ設備ヲ有スル工場漸次創設セラレ次第ニ市ノ面目ヲ改メツツアリ是等工業ノ多クハ滿洲產原料ヲ利用スルモノニシテ且新工業ノ大部分カ邦人ノ經營ニ屬スルハ恂ニ喜フヘキコトナリトス今當地ニ於ケル工場數ヲ揭ケ其重ナルモノニ付槪況ヲ述フレハ左ノ如シ

工業種類	工場數	資本金
油坊　日本人	七	金一、五八五、〇〇〇円 銀三〇〇、〇〇〇
油坊　支那人	四一	銀一、二九一、七〇〇
石鹼　日本人	四	金三二、〇〇〇円
氷及サイダー　日本人	二	金八〇、〇〇〇

煉瓦及瓦	日本人	八	金三二〇、〇〇〇
	支那人	一	銀一、五〇〇
石灰	日本人	一	金一二、〇〇〇
鐵工業	日本人	五	金五三四、〇〇〇
	支那人	一	銀七〇、〇〇〇
醤油及味噌	日本人	五	金四六、〇〇〇
燒酒	日本人	一	金二五、〇〇〇
黄酒	支那人	三	銀三、五〇〇
菓子	日本人	一	金二〇、〇〇〇
製藥	日本人	一	金三〇、〇〇〇
電力	日本人	一	金一四一、〇〇〇
瓦斯	日本人	一	金六〇六、〇〇〇
セメント	日本人	一	金一、〇〇〇、〇〇〇
硝子	日本人	一	金七、〇〇〇
製材	日本人	一	金三〇、〇〇〇
骨粉	日本人	一	金一八、〇〇〇
精米	日本人	一	金一〇〇、〇〇〇
塗料	日本人	一	金一〇、〇〇〇
製紙	日本人	一	金一、五〇〇
柳行李	日本人	一	金三、〇〇〇
鐵道用品	日本人	一	金五、七八五、〇〇〇
合計	日本人	四六	金一一、六八五、五〇〇
	支那人	四六	銀一、三六六、七〇〇

一　油坊

豆油及豆粕製造業ハ滿洲ニ於ケル最モ重要ナル事業ノ一ニシテ該工場ヲ油坊ト謂フ而シテ

當地ニ於テ初テ油坊工場ノ設置セラレシハ明治三十九年ニシテ爾來年々其數ヲ増シ以テ今日ノ盛況ヲ致セリ油坊ハ舊來滿洲各地ニ小規模ノモノ存シ豆油ヲ主産物トシテ南方支那ニ輸出シ豆粕ハ副産物トシテ附近ノ農家ニ供給シ又山東方面ニ販賣シタルモノナリ然ルニ日清戰役ハ滿洲ノ大豆貿易ニ一新紀元ヲ劃シ日本ニ於ケル大豆及豆粕ノ需要激増シタルヲ以テ當時唯一ノ輸出港タリシ營口ニ油坊簇生シ主産物タリシ豆油ト副産物タリシ豆粕トハ其地位ヲ顛倒シテ豆油ノ價格ヲ下落セシメタリ日露戰役後滿洲ニ於ケル我利權ノ扶植ト歐洲ニ於ケル豆油ノ需要勃興トハ再ヒ斯業ニ有利ナル刺戟ヲ與ヘ而モ當港ハ輸出ニ於テ好地位ヲ占ムルカ爲ニ當地ノ油坊業ハ異常ノ發達ヲ遂ケ今ヤ遙ニ營口ヲ凌駕シ去レリ左ニ油坊數及其製造高ヲ累年表示ス

明治四十三年
明治四十四年
大正元年
大正二年
大正三年

工場數	三三	四七	四六	四九	四八
製産高 豆油	八、一五九、五九七斤	二九、九六六、四三六斤	四〇、二四三、一七斤	四一、九五八、八五〇斤	二四、〇一六、〇五〇斤
製産高 豆粕	二、一〇一、〇一五枚	七、四九二、六〇九枚	九、〇九一、八〇六枚	九、三二一、四一九枚	五、三六六、九〇〇枚

豆油及豆粕ノ製法ハ支那舊來ノ方法ニ從ヘハ大豆ヲ蒸潰シ古風ノ油締機ニ依リ壓搾スルモノニシテ動力ニハ馬又ハ騾ヲ使用シ其方法頗ル幼稚ナルモノナリシモ邦人ノ斯業ヲ經營スルニ迨ヒ小規模ノ支那油坊モ倣フテ以テ動力ニ蒸氣、電氣又ハ水壓機ヲ使用スルニ至レリ明治四十二年以降歐洲ニ於ケル大豆ノ需要激增スルト共ニ其價格年々昂騰シ製品ノ價格往々之ニ伴ハサルカ爲油坊ノ經營ハ漸ク困難ヲ感シ豆油ノ搾出率ヲ增加シテ此難境ヲ脫セントスルハ最近ノ現象ナリ南滿洲鐵道株式會社中央試驗所ハ豫テ此點ニ關シ研究スル所アリ大正二年約四十萬圓ヲ投シテ一試驗工場ヲ市外寺兒溝ニ創立シ化學的抽出法（通稱ベン

ジン法）ノ試驗ヲ行ヒツツアリ滿洲大豆ノ油分ハ約十八乃至二十パーセントニシテ舊來ノ搾出法ヲ以テスレハ僅々九乃至十一パーセントヲ得ルニ過キサリシモノ抽出法ヲ以テスレハ十四、五パーセントヲ收メ得ヘク油粕モ亦前者ニ比シ有效ニシテ在來品ニ比シ二割位ノ高値ヲ以テ需要アリ其成績良好ニシテ略豫想ノ程度ニ達シツツアリ將來滿洲油坊業ニ及ホス影響尠カラサルヘシ

名稱	所在地	設立年月日
日清豆粕製造株式會社	大連軍用地區	明治四十一年六月
三泰油坊	同	同四十二年六月
小寺油坊	同	同四十三年十一月
齋藤油坊	同	同四十四年十一月
泰昌利油坊	同	同四十四年十二月
福順成油坊	同	同四十四年十月

晋豐油坊	小崗子	同四十一年六月
政記油坊	同	同四十一年十月
滿鐵中央試驗所豆油製造場	寺兒溝	大正三年三月

二　セメント

明治四十年小野田セメント會社ハ關東州ニセメント原料タル石灰石及粘土ノ豐富（工場附近豐富ナリ）ニシテ且販路ノ關係等調査ノ結果當地ニ工場ヲ設置スルノ有望ナルヲ確メ同年市外泡子涯ニ分工場ヲ建テ翌四十一年ヨリ作業ヲ開始シタリ大連支社ト稱スルモノ即是ニシテ機械ハ一箇月二萬樽ノ能率ヲ有スル獨逸最新式（回轉窯）ノモノナリ曩年滿鐵ノ幹線及安奉線改築工事中ハ全能率ヲ盡シテ製造シ其殆ント全部ヲ之ニ供給シタリシモ該工事ノ終了ト共ニ販路ヲ他ニ求メ朝鮮、北滿、上海、青島等ニ及ヒ殊ニ近頃南洋方面ニ試賣ヲ

行ヘリ年産額十七八萬椁ヲ出ス

三　煉瓦及屋根瓦

諸般ノ經營漸ク其歩ヲ進メ諸建築ノ盛ニ行ハルルニ從ヒ煉瓦製造業ノ盛況ヲ呈シ一時工場數二十餘ヲ算スルニ至リシカ一二年來建設工事ノ一段落ヲ告ケタルカ爲製品ノ下落ニ從ヒ工場漸次減少シ復前年ノ盛況ヲ見ル能ハス基礎確實ナルモノ八工場現存スルノミ此內營口煉瓦製造所臭水屯分工場及同三春柳分工場ノ兩者ハホフマン式輪環窯ヲ据付ケ前者ハサクショル瓦斯後者ハ蒸氣動力トシ機械ニ依リ製造スル工場ニシテ最モ有力ナルモノナリ三春柳工場ハ煉瓦ノ外屋根瓦及煉炭ヲ製造ス

	明治四十三年	明治四十四年	大正元年	大正二年	大正三年

煉瓦工場數	一八	一九	二〇	一〇	八
製造高	千個 三一、八五四	千個 二五、五五二	千個 二一、九一〇	千個 一三、三〇四	千個 一一、九八七
同價額	円 四〇六、三五九	円 二六九、九三一	円 二二六、八一七	円 一〇四、九三二	円 一一七、五一七

屋根瓦製造ハ多ク煉瓦工場ノ兼業スル所ナルモ然ラサルモノ一工場アリ宮崎製瓦工場是ナリ同工場ハ屋根瓦ヲ主トシ土管及支那人向陶器ヲ製造シ瓦ハ日本瓦ノ外獨逸式瓦ヲ製造シツツアリ

四 釀造業

支那人ハ高粱ヲ以テ釀造スル高粱酒ナル一種ノ燒酎ヲ嗜好シ其需要多量ニシテ滿洲ニ於テハ遼陽其主産地タリ當地ニ於テモ斯業ノ經營有望ナリトシ工場ヲ設立シタル邦人アルモ種々ノ事情ニ依リ其成績良好ナラス目下更ニ其釀造方法ニ就キ研究中ナリ其他支那人ノ飲

料タル黄酒製造工場アリ何レモ支那人ノ經營ニシテ規模極メテ少ナリ又邦人ニシテ兩三年來日本酒ノ釀造ヲ開始シタルモノアルモ其成績末タ良好ノ域ニ達セス

醬油釀造業ハ前途有望ノ事業ナリ支那ニハ淸醬ト稱スル固有ノ醬油アリト雖其消費額大ナラス一般食料ノ調理ニハ多ク鹽ヲ以テセシカ近年漸ク日本醬油ノ支那人間ニ需要セラルルニ至リ在留邦人ノ增加ト共ニ益々其需要多キニ至レリ而シテ滿洲ハ大豆小麥及鹽ニ富ミ醬油ノ釀造ニ最モ適スルヲ以テ數年來斯業ニ著眼セル邦人尠カラス當地ニ於テ製造スル醬油ハ其風味尙內地產ニ及ハサルモ遙ニ支那固有ノ醬油ニ優リ而モ漸次改良ヲ加ヘテ其品質ヲ高メシヲ以テ邦人ニ漸次當地土產ノモノヲ使用スルノ傾向ヲ呈セリ尙ホ向後支那人ノ嗜好ニ對シテ一層ノ研究ヲ積マハ邦人ノ需用ト相俟ツテ斯業ノ前途頗ル見ルヘキモノアラン

	明治四十三年	明治四十四年	大正元年	大正二年	大正三年
醬油工場數	四	四	四	四	四
製造高	一、三七二石	八〇〇石	一、一三〇石	二、一〇〇	四、〇〇〇石
同價額	二三、〇〇〇円	一六、〇〇〇円	二四、四〇〇円	四二、〇〇〇円	六〇、〇〇〇円

五　硝子

硝子製造業ハ戰後各地ニ勃興シタル事業ノ一ナリ當地ニ於ケル斯業モ幾度カ起リ幾度カ敗レ僅ニ現存スルモノ玉置工場ノミトス同工場ハ明治三十九年ノ創業ニシテ製品ハ簡單ナル藥瓶、ランプホヤ、カンテラ瓶（支那土民ノ燈火用）及電燈笠等一ヶ年約一萬二千圓ニシテ多ク支那人間ニ銷路ヲ求メントシ現ニ滿洲一帶及山東方面ニ其販路ヲ開拓シツツアリ

六　石鹸製造業

石鹸製造業亦有望ナリ近時支那人ノ生活程度向上ト共ニ石鹸ノ需要漸次増加シ滿洲ニ輸入スルモノ約五十萬圓ニ達ス將來當地ニ於ケル斯業ノ經營ハ諸種ノ點ニ於テ利益多シ（外國産ノ原料ニハ關税ヲ要セス大豆油ハ以テ其原料ト爲シ得ヘシ）

目下市内ニ工場四アリ年額十萬圓ヲ産ス而シテ現時歐洲品ノ輸入杜絶ヲ好機トシテ工場ノ擴張ヲ行ヒ優良ナル製品ヲ滿洲及山東方面ノ市場ニ供給セシカ爲メ當業者相謀リ目下合資會社組織ノ計畫中ニ屬ス

	明治四十三年	明治四十四年	大正元年	大正二年	大正三年
工場數	四	三	三	三	四
製品價額	三四、四四〇円	三〇、三〇〇円	四六、〇三三円	八九、一〇六円	八三、八七八円

七　塗料及防水劑

大豆ハ滿洲特産物ノ大宗ニシテ而モ工業原料トシテ其應用ノ範圍極メテ廣汎ナリ故ニ是カ研究ニ著眼スル者尠カラス塗料「ソーライト」及防水劑「タンタルス」ハ即チ其一ニシテ滿洲化學工業界最初ノ發明品タリ兩品共理學士鈴木庸生ノ發明ニ係リ專賣特許ヲ受ケ「ソーライト」製造株式會社ニ於テ之カ製造ヲ爲シツツアリ

「ソーライト」ハ大豆ヲ主要原料トセル水性ペンキニシテ其使用ノ簡便ナル價格ノ低廉ナル而シテ色彩配合ノ自由ナル點ニ於テ特長アルノミナラス數年後ニ及フモ剝離ノ虞少ナク又有機物ノ含有量少キヲ以テ普通ペンキノ如ク火ヲ呼フコトナク且厭フヘキ臭氣ヲ有セサル等幾多ノ特色ヲ有スルカ故ニ需要漸次增加シツツアリ

「タンタルス」ハ土木建築用防水劑ナリ大豆ヨリ生産スル「脂肪酸アルミニユーム」（アルミニユーム石鹼）ヲ主成分トセル混合物ニシテ絶對的ニ防水ノ效果ヲ奏シ且能ク永久防水作用ヲ持續スルコトヲ得ルモノナリ而シテ本劑ノ最モ特徵トスル所ハ水ニ不溶解ナル「アルミニユーム」石鹼ヲ各成分ノ配合ニ依リ水ト共ニ乳劑ト爲シ得ルニ在リ以テ容易ニ壁面ニ塗附シ或ハ「セメントコンクリート」漆喰等ニ混合スルコトヲ得セシメ大ニ「アルミニユーム」石鹼ノ特性ヲ發揮セシム又價格ニ於テモ低廉ナル防水劑タリ

以上兩品ハ發賣以來日尙ホ淺ク其效用ノ廣ク認識セラレサルモノアルヲ以テ需要多カラサルモ將來優ニ外國品ト競爭スルヲ得ヘシ

八　柳行李

關東州ハ杞柳ノ栽培ニ適スルヲ以テ都督府ニ於テハ前年來之カ栽培奬勵中ナリ而シテ柳行李ノ製造ハ之ニ伴フ事業トシテ有望ナルヲ認メ相當ノ保護奬勵ヲ加ヘツヽアリ同工場ハ平田包定ノ經營ニ係リ大正二年以來業務ヲ開始シ内地ヨリ教師ヲ備聘シ支那人職工ヲ養成旁製造シツヽアリ

九　製氷及淸涼飮料水

製氷業者ハ明治三十九年以來相踵テ輩出セシモ孰レモ天然氷ヲ採收貯藏スルモノナリシカ百般ノ施設漸ク整頓スルニ從ヒ其市價著シク低下セシ爲悉ク頓挫失敗ニ歸シ目下兒島幸吉ノ經營ニ係ル製氷工場現存スルノミ同工場ハ米國製「アンモニヤ」式製氷機ニシテ一日約十噸ヲ生産スル外ニ冷藏庫及「サイダー」製造業ヲ兼營シ資本金約六萬圓ヲ投セリ「サイダー」

製造ハ此外ニ藤田工場アリ是亦相當ノ成績ヲ擧ケツツアリ

一〇　鐵工業

市外沙河口ニ南滿洲鐵道株式會社ノ設立ニ係ル工場アリ鐵道ニ關スル工作業務ノ爲メ新設シタルモノニシテ最新式ノ設備ヲ具ヘ同時ニ機關車二十六輛客車三十六輛貨車百三十輛ヲ修繕シ且線路用品鑛業用諸器械ノ製修ヲ爲シ得ヘク規模頗ル大ナルモノナリ

市内濱町ニ乾船渠アリ川崎造船所ノ經營ニ係ル露國ノ遺物ヲ修理シタルモノニシテ元長三百八十尺深二十尺渠口底部ノ幅四十三尺ニ充タス僅ニ三千噸級ノ船舶ヲ入渠セシメ得ルニ過キサリシカ海運ノ隆昌ニ伴ヒ大型船ノ入渠修繕ヲ要スルモノ増加シタルヲ以テ大正二年渠口底部ノ幅ヲ五十一尺ニ擴張シ優ニ五千噸級ノ船舶ヲ入渠セシメ得ルコトトナレリ

鐵工業トシテハ外ニ支那人ノ經營ニ係ル順興鐵廠稍大ナリ邦人經營ニ係ルモノハ戸田鐵工所、大連鐵工所、伏田鐵工所等稍大ナルモノニ屬ス

二　電氣及瓦斯

電氣

大連ニ於ケル電氣事業ハ南滿洲鐵道株式會社ノ經營ニシテ明治四十年十月始メテ電燈及電力供給ノ營業ヲ開始シタリ蓋シ同會社カ政府ヨリ其出資財産ノ引繼ヲ受ケタル際ニ於ケル電氣設備ハ一通リノ通信設備ト不完全ナル發電所トニ過キサリシカ爾來鋭意其改良發展ニ努メタル結果漸ク需要ノ増加ヲ見ルニ至リ供給之ニ伴ハサルニ至リタルヲ以テ擴張ノ必要ヲ生シ明治四十一年度ニ三千「キロワット」大正元年度ニ千五百「キロワット」ノ發電機ヲ

增設シタリ而シテ大正三年中ノ發電量ハ九百五十六萬三千二百二十九キロワット時、此石炭量一萬六千六百二英噸ニシテ同年度末ノ電燈供給口數ハ七千五百二十九燈數六萬七千八百十三（十六燭光換算）ヲ算シ又同年度中ニ供給シタル電力ハ百八十五萬餘馬力ニ達セリ電氣鐵道ハ滿鐵ノ經營ニシテ此電力亦同發電所ヨリ供給ス詳細ハ交通ノ部ニ記述ス

瓦斯

滿鐵會社ハ燈火暖房工業其他各種ノ需要ニ供スル爲一晝夜三十萬立方呎ノ石炭瓦斯ヲ製造スル計畫ヲ樹テ十五萬立方呎ノ瓦斯溜ヲ設備シ明治四十三年三月ヨリ營業ヲ開始シタリシカ瓦斯ノ需要意外ニ多クシテ直ニ不足ヲ告クルニ至リシヲ以テ大正元年中製造能力五萬立方呎ヲ增加シ三十五萬立方呎ノ瓦斯溜ヲ增設シ更ニ大正三年二十萬立方呎ノ製造力ヲ增シ尚豫備トシテ一日十萬立方呎ノ製造能力ヲ有スル水性瓦斯發生器ヲ增設セリ而シテ大正

三年度ニ於ケル瓦斯製造高ハ八千三百四十八萬二千百立方呎ニシテ骸炭四千九百五十四英噸タール十萬二千九百四十九哦ノ副生物ヲ得タリ而シテ之ニ要シタル裝炭量ハ八千百五十六英噸ナリトス

二　製藥

工場ハ市外大房身ニ在リ大阪ニ本據ヲ有スル藥種商乾商店ノ經營ニシテ大正三年十月ノ創立ニ係ル從來主トシテ芝罘ヨリ原料ノ儘輸出セラレタル蒙古地方産甘草ヲ選別シ一部ハ原料ノ儘他ハエキスニ製造輸出スルモノニシテ其成績優良ナルヲ以テ近ク市内軍用地區ニ新工場ヲ建築スルト共ニ規模ヲ大ニシ事業ヲ擴張セントスル計畫アリ

三　其他ノ諸工業

前各項ノ外精米、菓子、骨粉、製材及石灰等ノ諸工場アリ皆相應ノ成績ヲ擧ケツツアリ又最近企業ニ係ルモノニシテ粉炭ヲ利用シテ煉炭ヲ製造スル工場二アリ一ハ營口煉瓦製造所三春柳分工場ニ於ケルモノニシテ一日四十噸ノ能力ヲ有スル英國製ノ煉炭製造機ヲ据付ケ汽罐用、「ストーブ」用等ノモノヲ製造ス一ハ穴明煉炭ト稱シ石炭ノ臭氣ヲ除去シ木炭ノ代用品タラシメントスルモノニシテ小崗子ニ工場ヲ設ク右兩品共尚ホ試驗時代ニ屬スト雖研究ヲ積ムニ從ヒ成効ノ域ニ達スルヲ得ヘシ

一四　工業獎勵ノ施設一般

當地ニ於ケル工業ニ對シテハ關東都督府ハ種々ノ方法ヲ以テ保護獎勵ヲ加ヘツツアリ即チ或工業ニハ其稅金ヲ格別ニ低減ス其種類ハ豆粕及豆油製造、セメント製造、高粱酒釀造、

醬油釀造、石鹼製造、硝子製造ノ六種ニシテ普通ノ製造業ハ收入金額千分ノ五ナルモ以上ノ各工業ハ千分ノ二トナセリ又前途有望ナル工業ニシテ一時其經營困難ナルモノ等ニ對シ健全ナル發達ヲ爲サシメ將來ノ大成ヲ期セシムルカ爲ニ補助金下附ノ特典ヲ與フルコトアリ又起業者ノ爲ニハ官有地使用ニ付出來得ル限リノ便宜ヲ與ヘ居レリ

正金銀行ハ滿洲ニ於ケル起業者ノ爲長期ニシテ低利ナル特種貸付ノ途ヲ開キ建物、機械等ヲ擔保トシテ年六分乃至七分ノ利子ヲ以テ年賦償還ノ便法ヲ與ヘツツアリ大連支店ニ於テ其事務ヲ取扱フ

滿鐵會社ハ中央試驗所ヲ大連ニ置キ各般ノ分析試驗ヲ爲シ工業ノ啓發ニ努メツツアリ滿洲ニ於テ工業ニ從事スルモノハ勿論將來滿蒙ノ地ニ於テ起業ニ志ヲ有スルモノハ必ス同所ニ就キ其研究又ハ試驗ノ狀況ヲ視察シ且同所ヲ利用スルノ必要アルヲ以テ同所ノ業務概要

ヲ左ニ掲ク同會社ハ尚大連ニ南滿洲工業學校ヲ設置ス其狀況ハ教育ノ部ニ記述セリ

中央試驗所ハ滿洲ニ於ケル殖産、興業並ニ衞生上ノ改良發達ヲ企圖スル諸般ノ調査研究及試驗ヲ施行シ併テ汎ク一般ノ依賴ニ應シテ分析、試驗及鑑定ヲ施行スルヲ目的トシ庶務科、分析科、應用化學科、製絲染織科、窯業科、衞生科、電氣化學科及豆油製造場ノ八科一場ヲ以テ組織ス而シテ製絲染織科、窯業科、釀造科及豆油製造場ニ於ケル設備ハ漸ク整理ノ緒ニ就キ其他ハ漸次必要設備ヲ完成シ以テ所期ノ目的ヲ達セントシツツアリ今各科ノ事務ヲ擧クレハ

イ、分析科ハ汎ク一般ノ依賴ニ應シ分析試驗及鑑定ヲ行フ取扱物品ノ主要ナルモノハ鑛石、石炭、「セメント」、合金、工業用原料及製品等ナリ

ロ、應用化學ニ屬スル調査、研究若ハ試驗ノ範圍ハ頗ル廣シト雖滿洲ノ現狀ニ鑑ミ先ツ其

重要ナルモノニ就キ研究ニ著手セリ其主要項目ハ一、石炭ノ乾餾及副產物ノ研究二、瀝青頁岩ノ試驗三、油類ノ研究四、鹽類工業ニ關スル試驗五、大豆粕成分ノ研究等トス
ハ、製絲染織科ニ於テハ柞蠶繭絲ニ關スル試驗及染織ニ關スル試驗ヲ爲ス
ニ、窯業科ニ於テハ耐火煉瓦、「ダイナス」煉瓦、瓦斯「レトルト」、陶磁器、硬質陶器ノ製造試驗及硝子業ニ關スル調査及原料試驗ヲ施行ス
ホ、釀造科ニ於テハ高粱酒釀造、黃酒釀造及紹興酒釀造ニ關スル試驗研究ヲ爲ス
ヘ、衛生科ハ衛生並藥化學ニ關スル試驗研究ヲ爲シ尙依賴試驗トシテハ飮食物ノ衛生的檢查藥品ノ化學的檢查及水質ノ檢查ヲ施行ス
ト、電氣化學科將來滿洲ニ於テ電氣化學工業ヲ起スノ機會アルヘキヲ以テ豫メ之ニ備フルノ目的ヲ以テ設備セントスルモノナリ

チ、豆油製造場ニ於テハ大豆豆油抽出作業ニ關スル技術的及經濟的試驗施行ノ傍各種油脂ノ抽出精製及副産物ノ利用ニ關シ研究ヲ進メムトスルモノニシテ爲ニ一試驗工場ヲ設置セルハ油坊ノ項ニ於テ記述セルカ如シ

第六章 財政經濟

一 租税

關東都督府ニ於ケル租税及諸收入ハ去ル明治四十一年三月ニ至ル迄地方經濟ノ一途ナリシモ同年四月特別會計法施行以來國庫費地方費ノ二途ニ區分セラレタリ而シテ民政署ニ於ケル收入ノ主ナルモノハ國庫費所屬ニ在リテハ地租、鹽稅、土地貸下料等ニシテ地方費所屬ニ在リテハ營業稅、雜種稅、水道收入、市場及公園貸下料、婦人醫院收入、學校授業料

等ナリトス租稅及公課徵收ノ方法ハ國稅徵收法ヲ準用スルヲ以テ內地現行ノ方法ト異ナル所ナシ今既往四ヶ年度收入濟額ヲ上クレハ次ノ如シ

關東都督府國庫收入額

科目	明治四十四年度	大正元年度	大正二年度	大正三年度
關東都督府特別會計收入	円 三〇九、七〇八、九二〇	円 三三二、二三六、六五五	円 三八二、八〇九、二〇〇	円 三五六、六六五、七九五
經常部歲入	二八二、〇六五、八二〇	二七九、九〇六、一二五	二九六、七〇三、六六〇	三二八、六〇〇、八五五
租稅	三二、三七五、〇五〇	一〇、四五五、一五五	一〇、二五三、八四〇	一三、五九二、五七〇
地租	九、三五八、三三〇	九、三五〇、三六五	九、八五四、一五〇	一二、三三八、九八〇
鹽稅	二三、〇一六、七二〇	一、一〇四、七九〇	三九九、六九〇	一、二五三、五九〇
官業及官有財產收入	二四八、六一一、九二〇	二六八、〇四四、八七〇	二七四、四六三、三八〇	三一四、〇九六、九六五
土地家屋貸下料	二四八、六一一、九二〇	二六八、〇四四、八七〇	二七四、四六三、三八〇	二七九、四七六、三五五
船稅	—	—	—	三四、六二〇、六一〇
雜收入	二、〇七八、八五〇	一、四〇六、一〇〇	一一、九八六、四四〇	一、九一一、三二〇
雜入	二、〇七八、八五〇	一、四〇六、一〇〇	一一、九八六、四四〇	一、九一一、三二〇

科目	明治四十四年度	大正元年度	大正二年度	大正三年度
臨時部歳入	二七、六四三、一一〇	四二、三三〇、五四〇	八六、一〇五、五四〇	二八、〇六四、九四〇
官有物拂下代	二七、六四三、一一〇	四二、三三〇、五四〇	八六、一〇五、五四〇	二八、〇六四、九四〇
物品拂下代	六〇八、〇七〇	六、一五八、六八〇	一、〇一〇、五二〇	七、四〇三、七三〇
建物拂下代	四、四六四、九五〇	一〇、八五五、四二〇	三九二、九六〇	一、一八〇、八八〇
競賣地區年賦納金	二二、五七〇、〇九〇	二五、三一六、四四〇	八四、七〇二、〇六〇	一九、四八〇、三三〇

地方費收入額

科目	明治四十四年度	大正元年度	大正二年度	大正三年度
地方費會計收入	円 三一四、三〇九、一八〇	円 二八四、一九〇、〇一〇	円 四三七、七四七、四二〇	円 五八二、四二三、三九〇
經常部收入	三一三、七九一、八四〇	二八四、〇〇〇、四〇〇	四二七、六七三、〇七〇	五三〇、一一六、三三〇
租税	二四二、一六一、二〇〇	二一九、四六九、二七〇	二二七、一三五、四三〇	二三九、七一九、五三〇
營業税	一四九、一二五、一六〇	一二七、七三九、〇七〇	一三四、七〇〇、三一〇	一三四、七二〇、五七〇
雜種税	九三、〇三六、〇四〇	九一、七三〇、二〇〇	九二、四三五、一二〇	一〇四、九九八、九六〇
事業及財産收入	三七、九八四、九七〇	五〇、九九七、二四〇	一九三、一四九、一四〇	二二七、三八六、四六〇
水道收入	—	—	一三九、八六一、五四〇	一七三、八[illegible]八七九〇

婦人醫院收入	一一、三七〇、八〇〇	一〇、四二七、〇〇〇	一〇、四二九、七〇〇	九、一一一、四〇〇
營造物貸下料	二三、一一四、一七〇	一九、三三一、九四〇	一七、八三一、五〇〇	一七、四八九、三九〇
取引市場收入	—	—	五、一三三、五〇〇	五、八八七、八八〇
屠獸場收入	—	一七、〇二七、三〇〇	一六、五三一、四〇〇	一六、八三一、〇〇〇
火葬場收入	三、五〇〇、〇〇〇	四、三一一、〇〇〇	三、三六二、五〇〇	四、一四七、〇〇〇
雜收入	三二、六四五、六七〇	三、五三三、八九〇	一七、三九八、五〇〇	三三、〇二〇、[illegible]四〇
授業料	八、〇〇三、四〇〇	八、五六六、〇〇〇	九、四七八、三五〇	一〇、九三三、八五〇
特許料	—	—	—	三三、七〇四、七一〇
諸手數料	二三、九九九、三三〇	三、五八五、三八〇	五、九九七、四七〇	六、九五四、七八〇
雜入	七〇二、九五〇	一、三八二、五一〇	一、九二三、六八〇	一、四二七、〇〇〇
臨時部收入	一、五一七、三四〇	一八九、六二〇	七四、三五〇	六二、二九七、〇六〇
拂下代	一、五一七、三四〇	一八九、六二〇	七四、三五〇	二八三、〇六〇
物品拂下代	一、五一七、三四〇	一八九、六二〇	七四、三五〇	二八三、〇六〇
寄附金	—	—	—	六二、〇一四、〇〇〇
寄附金	—	—	—	六二、〇一四、〇〇〇

税率表

國庫所屬

（大連本金庫ヘ納付ノモノ）

科目	種目	賦課標準	税率	納期區分	備考
地租	田、畑	一畝ニ付（一箇年）	金十錢	十一月	各村長ハ一畝ニ付金五厘ノ看青費ヲ徴收ス
鹽税	移出鹽	一石ニ付	金六十錢	移出ノ時	
鹽税	移入鹽	一石ニ付	金一圓五十錢	移入ノ時	日本産鹽ヲ除ク
土地家屋	大連市街地貸下料	一等一坪ニ付（月）	金十二錢	毎月十日	
		二等一坪ニ付（月）	金十錢		
		三等一坪ニ付（月）	金八錢		
		四等一坪ニ付（月）	金六錢		
		五等一坪ニ付（月）	金四錢		
		六等一坪ニ付（月）	金二錢		
		七等一坪ニ付（月）	金一錢		
	小崗子土地貸下料	一等一坪ニ付（月）	金五錢		
		二等一坪ニ付（月）	金四錢		
		三等一坪ニ付（月）	金三錢		
		四等一坪ニ付（月）	金二錢		
		五等一坪ニ付（月）	金一錢		

科目	種目	賦課標準	稅率	納期區分	備考
貸下料	沙河口外二十六箇村土地貸下料	一畝ニ付（一箇年）	金四十錢 金三十錢 金二十錢	前期五月 後期十一月	一畝八圓ニテ買收ノモノ 一畝六圓ニテ買收ノモノ 一畝四圓ニテ買收ノモノ
	家屋貸下料	一等一坪ニ付（一月） 二等一坪ニ付（一月） 三等一坪ニ付（一月） 四等一坪ニ付（一月） 五等一坪ニ付（一月）	金一圓二十錢 金一圓 金八十錢 金六十錢 金四十錢	毎月十日	

地方費所屬（關東州地方費現金取扱所ヘ納付ノモノ）

科目	種目	賦課標準	稅率	納期區分	備考
營業	物品販賣業	賣上金額（年稅） 從業者	卸賣千分ノ半 小賣千分ノ四半 毎一人金參圓		一 毎期納額ハ年額ノ三分ノ一ツヽトス 二 新規開業又ハ廢業ノ場合ニハ月割ナ以テ課稅ス 特種製造業ハ左ノ通リ定ム
	銀行業	資本金額 從業者	千分ノ三 毎一人金參圓		
	金錢物品貸付業	資本金額 從業者	千分ノ十二 毎一人金參圓		
	貸家業	貸付用建物賃貸價格 從業者	千分ノ二十五 毎一人金參圓		
	倉庫運送業	收入金額 從業者	千分ノ十 毎一人金參圓		

業税

業種	課税標準	税率	納期
請負業	請負金額	千分ノ五	第一期 三月三十一日 第二期 八月三十一日 第三期 十二月三十一日
周旋業 問屋業 代理店業 兩替業	報償金額	千分ノ三十	
製造業	收入金額	特種 千分ノ二 其他 千分ノ五	
印刷業	收入金額	千分ノ五	
寫眞業	收入金額	千分ノ十五	
糶市場	賣上金額	千分ノ一、五	
洗濯業 湯屋業	收入金額	千分ノ五	
旅人宿業	收入金額 建物賃貸價格 從業者	千分ノ五 千分ノ二十 毎一人金六圓	
貸席業 料理店業 貸座敷業	收入金額 建物賃貸價格 從業者（毎月）	千分ノ十 千分ノ三十 毎一人金一圓	毎月二十五日
飲食店業 芝居茶屋業	收入金額 建物賃貸價格 從業者	千分ノ五 千分ノ二十 毎一人金五十錢	毎月二十五日

一　豆粕及豆油製造業
二　セメント製造業
三　麥酒醸造業
四　醬油醸造業
五　石鹸製造業
六　硝子製造業

年税營業者ニシテ新ニ開業シタルモノハ其營業月ヨリ課税ス尚左ノ業體ハ三ヶ年以内課税猶豫ヲナスコトヲ得

銀行業
保險業
倉庫業
特種製造業
印刷業

雑種			
藝妓	一人ニ付（月税）	金七圓	
小藝妓	一人ニ付（十四歳未滿）	金三圓	
俳優、幇間、遊藝師匠、遊藝稼人	一人ニ付	金二圓	
娼妓、酌婦	一人ニ付	金二圓五十錢	
遊技場	玉突場玉突臺一臺ニ付	金二圓	
	玉突場以外ノモノ	金一圓	
車	西洋形乘用馬車	金二圓	
	支那形乘用馬車	金一圓五十錢	
	荷積馬車	金一圓五十錢	
	人力車	金七十錢	
	荷車	金五十錢	
	自轉車	金五十錢	
理髮業	一人ニ付	金一圓	毎月二十五日
	職工一人ヲ増ス毎ニ	金五十錢	
女髮結	一人ニ付	金八十錢	
	職工一人ヲ増ス毎ニ	金三十錢	
大工職、左官職、鍛冶職、鑄物職、石工職	一人ニ付	金五十錢	

税			
表具職、建具職			
露店商業、行商業	一人一箇年	金三圓	
艀船業	船一艘ニ付	金一圓	
潜水業	一人ニ付	金一圓	
興業、演劇	收入金額（日税）	百分ノ五	隨時
人寄席	一箇所ニ付（日税）	金五十錢	
屠畜業	牛一頭ニ付 馬、騾同 其他同	金一圓五十錢 金五十錢 金三十錢	

二　貨幣

當港開埠當時ハ露貨ノ通用ヲ見タルカ日露戰役中我政府カ舊日本一圓銀貨ヲ兌換本位トシテ軍用手票ヲ發行スルヤ取引價格ノ標準忽チ一變シ携帶便ニシテ信用確實ナル軍用手票

ニ據ルニ至レリ平和克復後政府ハ軍用手票整理ノ必要上且滿洲ニ於ケル邦人ノ經濟的勢力發展ノ爲横濱正金銀行券(銀券)ノ發行ヲ認可シタルカ軍票ノ漸次回收セラルルト共ニ同銀行券ハ其ノ勢力ヲ增進シ取引價格ノ標準トシテ市場ニ地歩ヲ占ムルニ至レリ然ルニ都督府經費及滿洲駐屯軍ノ費用ハ金ヲ以テ支拂ハレ滿鐵會社設立セラルルニ及ヒ諸勘定ニ金本位ヲ採用セラレ爾來同社ノ經營著々其ノ歩ヲ進メ邦人ノ經濟的發展年一年顯著ナルモノアリ隨テ日本銀行兌換券ノ勢圈次第ニ擴大シテ一般經濟生活ノ標準トナリ日常ノ取引ニハ殆ント銀本位貨幣ノ必要ヲ感セサルニ至リタルノミナラス特產物輸出商人ニ在リテモ滿洲本邦間ニ於ケル爲替相場ノ變動ヨリ生スル危險ヲ避ケンカ爲金建ヲ希望スルアリ取引上日本人ト關係アル支那人亦兌換券ノ使用ニ慣熟シ來リテ需要彌增加スルノ大勢ニ鑑ミ政府ハ勅令ヲ發シ正金銀行ヲシテ金券ヲ發行セシムルニ至レリ同金券ハ漸次其ノ流通高ヲ增加ス然レ

トモ滿洲特產物ノ取引ハ未タ全ク舊態ヲ脫セス依然正金銀券ヲ以テ取引價格ノ標準トナシ支那政府亦關稅ノ徵收ニ銀本位ヲ改メサルカ故ニ支那人間及對支那人取引ニ於ケル正金銀券ノ流通ハ尙相當多額ナルヲ見ル

通貨ノ種類　日本貨幣ニ在リテハ日本銀行兌換券及補助貨、橫濱正金銀行券、朝鮮銀行券、圓銀、軍用手票、橫濱正金銀行銀券ノ各種アリ此內圓銀ハ元軍用手票ノ本位貨トシテ發行セラレタルモノナルモ漸次市場ヨリ其姿ヲ沒シ現今實際取引ニ使用セラルルコト殆ントナシ又軍用手票ハ日露戰役當時政府ノ發行シタルモノナルカ正金銀行券ノ發行ニ依リテ大部分引換ヘラレ現在引換未濟高三十數萬圓多クハ五十錢以下ノ小札ニシテ正金銀票ノ補助貨トシテ使用セラルルニ過キス其他ノ貨幣ハ何レモ相當多額ノ流通ヲ見ル而シテ金本位貨ハ主トシテ日本人間ノ取引ニ使用セラレ銀本位貨ハ日支人間ノ取引殊ニ特產物取引ニ專ラ使用セラレツツアルモ漸次其流通區域局限セラルルノ趨勢ニ在リ支那貨幣ニ在リテハ小銀貨（一般ニ洋錢ト稱シ大洋錢小洋錢ノ二種アリ）銅元及洋錢票ノ三種アリ小銀貨中當地方ニ流通ヲ見ルハ専ラ小洋錢ニシテ支那商民間日常ノ取引ハ多ク之ヲ以テ標準トシ殊ニ苦力賃錢ノ支拂ハ總テ之ヲ用ヒ最モ多ク流通ス銅元ハ銅子兒ト稱シ小銀貨ノ補助貨トシテ使用セラル洋錢票ハ小銀貨ヲ兌換本位トセル紙幣ニシテ奥地ニハ盛ニ流通スレトモ當地ニハ此ノコトナク稀ニ中國銀行鈔票ヲ散見スルノミ

貨幣相場　前述ノ如ク當地ニ於ケル通貨ハ金銀ノ兩種アリテ市場取引價格ノ如キモ銀塊相場ノ高低其他ノ原因ニ依リ變動極リナク且各銀行錢莊等其建相場ニ多少ノ差違アリテ一律ナルヲ得ス建相場ハ正金相場、市場相場、滿錢相場、公定相場、海關相場ノ五種ニ區別スルコトヲ得（イ）正金相場ハ正金銀行建相場ニシテ倫敦銀塊相場ニ基キ之ニ各種ノ情形ヲ加味シテ建ツルモノナリ（ロ）市場相場ハ當地各錢舖（兩替店）ノ建相場ニシテ錢業公所ニ於テ定ムルモノナリ（ハ）滿鐵相場ハ南滿洲鐵道株式會社カ銀ノ收支ニ際シ大體正金相場ニ準シ多少ノ斟酌ヲ加ヘ同社特定ノ相場ヲ建テタルモノナリ（ニ）公定相場ハ關東都督府カ歲入歲出ノ整理ニ使用スル爲定メタル相場ニシテ在滿洲本支金庫カ據リテ計算ノ標準トスルモノナリ（ホ）海關相場ハ關稅徵收ノ標準トシテ稅關ニテ定メタル相場ニシテ海關兩百兩ニ對シ銀百五十六圓八十錢ト定メ變動スルコトナシ今大正三年中ニ於ケル各建相場（正金銀行券百圓ニ對スル）ヲ擧クレハ左ノ如シ

銀相場　大正三年

月次	正金 日本向參着賣	市中相場	滿鐵相場	公定相場	市中小洋錢
一月	九〇、七五円	九一、〇〇円	九一、〇〇円	九一、〇〇円	一一八、八〇円

二月	九一、三〇	九一、八五	九一、二五	九一、〇〇	一一九、四〇
三月	九一、五〇	九二、三〇	九一、五〇	九二、〇〇	一二〇、八〇
四月	九三、七〇	九四、三五	九三、五〇	九三、〇〇	一二一、七五
五月	九一、二五	九一、五五	九一、二五	九一、〇〇	一二〇、〇〇
六月	八九、〇〇	八九、七〇	八九、五〇	八九、〇〇	一二〇、三五
七月	八一、六〇	八二、八〇	八三、〇〇	八三、〇〇	一一五、六〇
八月	八〇、七五	八四、二〇	八二、二五	八二、〇〇	一一八、一五
九月	八二、一五	八四、〇五	八二、〇〇	八二、〇〇	一二一、四五
十月	七七、六五	八〇、〇五	七七、五〇	七八、〇〇	一一七、四二
十一月	七九、四〇	七九、六五	七九、五〇	七九、〇〇	一一七、〇〇
十二月	八〇、〇〇	八〇、〇〇	八〇、〇〇	八〇、〇〇	一一六、〇〇

備考　本表ハ各月末ノ相場ヲ示ス

貨幣取引　當地ニ於ケル貨幣取引ハ元支那各商埠ニ於ケルト同シク公議會内ニ銀市ナルモノヲ開キ各商家ハ毎朝會合シテ現金ノ賣買ヲ爲シ其相場ハ之ヲ公議會相場ト稱シ來リシ

カ大正二年五月錢莊二十餘家協議シテ錢業公所ナルモノヲ私設シ毎家營業ノ大小ニ應シ保證金ヲ積立テ相集團シテ取引ヲ爲スコトトセリ然ルニ其ノ取引ハ現物ノミナラス先物ヲモ含ムカ故ニ當局官憲ハ監督ノ必要ヲ認メ關係者ト協議シ定款ヲ作製シテ必要ノ事項ヲ規定セシメ之ニ認可ヲ與ヘテ大連貨幣取引所ノ設立ヲ公認シ大正三年二月二十五日ヨリ開始セリ是ヲ大連錢業公所ト稱ス其目的トスル所ハ制裁ヲ設ケテ監督ヲ嚴ニシ各種ノ貨幣取引ヲ確實ニシテ金融ノ便宜ニ資セントスルニ在リ會員組織ニシテ取引ハ現物、定期ノ二種トシ定期取引ヲ爲ス會員ハ身元保證金三百圓ヲ提供スルヲ要シ且會員一人ニ付毎期ヲ通計シテ三萬圓ヲ限度トシ其額以上ノ取引ヲ爲サントスルトキハ一萬圓ニ付金二百圓ヲ提供シテ其擔保ニ充ツ而シテ取引所カ會員ヨリ徴收スル手數料ハ賣買額一萬圓ニ付金八十錢トス大正三年中ニ於ケル賣買額左ノ如シ

	銀對金	銀對小洋錢	金對小洋錢	計
定期取引	五〇五、〇〇〇円	一円	一円	五〇五、〇〇〇円
現物取引	九、一二二、〇〇〇	三、六一八、三〇〇	二〇、〇〇〇	一二、七六〇、三〇〇
計	九、六二七、〇〇〇	三、六一八、三〇〇	二〇、〇〇〇	一三、二六五、三〇〇

三　金融機關

邦人經營ニ係ル金融機關左ノ如シ

イ、橫濱正金銀行大連支店　明治三十七年七月日露戰酣ナルニ當リ青泥窪出張所ヲ設ケ金庫事務ヲ取扱フ外唯一ノ金融機關トシテ一般銀行業務ヲ營ミ三十八年七月大連支店ト改稱ス戰後滿洲大豆ノ販路海外ニ開ケ輸出貿易逐年盛大ヲ致スト共ニ輸入貿易亦著シキ增進ヲ見ルニ至リ殊ニ滿鐵會社ノ經營施設ノ完備邦人ノ經濟的勢力ノ伸張較著ナルモノアリ此ノ時ニ際シ同行カ殆ント唯一ノ爲替銀行トシテ輸出入業者ノ活動ヲ幇助スルノ外一般銀行業務ニ於テ大連經濟界ノ發展ニ資シタルヤ大ナリ同行本來ノ業務ハ外國爲替ノ取扱ニアリ然ルニ滿洲開發ノ爲ニハ不動產ヲ抵當トスル興業資金ヲ供給スヘキ金融機關ノ必要アリ前年官民ノ間ニ特殊銀行設置ノ急務ヲ唱道セラレタル結果政府ハ當面ノ要求ニ應セン爲同行ニ命シテ特別貸附ノ事業ヲ行ハシムルコトトナリ明治四十三年七月大連支店ヲ統轄店トシテ滿洲特別貸付ノ業務ヲ開始セリ最近ノ統計ニ依レハ開始以來ノ貸出高ハ三百八十七萬三千圓ニシテ現在貸出高ハ二百五十五萬八千圓口數三百一ナリト云フ如此同行ハ滿洲對外爲替業務ノ外一般銀行業務ヲ取扱ヒ金銀兩券ノ發行銀行ノ地位ニ立チ一面勸業、興業若ハ農工銀行ノ如キ特殊銀行ノ業務ヲ兼營スルノ現狀ニ在リ今同行大正三年間ニ於ケル預金、貸金、爲替取扱高ヲ表示スレハ左ノ如シ

種別	受入高	拂出高	差引年末現在高
預金	一二五、九一四、七六五円	一二〇、一七一、九六七円	五、七四二、七九八円
貸金	七二、六八四、五七九	七七、八九六、二七一	五、二一一、六九二
爲替	六四、三三六、七八二	六三、八〇八、四四九	

備考　預金受入高、貸金拂出高ニハ前年繰越ヲ含ム

ロ、株式會社正隆銀行　滿洲ニ於ケル日支合辦金融機關ノ嚆矢ニシテ明治三十九年七月資本銀三十萬圓ヲ以テ營口ニ設立セラレ當地ニ支店ヲ置キタリシカ成績豫期ノ如クナラス四十四年六月改革ヲ遂ケ增資ヲ行ヒ金七十萬圓及銀三十萬圓（全部拂込）トシ本店ヲ大連ニ移シ支店ヲ北方各地ニ置キ商業銀行トシテ一般業務ヲ營ミ日支商人ノ金融機關タル外關東都督府地方費ノ出納ヲ掌リ又貯蓄預金ヲモ取扱ヒ殊ニ其有スル小銀貨勘定ハ支那商人及之ト取引スル邦商ノ便トスル處ナリ大正三年中ニ於ケル預金、貸出及爲替取扱高左

ノ如シ

種別	受入高	拂出高	差引年末現在高
預金	五五、一四七、一九五円	五二、五九〇、四一五円	二、五五六、七七九円
貸金	四四、一八八、九六五	四六、六一三、六五七	二、四二四、六九二
爲替	一〇、六〇六、六七二	一〇、七〇〇、六七一	―

備考　預金受入高、貸金拂出高ニハ前年繰越ヲ含ム

八、株式會社朝鮮銀行出張所　大正二年八月ノ開設ニ係リ一般銀行業務ヲ取扱フ貸出金ノ増加ニ隨ヒ同行銀行券ノ使用セラルルモノ近來相當巨額ニ達シタリ開業以來鋭意業務ノ擴張ニ努メ成績見ルヘキモノアリ大正三年中ニ於ケル預金、貸金及爲替取扱高左ノ如シ

種別	受入高	拂出高	差引年末現在高
預金	一五、〇二六、一五六円	一四、四三六、八六七円	五八九、二八九円
貸金	二〇、〇六九、七七五	二一、七〇六、三一四	一、六三六、五三九

爲替	一一、四八六、九八四	九、九四四、二二〇	―

備考　預金受入高、貸金拂出高ニハ前年繰越ヲ含ム

ニ、株式會社大連銀行　大正二年二月資本金十五萬圓（半額拂込）ヲ以テ設立セラレ一般銀行業務ヲ營ムノ外貯蓄預金ヲ取扱フ元大連貯蓄銀行ト稱セシカ本年七月一日ヨリ現稱ニ更ユ細心ナル營業振ニ依リ漸次堅實ナル發達ヲ爲シツツアリ

ホ、株式會社龍口銀行支店　龍口航路ノ開通ニ依リ物貨ノ出入頻繁ナルニ伴フ荷爲替及送金爲替ノ取組ヲ主トシ傍ラ預金及貸出ヲモ取扱ヒ貿易ノ發達ニ資スル目的ヲ以テ大正二年五月設立セラル日支合辦組織ニシテ本店ヲ龍口ニ置ク資本金十萬圓（半額拂込）ナリ

ヘ、貯金會社　以上五銀行ノ外ニ一定ノ會員組織ニ依リ積立金ヲ爲サシメ一面之ヲ會員ニ貸付シ以テ相互資金ノ融通ヲ圖ル所謂無盡營業者ニシテ大連貯金株式會社（資本金十萬

圓、大正二年十一月設立）滿洲貯金合資會社（資本金一萬八千圓、大正四年四月設立）共立貯金合資會社大連支店（本店ヲ福岡市ニ置キ資本金五萬圓）滿洲殖產株式會社信託部ノ四アリ是等ニ對シテハ都督府令ノ規定ニ依リ銀行營業取締規則ヲ準用シ適當ノ監督ヲ加ヘツツアリ

ト、質屋　金融機關ノ完備セサリシ時代質屋ノ勢力旺盛ナリシカ銀行等ノ增加スルニ從ヒ其營業範圍縮小セラレシモ尚下層機關トシテ五十四戶ノ多キヲ算シ其貸出高約二十萬圓ニ上ル

支那人經營ニ係ル金融機關左ノ如シ

イ、中國銀行大連支店　元大清銀行支店ノ店舖ニ於テ營業ス大清銀行時代ニ在リテハ特產物ニ對スル貸出ヲ爲シテ支那商人ノ活動ヲ裨補セシコト尠カラサリシモ革命動亂ニ際シ

數次ノ取付ニ遇ヒテ復タ起ツ能ハス中國銀行トナリテ以來亦業務不振ヲ極メ殆ント言フニ足ラス

ロ、錢莊　各種貨幣ノ賣買ヲ以テ本業トシ其稍大ナルモノハ營口、奉天、芝罘、天津、上海ト爲替取引ヲ爲シ中ニハ油房其他雜貨商ヲ兼營スルモノアリ目下其主ナルモノ十七八戸アリテ資本額ハ六千圓以上五萬圓以下ノ間ニ在リ

ハ、銀爐　當地ニハ專業者ナク錢莊源發泰カ兼業トシテ小銀塊（碎銀子）又ハ安東縣ノ元寶銀ヲ改鑄スルニ過キス而シテ改鑄シタルモノハ概ネ山東省方面ニ輸出セラレ當地ニ於テ使用セラルルコトナシ

外國人經營ニ係ル金融機關トシテハ露亞銀行支店及香港上海銀行代理店アルノミ露亞銀行支店ハ明治四十四年九月ノ開設ニ係リ外國爲替ヲ主トシ貸出ヲモ取扱フ從來著シキ活動

ヲ見サリシモ大正二年ニ入リ支那商人ニ對シ特產物資金ノ貸出ニ努メ相當成績ヲ擧ケツツアリ香港上海銀行代理店ハ英商和記洋行ノ代理スル處專ラ外國爲替事務ヲ取扱フ

第七章　教　育

一　內地人ノ敎育

小學兒童ハ年ヲ逐フテ增加シ中學校高等女學校商業學校工業學校其他專門的學校亦相踵テ設立セラレ今ヤ滿洲ニ於ケル敎育機關ハ完備ニ近シト云フモ過言ニアラサル也而シテ大連ニ於ケル內地人敎育機關ハ小學校三高等女學校一（以上官立）商業學校一（東洋協會立）工業學校一（滿鐵會社立）及幼稚園一（本派本願寺立）ナリトス其概況ヲ示セハ左ノ如シ

小　學　校

現今ニ於ケル小學兒童數ハ三千五百名ニ達シ年々ノ增加五六百ニ上リ每ニ之カ收容ト設備ニ追ハレツツアリ而シテ此等ハ日本內地到處ヨリノ移住者ナルヲ以テ各其習俗ヲ異ニシ且ツ入退學頻繁ナレハ其敎育訓練共ニ至難ナルモ優良ナル敎員ヲ選任スル結果漸次好成績ヲ示シツツアリ

當地ニ於ケル小學校ノ創始ハ明治三十九年九月ニシテ初メ山城町ニ現存スル露西亞寺院ヲ假校舍ニ充テ僅ニ七十五名ヲ收容シタリシカ爾來內地人ノ渡航日ニ月ニ繁ク學齡兒童亦之ニ伴フテ激增シ明治四十一年東公園町ニ第一小學校(當時大連尋常高等小學校ト稱セリ)ヲ新築シ次テ四十三年第二小學校ヲ北大山通ニ四十五年第三小學校ヲ西公園町ニ建設スルノ盛ナルヲ致セリ而モ市ノ發展ハ駸々トシテ止マル所ヲ知ラス本年度ニ於テハ又忽チ狹隘ヲ告ケ目下地ヲ東公園町表忠碑附近ニ相シ一小學校新築ノ計畫中ナリ今現在小學校ノ生徒

數及職員數ヲ示セハ次ノ如シ

校名	兒童數	學級數	職員數
第一尋常高等小學校	九五五	一七	一九
同校分教場（第四小學校トナルヘキモノ）	一八〇	四	四
第二尋常高等小學校	九三一	一八	二〇
第三尋常高等小學校	一、〇八八	二一	二三
計	三、一五四	六〇	六六

此外市外沙河口滿鐵工場内及柳樹屯ニ尋常高等小學校アリ其生徒數及職員數左ノ如シ

校名	兒童數	學級數	職員數
沙河口尋常高等小學校	四五七	九	一一
柳樹屯尋常高等小學校	三五	二	三

大連高等女學校

本校ハ關東都督府ノ設立ニシテ大正三年九月五日ノ開設ナリ修業年限ハ五ヶ年ニシテ程度亦普通高等女學校ト同等ナリ唯關東都督府高等女學校規則附則ノ定ムル所ニ依リ當分第一學年及第二學年ヘ生徒ヲ募集セス第三學年以上ニ止ムルコトト講習科ヲ附設シテ裁縫技藝ヲ敎授スルコトトハ他校ニ異ル所ニシテ又本校ノ特色ナリ講習科ノ修業年限ハ二ヶ年ニシテ尋常小學卒業以上ノ者ヲ其入學資格トセリ

今本校ニ於ケル生徒及職員數ヲ示セハ次ノ如シ

	生徒數	學級數
本科	一二〇	四
講習科	二二	一

職員數

校長	一
教諭	六
教務囑託	四
書記	二
事務雇	一

大連商業學校

在天神町

本校ハ東洋協會ノ設立ニシテ初メ商業補習學校ト稱シ明治四十三年九月夜間授業ヲ開始シタリシカ同四十五年四月現校舍ノ新築ト共ニ甲種商業學校課程ニ準スル商業科ヲ創設シ從來ノ補習學校ヲ補習夜學部ト改稱シテ授業ヲ開始シ以テ今日ニ迨ヘリ甲種部ハ在外指定學校ニシテ修業年限五ケ年トシ夜學部ハ之ヲ實業科及普通科ニ分チ實業科ハ現ニ業務ニ從事シ晝間就學シ難キ者ノ爲ニ實業上必要ナル學科ヲ授ケ普通科ハ普通教育ノ補習ヲ爲サシムルニ在リ尚夜學部ノ事業トシテ其修得ノ學課ヲ實地ニ活用スルニ當リ其適材タルヤ否ヤヲ考査シテ證査ヲ附與シ以テ就職者ノ便ニ供シ居レリ今本校ニ於ケル生徒職員數ヲ示セハ

左ノ如シ

生徒數

中種部

一學年	二學年	三學年	四學年	五學年	計
一二一	六〇	五七	三三	―	二七一

夜學部

英語	支那語	簿記	法制經濟	商事要項	數學	漢文	普通	計
二二八	一九二	四六	四一	三	六八	八一	五五	七一四

職員數

校長	教頭	教諭	囑託講師	計
一	一	一三	八	二三

工業學校　在伏見臺

明治四十四年三月南滿洲鐵道株式會社ノ設立ニシテ土木、建築、電氣、機械及採鑛ノ五學課ニ分テリ入學資格ハ高等小學校卒業程度ニシテ修學年限ハ四箇年トス在學中徵兵猶豫ノ特典アリ又寄宿舍ノ設ケアリ今其生徒數職員數ヲ左ニ示ス

生徒數

科別	一學年	二學年	三學年	四學年	計
土木科	一五	一七	一一	八	五一
建築科	一三	一三	九	八	四三

電氣科	一八	一六	一一	一〇	五五
機械科	二二	二一	二二	一三	七八
採鑛科	一六	一四	一〇	一一	五一
計	八四	八一	六三	五〇	二七八

職員數

校長	教諭	助教諭	舍監	書記	兼務講師	計
一	二二	三	二	二	二八	五八

大連幼稚園

本園ハ本派本願寺ノ經營ニシテ明治四十年四月ノ開設ニ係リ當地ニ於ケル唯一ノ幼稚園タリ幼兒及職員數左ノ如シ

幼兒數

	男	女	計
一ノ組	三六	三〇	六六
二ノ組	一六	三八	五四
三ノ組	二四	二三	四七
計	七六	九一	一六七

職員數

園長	主事	會計	保姆	囑託醫
一	一	一	五	

二 支那人ノ教育

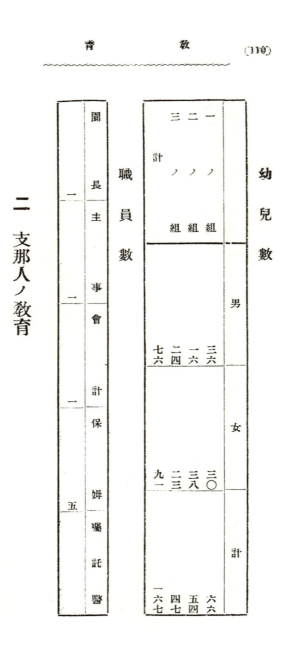

近時支那人ノ我德澤ニ霑被シ我施政ニ信賴スルノ傾向ヲ見ルハ喜フヘキ現象ニシテ之レ必竟我敎育ノ感化ニ由ラスンハアラス今後倍々德性ノ涵養ト普通智識技能ヲ授クルノ外特ニ日本語ニ重キヲ置キ以テ日常ノ實際生活ニ適切ナランコトニ努メシメ居レリ此種ノ敎育機關ハ大連市街地ニ於テハ大連公學堂アルノミ

大連公學堂　在伏見臺

大連公學堂ハ明治三十八年五月十一日軍政署ノ創立ニ係リ漸次發展シテ狹隘ヲ告クルニ至リ明治四十五年三月校舍ヲ新築シテ現位置ニ移轉シ以テ今日ニ至レルモノ其生徒數及職員數左ノ如シ

	生徒數	學級數	職員數
大連公學堂	三四六	九	一二

尚ホ市外小平島（距大連約五里）ニ小平島公學堂アリ其生徒數及職員數次ノ如シ

	生徒數	學級數	職員數
小平島公學堂	一三九	四	四

第八章　社寺宗教

一　神社

イ、大連神社ハ大連ノ產土神社ニシテ天之御中主大神、高皇產靈大神、天照大御神、神皇產大神、大國主大神、產土大神、靖國神ヲ祀ル市內南山麓ニアリ毎年春秋二季（春五月二十七、二十八、二十九日　秋十月十九、十、十一日）祭典ヲ擧行スロ、沙河口神社ハ沙河口滿鐵工場ノ産土神社ニシテ沙河口工場用地內ニアリ天照大御神、大國主大神、伊斯許理度尊、玉祖尊、手置穗負尊及彥狹知尊ノ諸神ヲ祭ル大正三年十月社殿ノ落成ト共ニ遷坐式ヲ行ヘリ例年同月十七日ヲ以テ祭典ヲ擧行ス

二　佛敎

イ、西本願寺關東別院ハ市內信濃町ニアリ明治三十七年四月出征軍慰問ノタメ連枝大谷尊由錫ヲ滿洲ニ進ムルヤ關東別院トシテ假布敎所ヲ當地ニ創設シ爾來今日ニ至ル目下寺地ヲ南山麓ニ相シ五ヶ年計畫ヲ以テ宏壯雄麗ナル堂宇ノ建築中ニ在リ信徒一千七百四十九戶布敎從事者五名又當地ニ於ケル寺院ノ巨擘トス

ロ、大谷派本願寺大連別院ハ市內南山麓ニアリ明治四十五年六月始テ市內若狹町ニ假敎布

所ヲ設ク明治四十五年六月堂宇建築成ルヤ號ヲ大連別院ト改稱シ之ニ移リ以テ今日ニ至ル信徒八百戸布敎從事者四名トス

ハ、樹德山常安寺ハ市內天神町ニアリ曹洞宗派ニ屬ス明治四十一年十一月創テ假布敎所ヲ當地ニ設ク以來鋭意堂宇ノ建設ニ着手シ四十二年十二月之ニ移リ樹德山常安寺ト公稱スルニ至レリ信徒七百五十戸布敎從事者六名トス

ニ、報國山大連院明照寺ハ市內對馬町ニアリ淨土宗ニシテ本山ハ智恩院トス明治三十九年創テ假布敎所ヲ當地ニ設ク大正元年十月堂宇ノ竣成ト共ニ之ニ移リ報國山大連院明照寺ト公稱シ今日ニ至ル信徒五百戸布敎從事者四名トス

ホ、日蓮宗大連敎會所市內春日町番外地ニアリ久遠寺派ニ屬シ本山ヲ蓮永寺トス明治四十二年日蓮宗清國布敎會管轄ノ下ニ假敎會所ヲ同所ニ建設ス嗣テ大正四年五月ニ至リ假敎

會所ヲ庫裡ニ改修シ近ク又本堂ノ建設ヲ見ントス信徒三百五十戸布敎從事者四名トス
ヘ、大連高野山大師敎會支部ハ市内攝津町ニアリ總本山ハ高野山金剛峰寺トス明治四十一年十二月創テ假布敎所ヲ信濃町ニ設ク翌年五月ニ至リ該地ニ堂宇ヲ修シ之ニ移ル尙境内ニ聖德太子堂及辨財天祠アリ信徒三百戸布敎從事者四名トス
ト、淨土宗老虎灘敎會所ハ市外老虎灘ニアリ鎭西派ニ屬シ明治四十二年七月ノ創設ニ係ル信徒八十戸布敎從事者二名目下堂宇ノ建築中ニアリ

三　基督敎

イ、大連日本基督敎會ハ明治三十八年十二月ノ創立ニ係リ市内西廣場ニアリ信者日本人三百人餘布敎者邦人牧師一名トス

ロ、大連基督教會ハ市内敷島町ニアリ大正三年一月ノ創設ニ係ル信者日本人七十八一人ノ邦人牧師アリ

ハ、聖公會ハ明治四十四年ノ創設ニ係リ市内丹後町ニアリ布教者英國人日本人各一人ニシテ信者ハ日英米合シテ百十二名ヲ有ス

ニ、救世軍大連小隊ハ明治四十二年ノ創設ニ係リ市内西廣場ニ在リ中校一名大尉一名布教ニ従事シ信者五十四名ヲ有ス

ホ、福音「ルーテル」教ハ市内小崗子ニアリ清朝光緒二十六年ノ創設ニシテ當地方ニ於ケル基督教ノ鼻祖トス信者ハ悉ク支那人ニシテ百三十二名アリ布教者ハ丁抹人夫妻二名ニシテ補助布教師トシテ支那人十九名ヲ有ス

四　神教

五　其他ノ社寺宗教

當地ニ於ケル神教ハ金光教、大社教、御社教、黑住教、天理教、宮地嶽教及稻荷教ノ七教ニシテ之ヲ表別スレハ左ノ如シ

教別	布教所名稱	布教從事者數	信徒戸數	所在地
金光教	金光教大連教會所	二	九〇〇	市内愛宕町
大社教	大社教滿洲分院	四	九五	市内南山麓
御岳教	御岳教關東教會	三	二四三	同上
黑住教	黑住教大連教會所	一	二一五	市内若狹町
天理教	天理教大連宣講所	三	日本人 三一〇 支那人 三	同上
同	天理教遼東宣講所	五	日本人 五七三 支那人 三	同上
宮地岳教	宮地岳教會	三	三九八	市内近江町
稻荷教	神道實行教所屬稻荷大教會所	一	一〇〇	市内信濃町

以上ノ外日本人中佛教トシテ天台宗、本門法華宗及醍醐派ニ屬スル淨土宗僧侶等ノ戸別布教ニ從事スルモノアリ、神社トシテハ老虎灘ニ關水神社アリ金刀比羅及恵比須ノ二神ヲ祭ル明照寺ニ辨天財及聖徳太子ノ祠アリ日蓮宗大連教會所ニ稻荷祠アリ松公園ニ觀世音及不動尊ノ祠アリ又近ク南山ニ金刀比羅祠ノ建立ヲ見ントス支那人側ニアリテハ管内三十餘個所ノ大小祠廟アリ儒佛神合祀スルモノ多シ又回々教ヲ奉スルモノアリト雖モ極メテ少數ナリ祠廟中小崗子ノ天后宮ハ明治四十一年ノ建立ニ係リ結構輪奐ノ美ヲ極メ附近稀ニ見ル大廟トス

尙ホ基督教ヲ標準トシテ品性ノ陶冶智能ノ啓發ヲ目的トスル大連基督教靑年會市内敷島町ニ在リ米國人ノ經營ニシテ明治四十四年ノ創設ニ係リ三層樓ニシテ建坪七百四十四坪ヲ有ス教室、會員談話室、寄宿舍、會員室、食堂、浴室、圖書室及其他一切ノ娛樂的機關完

備ス時々内外知名ノ士ヲ請シ講演會ヲ開キ又英語ノ教授及聖書ノ研究等ヲナシ以テ目的ノ貫徹ニ努メツツアリテ現在會員一千二百有餘名ヲ有ス

第九章　衛生

大連ニ於ケル衛生狀態ハ道路下水ノ整頓、上水設備ノ完成ト相俟ッテ衛生的作業勵行ノ結果頗ル良好ニシテ明治四十年二月衛生組合設置以來幼稚ナル支那人ノ衛生思想亦著シク發達シ傳染病豫防、穢物除去、便所改良、下水排泄若クハ春秋二季淸潔法ノ如キ漸次習慣的ニ施行セラルルニ至レリ

一　大連衛生組合

大連衛生組合ハ大連及小崗子ヲ區域トスル自治機關ニシテ乃チ汚物掃除及淸潔方法消毒方法其他傳染病豫防救治ニ關スル方法施行ハ本組合ノ事業タリ而シテ警察官之カ援助ヲ爲スヲ以テ其成績年ト共ニ見ルヘキモノアリ組合事業中ノ主ナルモノハ汚水汲取、塵埃除去、糞尿汲取ノ淸潔事業ニシテ之カ良否ハ衛生上至大ノ關係ヲ有スルカ故ニ搬出容器ノ改善車輛ノ改良其他取扱ニ關シテハ警察官ト共ニ常ニ研究ヲ怠ラサルヲ以テ益好成績ヲ擧ケツヽアリ

二 醫療機關

病院

病院ノ主ナルモノハ南滿洲鐵道株式會社所屬大連醫院、大連民政署所屬大連婦人醫院、

同療病院、私立大連慈惠病院、宏濟善堂附屬醫院之ナリ
大連醫院ハ普通患者ノ診療ヲ主トシ虎列拉、百斯篤、痘瘡、猩紅熱患者ヲ除キ傳染病ト雖モ收容シ居レリ
大連婦人醫院ハ藝妓酌婦其他特種營業婦女ノ健康診斷並其治療ヲ爲ス所トス健康診斷ハ每週一回之ヲ施行ス
大連療病院ハ各種傳染病患者ノ收容及其治療ヲ爲ス所トス
慈惠病院、宏濟病院ハ慈善團體ノ項ニ概述シアレハ茲ニ之ヲ略ス

開業醫

開業醫ハ普通醫二十三人何レモ日本人ニシテ外ニ一名ノ英人醫師アリ齒科ハ目下六人ニ過キス是亦日本人ナリ

三　屠獸場

大連屠獸場ハ小崗子ニ在リ元個人ノ經營ナリシヲ明治四十四年四月官營ト爲シタルモノナルカ市ノ發展ニ伴ヒ之カ擴張ノ必要ヲ認メ大正三年建築シタルモノニシテ規模宏大内容亦備ハリ東洋稀ニ見ル屠場ナリ今大正三年度ニ於ケル屠畜數ヲ擧クレハ合計一萬六千八百五頭内牛千九百六十九頭犢三百八十頭馬三十三頭騾五十二頭驢三十七頭豚一萬一千五百九十四頭羊五百八頭山羊二千二百三十二頭ニシテ之ヲ前年度ニ比スレハ五十四頭ヲ増加シ一日平均牛約六頭豚三十餘頭ニシテ逐年需要ノ增進記スルニ足ルモノアリ而シテ牛ノ約七割ハ山東ヨリ輸入スルモノニシテ他ハ蒙古又ハ當地方産トシ馬以下ハ全部地方産ニ屬ス尚屠殺手數料ハ一頭ニ付牛ハ金一圓五十錢馬ハ金五十錢他ハ金三十錢トス

四　牛乳搾取及取締

大連ニ供給スル牛乳搾取業者ハ八人ニシテ一日平均搾取高二石三斗餘其一日平均販賣高二石二斗ニシテ需要供給相匹敵スルカ故ニ一タヒ獸疫等ノ災ニ遇ハンカ忽チ供給杜塞スルノ虞アリ此ヲ以テ之カ取締ニ就テハ各自充分ノ注意ヲ怠ラサルハ勿論平素受持警察官吏ヲシテ臨檢ヲ爲サシメ毎月二回以上獸醫ヲシテ各畜舍ニ就キ牛體檢査ヲ行ハシムル等警戒ヲ怠ラス又牛乳ニ對シテハ毎週一回以上途中收去ノ上檢査ヲ執行シ居レリ尚乳牛改良ノ一策トシテ本年ヨリ都督府ニ於テハ種牛ヲ下付シタリ

五　特種婦女健康診斷

藝妓酌婦其他特种營業婦女ノ健康診斷ハ大連婦人醫院ニ於テ施行スルハ別項記載ノ如シ同醫院ニ於ケル入院患者ハ日々六十八乃至九十八ニシテ其健康狀態ハ最近ノ調査ニ依レハ一ヶ年間ノ受檢者四萬六千二百二十三人ノ内不健康者一千八百八十四人ニシテ受檢者百人ニ對シ四人ノ割合ナリトス

六　共同墓地及火葬場

共同墓地ハ當民政署ノ管理ニ屬シ市外東王家屯（逢阪町ヲ南ニ距ル四丁）ニ在リ其面積五千八百七十八坪ニシテ從來使用ヲ許可シタルモノ三百坪內外ニ過キス

火葬場亦當民政署ノ管理ニ屬ス本場ハ日露戰役當時ノ假設ニ係リ數度ノ改修ヲ施シテ今ニ使用シ來ル目下燒竈一等一、二等二、三等九、合計十二個アリ料金ハ一等十五圓二等十

圓三等七圓十歳未滿ハ半額トセリ

七　傳染病

當市ハ海陸連絡ノ要衝ニ當ルヲ以テ各種傳染病ノ侵入蓋シ免レサル所ナリト雖毎年多少ノ發生ヲ見ルハ誠ニ遺憾ナリ今明治三十九年以降ノ傳染病患者發生ノ狀況ヲ示セハ左ノ通ニシテ年々歳々其流行反復シツツアリ唯赤痢、其ノ他ノ消化器系傳染病ニ對シテハ之カ豫防方法ノ一トシテ蠅ノ驅除ヲ奬勵シ其買上ヲ行フト共ニ極力蠅發生ノ虞アル箇所ニ對シ殺虫劑及消毒劑ヲ撒布シ一面個人的衛生ノ注意ヲ喚起シタル結果客年以來斯病漸ク減少スルニ至レリ

年次		患者 腸窒扶私	パラチプス	虎列刺	猩紅熱	赤痢	痘瘡	ヂフテリヤ	發疹チプス	ペスト	計	死亡者
明治三十九年	日本人	一四	―	―	―	九	二	一	―	―	二六	一〇
	支那人	二	―	―	―	七	―	―	―	―	九	五
明治四十年	日本人	三〇	―	一八	―	三四	四	二	―	―	八八	四〇
	支那人	一二	―	一	―	二六	四	―	―	―	四三	一六
明治四十一年	日本人	四六	―	―	―	一四	五	一	―	―	六六	一九
	支那人	―	―	―	―	一三	一	―	―	―	一四	四
明治四十二年	日本人	一三	―	一七二	二	二四	四	二	―	―	二一五	八五
	支那人	―	―	六	―	九	六	二	―	―	四三	二一
明治四十三年	日本人	一七二	―	六	九	四二	二	五	一	―	一三七	五三
	支那人	一五	―	―	―	四一	一	―	―	―	五七	二三
明治四十四年	日本人	八〇	三	四七	二	五七	―	九	―	―	[illegible]	六一
	支那人	五	三	五六	―	二四	一	―	―	六六	一五五	一〇五
大正元年	日本人	五八	一二	五	一三九	四九	一七	一〇	―	―	二九〇	六二
	支那人	六	三	―	八	一〇	一	―	―	―	三八	二〇
大正二年	日本人	六七	一六	―	一五九	一七	八	一〇	一〇	―	三四七	一四五
	支那人	八	二	―	一六	一〇	三	―	九	―	六六	一七

大正三年	日本人	支那人
	一九	三
	一三	三
	｜	｜
	一三	九
	六五	八
	三五	九
	一九	一
	一	二
	｜	｜
	三三	三五
	八〇	八

八　上水

大連水道ハ露治時代ノ創設ニ係リ其水源ハ馬欄河ノ地下水ヲ集メテ之ヲ大連ノ西方約一里半沙河口浄水池ニ導キ百五十馬力三回膨脹式揚水機ニ依リテ之ヲ伏見臺配水池ニ送リ同池ヨリ自然流下シテ大連ニ送水スルモノニシテ當初一日ノ最大給水量千立方米突ニ過キサリシカ將來ノ發展ニ鑑ミ明治三十八年十月關東州民政署ニ於テ擴張ノ計畫ヲ立テ爾來著々工ヲ進メ明治四十二年度ニ於テ竣成シタリ現在ニ於ケル一日ノ給水量ハ二十二萬立方尺（六千百十一立方米突）ニシテ一日一人ノ使用水量ヲ四立方尺（約六斗一升七合）トスルトキハ約六萬人ニ供給スルヲ得ヘシ然レトモ大連ノ發展ハ駸々トシテ息マス豊富ナラサル水

源動モスレハ不足ヲ訴フルヲ以テ昨年以來地ヲ馬欄河ノ上流（大連ヲ西南ニ距ル四里、岔口）ニ相シ面積十八萬面坪容水量四百二十八萬餘噸ノ貯水池ヲ築設シ是ヨリ約六千間ノ下流ナル沙河口浄水池ニ導クノ計畫ヲ立テ目下之カ工事中ニ屬ス竣成ノ曉ニ於テハ十五萬ノ人口ニ供給シ得ヘク此擴張工事ニ依ッテ大連水道ハ優ニ二十萬以上ノ人口ニ給水シ得ヘシ

九　下　水

市内公設下水ハ總工費九十四萬圓ヲ投シ大正三年度ヲ以テ竣工セリ其種別及延長ハ暗渠二千二百十一間五二開渠三百四十四間四五管埋設五萬六千七百六十四間七六計五萬九千三百二十間七一ニシテ私設下水ハ二千三百八十八ヶ所此延長三萬五千七百十五間餘ナリ

一〇　檢疫所

大連埠頭ヲ距ル東方約十町寺兒溝村ノ海岸ニ在リ大正三年三月ノ竣工ニシテ敷地三萬二千餘坪建物十五棟建坪實ニ二千一百餘坪ヲ有シ諸般ノ設備殆ント間然スル所ナク東洋稀ニ見ル檢疫所タリ設備ノ概況左ノ如シ

一 事務室	煉瓦造二階建	一棟	二十二坪		
一 一二等船客停留室	同	一棟	二百十四坪	六十室	收容人員百八人
一 三等船客停留室	煉瓦造平家	一棟	四百九十一坪	五十五室	同二百人
一 支那苦力停留室	同二階建	一棟	九十七坪	六室	同二百人
一 一二等船客浴室	同平家	一棟	二百二十四坪	十六浴槽	同一回十六人

一三等船客浴室　同　一棟　二百六十五坪　二十六浴槽 七十六所浴　同一回七十六人
一支那苦力浴室　同　一棟　五十六坪　二浴槽　同一回五十人
一消毒室　同　一棟　百二十七坪　同一回二百人
ホルマリン消毒罐一、蒸汽消毒罐大二、小一、薬物消毒室（噴霧装置）一、
一機關室　同　一棟　百六坪
一炊事室　同　一棟　三十四坪
一醫務室　同　一棟　三十七坪
一細菌檢査室　同　一棟　十六坪
一病室　同　一棟　八十三坪　八室　收容人員十六人
一獸類停留室　木造平家　一棟　九十坪　收容數六十頭

一同　病室　同　一棟　十二坪　同八頭

二　苦力及人馬車夫收容所

明治四十三四年ノ交南北滿洲ニペストノ流行スルヤ支那人ノ本病ニ斃ルルモノ算ナク我大連ニ於テハ防疫ノ方法其宜キヲ得比較的慘害少カリシモ尚且數十名ノ多キニ達セリ而シテ罹病者ノ多數ハ殆ント下層勞働者ニ限ラレシ爲メ豫防策ノ一トシテ此等下層支那人ヲ一地ニ隔離スルノ必要ヲ認メ明治四十四年六月特ニ命シテ建設シタルモノ即チ寺兒溝及小崗子苦力收容所及人馬車夫收容所是ナリ寺兒溝苦力收容所ハ埠頭ノ勞役ニ從事スル苦力ヲ收容シ小崗子收容所ハ市內各所ノ勞役ニ從フ苦力ヲ收容スルモノニシテ孰レモ個人ノ經營ニ係リ人馬車夫收容所ハ人車馬車組合ノ經營ニシテ乘合馬車夫及人力車夫ヲ收容セリ當地衞

生上ノ施設トシテ特筆スヘキ一ニ屬ス

第十章　警　察

一　警察機關

當署警察職員ハ警視一人警部七人飜譯生一人警部補十四人囑託三人巡査百四十五人外ニ請願巡査二人巡捕五十五人ナリ尤モ管内戸口ハ日本人支那人共ニ比年著シク増加スルヲ以テ警察職員ノ定員モ之ニ伴ヒ漸次増加ヲ要スル趨勢ニ在リ

警察事務ハ高等警察、保安、執行、司法、衛生、地方ノ各分掌ニ區分セリ警視ハ警務係長トシテ事務ヲ統轄シ各分掌主任ハ警部ヲ以テ之ニ充ツ

警察官吏派出所ハ大連市内ニ十五箇所（外ニ水上派出所一箇所）アリ小崗子ニ三箇所各村

落ニ十二箇所計三十一箇所ヲ設置ス而シテ水上派出所ニハ警部、警部補各一人小崗子派出所ニハ警部一人警部補二人柳樹屯及沙河口派出所ニハ警部補一人宛ヲ配置ス其他市内派出所ニハ巡査巡捕四人乃至六人村落派出所ニハ同二名又ハ三名ヲ在勤セシム

市内派出所ニ在リテハ専ラ外部ニ於ケル警察事務執行ニ從事スト雖水上、小崗子、柳樹屯、沙河口ノ如キ監督者ノ任勤スル派出所ニ在リテハ其主任者ニ對シ或範圍ノ事務ヲ委任執行セシム又村落派出所ニ在リテハ警察事務ノ外會村事務ヲ監督シ尚勸業教育徵税ノ如キ助長行政ノ一部ニ就テモ擔任セシメ居レリ

大連港内水上警察ハ主トシテ水上警察官吏派出所及北大山通警察官吏派出所ニ於テ之ヲ管掌ス前者ハ警部警部補各一人巡査十一人巡捕二人ノ定員後者ハ巡査四人巡捕一人ノ定員トシ外ニ小蒸汽一隻端艇二隻ヲ常置シ尚必要アルトキハ海務局所屬汽船ヲ使用シ居レリ而

シテ其主要ナル事項ハ船舶貨客ニ對スル保護取締、檢疫事務執行、克戎船ノ臨檢監視、遭難船舶ノ救護其他海上ノ巡邏警戒等ニシテ兼テ埠頭一圓ニ於ケル陸上警察事務ヲモ管掌セリ

二　消　防

當地ニ於ケル消防機關トシテハ當署所屬ノ大連消防組及消防專務員並滿鐵會社ノ組織ニ係ル消防本部及之ニ屬スル補助消防隊ニシテ各所屬人員及消防上重要ノ機械器具等左表ノ如シ

消防專務員ハ當署消防屯所ニ所屬シ定員二十二名トス外ニ警部補一名巡査一名ヲ附シテ監督セシム同專務員ハ晝夜ヲ通シ警防上必要ナ[illegible]務ニ服シ災害ノ重大ナラサルモノハ多

ク事務員ノミニ依リ警防ノ目的ヲ達シ居レリ尤モ火災アルトキハ災害程度ノ大小ヲ問ハス專務員其他組員共ニ出場スルハ勿論ナリ又滿鐵消防本部隊員ハ市内火災ノ場合ニ於テ多ク出場スルモ其他ノ補助組員ハ會社附屬地及會社ニ關係アル建物等ノ災害ニ限リ出場シ居レリ

大連消防組員

消防組名稱	監督者	消防手	計
大連消防組	組頭 一 小頭 五	九〇	九六
同消防專務員	小頭 一	二二	二三
計	七	一一二	一一九

主ナル器械器具

蒸汽喞筒　一、　水管馬車　一、　器具運搬馬車　一、

水管車　七、水管　九四、腕用喞筒　三、

大連及小崗子ニ七箇所ノ器具配置所ヲ設備シ必要ナル器具ヲ配置セリ

満鐵會社消防組

組名	人員 監督	人員 副監督	人員 組頭	人員 小頭	人員 筒先	人員 纒持	人員 消防手	人員 計	器具 蒸汽ポンプ	器具 腕用ポンプ	器具 水管馬車	器具 水管車	器具 機械梯子
消防隊本部	一	二					二〇	二三	一	二	一	二	一
補助消防組 電氣組	一	二	一	二	二	二	四〇	五〇		二		二	
補助消防組 倉庫組	一	二	一	二	二	二	四〇	五〇		二		二	
補助消防組 車輛組	一	二	一	二	二	二	四〇	五〇		二		二	
補助消防組 大連工事係組	一	二	一	二	二	二	四〇	五〇		二		二	
補助消防組 埠頭組	一	二	一	二	二	二	一〇〇	一一〇		二		二	
補助消防組 築港組	一	二	一	二	二	二	四〇	五〇		二		二	
沙河口消防隊	一	二	一	二	二	二	二八	三八		二		二	

三　犯罪狀況

犯罪事件ハ竊盜犯其大部分ヲ占ム是レ下等支那人勞働者ノ多數ナルト一ハ內地ヨリ不良無賴ノ徒渡來スル者アルニ因ル而シテ犯人ノ約八割ハ支那人ニシテ外國人ハ幾ント絕無ナリ從來被害ノ稍大ナルモノハ概シテ內地人竊盜常習者ナラサルハナク是等ニ對シテハ常ニ視察ヲ嚴ニシ專ラ累犯豫防ニ努メツヽアリト雖容易ニ減退セス常ニ其檢擧ヲ勵行シ居レリ竊盜ニ亞クハ横領詐欺等ナリ是等犯人ノ多クハ內地人ニシテ商家ノ店員使用人等カ信託ニ背キ金品ヲ横領私消シ或ハ取引上ノ信用ヲ利用シ財物ヲ騙取スル等ナリ斯種ノ犯罪多キハ各地其軌ヲ一ニスト雖母國ノ其レニ比シ彼等ヲ指導保護スル機關ナク惡風ニ感染シ易キニ依ルヲ以テ青年子弟ヲ使用スル商店會社ハ特ニ之カ矯正ノ方法ヲ講究スル價値アルヘシ又

書偽造及複雜ナル詐欺等ノ智能犯ハ比較的尠ナシ又警察取締ノ周到ナル爲博徒無頼ノ輩殆ント一掃セラレ從テ殺傷暴行等ノ暴行犯ハ逐年減少セリ例年冬季間ハ支那人ノ浮浪者ト内地人ノ失職者增加スルトニ依リ犯罪增加ノ傾向アリ故ニ此期間ハ特ニ警戒及檢擧ニ努メ居レリ

第十一章　司法

一　司法制度ノ沿革

明治三十八年八月軍令ヲ以テ刑事民事處分令ヲ發セラレ關東州民政署管轄區域內ニ在ル占領地人民ノ刑事民事ニ關スル裁判ハ始審ニテ且終審ナリシモ明治三十九年七月關東州民事審理規則關東州刑罰令關東州刑事審理規則ヲ施行セラルルニ至リ始メテ二審制度ヲ採用

シ裁判ハ審理所ニ於テ審理官之ヲ爲シ其始審部ノ判決ニ對スル上訴ハ覆審部ニ於テ審判セリ次テ同年九月關東都督府高等法院及同地方法院ヲ設置セラレ司法事務ヲ管掌スルコトトナレリ地方法院ハ之ヲ單獨制トシ第一審トシテ刑事民事及非訟事件ヲ裁判シ高等法院ハ之ヲ合議制トシ三人ノ判官ヲ以テ組織シタル部ニ於テ地方法院ノ判決ニ對スル上訴ヲ審判シ司法制度ノ面目一新セシモ法制未タ完備セス從テ其準據法トシテハ地方ノ法規慣習ノ外帝國民法商法等ヲ參酌スルニ過キサリシカ時運ノ進展ハ制度ノ革新ヲ促シ終ニ明治四十一年九月勅令第二百十二號ヲ以テ關東州裁判令ヲ發布セラレ同年十月以降民政署長ニ於テモ裁判事務ヲ取扱フコトトナリ高等法院ハ終審トシテ民政署長ノ裁判ニ對スル上訴ヲモ覆審シ帝國民法商法刑法民刑事訴訟法其他須要ノ法典ハ之ヲ關東州ニ適用セラルルニ至レリ續テ共助法ノ制定セラルルヤ關東州ト內地樺太朝鮮臺灣及帝國ノ領事裁判權ヲ行フ地域內ニ於

ケル司法官廳間互ニ判決ノ執行書類ノ送達證據調等ノ囑託ヲ爲スコトヲ得權利ノ保護全キヲ得ルニ至レリ

二　司法ニ關スル法規

現今關東州ニ施行又ハ適用セラルル法令中司法ニ關スルモノ左ノ如シ

一、關東州裁判令（明治四十一年九月勅令第二百十二號）

一、關東州裁判事務取扱令（同年勅令第二百十三號）

一、法　例

一、明治四十年二月勅令第十一號韓國及關東州ニ適用スル法律命令ノ施行期日ニ關スル件

一、民　法

一、明治三十五年法律第五十號年齡計算ニ關スル件

一、明治三十七年法律第十七號記名國債ヲ目的トスル質權設定ノ件

一、明治三十二年法律第四十號失火者ノ責任ニ關スル件

一、明治三十二年法律第五十一號教育所ニ於ケル孤兒ノ後見職務ノ件

一、明治三十二年法律第五十號外國人ノ署名捺印及無資力證明ノ件

一、明治三十三年法律第十三號民法第千七十九條遺言確認ノ件

一、工場抵當法

一、明治四十三年九月關東都督府令第三十號關東州ニ於ケル工場抵當登記取扱手續ニ關スル件

一、商　法

一、明治三十二年法律第三十二號商法

一、保險業法

一、關東州ニ支店又ハ代理店ヲ設ケ保險事業ヲ營ム者ニ關スル件（明治四十三年勅令第二百九十四號）

一、明治三十二年勅令第二百七十一號小商人ノ範圍ノ件

一、明治二十三年法律第百一號破產宣告者ノ件

一、刑　法

一、刑法施行法

一、明治二十二年法律第三十四號決鬪罪ノ件

一、明治三十八年法律第五十一號臺灣銀行劵ノ僞造變造處罰ノ件

一、明治三十八年法律第六十六號外國ニ於テノミ流通スル貨幣等ノ僞造變造模造取締法
一、軍機保護法
一、爆發物取締規則
一、印紙犯罪處罰法
一、明治四十一年十月勅令第二百五十七號關東州ニ於ケル刑事ニ關スル件
一、明治四十一年九月勅令第二百十七號刑法施行前ニ發シタル命令ニ關スル件
一、明治四十一年勅令第二百三十六號關東州罰金笞刑處分令
一、明治四十一年九月關東都督府令第五十七號關東州罰金笞刑處分令施行細則
一、明治四十二年勅令第百二十五號刑法施行後施行ノ命令ニ掲ケタル刑法ノ刑名ニ關スル件

一、刑事訴訟法
一、逃亡犯罪人引渡條例
一、海底電信線保護萬國聯合條約罰則
一、外國艦船乘組員ノ逮捕留置ニ關スル援助法
一、普通治罪法、海軍治罪法、陸軍治罪法、交渉ノ件處分法
一、民事訴訟法
一、人事訴訟手續法
一、非訟事件手續法
一、競賣法
一、家資分散法

一、不動産登記法
一、明治三十九年法律第五十五號債務者ニ代位スル債權者ノ登記申請ノ件
一、供託法
一、明治四十一年勅令第二百一號關東州及帝國カ治外法權ヲ行使スルコトヲ得ル外國ニ於ケル特許權、意匠權、商標權及著作權ノ保護ニ關スル件
一、關東州辯護士令（明治四十一年勅令第二百十四號）
一、明治四十一年九月關東都督府令第五十四號辯護士名簿登錄ニ關スル件
一、明治十八年第十二號布告
一、關東都督府及所屬官署ノ民事訴訟ニ關シ國ヲ代表ノ件（明治四十年三月勅令第五十七號）
一、明治四十年七月關東都督府令第三十九號民政署郵便電信局法院ハ民事訴訟ニ付國ヲ

代表ノ件

一、關東州防禦營造物地帶法（明治四十一年三月勅令第三十六號）

一、明治四十四年十月勅令第二百四十九號關東州ニ行ハルル勅令ニ於テ法律ニ據ルノ規定アル場合ニ於テ其法律ノ改正アリタル場合ニ關スル件

一、明治四十四年法律第五十二號司法事務共助法

一、外國裁判所ノ囑託ニ因ル共助法

一、明治四十一年法律第五十二號滿洲ニ於ケル領事裁判ニ關スル件

一、關東州裁判事務取扱令施行細則（明治四十一年九月關東都督府令第五十一號）

一、關東州裁判手數料令（同年同月府令第五十二號）

一、關東州裁判費用令（同年同月府令第五十三號）

一、法人ノ設立及監督ニ關スル規程（同年同月府令第五十五號）
一、囚人及刑事被告人押送規則（同年十一月府令第六十七號）
一、罰金科料等ヲ收入印紙ヲ以テ納メシムルコトヲ得ルノ件（明治四十四年三月府令第五號）
一、保險業法ノ施行及外國保險會社ニ關スル件（同年六月府令第二十二號）
一、關東州船籍令（同年十二月府令第三十五號）
一、印紙犯罪處罰法第五條、官沒ハ民政署長又ハ同支署長ヲシテ之ヲ爲サシムル件（明治四十二年五月府令第八號）

此他關東都督府令及民政署令ニシテ刑罰ノ制裁ヲ付シタル諸取締規則アルモ煩ヲ避ケ省略ス

三　民政署長ノ裁判權限

關東都督府高等法院同地方法院及民政署長ヲ以テ關東州ニ於ケル裁判機關トナセルコト
ハ前述ノ如シ而シテ民政署長ニ屬スル裁判權限ハ左ノ如シ

民事

イ、二百圓ヲ超過セサル金額又ハ二百圓ヲ超過セサル物ニ關スル訴訟
ロ、支那人ノ外ニ關係者ナキ前號以外ノ訴訟

刑事

イ、拘留又ハ科料ノ刑ニ該ルヘキ罪
ロ、一年以下ノ懲役若ハ禁錮又ハ二百圓以下ノ罰金ノ刑ニ該ルヘキ行政諸規則違反ノ罪
ハ、裁判所構成法第十六條ノ一第一項第二號ニ揭ケタル左記支那人ノ罪
1・竊盜、遺失物漂流物其他占有ヲ離レタル他人ノ物ノ横領ノ罪

2、住居侵入及其未遂罪
3、猥褻圖書物件ニ關スル罪
4、賭博及富籤ノ罪
5、過失傷害罪
6、一年以下ノ懲役若ハ禁錮又ハ三百圓ヲ超過セサル罰金ニ該ル罪

民事爭訟調停
督促手續（當事者ノ一方又ハ双方支那人ナルトキハ本手續ヲ適用セス）
假差押假處分（地方法院ニ屬セサル分）
執行裁判所ノ事務
但裁判事務取扱令第五十八條第五十九條ニ規定セルモノヲ除ク

公示催告
公正證書作成及確定日附
非訟事件
イ、登記
但建物、船舶、工場、財團、法人、夫婦財產契約、未成年者、妻、後見人ノ商業ニ關スル分（土地ニ就テハ當分ノ內登記ヲ爲サス）
ロ、家資分散
ハ、競賣法ニ依ル競賣
ニ、其他ノ事件
非訟事件手續法ニ規定セルモノ但同法第百二十六條第二百六條ニ依ルモノヲ除ク

民政支署長ハ其管轄區域內ニ於ケル民政署長ニ屬スル裁判事務ノ取扱ヲ命セラルルコトヲ得現今大連民政署金州支署管內ニ於ケル裁判事務ハ金州支署長ニ於テ取扱フ

四　裁判事務狀況

當署管內ニ於ケル民政署長ノ權限ニ屬スル裁判事務ハ人口ノ增加ニ伴ヒ年々其數ヲ增加セリ假ニ前年分ヲ裁判令施行當時ニ比スレハ數倍ノ多キニ達スルモノアリ其大部分ハ大連市內ニ於ケル事項ニ係リ就中民事ハ內地人ニ關スルモノ多ク刑事ハ支那人ニ關スルモノ多數ヲ占メ外國人ニ關スルモノハ民事ニ於テ僅ニ數件アルニ過キス更ニ之ヲ事件ノ種類ニ區分スレハ民事ニ在テハ貸金、賣掛代金、手形金、家賃等金錢ニ關スル請求大半ヲ占メ其他ハ土地建物或ハ物品等ヲ目的トスルモノニシテ刑事ニ在テハ多クハ行政諸規則違反者ニシ

テ刑法犯ニ係ルモノハ尠少ナリ

關東州裁判事務取扱令ノ規定セル如ク手續及實體上共ニ一般法ニ比シ種々ノ特例ヲ設ケ特ニ支那人ニ關シテハ風俗慣習等自ラ内地人ト異ルモノアルカ爲之ニ適應スヘク幾多ノ例外ヲ設ケラレタリ即チ民事ニ就テハ專ラ地方ノ慣習ヲ重シ民法商法等ヲ適用セサルカ如キ又普通刑ニ代フルニ笞刑令ヲ以テスルカ如キ其一例ニシテ要スルニ司法上圓滿ナル效果ヲ收メントスルニ在リ而シテ日支人間ニ於ケル取引ノ極メテ頻繁ナルニ拘ラス其爭訟事件ノ比較的僅少ナルハ喜フヘキ現象ナリトス

今明治四十二年以降ノ裁判事務取扱件數ヲ擧クレハ左ノ如シ

裁判事務取扱件數

種別	明治四十二年	明治四十三年	明治四十四年	大正元年	大正二年	大正三年

民事訴訟	民事爭訟調停	督促	假差押假處分	强制執行	公示催告	競賣法ニヨル競賣	家資分散	非訟事件手續法ニヨル非訟	登記					
									不動産	船舶	工場財團	法人	商事會社	小計
一六五	五	一七一	二八五	二六	—	九	—	—	六八四	—	—	—	二八七	九七一
二〇〇	一	二五九	三一八	三一	—	八	—	—	九八五	—	—	一	五三五	一、五二一
四一二	—	三八〇	四六九	三三	—	一一	—	四	一、八三五	—	四	三	五〇四	二、三四六
四三二	一	七七九	五〇三	一〇六	—	八	一	三	二、二九〇	八九	一一	一二	五一八	二、九二〇
六〇五	一	九四二	五九〇	一四三	—	二九	一	三	二、〇二六	一五七	九	四	七四五	二、九四一
六一七	—	九三一	四八五	一六六	一	二六	一	九	一、八四八	一六五	六	六	七四二	二、七七七

公證及確定日附	六一〇	七二五	九六七	九四〇	一、一一七	一、一三八
民事雜事件	六一八	四七六	七四三	六三三	五七二	七四五
合計	二、八六〇	三、五三九	五、三六五	六、三二六	六、九四四	六、八八六
刑事	一、一二六	一、六三四	一、一五〇	三、八四〇	一、七三四	一、一三八
刑事雜事件	九六	六六	六三	九〇	七〇	四六
合計	一、二二二	一、七〇〇	一、二一三	三、九三〇	一、八〇四	一、一八四
執達事件 送達	三、二三九	二、九三二	四、二九九	四、六六七	六、五二七	六、三九〇
執達事件 執行	三八四	四四八	六四三	六九五	八二七	七三六
執達事件 其他	三一一	一九九	六六七	四三六	六三一	三〇八
執達事件 合計	三、九三四	三、五七九	五、六〇九	五、七九八	七、九八五	七、四三四
檢察件數	一、二八〇	一、六三一	一、一五四	三、四九八	一、七三六	一、一三八
總計	九、二九六	一〇、四四九	一三、三四二	一九、五五二	一八、四六九	一六、六四二

備考　本表ハ受理件數ヲ掲ケタルモノナリ

第十二章　通　信

明治三十九年九月關東都督府官制施行セラルルヤ同時ニ此ノ地ニ郵便局ヲ設置シ郵便電信電話等通信業務一切ノ取扱ヲ開始セラルルニ至レリ明治四十年一月關東都督府通信管理局（當時關東都督府郵便電信局ト稱セリ）ハ旅順ヨリ此地ニ移リ同年六月岩代町ニ同年七月兒玉町ニ各大連郵便局出張所ヲ增設セラレタリ爾來駸々タル市勢ノ發達ニ伴ヒ新ニ郵便所ナルモノヲ設ケ市内樞要ノ地區ヲ相シ七箇所市外小崗子ニ一箇所ヲ配置シ之ト同時ニ既設ノ郵便局出張所ハ之ヲ廢止シ以テ今日ニ迨ヘリ今最近ニ於ケル市内通信機關ノ狀況及其ノ戶口ニ對スル關係ヲ見ルニ左ノ如シ

通信

附記

種類		箇所數	一局所ニ對スル平均戸口 戸數 日本人	戸數 支那人	人口 日本人	人口 支那人
郵便局		一	一、〇〇九	二三七	三、七四三	一、七三五
郵便所	市内	七				
	市外	一	四〇八	二、八四七	一、九二一	二〇、一二六
郵便切手類賣捌所	市内	四六	一七五	四三	六五一	三〇二
	市外	九	四五	三一六	二一三	一、五四三
郵便函	市内	六二	一三〇	三二	四八三	二二四
	市外	一〇	四一	二八五	一九二	二、〇一二
電信取扱所		二				
電話取扱所		九				
自働電話所		二二				
郵便私書函		六三				

（郵便局及郵便所市内ノ平均戸口ハ合算）

備考
本表ニ於テ市内市外ト稱セルハ大連郵便局ノ郵便區劃ニ依ル稱呼ニシテ其ノ市外ノ主ナル部落ハ小崗子老虎灘會等ナリトス

上叙大連市内ノ郵便所ハ郵便（郵便物ノ配達事務ヲ扱ハス）電信（電報ノ配達事務ヲ扱ハサルモノアリ）電話通話等ノ業務ヲ取扱ヒ恰モ内地ニ於ケル三等郵便局ノ如キモノナリ

一　郵　便

郵便業務ニ關シテハ郵便法郵便爲替法郵便貯金法及鐵道船舶郵便法ヲ準用ス
大連郵便局ニ於テハ外國郵便交換事務及羅馬約欵ニ依ル郵便爲替交換事務ヲモ取扱ヒ又此地ニ在ル關東都督府通信管理局ハ滿洲ニ於ケル最高通信行政機關ニシテ郵便爲替及郵便貯金ノ管理事務ヲモ管掌ス
明治三十九年度（九月開始）以降ニ於ケル郵便業務ノ狀況ハ以下統計各表ノ示ス如シ

通常郵便物

年度	引受	前年度ニ比シ増減	配達	前年度ニ比シ増減
明治三十九年度	一、三四九、五七六	—	二、九五三、〇六一	—
同　四十年度	三、九六二、〇二三	二、六一二、四四七	四、二九一、七〇八	一、三三八、六四七
同　四十一年度	三、四三〇、一九一	*五三一、八三二	五、九四四、七七八	一、六五三、〇七〇
同　四十二年度	三、四四九、三六九	一九、一七八	四、六一四、六五六	*一、三三〇、一二二
同　四十三年度	四、〇二五、五一二	五七六、一四三	五、二二〇、四八七	六〇五、八三一
同　四十四年度	四、三七八、九〇八	三五三、三九六	五、三三九、七二六	一一九、二三九
大正元年度	四、二五二、五六一	*一二六、三四七	五、二九四、〇九六	*四五、六三〇
同　二年度	四、九五五、六六六	七〇三、一〇五	六、一四三、八〇九	八四九、七一三

備考　表中「*」ヲ冠セルハ減数ヲ示ス以下各表同シ

小包郵便物

年度	引受	前年度ニ比シ増減	配達	前年度ニ比シ増減
明治三十九年度	一二、八二三	—	二五、〇二〇	—

同四十年度	三四、八五三	二二、〇三〇	六一、〇一〇	三五、九九〇
同四十一年度	四七、〇七一	一二、二一八	六七、五五四	六、五四四
同四十二年度	五六、六五四	九、五八三	六九、八七二	二、三一八
同四十三年度	七九、三三八	二二、六八四	八〇、七六二	一〇、八九〇
同四十四年度	八四、八七六	五、五三八	七七、三五一	*三、四一一
大正元年度	九四、三〇八	九、四三二	七九、一六五	一、八一四
同二年度	九九、八〇五	五、四九七	八二、二六〇	三、〇九五

郵便爲替

年度	振出 口數	振出 前年度ニ比シ増減	振出 金額	振出 前年度ニ比シ増減	拂渡 口數	拂渡 前年度ニ比シ増減	拂渡 金額	拂渡 前年度ニ比シ増減
明治三十九年度	六二、三四九	—	一、六二四、三二八	—	一七、七六六	—	六四九、一九三	—
同四十年度	一〇四、〇一六	四一、六六七	二、七四〇、七〇一	一、一一六、四八三	四三、六四八	二五、八八二	一、六五七、四七三	一、〇〇八、二七九
同四十一年度	九九、九一五	*四、一〇一	二、三五三、五九五	*三八七、一〇六	五七、七四一	一四、〇九三	一、六八三、九六一	二六、四八九
同四十二年度	八五、〇〇九	*一四、九〇六	一、七七四、二〇七	*五七九、三八八	四四、六六七	*一三、〇七四	一、二一〇、四〇七	*四七三、五五四

年度	受入 口数	受入 前年度ニ比シ増減	受入 金額	受入 前年度ニ比シ増減	拂渡 口数	拂渡 前年度ニ比シ増減	拂渡 金額	拂渡 前年度ニ比シ増減
同　四十三年度	九一、八五八	六、八四九	一、六九〇、四一三	*八三、七九五	四七、三九八	二、七三二	一、三九〇、六六六	一八〇、三五九
同　四十四年度	九四、五三七	二、六七九	一、四二四、〇二三	*二六六、三九〇	四七、三四三	*五五	七二八、二九七	*六六二、三六九
大正元年度	九二、四四九*	二、〇八八	一、二二四、五八四	*一九九、四三八	四七、〇七一	*二七二	六四二、二八三	八六、〇一四
同　二年度	九六、七二〇	四、二七一	一、一九一、七八五	*三二、七九九	四五、六一六	*一、四五五	五七八、二四一	*六四、〇四二

備考　金額ハ圓ヲ單位トス以下各表同シ

郵便取立金

年度	受入 口数	受入 前年度ニ比シ増減	受入 金額	受入 前年度ニ比シ増減	拂渡 口数	拂渡 前年度ニ比シ増減	拂渡 金額	拂渡 前年度ニ比シ増減
明治三十九年度	二、五五三	—	五六、四七六	—	一、二六一	—	一〇、八〇六	—
同　四十年度	一〇、一四五	七、五九二	二六〇、〇一六	二〇三、五四〇	五、五八八	四、三二七	八三、八八四	七三、〇七八
同　四十一年度	一三、七七二	三、六二七	三八四、一〇〇	一二四、〇八四	一〇、八三〇	五、二四二	一四七、六八一	六三、七九七
同　四十二年度	一五、四二九	一、六五七	四五九、二四八	七五、一四八	一三、八六四	三、〇三四	一八六、〇三五	三八、三五四
同　四十三年度	一六、八八三	一、四五四	五六九、九七五	一一〇、七二七	二二、八七八	九、〇一四	二八〇、三六八	九四、三三三
同　四十四年度	一六、九三四	五一	六〇九、八三六	三九、八六一	二六、七九四	三、九一六	三七三、二四四	九二、八七六

年度								
大正元年度	一六、九七〇	三六	六三五、八二八	一五、九九三	三二、三七〇	五、五七六	三九八、九七六	二五、七三三
同　二年度	一七、九二四	九五四	六一八、八一七	※七、〇一二	三四、九九七	二、六二七	四七四、九四五	七五、九六九

郵便貯金

年度	現在（年度末）				預入（年度中）				拂戻（年度中）			
	人員	前年度ニ比シ増減	金額	前年度ニ比シ増減	度數	前年度ニ比シ増減	金額	前年度ニ比シ増減	度數	前年度ニ比シ増減	金額	前年度ニ比シ増減
明治三十九年度	二、九八〇	—	一三八、七四三	—	一五、八六九	—	三四五、〇九五	—	六、四一三	—	一五五、〇三一	—
同　四十年度	五、四二三	二、四四三	二〇六、五九一	六七、八四九	四〇、四七八	二四、六〇九	八一九、五七五	四七四、四八〇	二一、六一七	一五、二〇五	六六一、九七五	五〇六、九四四
同　四十一年度	七、五三二	二、一〇九	二九二、七二六	八六、一三五	三五、六六七	※四、八一一	一、〇六二、九四〇	二四三、三六五	三二、七〇二	一一、〇八五	九〇八、七五三	二四六、七七八
同　四十二年度	九、七六〇	二、二二八	三九一、五八四	九八、八五八	四二、一八五	六、五一八	七五九、四五六	※三〇三、四八四	三一、四三六	※一、二六六	六三〇、四五〇	※二七八、三〇三
同　四十三年度	一二、〇一〇	二、二五〇	五三九、七六六	一四八、一八二	四七、三五九	五、一七四	七五六、〇四九	※三、四〇七	三三、〇三八	一、六〇二	六〇六、八九六	※二三、五五四
同　四十四年度	一三、四八三	一、四七三	五五〇、五〇四	一〇、七三八	五三、六六五	六、三〇六	七八五、五四三	二九、四九四	三六、八二七	三、七八九	七六四、一四八	一五七、二五二
大正元年度	一四、〇六七	五八四	五五五、七三三	五、二二九	五一、八二一	※一、八四四	六八二、一六三	※一〇三、三八〇	三六、二五二	※五七五	六七四、九七二	※八九、一七六
同　二年度	一四、八七八	八一一	五四四、七九二	※一〇、九四一	五〇、八三七	※九八四	六七二、四六八	※九、六九五	三六、五三一	二七九	六八一、九一三	六、九四一

郵便振替貯金

年度	拂込 口數	拂込 前年度ニ比シ增減	拂込 金額	拂込 前年度ニ比シ增減	拂渡 口數	拂渡 前年度ニ比シ增減	拂渡 金額	拂渡 前年度ニ比シ增減
明治三十九年度	五一三	—	六七、七四〇	—	七	—	六〇〇	—
同　四十年度	四、六〇七	四、〇九四	九三一、九〇五	八六四、一六五	七三	六六	一四、四七四	一三、八七四
同　四十一年度	七、五三七	二、九三〇	一、八一三、一六〇	八八一、二五五	一六四	九一	二五、三八八	一〇、九一四
同　四十二年度	九、八七九	二、三四二	二、二四四、九七四	四三一、七一四	三三六	一七二	二五〇、一三〇	二二四、七四二
同　四十三年度	一〇、九八二	一、一〇三	三、一三四、八四〇	八八九、八六六	三〇四	*三二	四五、一二九	二〇五、〇〇一
同　四十四年度	一一、一七四	一九二	二、四三一、二五二	*七〇三、五八八	三、八二五	三、五二一	一、八二三、七九五	一、七七八、六六六
大正元年度	一三、三九七	二、二二三	一、六七四、四三七	*七五六、八一五	六、四六六	二、六四一	二、〇四二、四一四	二一八、六一九
同　二年度	一六、四七四	三、〇七七	四、〇一八、一二四	二、三四三、六八七	九、〇〇五	二、五三九	二、六八六、八六一	六四四、四四七

二　電信

電信業務ニ關シテハ電信法萬國電信條約及國際無線電信條約等ヲ準用シ一般電報無線電報新聞電報等ノ取扱ヲ爲スノ外日支電信協約ニ依ル通聯電報ヲモ取扱フ

今明治三十九年度(九月開始)以降ニ於ケル電報發着ノ状況ヲ表示セハ左ノ如シ

電報通數

年度	發信	前年度ニ比シ増減	着信	前年度ニ比シ増減
明治三十九年度	一三五、一八五	—	一二〇、七七八	—
同四十年度	二八〇、八三六	一四五、六五一	二五七、五九九	一三六、八二一
同四十一年度	二六四、七八八	一六、〇四八	二三七、八〇九	一九、七九〇
同四十二年度	三〇二、七〇三	三七、九一五	二五九、八八六	二二、〇七七
同四十三年度	三四二、二四一	三九、五三八	二九九、五三〇	三九、六四四
同四十四年度	三六二、五三一	二〇、二九〇	三二〇、二三五	二〇、七〇五
大正元年度	三七七、二〇五	一四、六七四	三三六、三九六	一六、一六一
同二年度	三九八、九〇八	二一、七〇三	三六〇、〇三七	二三、六四一

備考　表中「△」ヲ冠セルハ減數ヲ示ス

三　電話

電話業務ニ關シテハ關東都督府令ヲ以テ公布セラレタル電話規則（大正二年三月府令第八號）ニ依ル大連郵便局ニ於テハ電話交換、市外通話、長距離通話及電話呼出等一切ノ業務ヲ取扱ヒ又各郵便所ニ於テモ交換業務ヲ除クノ外ハ殆ント之ヲ取扱フ而シテ最近ニ於ケル電話加入者數ハ一千四百九十三人ニシテ内支那人ノ加入者二百十八人アリ今試ニ之ヲ戸數ニ比例スルニ邦人ハ約七戸ニ一人支那人ハ約二十二戸ニ一人ノ割合ナリトス明治三十九年度末以降各年度末現在電話加入者數及當該年度中ノ通話度數ヲ擧クレハ左ノ如シ

電話加入者數及電話通話度數

年度	年度末現在加入者数	前年度末ニ比シ増減	電話通話度数 加入区域内	前年度ニ比シ増減	加入区域外	前年度ニ比シ増減
明治三十九年度	三六三	—	一,〇九六,〇八〇	—	四九,四八六	—
同四十年度	四〇六	四三	一,五一四,四九一	四一八,四一一	三,二九二	*四六,一九四
同四十一年度	七六三	三五七	三,〇三四,一六二	一,五一九,六七一	一九,二八九	一五,九九七
同四十二年度	九八五	二二二	三,八九二,〇九一	八五七,九二九	二七,一九八	七,九〇九
同四十三年度	一,二四七	二六二	四,九〇九,六六四	一,〇一七,五七三	三三,四一〇	六,二一二
同四十四年度	一,三八一	一三四	六,二七七,六八一	一,三七三,〇一七	三六,〇九六	二,六八六
大正元年度	一,三七二	九	七,六五二,八八四	一,三七五,二〇三	三六,五六九	四七三
同二年度	一,四九三	一二一	八,一五三,一九一	五〇〇,三〇七	三七,一八八	六一九

備考　表中「*」ヲ冠セルハ減数ヲ示ス

第十三章　交通

一　道路

市街道路ハ大凡露治時代ノ計畫ヲ踏襲シテ建設シタルモノニシテ市街ノ中央及東西南北其他ノ要衝ニ圓形ノ廣場ヲ設ケ是ヨリ放線狀ニ幹線路ヲ造リテ各廣場ヲ連結シ以テ道路ヲ形成セリ今ヤ時運ノ推移ト共ニ倍市街ノ膨脹ヲ促シ之カ整備ニ力ヲ注キタル結果四通八達ノ利ヲ見ルニ至レリ今市内道路ノ幅員、延長及面積ヲ示セハ左ノ如シ

幅員	延長	面積	摘要
四間以下	九里、八丁、五四間	五六、五七五坪、七	寺見溝、小崗子、伏見臺、露西亞町ヲ含ム
六間以下	二、二八、一	三一、九一七、五	同
八間以下	一、六、四	一九、七三三、〇	同
十間以下	六、五五	三、七三五、〇	同
十間以上	一一、五、一	二九三、九七三、〇	同
計	二四、一八、五五	四〇五、九三四、二	

道路面ハ之ヲ歩道及車道ニ分チ歩道ハ總テ方形ノコンクリート瓦ヲ敷キ車道ハマカダム

式舗礫道トシ左右兩側ニ排水側溝ヲ設ケ側溝ト歩道ノ間ニハ並木敷ヲ置キテ白楊、胡藤、ポプラノ類ヲ植エ尚主要路面ニハコールターヲ塗布セリ

市外道路ハ大連ヨリ西ニ向フモノ一ハ小崗子ヨリ臭水屯ヲ經テ金州普蘭店ニ到リ（旅順ヘハ臭水屯ヨリ岐入ス）一ハ伏見臺ヨリ沙河口馬欄屯ヲ經テ旅順ニ到ルヘシ南ニ向フモノ一ハ西公園町ヨリ直通シテ老虎灘ニ至リ一ハ朝日町ヨリ山間ヲ迂回シテ同シク老虎灘ニ到ルモノ即チ是ナリ今其幅員、延長及面積ヲ示セハ左ノ如シ

幅員	延長	面積	摘要
四間以下	八里、三五丁、二〇間	七六、九六二、五坪	小崗子臭水屯間、老虎灘本街道、同別街道、傳家庄、旅順小平島、星ヶ浦街道等
六間以下	二八、四二	八、九六二、〇	小崗子北沙河口間及北沙河口柵外等
八間以下	二三、〇	九、七八〇、〇	老虎灘本街道、北沙河口柵外等
計	一〇、一五、二	九五、七〇四、五	

二　鐵　道

南滿洲鐵道ハ元東淸鐵道會社ノ布設スル所ニシテ明治三十八年九月日露媾和條約ニ依リ
ア帝國政府之ヲ繼承シ同四十年四月一日ヨリ現南滿洲鐵道株式會社ニヨリテ運輸ヲ開始シタルモノニシテ爾來廣軌改築、複線工事等鋭意線路ノ改善ニ努メ以テ今日ノ盛況ヲ見ルニ至レリ

大連長春線　大連驛ハ俗稱露西亞町ノ南端山城町ニ在リ旅順支線ノ分岐點臭水子驛（距大連驛五哩ヲ經北行シテ遠ク長春ニ達ス哩數實ニ四百三十七哩アリ

旅順支線　臭水子、旅順間二十八哩ノ名稱ニシテ大連旅順間ノ哩數ハ三十七哩アリ一時間半ニシテ達スルヲ得ヘシ

柳樹屯支線　大房身、柳樹屯間三哩強ヲ謂フ目下必要ナキヲ以テ運轉セス

營口支線　營口支線ハ元牛家屯ヲ以テ其終點ト爲シタリシモ明治四十二年九月滿洲協約ニ依リ營口新市街ニ停車場ヲ設ケタリ營口新市街、大石橋間十三哩ノ鐵道之ナリ營口ニ至ルニハ大石橋驛ニテ乘換ヲ要スヘシ大連ヨリ百六十哩強アリ該支線ハ遠ク京奉線ニ連絡シ營口ヨリ遼河ヲ渡リテ五十六哩溝幇子ニ至ラハ即チ京奉線ナリ

煙臺支線　遼陽ヨリ煙臺ニ至ル九哩ノ間ヲ謂フ煙臺炭坑ヲ見ントスルモノ宜シク遼陽驛ニテ乘換フヘシ大連ヨリ二百十五哩アリ

撫順支線　奉天、撫順間三十八哩ノ間ヲ謂フ撫順炭坑ハ此線ニ由ラサルヘカラス大連驛ヨリ二百八十四哩

安奉線　本線ハ日露戰役中我第一軍ノ急設シタル輕便軍用鐵道ニシテ帝國政府カ明治三

十八年十二月滿洲善後協約ニ依リ我國ニ於テ各國商工業ノ貨物運搬用鐵道ニ改築シ引續キ經營スヘキコトヲ清國政府ト協約シタルモノニシテ爾來幾多ノ曲折ヲ經テ現在ノ狀況トナレリ全線百七十哩ニシテ滿鮮連絡ノ動脉タリ蓋本線ノ消長ハ繋ツテ大連ノ商工業ニ關スルコト至大ナリトス

今左ニ旅客及貨物ノ輸送賃金及運輸成績ヲ示サントス

一、旅客ノ等級及賃率

一等	六錢〇七
急行二等	四錢五厘
普通二等	二錢七厘
三等	一錢八厘

一、座席料

	急行一等	急行二等
二百哩未滿	五圓	三圓
六百哩未滿	八圓	五圓
六百哩以上	十二圓	八圓五十錢

一、貨物ノ取扱別及賃率

	一車扱(一噸一哩)	小口扱(百斤一哩)
一級品	一錢	四厘
二級品	四錢	三錢二厘
三級品	三錢	二錢四厘
四級品	二錢	一錢六厘

備考　大豆及豆粕ハ三級品トス

一、直通貨物及海港發著貨物

特定運賃率

內地鐵道ヨリ連絡直通スル貨物ノ內綿糸、綿布其他或ル特種品ハ前項賃率ノ三割引又大連、營口及安東發著ノ貨物ニ對シテハ總テ前項ノ賃率ノ一割五分引ノ低減運賃率ヲ適用ス

一、發著手數料

	一車扱（一噸ニ付）	小口扱（百斤ニ付）
會社カ積卸ヲ爲ス場合	三十錢	三錢
荷主カ積卸ヲ爲ス場合	十錢	一錢五厘

運輸成績

年度	乘車人員	貨物噸數	收入	支出
明治四十年度	一、五三三、三三一人	一、四八六、四三四米噸	九、七六八、八八七円	六、一〇一、六三五円
同　四十一年度	一、八六八、一四〇	二、六〇九、〇三六	一三、五三七、一四三	五、一六一、四〇八
同　四十二年度	二、一七九、〇六三	三、五六八、五二七	一五、〇一六、一九八	五、八一八、三三三
同　四十三年度	二、三四九、〇八八	三、九三三、一六四	一五、六七一、六〇五	六、五四三、六四〇
同　四十四年度	三、一五八、二七〇	四、七〇五、六九〇	一七、五三六、二八八	六、九〇八、三五四

大正元年度	三、九〇五、八一三	四、六八一、六九八	一九、九〇七、四五六	七、八四六、九三三
同二年度	四、一四三、六八七	五、七八二、一六一	二二、二七五、一三三	七、九一三、九四八
同三年度	三、六一七、五四七	五、七〇五、九四八	二三、二二六、七三三	八、三四五、二八六

三　電車

南滿洲鐵道株式會社ノ經營スル所ニシテ市內電車路ノ延長十三哩餘ニ達ス其重ナル線路ハ埠頭逢坂町間、埠頭西崗子間及近江町線ニシテ適當ニ停留場ヲ設置シアルカ故ニ數町ヲ步セスシテ克ク樞要ノ場所ニ至ルヲ得ヘシ乘車賃金ハ市內均一ニシテ左ノ如シ

	特等	並等
三十分間券	五錢	四錢
一時間券	六錢	五錢

尚此外ニ期間劵ト稱スルモノアリ

市外線ハ大連ヲ基點トシテ沙河口線、星ヶ浦線（四哩餘）及老虎灘線（三哩餘）ヲ運轉シツツアリ目下市内外ヲ通シテ客車五十輛貨車十輛撒水車一輛アリ

四　海運

日露戰役後大連港ハ軍憲ノ所屬ナリシカ明治三十九年九月一日都督府官制ノ實施ト同時ニ大連灣ヲ開放シテ自由港トシ港灣出入船舶取締規則ヲ公布シ都督府ニ於テ港灣ノ取締ヲ爲スコトトシ同四十年四月大連埠頭ヲ南滿洲鐵道株式會社ニ引渡シ同社ノ所管ニ屬セシメタリ然ルニ當時海港檢疫及水上警察ノ取締ヲ除キ其他ノ海港行政ニ關シテハ統一機關ナカリシヲ以テ港内ノ秩序ヲ確立シ船舶ヲ保護シ當業者ニ利便ヲ與ヘ以テ海運ノ發達ヲ助長

センカ爲明治四十年十一月海務局ヲ置キ檢疫港務及海事ニ關スル事項ヲ掌ラシメ之ニ關聯シテ大連港則其他必要ナル規定公布セラレタリ海務局ハ内地ノ港務部及遞信管理局中海事ノ事務ヲ統合シ海港ノ取締ニ關シテハ水上警察官吏ヲ指揮スルヲ以テ其統一的態度ハ船舶ニ對シ利便ヲ與フルコト尠カラス明治四十三年十月航運ノ發達ニ適應セシムルカ爲水先案内規則ヲ制定セラレ總噸數一千噸以上ノ船舶ニ對シ水先人ノ水路嚮導ヲ强制シ尚必要ト認メタルトキハ一千噸未滿ノ船舶ニモ亦之ヲ强制スルコトヲ得ルコトトナレリ

當港ノ主要ナル部分ハ延長約一萬二千九百二十一尺ノ防波堤ヲ以テ抱擁スル約一百萬坪ノ海面ニシテ水深ハ干潮面下十六尺乃至三十尺ニシテ一萬噸以下ノ船舶ハ埠頭横付ヲ爲スヲ得現今ノ埠頭ニ於テハ六千噸乃至一萬噸級五隻四千噸級三隻千噸乃至三千噸級十一隻計十九隻ノ船舶ヲ繫留スルコトヲ得ヘシ

大連埠頭カ滿鐵會社ノ經營ニ移リシ以來同社ハ極力港灣ノ整備ニ努メ多額ノ費用ヲ投シテ或ハ防波堤ヲ築造シ或ハ繋船岸壁ノ築造改良ヲ施シ或ハ港内ノ浚渫陸上ノ設備ヲ完成シ以テ世界的港灣タルニ恥チサルニ至ラシメ尚其擴張及改善等ノ經營ニ日モ是レ足ラサルノ狀況ナリトス即チ港灣及埠頭ノ保存改良ニ就テハ築港事務所ヲ設ケテ專ラ其衝ニ當ラシメ目下延長二千尺幅四百尺岸壁ノ總延長五千三百尺ノ第三埠頭築造ニ著手シツツアリ埠頭ノ管理、船舶ノ出入、船舶ノ營業、埠頭ニ於ケル貨物ノ積卸保管ニ關スル事務ハ埠頭事務所ヲシテ直接之ヲ取扱ハシメ以テ集散貨物ヲ吸集シ荷役作業ヲ迅速ニシ海陸聯絡ノ實效ヲ期シツツアリ陸上設備トシテハ倉庫二十七棟約二萬九千坪ヲ有シ各倉庫ノ兩側ニ鐵道ヲ布設シ貨物ノ繰替及輸送ニ關スル聯絡ニ便シ其他消火栓、信號所、計量臺、石油タンク等ノ設備略遺憾ナシ又一般貨主ノ利益ヲ保護スル爲多大ノ犧牲ヲ拂ヒ埠頭構内ニ在ル貨物ニ對シ無料ニテ火災保險ヲ附セリ其他大阪商船會社、日本郵船會社及鐵道トノ聯絡輸送ヲ開始シ或ハ特ニ會社ニ於テ上海航路（青島寄港）ヲ經營シテ滿鐵急行車ヲ通シ直ニ西比利亞ノ急行車ト接續セシムルカ如キ旅客及貨物ニ關シ凡有文明的施設ヲ爲スニ怠ルナシ當港貿易ノ殷振ヲ來セル所以埠頭ノ完備ニ負フ所尠少ナラサルナリ

當港ノ商業的地歩ノ上進ニ伴ヒ大連ヲ起點トスル海運業ハ年ト共ニ振興セリ然ルニ州內ニ本據ヲ有スル船舶ノ船籍ニ關シ何等ノ法制ナク日本船ハ凡テ內地ニ其船籍ヲ置カサルヘカラサル爲當業者ノ不便大ナルモノアリキ是ヲ以テ都督府ニ於テハ遞信省ト交渉ノ上關東州船籍令ヲ公布シ左記各項ノ船舶ハ之ヲ日本船舶トシ日本國旗ヲ揭ケテ關東州不開港場ニ寄港シ又ハ關東州各港間ニ於テ貨客ノ運送ヲ爲スコトヲ得セシメタリ

一　官廳ノ所有ニ屬スル船舶

二　關東州ニ住所ヲ有スル日本臣民ノ所有ニ屬スル船舶
三　關東州ニ本店ヲ有スル會社ニシテ合名會社ニ在リテハ社員ノ三分ノ二以上、合資會社、株式合資會社ニ在リテハ無限責任社員ノ三分ノ二以上、株式會社ニ在リテハ役員ノ三分ノ二以上カ日本臣民ナルモノノ所有ニ屬スル船舶
四　關東州ニ主タル事務所ヲ有スル法人ニシテ其代表者ノ三分ノ二以上カ日本臣民ナルモノノ所有ニ屬スル船舶
五　關東州ニ住所ヲ有セサル日本臣民又ハ内地、樺太、臺灣、朝鮮ニ本店若ハ主タル事務所ヲ有スル第三號ニ記載セル會社若ハ前號ニ記載セル法人ノ所有ニ屬スル船舶ト雖モ内地、樺太、臺灣、朝鮮ニ於テ船籍港ヲ定メスシテ關東州沿岸ヲ航行シ又ハ關東州ヲ起點トシテ内地、樺太、臺灣、朝鮮若ハ外國ニ航行スルモノ

船籍令ハ能ク州内航運業ノ進勢ニ適應シ爾來本令ニ依リテ關東州ニ置籍スル船舶年々多キヲ加ヘ今ヤ汽船百六隻此總噸數二十五萬八千百二十八噸帆船十二隻此總噸數三百十八噸ヲ算フルニ至レリ

都督府ハ大連ヲ中心トスル沿海航業ヲ發達セシメ關東州ヲシテ黄海渤海ノ商業中樞タラシムルノ目的ヲ以テ明治四十三年度以來必要ナル航路ニ補助金ヲ交付シツツアリ其航路等左ノ如シ

航路		補助年額	受命者
第一航路 甲 大連、安東、大連、天津、大連間	毎月四回		
乙 大連、秦皇島、大連間	毎月三回		
第二航路	自四月至十一月		

大連、旅順、登州、龍口、石虎嘴、龍口、登州、旅順、大連間	八箇月間毎月四回 自十二月至翌年三月四箇月間毎月三回	六萬千九百圓	大連監部通 大連汽船株式會社
第三航路			
甲 大連、貔子窩、大連間	毎月六回		
乙 大連、廣鹿島、小長山島、大長山島、貔子窩、大長山島、小長山島、廣鹿島、大連間	毎月二回		
第四航路			
大連、柳樹屯間	毎日二回		
第一航路		一萬八百圓	大連監部通 阿波共同汽船株式會社
甲 大連、芝罘、大連、安東、大連間	毎月四回		
乙 大連、芝罘、大連間	毎月十回		
第二航路			
大連、芝罘、仁川、芝罘、大連間	毎月四回		

大連ヲ起點トスル定期航路ハ前記補助航路ノ外南滿洲鐵道會社ノ上海航路（毎週二回往復）アリ又大連ニ寄港スル定期航路ニ大阪商船會社ノ大阪大連線（毎週二回）長崎、釜山、仁川、大連線（毎月二回）打狗、天津、大連線（毎月四回）横濱、朝鮮、大連線（二ヶ月五回）日本郵船會社ノ横濱、牛莊線（毎月六回）阿波共同汽船會社ノ大連、青島線（毎月五回）朝鮮郵船會社ノ仁川、大連線（毎月四回）等アリ外國船ハ歐洲戰亂發生以前ハ獨逸汽船會社ノ定期航路アリシモ戰亂發生後ハ中絶セリ

當港出入船舶ノ統計ヲ示セハ左ノ如シ

大連入港船舶

年別	船種	日本船 隻數	日本船 總噸數	外國船 隻數	外國船 總噸數	計 隻數	計 總噸數
明治四十三年	汽船	一、三八八	一、九一一、〇〇七	四二〇	一、三六二、九五八	一、八〇八	三、二七三、九六五
	帆船	三五	一、〇九一	二、四四八	三九、一四九	二、四八三	四〇、二四〇

年別	船種	日本船 隻數	日本船 總噸數	外國船 隻數	外國船 總噸數	計 隻數	計 總噸數
明治四十四年	汽船	一、三九六	一、八七六、七九〇	四一四	八二三、五三三	一、八一〇	二、七〇〇、三二三
	帆船	七一	二、四二七	二、五九七	三〇、六〇九	二、六六八	三三、〇三六
大正元年	汽船	一、四四五	二、〇三三、二五八	四五〇	九二〇、一三三	一、八九五	二、九五三、三九一
	帆船	九四	四、四二六	二、四八六	二九、九一九	二、五八〇	三四、三四五
大正二年	汽船	一、八二〇	二、七六八、六八九	三六二	八三六、七四三	二、一八二	三、六〇五、四三二
	帆船	三三	一、一七二	三、一四一	四〇、九一二	三、一七四	四二、〇八四
大正三年	汽船	一、七二五	二、九七二、七六三	三八六	八〇七、四八一	二、一一一	三、七八〇、二四四
	帆船	三五	九二〇	二、七〇五	三六、三三〇	二、七四〇	三七、二五〇

大連出港船舶

年別	船種	日本船 隻數	日本船 總噸數	外國船 隻數	外國船 總噸數	計 隻數	計 總噸數
明治四十三年	汽船	一、三八七	一、七九六、八七七	四二〇	七九五、八二〇	一、八〇七	二、五九二、六九七
	帆船	二四	八八三	二、一六三	三六、八八六	二、一八七	三七、七六九
明治四十四年	汽船	一、三九〇	一、八八〇、九一二	四一三	八一四、一七二	一、八〇三	二、六九五、〇八四
	帆船	六三	二、二七五	二、六一九	三二、〇七四	二、六八二	三四、三四九
大正元年	汽船	一、四四三	二、〇一三、六八九	四五〇	九一二、四六四	一、八九三	二、九二六、一五三
	帆船	一二〇	四、五六四	二、四三九	三〇、二八六	二、五五九	三四、八五〇

大正二年	汽船	一、八二二	二、七六九、五五〇	三六〇	八二七、九六六	二、一八二	三、五九七、五一六
	帆船	三三	一、〇四五	三、三三一	四〇、四四四	三、三六四	四一、四八九
大正三年	汽船	一、七二三	二、九七七、四六〇	三八四	八一六、一九六	二、〇九七	三、七九三、六五六
	帆船	三三	八二〇	二、七〇〇	三五、五五九	二、七三三	三六、三七九

大連ト各港トノ海上距離

港名	浬数	港名	浬数	港名	浬数	港名	浬数
旅順	三〇	上海	五三〇	神戸	八五二	廣東	一、三五一
芝罘	八七	福州	八八三	横濱	一、一九四	新嘉坡	二、六一五
安東	一七五	廈門	一、〇一〇	大阪	八五九	ホノルル	四、五八二
威海衛	九二	汕頭	一、一一〇	基隆	八六〇	バタビヤ	二、九八三
秦皇島	一四〇	香港	一、二六七	鎮南浦	一八五	アデン	六、二八〇
太沽	二五〇	門司	六一五	仁川	二八五	孟買	五、〇八〇
天津	二四九	長崎	五八〇	釜山	五四〇	卑南	二、九九五
青島	二八五	牛荘	一八六	浦鹽	一、〇五〇	マドラス	四、一九〇

マニラ	一、五六六
桑港	五、四九四
マンチエスター	一〇、九〇五
ニウヨーク	一二、七三五
アントワープ	一〇、九七〇
コロンボ	四、一八〇
ポートサイド	七、六八〇

第十四章　農林業及水産業

一　農業

關東州內ノ耕地ハ普蘭店、貔子窩附近ヨリ東海岸一帶ハ稍肥沃ナルモ漸次南進スルニ從ツテ丘陵多ク殊ニ當地附近ハ一般ニ地味磽确ニシテ農產物豊ナラス作物種類ハ玉蜀黍（包米）及高粱ヲ以テ大宗トシ此兩種ニテ全產額ノ過半ヲ占ム次ハ粟、大豆等ナリシカ當市ノ發展ニ伴ヒ蔬菜ノ需要激增シタルヲ以テ之カ栽培者著シク增加シ支那人ノミナラス邦人モ亦之ニ從事スルニ至レリ然レトモ尚全ク需要ヲ充タスニ足ラス白菜ノ如キ山東ヨリノ輸入平均額實ニ十萬圓ノ多キニ上レリ都督府ニ於テハ數年來農事試驗場ヲシテ試驗及指導ヲ為サシメ且種苗ヲ配付スル等ノ方法ニ依リ奬勵ヲ加ヘツツアリ

果樹ノ栽培ハ關東州ノ氣候地質ニ適シ有望ノ事業ナルモ從來其產出殆ント皆無ニシテ年々芝罘及內地ヨリ輸入スルモノ數十萬圓ニ上ルカ故ニ都督府ハ蔬菜ト同シク葡萄、梨、桃、櫻桃、林檎等ノ種苗ヲ購入シ或ハ農事試驗場ニ於テ栽培セシメ之ヲ希望者ニ配付スル等奬勵ニ努メシ結果近年其成績顯ハレ生產品漸ク市場ニ上ルニ至レリ尙葡萄ハ一層有望ナルヲ以テ農事試驗場ハ特ニ研究ヲ重ネ葡萄酒釀造試驗ヲ施行シツツアリ

水田ハ近年滿洲各地ニ於テ經營セラルルモノ多キヲ見ルモ當地附近ハ其適地ニ乏シキヲ以テ老虎灘、沙河口、泉水眼子等ニ於テ約三十町步アルニ過キス未タ成績ノ見ルヘキモノナシ

家蠶ノ飼養亦當地ノ氣候ニ適シ有望ナリ故ニ桑苗及蠶種ノ配付等ニ依リ之カ奬勵ヲ施シツツアルモ是亦未タ其成績ノ見ルヘキモノナシ

牧畜業ハ殆ント見ルヘキモノナク多クハ只自家農用又ハ食用トシテ若干ノ家畜ヲ飼育スルニ過キス養鷄モ亦事業トシテ見ルヘキモノナシト雖殆ント農家ニシテ數羽若ハ十數羽ノ鷄ヲ飼養セサルナシ關東州内ノ家畜中食用ニ供セラルルモノハ主トシテ豚ニシテ間々農家婦人ノ内職トシテ多數ヲ飼育スルモノアリ牛、馬、驢、騾ハ多ク勞役用ニ供セラルルカ故ニ當地ニ於ケル食用牛ハ多ク山東、朝鮮及蒙古ヨリ輸入スルモノニ屬ス

都督府ハ畜産ノ改良發達ヲ期スル爲メ金州ニ農事試驗場ノ分場ヲ設ケ專ラ斯業ノ奬勵ニ努メ居レリ乳牛ハ總テ邦人ノ飼養スル所ニシテ當市附近ニ搾乳場ヲ營ム者八人アリ其飼養頭數二百四十頭ニシテ搾乳量平均一日二石三斗ニ及ヒ組合ヲ設ケテ共同販賣ヲ爲シ價格及

品質ノ統一ヲ圖リ居レルカ最近都督府ノ補助ヲ得テ種牛ヲ購入スル等著々其成果ヲ擧ケツツアリ

輓近在住日本人ハ年ト共ニ堅忍著實ノ氣風ヲ生シ蔬菜ノ栽培、果樹園、牧場ノ經營ヲ爲シ或ハ水田ヲ開拓スル等農事方面ノ事業ニ著手スル者多キヲ來セルハ慶スヘキ現象ニシテ都督府ハ是ニ對シ保護獎勵ヲ與ヘ官有地ニシテ農業ニ適スルモノハ可成之ヲ貸付ケ若干ノ期間貸下料金ヲ減免シ又ハ種苗ヲ無料下付シ尚農事試驗場員ヲシテ必要ナル指導ヲ爲サシメツツアリ

一、大連管內農家及耕地

大正三年末

農家（右戸數、左人口）專業	農家（右戸數、左人口）兼業	農家（右戸數、左人口）計	耕地（支那畝）田	耕地（支那畝）畑	耕地（支那畝）計	農家一戸當耕地（支那畝）
四、三三一 二七、九三三	一、〇一五 六、八六三	五、三四六 三四、七九六	二八七	一三五、一四四	一三五、四三一	二五

支那畝ハ日本ノ六畝強ニ當ル
本表ノ内日本人ハ專業 一七戸 六二人 兼業 七戸 三八人ナリ

二、大連管內農產額

大正三年

穀類

種類	作付反別（支那畝）	收穫高（支那石）	一畝平均收穫（石）
包米	六〇、八八八	三六、九八五	、四三三
高粱	二七、六六四	二、七八三	、四四〇
穀子（粟）	二〇、〇二五	八、一二七	、四〇六
秘子	三、三三〇	一、〇九二	、三二八
大豆	四、五七五	一、三五三	、二九五
綠豆	二、〇三三	三七五	、一八四
水稻	二六四	九九	、三七五
其他	三、六七八	九二〇	、二五〇
計	一三三、四五六	五〇、七三〇	、四一四

蔬菜類

種類	作付反別（支那畝）	收穫高（支那斤）	一畝平均收穫（支那斤）
蘿蔔	五、六八三	一、四〇三、二〇〇	、二四六
白菜	二、〇六〇	六一六、二三三	、二九九
地瓜	六三五	二六六、九二五	、四二一
茄子	二三四	七〇、二一七	、三〇〇
黃瓜	二二九	七五、四五〇	、三二九
甜瓜	六六四	三一〇、八五五	、四六八
葱	五三三	一五三、九五三	、二八九
其他	四一七	一〇七、三八四	、二五〇
計	一〇、四三三	三、一〇三、一一五	、二九七

大正二年	一三五、七七六	四九、四九一	一、四〇〇	七、三五二	四、六八九、九七八	六三八
大正元年	一四一、六六〇	四五、九五七	一、三一六	七、八〇六	五、二四四、七七七	六七三

備考　支那石ハ我一石六斗餘支那斤ハ我百四十二匁ニ當ル

三、大連管内家畜頭數

大正三年末

牛	馬	騾	驢	羊	山羊	豚
一、五九〇	五〇八	一、四五七	一、六六〇	三五〇	七三六	六、九〇四

二　林業

關東州ノ地到ル處禿山赭土ニシテ殆ント樹木ナキカ故ニ水源ノ涵養、土砂崩壞ノ防止其他風致衞生上等ヨリ植林事業ノ急務ナルヲ認メ我租借以來鋭意之カ實行及適當樹種ノ研究ニ力ヲ盡シ或ハ都督府直接ノ事業トシテ或ハ民間ノ事業トシテ之カ經營ニ努メツヽアル結果稍其面目ヲ改ムルニ至レリ即チ大連管内ニ在リテハ沙河口ニ於ケル水源地附近、寺兒溝、柳樹屯、臭水屯等ノ大連市街ニ面セル山地及大連灣内諸島嶼ハ官行造林地トナシ明治三十八年以來左表ノ如ク實行セリ

大連管內官行造林面積種苗數

	面積	植付 種子量	植付 苗木數	摘要
新植	町 六三、三三〇五	石 二八、一八七	本 二、八一〇、六八六	自明治三十八年
補植	三七、八七三	—	五二三、五九〇	至大正四年
計		二八、一八七	三、三三四、二七六	

而シテ其樹種ノ重ナルモノヲ擧クレハ松、柞「アカシヤ」等ニシテ松、「アカシヤ」等成育最モ良好ナリ又民間ニ對スル奬勵トシテハ先ツ明治三十八年山地ノ林木ハ勿論路傍ノ並樹

又ハ寺廟墓地等ニ生育スル一切ノ樹木ハ其官有タルト民有タルトヲ問ハス官ノ許可ヲ受ケスシテ伐採スルコトヲ禁シ更ニ大正二年林野保護取締規則ヲ發布シ造林地内ニ於ケル土石樹草ノ採取、放牧及火入レヲ制限シ且必要ニ應シ山地所有者ニ對シ營林上ノ施設ヲ命シ得ヘキコトヲ規定シ以テ森林ノ荒廢ヲ防キ樹木ノ繁茂ヲ保護セリ又明治四十一年以來造林奬勵規則ヲ設ケ無償ニテ官有地ヲ貸附シ種苗ヲ下附シ以テ極力造林ノ奬勵ニ努メツツアリ

三　水産業

關東州ハ黄海及渤海ノ二大漁場ヲ控ヘ漁獲物ノ種類頗ル豐富ナルヲ以テ古來沿海ノ住民ハ漁業ヲ營ム者極メテ多ク大連附近ニ於テハ小平島、老虎灘、臭水屯ノ如キ管内有數ノ漁村タリ其戸數約一千五十ニ上リ漁獲高一ヶ年約三十三萬圓ニ達ス

土人漁業ノ主要ナルモノハ黄花魚(ぐち)鰆魚(さわら)鱗刀魚(たちうを)大口魚(たら)偏口魚(かれい)[illegible]魚(ばら)鮸子魚(にべ)等ニシテ就中黄花魚漁業ハ古來著シキ發達ヲ遂ケ旋網(風網)刺網(掛網)等ヲ使用シテ遠ク山東省利津、崆峒島、盛京省熊岳城、鴨綠江口ノ沖合海面ニ出漁シ漁獲物甚タ多シ之ニ亞クハたち、たら延繩漁業ニシテ其他ノ漁業ハ多クハ地先漁業ニ屬シ特記スヘキモノナシト雖近年漸次本邦ノ漁具漁法ヲ模倣スルノ傾向ヲ呈シ桝網、鯛延繩等本邦ノ漁具ヲ使用スルモノ多キヲ見ルニ至レリ

本邦ノ漁業者ハ多ク四國、中國、九州方面ヨリ出漁スルモノニシテ其漁船數年々二百餘艘ニ達スルモ其漁具タルヤ從來概ネ鯛延繩、一本釣、桝網等ヲ使用スルニ過キサリシカ近年縛網、打瀬網、流網等各種ノ網漁業興起シ逐年新規漁業ノ經營者ヲ生セントスルノ傾向アリ然リ而シテ是等漁業者ノ多クハ春季漁期ヲ待ツテ渡來シ秋季網ヲ納メテ歸還スルカ如

キ所謂出稼漁業者多カリシカ水産試驗場及水産組合ニ於テ冬季漁業ノ有利ナルヲ發見シ定住土著ヲ奬勵セシ結果大連市内ニ居ヲ定ムル者又ハ老虎灘ニ於ケル水産組合經營漁村ニ住居スル者漸次增加スルニ至リ今ヤ其戸數約一百人口約四百ヲ算スルニ至レリ漁獲物ノ重ナルモノハ鯛ヲ最トシ鯖、鰆等之ニ次ク

本年東洋捕鯨會社ハ長山列島ニ於テ始メテ捕鯨ヲ試ミ豫想以上ノ好成績ヲ得タルカ斯ノ事業モ亦前途有望ノ事業タルヘシ

當地ニ於ケル水産業ニ關スル機關ハ關東都督府水産試驗場ノ外關東州水産組合及滿洲水産株式會社アリ水産組合ハ市内兒玉町ニ在リ明治三十八年ノ設置ニ係リ同業者ノ救濟、保護取締、水産業ノ開發其他組合員共同ノ利益ヲ擁護增進ニ努メ水産株式會社（資本金十八萬圓）ハ市内信濃町ニ在リ糶市場ヲ設ケテ沿海ニ於ケル漁獲物及冬季内地ヨリ輸入スル魚

類ノ委託販賣ヲ爲シ其他特殊漁業ノ實施及漁業資金貸附等ニ從事シ共ニ當地水産業ノ發達ニ稗補スル所尠カラス

製鹽業ハ概ネ天日製ニシテ其産額約二億萬斤ニ達シ州内ニ於ケル重要産物ノ一ナルモ其主産地ハ旅順、普蘭店及貔子窩管内ニシテ當地附近ニ在リテハ沙河口、老虎灘ニ於テ製造業者僅ニ四八（内日本人一八）ニ過キス從ツテ其製造高亦僅ニ二百萬斤（内日本人百五十萬斤）ニ上ラス

第十五章　官公署

關東州ノ中央行政機關ハ都督ニシテ旅順ニ置カレ關東州ヲ管轄シ南滿洲ニ於ケル鐵道線路ノ保護及取締ノ事ヲ掌リ南滿洲鐵道株式會社ノ業務ヲ監督ス地方行政機關トシテハ大連

及旅順ニ民政署ヲ置キ金州ニ大連民政署ノ支署ヲ置キ更ニ普蘭店及貔子窩ニ支署出張所ヲ設ク當大連民政署ニ於テハ警察、税務、水道、教育、産業等ニ關スル一般事務ノ外略內地區裁判所ノ權限ニ屬スル裁判事務ヲ取扱フ市內及市附近ニ存スル官公署左ノ如シ

△大連民政署　　大廣場

關東都督府ノ管轄ニ屬シ總務係及警務係ニ分チ大連市街及附近六會（會ハ內地ニ於ケル村ニ同シ）ヲ直轄ス關東都督府事務官之ニ長タリ

附

金州支署　　金州城內

大連民政署ニ直屬シ金州城內及附近十三會ヲ直轄ス警視之ニ長タリ

普蘭店出張所　　普蘭店

金州支署ニ直屬シ二十三會ヲ管轄ス警部之ニ長タリ

貔子窩出張所　貔子窩

金州支署ニ直屬シ十九會ヲ管轄ス警部之ニ長タリ

△海務局　大棧橋

關東都督ノ管理ニ屬シ港務、海務、檢疫、船舶ノ測度檢査其他海事ニ關スル事務ヲ掌ル

△大連重要物産取引所　東廣場

關東都督ノ管理ニ屬シ重要物産ノ賣買取引ニ關スル事務ヲ掌ル

△觀測所　市外寺兒溝

關東都督ノ管理ニ屬シ氣象觀測ノ事務ヲ掌ル

△通信管理局及大連郵便局　監部通一丁目
關東都督ノ管理ニ屬シ郵便、郵便爲替、郵便貯金及電信電話ニ關スル事務ヲ掌ル
△大連灣無線電信局　大孤山沙砣子
海上八浬半賴信ハ大連郵便局ニテ取扱フ
△郵便所
大連西廣場郵便所　伊勢町二號地ニ在リ郵便（集配事務ヲ扱ハス）爲替、貯金、電信（配達事務ヲ扱ハス）及電話通話ヲ取扱フ
大連兒玉町郵便所　兒玉町十三番地ニ在リ郵便（集配事務ヲ扱ハス）爲替、貯金、電信（配達事務ヲ扱ハス）ノミヲ取扱ヒ電話通話ハ取扱ハス
大連埠頭郵便所　埠頭ニ在リ郵便（集配事務ヲ扱ハス）爲替、貯金、電信、電話通話ヲ取扱フ

大連信濃町郵便所　信濃町三十三號地ニ在リ郵便（集配事務ヲ扱ハス）爲替、貯金、電信（配達事務ヲ扱ハス）及電話通話ヲ取扱フ

大連若狹町郵便所　若狹町ヤ區一號地ニ在リ郵便（集配事務ヲ扱ハス）爲替、貯金、電信及電話通話ヲ取扱フ

大連浪速町郵便所　浪速町二丁目二十五號地ニ在リ郵便（集配事務ヲ扱ハス）爲替、貯金、電信（配達事務ヲ扱ハス）及電話通話ヲ取扱フ

大連吾妻橋郵便所　寺内通一號地ニ在リ郵便（集配事務ヲ扱ハス）爲替、貯金、電信（配達事務ヲ扱ハス）及電話通話ヲ取扱フ

小崗子郵便所　小崗子西崗橫街五番地ニ在リ郵便（集配事務ヲ扱ハス）爲替、貯金、電信及電話通話ヲ取扱フ

沙河口郵便所　市外北沙河口ニ在リ郵便、爲替、貯金、電信及電話通話ヲ取扱フ

△農事試驗場　西公園內
農事諸般ノ試驗事務ヲ掌ル

△水産試驗場　市外老虎灘
民政長官ノ管理ニ屬シ水産ニ關スル諸般ノ試驗事務ヲ掌ル

△土木課出張所　西通
關東都督府土木課ノ出張所ニシテ大連ニ於ケル土木ニ關スル事務ヲ掌ル

△大連苗圃事務所　市外沙河口會 西沙河口
民政部庶務課ノ所屬ニシテ官行造林ニ要スル苗木及一般人民ニ下附スル苗木ノ培養事務ヲ取扱フ

以上ノ外陸軍官衙トシテ埠頭ニ陸軍運輸部大連支部アリ東公園町ニ旅順關東倉庫大連支庫、陸軍經理部大連出張所、旅順要塞司令部派出員事務所及旅順衛戍病院大連分院アリ監部通ニ關東憲兵隊大連分隊アリ尚外國官衙左ノ如シ

△英國領事館　大廣場ニ面シヤマトホテルノ隣ニ在リ最近ノ新築ニ係ル

△米國領事館　越後町ニ在リ和蘭國領事事務ヲモ取扱フ

△露國領事館　龍田町ニ在リ丁抹國領事々務ヲモ取扱フ

△大連海關　支那稅關ニシテ大連關ト稱シ山縣通ニ在リ大正三年二月現廳舍ニ新築移轉セルモノナリ

第十六章　南滿洲鐵道株式會社

帝國政府ハ明治三十八年九月日露媾和條約ニ依リ東淸鐵道會社ニ屬スル長春旅順間ノ鐵道及各支線ニ屬スル一切ノ權利特權財產及炭坑ヲ讓受ケ三十九年六月勅令第百四十二號ヲ以テ會社設立ニ關スル規定ヲ發布シ設立委員ヲ任命シテ會社設立事務ノ管理ニ關スル命令書ヲ交付シタリ設立委員ハ同年十月第一回ノ株式募集ヲ了リ十一月設立認可ヲ得十二月設立ノ登記ヲ了リ野戰鐵道提理部其他ヨリ財產ノ引繼ヲ受ケ四十年四月一日ヨリ業務ヲ開始シタリ之レ本會社ノ沿革ナリ

本會社ハ

總務部　（事務局庶務課調査課交涉局第一課第二課技術局保線課建築課、土木課）

運輸部（營業課 運轉課） 計理部（會計課 用度課） 鑛業部（鑛業課 販賣課） 地方部（地方課 衛生課）

ヲ以テ組織セラレ其他東京ニ支社及東亞經濟調査局ヲ置キ大連又ハ鐵道沿線ニ於ケル工場、電氣作業所、瓦斯作業所、埠頭事務所、築港事務所、中央試驗所、地質研究所、奉天公所、撫順炭坑、産業試驗場、經理係、保線係、車輛係、驛、學校、醫院、南滿醫學堂等ノ如キ亦本會社ノ經營ニ屬ス

本會社ノ資本ハ金二億圓ニシテ之ヲ株式一百萬株（一株二百圓）ニ分チ内一億圓ハ政府ノ出資ニ係リ滿洲ニ於ケル既成ノ鐵道及之ニ附屬セル一切ノ財産竝撫順及煙臺ノ炭坑ヲ以テ之ニ充テ殘額一億圓ハ之ヲ日清兩國人ヨリ募集スヘキモノトシ明治三十九年九月ヨリ十月ニ亘リ十萬株（二千萬圓）ノミヲ募集シタリ而シテ其ノ第一回拂込金トシテ募集金額ノ十分ノ一即チ一株ニ付金二十圓總額二百萬圓ヲ拂込マシメ爾餘ノ所要資金ハ外國債ニ依リテ之

ヲ支辨スルノ方針ヲ取リタルモ事業ノ進捗ニ從ヒ社債以外ニ資金ノ必要ヲ生スルニ至リタルヲ以テ漸次拂込マシメ大正三年五月全部拂込ヲ了セリ會社ハ又大正二年九月第二回募集株式二十萬株ヲ發行シ一株ニ付二十圓ヲ拂込マシメタリ即チ現在ノ發行株ハ合計八十萬株ニシテ内五十萬株(一億圓)ハ政府ノ財産出資ニ係リ殘額三十萬株ノ内第一回募集株十萬株(二千萬圓)ハ全部拂込ヲ了シ第二回募集株二十萬株(四千萬圓)ハ一株二十圓總額四百萬圓ヲ拂込マシメタルヲ以テ現在ノ未募集株ハ二十萬株四千萬圓ニシテ未拂込金ハ三千六百萬圓ナリトス

會社ハ明治四十年政府ヨリ財産ノ引繼ヲ受クルト同時ニ主トシテ鐵道及炭坑ノ二營業ヲ開始シ爾來著々事業ノ擴張進捗ヲ圖リ今ヤ會社ノ經營スル事業ハ頗ル多岐ニ渉ルニ至レリ

第十七章　慈善團體

慈惠病院　明治三十九年九月一日ノ開設　伏見臺

目的　男女ヲ問ハス内外人ヲ論セス汎ク薄命不遇ノ病者ニ對シ施藥救療ス

業務　本院ニ於テ取扱フ患者ハ

一、普通患者

行旅的病者又ハ貧困ニシテ施藥救療ヲ請フモノ

一、委託患者

民政署及赤十字社ヨリ委託ヲ受ケテ入院セシメタル行旅病者

一、特別患者

入院料又ハ藥餌ノ實費ヲ支出スルモノ
ニシテ一年ヲ通シ外來患者ノ七分ハ普通患者ニシテ大部分ハ日本人ナリトス

勞働保護會　明治三十九年四月開設　松林町

目的
一、關東州内居住日本勞働者ヲ保護シ就業ノ便ヲ得セシムルコト
二、疾病其他不時ノ災厄ニ罹リシ窮民ヲ救助スルコト

業務　被保護者ハ總テ之ヲ寄宿舍ニ收容シ會ノ事業タル製紙業ニ從事セシムル外官ノ直營事業ニ使用スル職工人夫ノ供給民間ノ商工業ニ使用スル勞働者ノ紹介給水人夫ノ使用等ニシテ常ニ收容人員三十名内外ヲ下ラス

救世軍婦人育兒ホーム　明治三十九年四月滿洲婦人救濟會トシテ開設セラレ同年九月救世軍

婦人育兒ホームトナル市内龍田町ニ在リ

目的　誘拐セラレテ滿洲ニ來リ醜業ニ身ヲ委ネテ不幸ノ生涯ヲ送ル婦人ノ救濟並孤兒其ノ他薄倖ナル小兒ノ救濟

業務　收容者ニ對シテハ精神修養ニ力ヲ用ヒ各自相當ノ教育ヲ授ケ各其志ス所ノ業務ニ就カシム創立以來ノ收容人員九百名ニ上レリ育兒ホーム亦開設以來百名ノ多キニ上リ此內或ハ親權者ニ引渡シ或ハ內地ニ送リ屆ケ或ハ養子ニ遣ス等養育以外ノ責任亦大ナリ

宏濟善堂　明治四十一年四月開設　小崗子

目的　支那人ニ對スル恤寡、撫孤、育嬰、養老、戒煙(阿片中毒者)、施棺、義葬、濟困トス

宏濟病院　宏濟善堂ノ附屬ニシテ支那人ニ對スル施藥救療ヲ目的トス

海務協會　寺内通

大連海務協會ハ海事ニ關スル業務ノ發達及海員ノ扶掖ヲ圖ランカ為大正二年二月社團法人トシテ設立セラレタルモノニシテ即チ講習會ヲ開キテ學術ヲ授ケ受驗資格ヲ得セシメ傍ラ海事雜誌ヲ發行シテ該思想ノ普及ヲ圖リ且ツ海員ノ疾病者ニハ醫藥ヲ與ヘ失職者ニハ職ヲ媒介シ尙宿泊所ヲ設ケテ海員ノ休養並治療所ニ充テ以テ各其業ニ安ンセシムル等專ラ海事發達ノ助長ニ努メ又會ノ附帶事業トシテ海難貨物ノ檢查並精算事務ノ依頼ヲ受クル等活動ノ見ルヘキモノアリ

第十八章　名勝舊蹟

○表忠碑

明治三十七八年ノ役海城以南ニ於テ戰死病歿シタル陸軍々人軍屬四千餘人ノ遺灰ヲ拾集シテ茲ニ之ヲ納メ稱シテ表忠碑ト謂フ明治四十年九月時ノ關東都督府經理部長辻村楠藏ノ建設ニ係リ表忠碑ノ三字ハ實ニ陸軍大將大島關東都督ノ揮毫ナリ毎年四月及十一月招魂ノ祭典ヲ行フ

○西公園

西公園ハ市街ノ西端ニ位ス故ニ西公園ト稱ス此地元西靑泥窪ト稱スル一村落ナリシカ露國ノ「ダーリニー」市街ヲ建設スルヤ開拓シテ區劃ヲ定メ樹木ヲ移植シ道路ヲ開キ檻ヲ設

ケテ飼フニ禽獸ノ珍ヲ以テシ稍其設備ヲ加ヘタリシカ明治三十八年五月我治下ニ歸シテヨリ爾來十有余年楊柳倍老ヒ胡藤彌々茂リ年々ノ施設ト相俟ツテ面目大ニ改マリ風致亦加ハレリ園內平地アリ丘陵アリ山アリ谿アリ五十餘萬坪ノ一廓宛然トシテ畫圖ヲ爲ス試ニ杖ヲ曳テ山嶺ニ達スレハ千里一眸ニ集マリ更ニ俯瞰セハ大連ノ全市脚下ニ在リ四時ノ遊覽佳ナラサルナク淸趣眞ニ掬スヘシ

○北　公　園

日本橋ヲ北ニ渡リテ電車道ニ沿ヒ行クコト丁餘雜樹鬱叢タルアリ之ヲ北公園ト云フ市街ノ北端ニ位スルヲ以テ此名アリ露治時代ノ創設ニ係リ地積廣カラスト雖老楊稚樹枝ヲ交ヘテ路ヲ夾ミ蜿蜒トシテ園內ヲ繞ル亭アリ以テ憩フヘク運動場アリ以テ遊フヘク花卉アリ春秋共ニ又樂ムヲ得ヘク滿鐵ノ經營ニ係ル

○常盤公園

北公園ヲ距ル東方約十丁ノ位置ニ在リ數十ノ老松屈曲トシテ枝ヲ交ヘ春夏秋冬翠滴ラント欲ス故ニ名アリ中ニ不動尊ヲ祀ル此附近元繁榮ノ中樞タリシ處今尚ホ酒樓相連ナリ俗塵紛々タリト雖又杖ヲ曳クノ價値ナシトセス

○電氣遊園

市街ノ西端ニ高臺アリ臺上舊露國兵營ヲ存ス今ノ滿鐵社宅即是ナリ明治三十七八年戰役ノ當時伏見宮殿下此處ニ暫駐セラレシコトアリ故ニ此稱アリ臺ノ一角聳然トシテ數個ノ樓屋峙立スルアリ施スニ電燈裝飾ヲ以テス夕陽一タヒ西山ニ臼ケハ園中ノ白堊燦トシテ明光ヲ發シ煌トシテ天ノ一方ヲ照シ之ヲ望メハ烟花ノ如シ是レ其名アル所以ニシテ實ニ壯觀ナリ園内ノ施設モ亦至ラサルナク温室アリ四時百花妍ヲ競ヒ動物室アリ禽獸亂レ啼

キ池水アリ游魚數フヘク演藝館アリ以テ歐米ノ新樂ヲ聞キ以テ新式ノ活動寫眞ヲ看ルヘシ而カモ夏時ノ新綠冬季ノ積雪ハ四顧寛豁ノ景ト相照シ淸趣自ラ迫ルヲ禁スル能ハサラシム明治四十二年滿鐵會社ノ創設スル所ナリ

○大　廣　場

市街ノ中央ニ位スル廣場ナリ設備未タ完カラスト雖鬱叢タル珍卉奇木ハ之ヲ圍繞スル大連民政署ヤマトホテル正金銀行等輪奐ノ美ト相照シ一佳寰タルヲ失ハス大正三年九月前關東都督子爵大島大將ノ壽像新ニ成リ雄姿儼然トシテ樹木ノ間ニ屹立シ壯觀ヲ極ム

○星　か　浦

大連ヲ南西ニ隔ル二里餘佳境アリ星か浦ト謂フ巉崖絕壁白砂ノ間ニ出沒シ臺山ヲ負フテ碧海ニ臨ミ一望際無ク眞ニ天造ノ設地ナリ明治四十三年滿鐵會社ノ此地ヲ園地トナスヤ

開拓整理至ラサルナク嘉木立チ美草生シ山影水色又一層ノ趣ヲ添ヘタリ若夫レ暑ヲ避ケ寒ヲ避ケントスルニ至ツテハ此地ヲ擇フニ如クハナク借ルニ別莊アリ泊ルニ「ホテル」アリ眞ニ四時ノ遊覽地トシテ又保養地トシテ得難キノ勝地トス電車アリ三十分ニシテ達スヘシ自働車ヲ驅ルモ亦可ナリ矣

○柳　樹　屯

大連ノ對岸ニ在リ海上相距ル六浬許日支商賈雜居シ戸數四百餘人口二千餘（日本人二八九人 支那人一八八七人）ヲ算ス小學校アリ警察官署アリ憲兵分遣所アリ又聯隊及旅團司令部ノ所在地タリ傳ヘ云フ李唐朝以前ニアリテハ高麗人ノ住セシ所ナリト以來人烟稀少一小漁村ニ過キサリシカ清ノ光緒十三年（明治二十年）ヨリ同十八年ニ及ヒ時ノ直隸總督李鴻章山東ノ威海衛ト相俟ツテ渤海ノ咽喉ヲ扼センカタメ此處ニ砲臺ヲ築キ兼ネテ又水雷營ヲ置キ銘字軍ヲ

駐シテ以來驟カニ一小市街ヲ現出シタリト今尚ホ砲臺地營盤（兵營地趾）水雷營趾及棧橋等アリ棧橋ハ現存スルモノ是ナリ共ニ往時ヲ語ルニ足ル汽艇アリ毎日往復四回一時間ニシテ達スヘシ

○凌水寺

大連ヲ距ル西方三里餘欒家屯警察官署ノ邊一流アリ凌水河ト謂フ河ニ沿フテ登ルコト里餘山勢相蹙ル處右折シテ北ニ走ル一溪ノ林澗ヲ見ン是レ即凌水寺ノ領山ニシテ寺ハ其上方半腹ノ處ニ在リ滿山是レ奇峭巉巖松柏梨樹蔚然トシテ翠ヲ湛ヘ澗流潺々トシテ絶ヘス春曉花ヲ品スヘク秋晩紅葉ヲ賞スヘシ蓋シ管內第一ノ勝地タリ相傳フ寺ハ唐人ノ建修ニ係ルト繹ヌルニ由ナシ境中碑二基アリ共ニ只清朝乾隆年間ノ重修タルコトヲ語ルノミ阿彌陀佛及娘々地藏菩薩ノ塑像ヲ安置ス別ニ石佛十九體アリ彌陀ノ三體及十六羅漢ナルヘ

シ康熙年間大寺ノ畑中ヨリ發掘スル處ナリト古雅掬スヘク或ハ唐代ノモノナラン乎每年陰暦四月八日ヲ以テ廟會（緣日）ヲ行フ遠近ヨリ來リ賽スルモノ多シ馬車ヲ賃スレハ二時間ニシテ達スヘク電車ノ便ヲ假レハ星か浦ヨリ里餘ニ過キス徒歩亦三時間ヲ出テス偸閑一日ノ攬勝蓋シ淸興タルヲ失ハス

○小平島

大連ヲ西ニ距ル五里許渤海ノ濱漁村アリ小平島ト名ツク戸數四百人口二千二百餘ヲ算ス公學堂及警察官署アリ乾隆以後五六十年前ニアリテハ遼東半島唯一ノ要津ニシテ山東トノ通路ニ膺リ帆檣林立百貨輻輳シ實ニ盛觀ヲ極メシト云フ後營口開ケ尋テ大連ノ開埠ヲ見ルニ及ンテ又當時ノ觀ナク今ヤ衰退シテ一ノ漁村ニ過キサルニ至ル島上高麗城趾アリ又高麗ノ古墳アリ島ハ峻坂ヲナシ海拔三百尺許其大洋ニ面スル處全面絕壁ヲナシ或ハ洞

門トナリ或ハ奇峭トナリ千狀萬態眞ニ神工鬼鑿ノ妙ヲ極ム又附近得難キノ仙境タリ馬車ヲ賃スレハ二時間ニシテ達スヘシ

○老虎灘

大連ヲ東南ニ距ル二里强山岳重疊スル處ソノ海角ニ方リ一村アリ老虎灘ト謂フ村ノ前面ニ岩礁アリ宛モ老虎ノ踞スルカ如シ其名或ハ之ニ因メル乎戸數二百三十五(日本人八〇 支那人一五五)人口千二百十四(日本人二八二 支那人九三二人)ヲ算ス往年關東州水産組合此處ニ邦人漁村ヲ設ケ漁夫ノ招徠ニ努ム水産試驗場アリ警察官署アリ往時ハ一ノ漁村ニ過キサリシカ大連開埠以來比年ノ繁盛ハ延キテ其餘勢ヲ此ニ及ホシ今ヤ帆檣林立漁舟ノ輻輳滋シ近時別莊設ケラレ旗亭連ナリ風光亦一層ノ趣ヲ添ヘタリ灣內水稍深ク魚介ノ族ニ富ミ又游泳ニ適ス電車アリ三十分ニテ達スヘシ

附録

○新聞雑誌　當地ニ於ケル新聞雑誌ノ主ナルモノ左ノ如シ

一遼東新報　敷島町
明治三十八年十月ノ創刊ニシテ滿洲ニ於ケル邦字新聞ノ嚆矢トス末永節社長タリ

一滿洲日々新聞　東公園町
明治四十年十一月ノ創刊ニ係リ株式組織ニシテ守屋善兵衛之ニ長タリ

一泰東日報　奥町
漢字新聞ニシテ明治四十一年十月ノ創刊ナリ金子平吉社長タリ

一マンチユリア、デリーニユース　東公園町

日刊英字新聞ニシテ大正元年八月ノ創刊ナリ濱村善吉主筆兼社長タリ

一海　　友　　　　　　　　　寺　内　通

明治四十三年四月ノ創刊ニシテ月刊雜誌ナリ海務協會ノ機關誌トス

一大　　陸　　　　　　　　　監　部　通

大正二年三月ノ創刊ニシテ月刊雜誌ナリ石本鏆太郎之カ社長タリ

以上ノ外滿鮮實業界、すゞめ等ノ雜誌アリ

○旅　　館

△等　外

大連ヤマトホテル　大廣場ニ在リ滿鐵ノ經營ニシテ純西洋風ノ旅館ナリ部屋料金二圓五十錢以上金十圓以內（貴賓室ヲ除ク）食料（朝）金一圓（晝）金一圓

五十錢(晩)金一圓七十五錢

海岸ホテル　市外星ヶ浦ニ在リ大和ホテルニ同シ宿泊料(三食付)一日金七圓五十錢以上金十一圓以内一ヶ月金百五十五圓以上金二百三十圓以内

△特等　宿泊料金二圓以上金五圓以内

遼東ホテル　信濃町ニ在リ和洋兩樣ノ旅館ナリ

△一等　宿泊料金一圓五十錢以上金四圓以内

磐城ホテル　磐城町ニ在リ

花屋ホテル　信濃町ニ在リ

春田旅館　監部通ニ在リ

吾妻旅館　信濃町ニ在リ

大連ホテル　愛宕町ニ在リ
孰レモ純日本風ノ旅館ナリ
△二　等　宿泊料一等旅館ニ同シ
鎮　西　館　信濃町ニ在リ
桑　島　館　吉野町ニ在リ
長崎屋旅館　飛驒町ニ在リ
富士屋旅館　信濃町ニ在リ
△三　等　宿泊料金一圓以上金三圓五十錢以內
大阪屋旅館　吉野町ニ在リ
初音旅館　常陸町ニ在リ

鹿島旅館　常陸町ニ在リ
山岡旅館　信濃町ニ在リ
以上各旅館ノ宿泊料ハ二食一泊ニシテ晝食料ハ各等ヲ通シ宿泊料ノ半額トス

○車馬

自働車數營業用　三臺

賃金　市内ハ雇切三十分以內金二圓一時間以內金三圓五十錢市內乘合一區金七錢市外老虎灘往復金四圓星ヵ浦往復金八圓

人力車數　六百三十六臺

賃金　市街地三丁迄金四錢同五丁迄金五錢五丁以上ハ二丁每ニ金一錢市外一里ニ付金十八錢一日雇切（十時間）金九十錢半日雇切（五時間）金五十錢時間增（一時

間ニ付）金十錢客待一時間ニ付金五錢二人挽一人挽ノ倍額歸路往路ノ六割夜間一割增（市外ニ限ル）雨雪二割增

乘用馬車數　　百九十二臺

賃金　市街地三丁迄金六錢同五丁迄金八錢五丁以上ハ二丁每ニ金一錢五厘市外一里ニ付金二十五錢一日雇切（十時間）金二圓二十錢半日雇切（五時間）一圓三十錢時間增一時間ニ付金二十五錢客待一時間ニ付金十二錢二人乘以上ハ一人增每ニ三割增歸路ハ往路ノ六割夜間一割增（市外ニ限ル）雨雪二割增

護謨輪ハ前記賃率ニ對シ二割ヲ增ス

大正四年八月廿日印刷
同　年八月廿六日發行

正價金參拾五錢

大連民政署

大連大山通七十四號地
印刷者　太田信三

大連大山通七十四號地
印刷所　小林又七支店

發賣元　小林又七支店
振替口座大連九八四番
電話長四四二番

『大連アルバム』

（日華堂出版部、一九二五年八月）

245　『大連アルバム』　（日華堂出版部、1925 年 4 月）

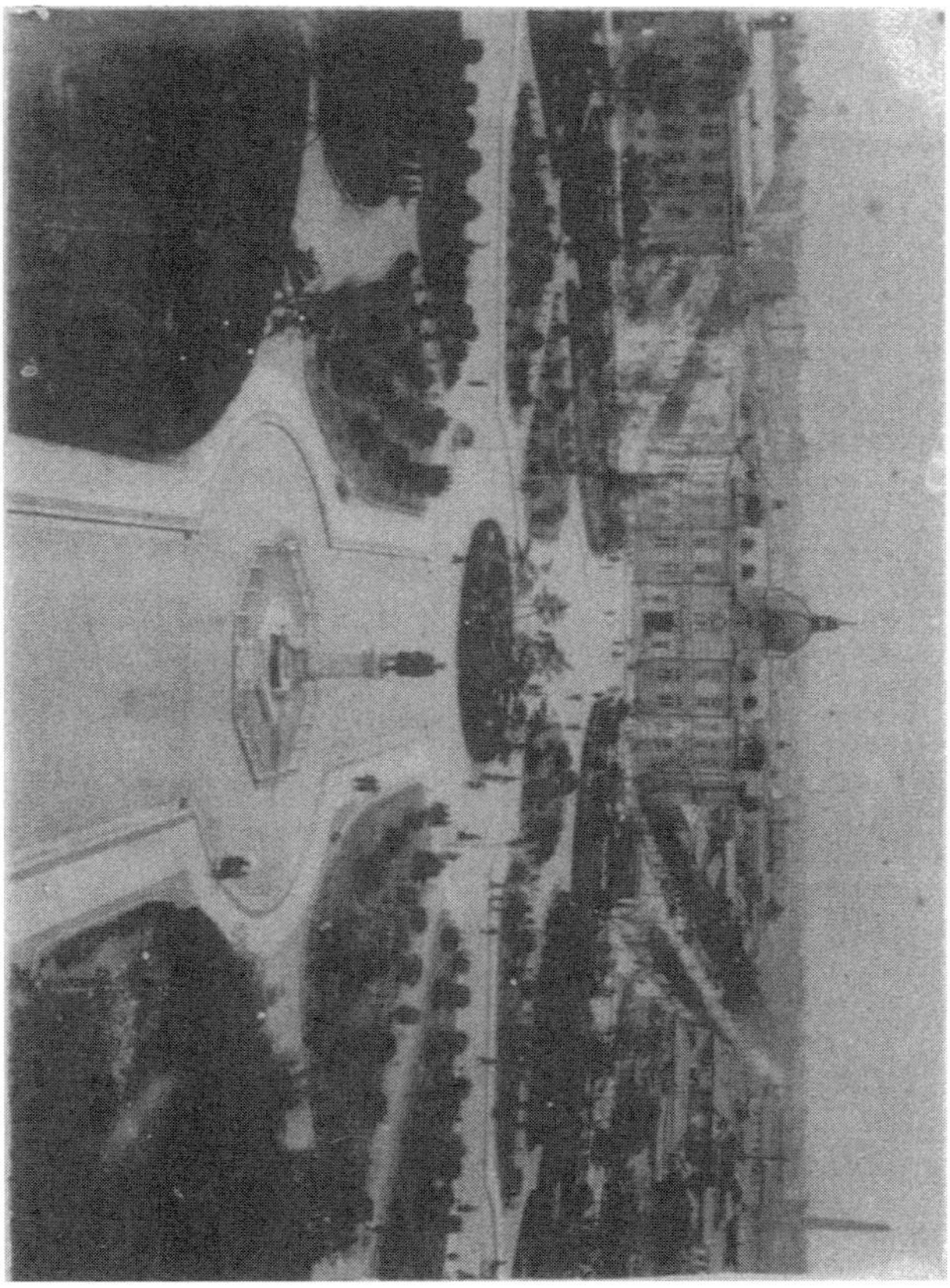

大連大廣場銅像は大島義昌閣下
Great Open-Space, Dairen.

大連埠頭船車聯絡の景
Connection between Ships and Trains, Dairen.

大連埠頭船客待合所設備の完全せるは東洋一

大連埠頭の陸橋
Dairen.

大連重要物産取引所
Stock Exchange, Dairen.

大連埠頭特産物集積の盛況

Load of Pea-residium at Pier, Dairen.

大連港の支那ヂャンク
Congestion of the Chinese Janks at Seaside Near Russian Street, Dairen.

大連港の橋向ふに高く見ゆるが埠頭事務所
Toe Piar Office of S. M. R. Co. at Dairen.

南滿洲鐵道株式會社
South Manchuria Railway Company.

大連ヤマトホテル
Yamato Hotel, Dairen.

大連市役所
Municipal Office, Dairen.

大連遞信局

Communications Office, Dairen.

大連西廣場

West Open Space in Dairen.

大連の日本橋

Ooen Space bcside Nihon Bridge, Dairen.

大連日本橋廣場
Open Space beside Nihon Bridge, Dairen.

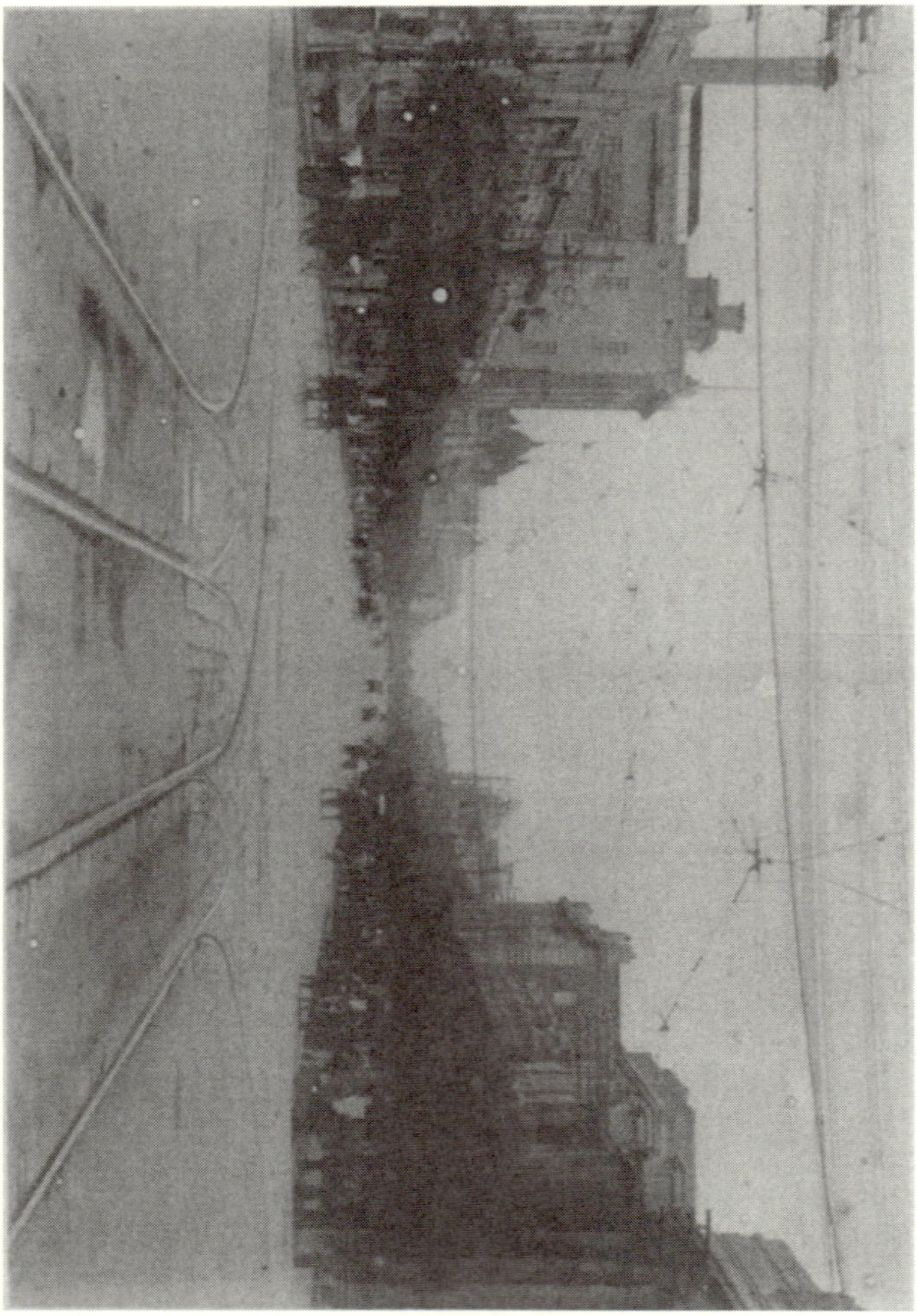

大連山縣通

Yamagata Snreet, Dairen.

大連山縣通
Yamagata Staeet, Dairen.

大連の浪速町通
Naniwa-cho Street, Dairen.

大連大山通
Oyama Street, Dairen.

大連伊勢町通
Ise•machi Street, Dairen.

大連信濃町通

Shinano-machi Street, Dairen.

大連監部通

Kwanbu Street, Dairen.

大連の常盤橋
Tokiwa Bridge. Dairen.

大連電氣公園の木馬

One of Electaic Park, Dairen.

大連電氣公園音樂堂
Musical Hall at Electaic Park, Dairen.

大連西公園の朝
West Park, Dairen.

大連西公園の景
West Park, Dairen.

大連西公園の景
West Park, Dairen.

大連北公園の一部
North Park, Dairen.

大連沙河口工場事務所
Works Office in Shakako, Dairen.

大連沙河口工場機關車製造中の光景
One ef Shako Works, Dairen.

大連郊外星ヶ浦の勝景
View of Stas Beach, Near Dairen.

大正十四年三月廿五日印刷
大正十四年四月一日發行

大連市濱町七拾一番地
發行兼編輯者　土屋清見

大連市濱町七拾一番地
發行所　日華堂出版部
電話六三一八番
振替大連四八六番

『定期航空案内』

（逓信省・日本航空輸送、一九三四年一〇月）

楯田五六『満鮮周遊』

（一九三五年一〇月）

満鮮周遊

序

題字とか序文とか言ふものを、偉い人に記いて貰つて、其書を價値づける手段があるさうだ。内容の空虚な此の書などには、持つて來いの方法だが、元々友人に配つて押し讀みをさせやうと云ふのだから、然樣な心配はいらない。

只義理にでも讀んでやらうとするもの丶承知して置かねばならぬ事は、此の書を以て滿鮮旅行の手引草にしやうと思つたら失望し、更らに經濟狀態の一端なりと窺ひ得るかと思つたら、ことも愚かやである。さやうな慾張つた考は、一切拔きにしてか丶ることだ。

旅行當時、關門日日新聞に送つた通信に多少の改竄を加へて、一行の爲めの記念出版としたまでゞまことに他愛も無い閑文字である。

昭和十年八月

楯田五六著

目次

寫眞說明

此の寫眞は新京國務院の內庭に於て撮影したものである。中央に圓額のデップリ肥つた福德圓滿の相が、今新興滿洲國を双肩に擔つて立つ新國務總理張景惠閣下である。向つて其の左が此の度の團長、到る處の歡迎會に一行を代表して潜越ながらの挨拶に男振りを見せた田邊讓君。其の左が一行中の賓客格列車の食堂に最も足繁く通ひ哈爾賓で土產物をシコタマ買ひ込んだ爲め圖們の稅關檢査で因果を見た辻野總務部長氏。其の隣が金剛山の山奧で二斗五升がものゝ松の實を買ひ込んで赤帽を惱ましたのみか世界漫遊でもしさうな圖なしの大トランクを抱へ込んでアッと云はせた今西孫一君あの松の實の始末をどうつけたであらうと僕は今に氣になつてならぬ。其の左は逸名氏。次は張總理の右側となつて之が音に聞へた一代の辯舌家。列車中の一日を喋りつゞけて倦まず、一行の無聊を慰めてくれた青木作雄君。時たま食堂車で白鶴の瓶を空ツポにして高鼾をかいてゐたこともあつたが。其の次が歡迎の支那料理の脂肪にあてられて胃痙攣を起し禁酒を宣告されて悄氣た國行一男君。さる程に出發の當時姙娠中であつた細君が安產して母子共に健全との電報を受取つて稍々元氣は恢復したが。其の隣が此れも同じく支那料理に當てられて羅津の滿鐵病院で注射を頂戴した紀藤常亮君。前夜雄基の歡迎會で少し羽目をはづし過ぎた嫌はあつたが。後列右端が堀江茂一君、宿に着くや其地の繪葉書に一日何十通となく鄕里に通信したとても筆まめな男である。此の人今秋の選擧に出たら此の繪葉書の効能によつて當選は確實であらうとの評判であつた。其の左が長い間の病後の身を以て五千何百粁かの長途を無事に征服した奇蹟的の男福永競君である。其の隣がいづこ如何なる方面の視察にも極めて熱心で一行中で最も頑健振りを見せた田上孫一君。其の左が國務總理の秘書官三浦氏。其の又左が此旅行の世話役として我儕共の面倒見に顔の窶れを見せた山下縣屬氏ヤレ〱世話の燒けたことで御座つたと、山陽ホテルに歸り着いた時の君の述懷には一同感謝の頭を下げた。左端はチューリストの方

コンドラテンコ將軍碑前の一行

田　和
上　藤
今國田青
西行邊木
山栃辻福堀
下田野永江

釜山埠頭

一　歐亞聯絡の玄關　（釜山）

新興の滿洲國＝最近皇帝陛下の御渡日以來、特に素晴らしき躍動の滿洲國、其の產業の情勢を視察せよ、との官命によつて、下關港を出帆したのが五月の二十八日、多數の諸君に見送られて、昌慶丸に乗込んだ際は、前日來の雨に坐ろ玄海の風浪を思はせたが、一時間の航程ころより、空はからりと晴れて、一行も大に元氣附き、午餐の食堂は相當賑はつたが、四時過頃對馬水道の中程に差しかゝるや、横倒しの大波が船腹にぶつかり出すと、一行の面は見る／＼蒼白を帶び出して、漫談花やかなりし一團、忽ち死境の如く靜寂となる。陸上の猛者も、海の上ではカラ意氣地無しの弱虫揃ひである。「鳥も通はぬ玄海洋と云ふからナー」と古い文句の悲鳴があがる。しかし、此の玄海洋こそ、ドウバの海峡と共に、世界中の悪航路と云はるゝ海だ。悲鳴、必ずしも一行のみでない。

×　×　×　×　×

二

帆船時代博多の濱から、壹岐、對馬と船がゝりして、釜山に着くまでは、凪の海路に惠まれてさへ、三日間を要したと云ふ。それが今は僅かに八時間の航程、四千噸級の最新最美の連絡船、まどろむ夢を結ぶ間もなく此處は釜山の埠頭である。

釜山と謂はゞ朝鮮に違ひないが、市街はどこにもそれらしい情趣がないほど內地化してしまつた。往昔から內地と交商を續けてゐる。朝鮮では一番古い開港場である。今は歐亞聯絡の大玄關として、人口十五萬を有する大商港と意張つてゐる。

慶南道知事土屋傳作氏、內務部長松本伊織氏、產業課長乾明氏、山林課長木谷主榮氏、水產課長三木源吉氏など府の主腦部と、山口縣人會長山田惣七郎氏など臨席して、釜山鐵道會館に於て、我等の爲めに歡迎會が開かれた。席上土屋知事の談は傾聽に値する。

近來朝鮮人の向學の思想の旺盛なるは、實に驚嘆する。經費の關係上之を滿足せしむることの出來ぬのは遺憾である。現代の就學率は百分の二十五に過ぎぬ。

內地には今尙相當危險なる左右思想を抱くものがあるさうだが、朝鮮に於ては、近來左樣な思想を有するものは一人も無いと斷言する。

朝鮮の獨立運動、昔の夢である。八道何れの地を探しても獨立運動などの聲を聞く如き斷じて無い。朝鮮にも內地の議會と同じく、道會なるものがあつて、議員選擧の時など、內地人が朝鮮人の候補者に投票したり、朝鮮人が內地人に投票する杯で、頗る朗らかな選擧が行はれるのは愉快でありませんか。

米穀統制法の問題、內鮮間の重要なる懸案で、如何に善處すべきか、折角御援助を願ひ度い。

釜山も近時大工業地たらんとして、目下鐘紡其他の大工場の建設を見つゝある。獨り商港としてのみならず、將來工業地として當地は頗る多望である。…………と
餘り遠からぬ昔、蜑雨蟹煙の一漁村に過ぎなかつた我が釜山の變り方は、朝鮮の第一歩に於ける一驚異であらねばならぬ。

二　混沌三千年の光彩　（京城）

二十九日朝七時四十分、京城驛には大勢の出迎で、ヤア〳〵〳〵の連發で久濶を叙するプラットホームの賑やかさ。

聚落美の都市京城

四

一先づ旅館備前屋に落付いてから、まづ先きが半島鎭護の主神朝鮮神宮の參拜である。御鎭座以來、早くも八年の歳月が流れた。御神威彌が上にも高く、殊に滿洲建國後、日滿兩國の往來頻繁となるに隨ひ、參拜者も年に數萬宛を增加すると云ふ。何とも尊き限りである。

久し振りに京城の山河に接する。昔ながらの雄大なる景觀である。漢江の水、洋々として東南を環流し、雲表にそゝり立つ北漢山、白岳、駱駝の峻峰蟠踞して、蜿蜒長蛇の如き城壁其の山顚を縫ふ。山河襟帶の形勢は、流石に李朝五百年の都城たりしに愧ぢない。文祿の役、清國の來冦、日清、日露の役、李朝の獨立、日韓併合と、過去に演ぜられた幾多の悲劇は、悉く此都を舞臺としたのだ。

此の朝鮮統治に、赫々の勳業を遺された故伊藤博文公の冥福を禱る爲め春畝山博文寺が南山北麓の松林景勝の淨域、奬忠壇公園の丘上に建立されてある。鎌倉時代風の伽藍で、其の建築樣式は、寺として類例の無い鐵筋コンクリートである。香煙縷々として絕へず、故公の流風遺韻長へに此鄕に輝いてゐる。僕は曾て此地に於て文筆を把り、親しく公の謦咳に接せる身である。當年を顧望して、低徊去り能はざるものがあつた。

昌慶苑内の秘苑は、京城の觀光に見逃すべからざる全道又となき幽邃の境地である。丘陵逍遥として老樹の綠深く、丹碧鮮やかなる樓閣と水亭が此間に散在して、其の林泉の美は四圍の荒涼たる山河に對照して、朝鮮には不可思議の存在である。

總督府博物館に陳列されたる樂浪、三韓の發掘物、新羅時代の佛像、高麗時代の陶器などこそ、げに朝鮮の往古を語る大藝術であらねばならぬ。人工を超越したる崇嚴さが、混沌三千年の昔に遡つて、茲に燦然たる光彩を放つてゐる。三國時代の隆盛を暗示する此の纎麗なる藝術は、李朝政治の頽廢に連れて、今は全く其の影を潛めたのだ。古往今來美術なき國は亡びざるの例が無い。

光化門の正面、巍然としてそゝり立つ宏壯なる白堊館は、これぞ半島統治の總元締なる宇垣閣下の納まる總督府である。其の玄關、廊下、會議室等は、朝鮮産の色彩美しき大理石を以て裝飾し、大ホールの壁畫は、千年を變色せぬと云ふ和田三造氏の傑作、内鮮融和を表徵したる神話が描かれてゐる。

京畿道知事富永氏は、我等の爲めに朝鮮ホテル歡迎の筵を設けられた。席上の御挨拶は、釜山に於ける土星氏の鮮人の思想問題のそれと符節を合するものがあつた。

……鮮人の思想問題、それは此種朝鮮統治に携さはる官場の人々の、頗る關心事であるらしく、機會ある毎に聲を大にして聞かされた。

三　碧流に映ずる文化　（平壤）

高麗の王位相續ぐこと三十二世、四百四十年間の王都、藝術の燦爛たる文化を誇つた當年の松都、今の開城を車窓より眺めて、不老長壽の靈藥、人蔘の產地を後にして、我等の列車は、平南の平野をヒタ走りに走り、此處に朝鮮開國三千年の歷史を語る平壤に着いた。

白帆島影にかゝる大同江、城頭に聳ゆる牡丹、乙密の翠轡、其の山紫水明の天地は、今我等に何ものを語るであらう。

平壤は西部朝鮮に於ける政治、經濟の樞要地である。附近に埋藏する無盡藏の石炭は、夙に此地を工業都市として發展せしめた。陸軍兵器支廠、電氣興業、海軍鑛業所、大日本製糖、勝湖里にある小野田セメント等、盛に煤煙を噴出し、更に大同江の流域から、豐饒なる農產物の集散は、日本コーンプロダクツの工場を起さしめてゐる。此の穀産工業會社は、元米國人の設立したものであるが、其の經營振りにグロ味があつた所から、其の設立を助けた當時の責任者は、免官となつた物語りを有つ曰く付きの會社であつた。今は大半三菱の經營する所である。

　高句麗の没落以來、朝鮮の活舞臺は南鮮に移つて、平壤の華々しき名は暫らく歴史に現はれない。それが日清戰爭に、野津師團の猛烈なる戰場となり、夫の原田重吉の玄武門破となつて、世人に新らしき印象を植つけたが、其の頃の平壤は、まだ〳〵頗る貧弱なものであつた。春秋は流れて四十年、今は前記の如き大工業地となると共に、一面畫を見る如き勝景の此の天地は、旅客をして必ず大同江の景趣を見舞はしめずには措かぬ。

牡丹臺と大同江

　錦繡山中の最高峯二十四萬坪の一帶を牡丹臺公園と名づけドライブウヱーは觀光を便ならしめた。江岸の懸崖に建てられ練光亭の勾欄に倚つて俯瞰すれは、明鏡の如き碧流に、丹楹翠壁を映じて、碧波浩蕩の裡に、綾羅、半月の二島を浮ぶ。

「長城一面溶々水。大野東頭點々山」と高麗金黃元の題せる扁額は、蓋し此景觀を寫し得た名句である。

八

大同門、七星門、乙密臺等、人口に膾炙せる名勝古蹟は、今更ら我等の旅行記を俟つの要は無い。山口縣人會は我等を浮碧樓下より船に誘ひ、江上を東一館なる朝鮮料亭に送つた。

夏猶ほ淺き江流には樓船の列を爲して、妓生を乘せたる日鮮の風流士が、アリランの愁心歌に、早くも大同江の情緒に浸つてゐる。あの謂ひ知れぬ哀調を帶びたアリラン愁心歌は、已に世界的に有名な唄であるさうだ。高等の藝術的衝動に觸るゝ機會を失つた朝鮮の民族が、其の代りとして民謠に惠まれ、潤ほはされたは蓋し自然であらう。赭土に芽んだ戀愛を讃美する感情の溢れ、土を戀ひて自然を仰ぐあの民謠を聞いた時、江上夜泊の旅客は、淡い旅愁を禁じ得なかつた。

平壤の人口は釜山と匹敵して約十六萬と算せらる。內地人が二萬二三千、鮮人が十三萬、耶蘇教の盛な土地柄で、外國の宣教師も相當に住んでゐる。街路樹の美しいアスハルト、近代都市の例に洩れない三千年の舊い都に星霜移り、人事變つて文化の光輝は、此の柳岸の翠緑に映じて、日に新たなるを覺ゆる。

四　橋上一萬人（新義州）

五月三十一日午前十一時半着の急行に乗つてくれと、豫め平壌の旅宿に電報を寄せた平安北道の知事大竹氏は、曾て我が山口縣に事務官たりし人である。今此地に來て良二千石の令名を馳せてゐる。多數の屬官を隨ひて驛に出迎ひ鐵道會館で我等の爲に午餐の筵を開いて下さつた。

新義州は國境の第一前線、朝鮮西北門の重鎭として躍動してゐる。想ひ起す二十有餘年前、僕が京城に塹鉛の業にあるとき、或年の差迫つた十二月の下旬、社用を帶びて當地に來た際、當時それでも一流の旅館であつた。何とか館と云ふに一夜を過したときのこと、夜中の溯風に連れて降り出した粉雪が、疊の敷き合せから舞込んで、夜具の襟に積んだものである。湯槽の外は一面の氷に張

俚謡に名高き鴨緑江の筏

詰められて、板間を滑る危險を、今猶ありくと記憶してゐる。其の貧弱な町が、見る如き宏壯の建築が櫛比して、街路樹の美しい近代都市の美觀を呈してきた。僕たるもの、何ぞ今昔の感に堪へんやである。あの鴨綠江に架せられな鐵橋は、東洋一と云はれ、滿蒙、支那への直通道路となり、歐亞大陸を結ぶ國際道路となる。新義州の大を爲す豈に偶然ならんやである。

白頭山に源を發して、滿蒙よりの渾河と合し、延々二百餘里を奔下して、滔々として黄海に流れ入る我が鴨綠江は寔に詩趣横溢の大江である。上流帽兒山の大森林は、面積二百四十萬町歩、之が蓄積材量は、約十億尺締と稱せられる。結氷期に伐材され、解氷期に伐出されては「筏ぶし唄ひながらに瀨を越せば」の小唄となり、悠々百里の江水を、二十日乃至三十日を費して、終に「十字に開けば眞帆片帆」なる鐵橋下に流れ着く流筏は、流石に材木都市の名を以て天下に聞ゆる壯觀である。今や滿洲國の建設に連れて、昨年の如きは原木の注文に應じ切れず、リバーポートとしての使命を有つ新義州の景氣は彌が上にも向上しつゝある。

鐵橋の長さ三千九十八呎、間に直して八町三十六間、此の長虹の如き橋上、幅員僅に八呎の人車道を來往する者、一日無慮一萬五千人を降らずと云ふ。何と凄まじき人の兒の徂來である。白衣の鮮人は臨をさげて安東に渡り、紺衣の滿人は砂糖を持つて新義州に來る。稅關のかゝらぬ程度の荷物で、夏の長き日を、あちらに行き、こちらに來て、甘く行けば日に二三圓の口錢となる。さてこそ此の橋上の賑ひだ。斯樣な商賣があるんで眞面目に働く勞働者が無くて困ると、大竹知事の談は、我等の耳には珍らしき國際異風景の一つであつた。

更らに今一つは此頃の銀高に連れて、支那より此鐵橋を渡つて密輸さるゝ銀塊が、一日少なくも二千箱、新義州で荷造りされて、午前午後の二回に積み込まれる貨車は、其の發車時間が必ず遲れる忙がしさである。ベラボーな話ではある。

五　第一歩の印象（安東）

明治の四十年、海關が設置され、同じ四十四年に鐵道が開通するまでの安東は、鴨綠江畔の蘆荻沮如たる一寒村に過ぎなかつた。一九一三年、陸境特惠關稅制度が設定されてから、頓に貿易が旺となり、歐州戰後になつては、日本品が歐米品に代つて一大飛躍を遂げたが、續く排日貨關稅引上、銀貨暴落などゝ、かさなる不況に祟られて、安東は一時火の消へたやうな沈衰振りであつた。それが滿州事變後、情勢一變して、對支貿易は二重課稅の爲に輸出入が激減し、專ら日本商品の獨占市場と化した。現今の安東は、歐亞聯絡の重衝地たるのみならず、其の背後の地に放射する莊河街道、岫巖街道鳳城街道及び寛甸街道の四つの主要街道に依つて、滿洲の交通運輸に異常な貢獻を爲しつゝある。

鴨綠江をプロペラ船で渡つた我等は、滿鐵の安東地方事務所を訪れ、其處の社員に導かれて、鎭江山にドライヴし山上より東邊道三角地帶の展望を試みた。江を隔てゝ指呼の間に新義州を望み、近く中の島、遠く義州のあたり、遙かに白馬の峻峰聳へて、江上白帆の去來する國境の雄觀は實に偉大そのものである。安東公園は滿鐵の經營に成るもの、沿線一帶の植物が移植されて、欝々たる森林中に溪流あり、沼地あり、自然の景勝に人工の粹を加へたる、おそらく滿洲稀に見る美なる公園であらう。

安東の運命は、新義州と共に、リバーポートとして輝やかしき將來を有たねばならぬが、年々鴨綠江の江水は土砂を運び來つて、水深が次第に淺くなり、現今では安東の下流十二キロのサントラントに漸く二千噸級の

安東より觀た大鴨綠江

汽船が四隻許りの碇繋を見るのみになつた。其の他の水運機關としては、筏、艚子、ジャンク、高瀬舟など。これでは安東の將來に多少の憂慮なきを得ない。

安東の市街は新舊二つに分はれてゐる。舊市街は滿洲國人商家の櫛比する處で、人口約十二萬、新市街は近代式の縱横井然たる街衢を爲し、人口約七萬内邦人約一萬五千、鮮人も同樣一萬五千と算せられてゐる。

我等は安東ホテルに夕食をとり、暫し旅の疲を休めてゐる中に、滿洲の日もポツトリ暮れた七時半（内地の時刻で八時半）荷物の檢閲を受ける爲め、安東驛プラツトホームに至つた時、痛く我等の眼を射たものがあつた。それは階段を登つた直前の柱に、大文字で安東停車場司令部と、墨痕淋漓と書かれた側に、鐵兜を冠つた兵士が四五人、短劍にピストルを佩した巡警、憲兵が、薄暗き電燈に照された長いホームを、劍覇の音も不氣味に、往きつ來つする光景は、僕をして匪賊とやらの出沒する滿洲の地に來たな、どの感を抱かしめた。

八時發車、是より先、汽車の過ぐる山河溪谷は、日清、日露の兩役に、幾萬の日本人の骨を埋めた尊き聖地の連り、せめては當年の幻影もや見んものと車窓を展望すれども、滿洲の空も朧ろにかすんで、長白山系の支脈なる其の鳳凰山も、その摩天嶺も、その靉河も、その太子河も、それかとばかり見ゆるのみにて、戰史に有名な本溪湖の驛は、万戸夢濃やかに死せるが如く、燈火兩三點の憐れにも心細きをも覺ゆる中に、驛前に直立して、線路警戒に當る兵士の、曉の空寒く佇立する影を見て、僕の瞼は覺へず紅くならざるを得なかつた。下關を鹿島立ちしてはや五日、流石に旅の疲れを覺へた一行の夢を載せて、我等の列車は、月の一日朝六時半、滿洲の大都奉天驛に着いた。

六　槿花一朝の夢　（奉天）

舊軍閥の大頭目、父張作霖の後を繼いだ張學良が、東北四省の主權者となつて以來、暴政に次ぐに苛歛誅求を以てし、殊に日本に對しては、滿蒙の旣得權益を無視するのみか、無智なる民衆を煽動して排日侮日を行ひ、發して中村大尉一行の慘殺事件となり、萬寶山事件となり、其他數ふに遑なき不逞の行動に、日支間の感情は頗る尖銳化して、終に昭和六年九月の十八日、柳條溝に於ける我が滿鐵線爆破に端を發して、所謂滿洲事變の舞臺となつた大奉天の地に、今ま我等の列車は着いたのである。

まだ血腥き奉天の地に、土木工事の騷音喧びしく、轟々天を摩せんとする幾多の大建物の築造中を見堀返された大道路は、タールマカダム式に鋪裝さるゝのであらう。旅宿瀋陽館に着くまでに見たゞけの景觀だに、實に活氣橫溢して、さすがは滿洲の大都と首肯さるゝ銳くも輝く生命を感せざるを得なかつ

肩磨轂撃の奉天城內

た。

チュウリストの東道子は、我等を導いて、先づ千代田公園なる奉天神社に賽せしめ、次で忠靈塔に奉天會戰の跡を弔ひ、更に車を城內に馳せ、四平街の歐風大商店櫛比して、人馬轂撃の間を吉順絲房の露臺に立ちて、大都の景觀を展望せしめた。宮城金鑾殿の甍、崇政殿の甎壁など、今尚都城の匂を高めて小北門外白塔の影、西北郊外の長き綠は北陵である。兵工廠の彼方に立てるは喇嘛の東塔、天を突く無電臺の下は事變に名高き北大營、邊城の周圍は渾河の平原眼も遙かに地平線上に續く。まことに清朝興隆の歷史と共に、忘るべからざる發祥の都城であることを想はしむ。

事變前までは、中國陸海空軍副司令、東北邊防軍總司令として、飛ぶ鳥落す勢だつた張學良の遺蹟は到る處に當年の驕華を偲ばしめてゐる。其の莊麗華美なる彼の洋風公館は、今圖書館となり、輪奐の美を極めた東北大學は、今日本軍測量隊の宿舍となつてゐる。其周圍を繞つて、幾十棟の瀟洒なるマンサード型の赤瓦葺は、當時の大學教授連の邸宅であつた。今は空家となつて庭園は無名の亂草が蕃茂するに委してある。大學通學の爲めの專用鐵道があり、北陵の松林に接して建てられた彼の別邸には、彼專用の自動車道路がある。

通學用の專用鐵道、別莊通ひの專用鐵道だのと、昔の暴君の歷史にも餘り聞かないことで、こゝらは學良の暴政中でも傑出したものであらう。東洋一を誇つた無電臺、東大營の飛行場、等々、文武を兼ねた幾多の彼の經略も、槿花一朝の夢と醒めて、彼は今何れの地に、其の敗殘の身を横へてゐるであらう乎。

事變に有名なる役割を演じた北大營の兵舍は中隊毎に棟を別にして、幾十棟かの赤煉瓦の建築が、列を正して威風を示してゐたものであつたが、砲彈に打壞かれ、手榴彈にたゝかれて、話に聞く羅馬の廢墟も斯くやと許り、寔に悲凉凄慘の姿と變り果てゝゐる。

學良別邸の附近は、此頃日本國民高等學校の生徒が、家畜の飼養場や、學園の耕作地となつてゐるさうだ。徳川幕府の倒れた直後の江戸を觀て「茶寮斷礎書樓跡。鋤作千頃蕎麥花」と。此儘此處を詠じたものだ。如何にも多恨の情景である。

我等はそれより清朝の古英雄太宗文皇帝の陵墓なる北陵に至る。松籟絶へざる靜寂の奥津城に、石獸默し、碧甍を支ふる朱塗の柱、絢爛眼を奪ふ斗拱、虹梁、壁樓牌樓の精巧緻密なる彫刻は、清朝全盛期の藝術を偲ばすに足るものであり、寔に滿洲最優の建築美であらう。十數年前、憑弔した當時の寂寥たる面影と異り、陵前には數軒の茶店、土産店など出來て、日滿人の巡禮客が絡繹として、參道に往さ來るさ。坐に新興清朝の威勢を想はしむる。

斯樣に古き輝やしき歷史を有つ奉天である。いま滿洲の國都が新京に移らうが、少しも悲觀しないのみか、依然として南滿の交通、經濟、敎育の中心地として、一段と跳躍振りを示してゐる。畢竟此土地に自然に備はる力があるのだ。其の六經路鹿鳴春の午餐會、志城飯店の晩餐會、支那料理の歡迎會の賑かなりしも、奉天の景氣を反映したものである。

七　東亞の大商港　（大連の一）

奉天より連京線を南下して旅順に至る沿線一帶の山河谿谷は、寸地尺土、到る處として十餘萬の我が忠勇なる同胞が、殉國の血を流し、骨を埋めたる聖地ならざるは無い。我等の列車に乘合せたる乘客專務は、當年の戰況を語ること頗る精密であつた。彼處の高地、此處の丘陵に、殘壘、廢堡今尙歷々として指點することが出來る。春風秋雨、流れて茲に三十年、古き戰史も今眼前に視る如き心地する。首山堡の山にしぶかれた鮮血、黑溝臺の谷間に流れた血潮、仕官屯の夏草を染めた碧血は、やがて今日の輝やかしい世界一等國の日本を招來したことを思ひて、我等は旅裝の襟を正さゞるを得なかつた。

瓦房店邊りから、ポツリ〳〵と車窓をたゝいた雨は、南關嶺邊より電光を伴ふ土砂降りとなつて、大連に着いた時には、構外の廣場は、沼の如き水溜となり、自動車に乘ることさへかなはぬ有樣。滿洲には全く珍らしい雨、一月も前から雨乞をしてゐた地方の農民は、さぞ喜ぶことでござらう。あなた方の御出たお蔭かも知れぬ。

と出迎はれた方から、强い御愛嬌を振りまかれて、旅館花屋ホテルに最初の一夜を明す。

三日早朝、我が滿洲に於ける文化及資源開發の大なる使命を負ひ、日本民族進路の開拓者として、創業以來二十有八年、今茲に滿洲建國の素地を造り上げた南滿洲鐵道株式會社を訪問して、地方部長中西敏憲氏に敬意を表し、直ちに社員に伴はれて、埠頭事務所なる七層樓閣のルーフに登つて、此の異國情緒の豐かなる市內の鳥瞰を試みた。

僕は今此の世界的大商港を視るに當つて、此地の過去を顧ることも、必ずしも興味ないことでないと思ふ。西暦千八百六十年、英佛の聯合軍が、天津北京を攻撃した當時に、英國艦隊の根據地となつたのが此海である。ビクトリヤ灣の名稱は實に此時に起つたのである。降つて直隸總督李鴻章が、旅順大連を經營するに當つて其の軍事顧問であつた獨逸人ハンネツケンは、地を今の柳樹屯に相して、此に棧橋及び要塞砲臺を新設して、以て處金州半島の要港としたのである。大連灣の名稱が、汎く內外に知れ渡つたのは即ち此時代であつた。

　日淸役の結果、此半島は一時日本のものたらんとしたが、例の三國干涉に

大陸の大玄關大連埠頭

よつて此を支那に還附すると間もなく、千八百九十八年の三月、露國は支那と旅大租借條約を締結して、旅順の軍港に對して、此地に一大商港を建設せんとし、當時の金で二千十八萬留の豫算を以て大新市街を造り以て極東經營の一大根據地と爲さんとしたのか、即ち今日の大連の素地である。明治三十七年に日露の戰役となつて、年の五月二十八日には、早くも此市街は日

本軍に依つて占領されて了つた。其の翌明治二十八年二月十一日紀元の佳節をトして大連港と命名して以來、今日の大商港にまで發展して來たところの歴史は、僕の說く要はない。

昨昭和九年の統計を見れば、昨年中の入港の船舶が約五千三百隻、噸數にして千六百萬屯、輸入貨物が三百七萬五千瓲、輸出が七百三萬一千瓲、合計一千十萬六十瓲、何と驚く可き殷賑振りではないか。僅々四十年前までは、荻茅離々として風にそよぎ、山神の廟や龍王の廟の散在せる荒磯が、斯樣な都市に變らんとは、誰が夢想だもなし得たであらう。眞に是れ隔世の感。

極東に於ける自由港として、新興滿州國の大玄關として、こゝに起伏する一波萬波が、直ちに滿洲勢力の一弛一張を物語り、大連の消長が滿洲に於ける我が經濟活動のバラメーターであるとの南鐵の傲語何人も異論なきところのものである。

八　社會相の縮圖　（大連の二）

大連埠頭に働く苦力の數は、平均一日一萬を下らぬと云ふ。此が大豆、豆粕、豆油、高粱、石炭、鐵柞蠶、麥粉、綿織物、麻袋、木材、機械類と數限りなき貨物を入れたり出したりする有樣は、何とも早や形容し難き混雜振りである。今出航せんとする客船よりは、五色のテープが幾百條と無く流れて、打振るハンカチ、打振る帽子、送迎に賑ふ大連の埠頭は、まことに世界一であるさうだ。之を玄關口として、商業地區、連鎖商店街、南山々麓一帶の住宅街、此を綴るにタール、マカダムの道路に、アカシヤの並樹、近代的文化都市の形態は、其の範を巴里にとつた露西亞のプランを其まゝ我が國に踏襲したものであると聞く。僕は此の大連の繁榮を觀て、つく〴〵我が國運の進展を感ぜざるを得なかつた。

三泰油房、碧山莊、中央公園、忠靈塔、滿洲資源館、大連醫院と、漫遊子の見る可き箇所は一通り見て、サテ滿洲情調の濃やかに描き出される西崗子を訪れた。一に小盗兒市場とさへ云はれてゐる頗るグロテキスに富んだマーケツトである。滿洲下層民にとつて又となき民衆的娯樂地で、劇場、妓樓、寄席見世物小屋、奇術師と、民族的色彩の强い社會相の縮圖を爲してゐる滿洲國人の大集團地である。何ものゝ諧調も無い、只狂騷なる下層民の赤裸なる情緒のにぢみ出た處である。好奇なる浪遊子ならずとも一度は見舞ふ可き場所柄である。

斯くて寸時も已まず伸び行く大連市の聚域は、今や光風臺、桃源臺一帶の文化住宅を連ねて、南端老虎灘まで進出し、西は臺山の裾をめぐつて漸く星ケ浦に迫らんとしてゐる。豫想を許さぬ其の跳躍振りである。此機會に僕をして、少しく星ケ浦を說かしめよ。

大連富士の山麓、綺のやうな小島を配した群青の海濱に、マンサード型の赤瓦葺に、瀟洒としたバン

大連の放射式街路

ガロー式の別莊、旅亭、溫泉、ゴルフリング、海水浴場、等、あらゆる遊樂の設備を備へた歡樂境が星ケ浦である。曙の濱、黄昏の濱、霞ケ丘と其の名が僞かぬ纖細なる風光を思はしむる女性的長汀曲浦。朝風夏凉しく、夕潮冬暖かにして煙波縹緲たるところ、悠々たる歸帆を掠めて白鷗閑に眠る。眞に滿洲亦となき勝景の地である。大連市の碧山綠水は、それ自體がすでに公園であり、一幅の油繪であるのに、更に里餘を距てゝ此の勝地を有つ。何處まで惠まれたる我が大連市であらう。此處も亦た漫遊子の訪れざるを得ない處である。

大連の筆を措くに當つて、最近の市勢を見れば、昭和十年一月末に於て、日本人の戸數が約二萬八千、人口十三萬五千、滿人の戸數五萬七千一百戸、此人口三十二萬六千六百人。其他外國人が三百戸の一千人、合計八萬五千戸の四十六萬三千六百人の抱擁振りである。日露戰爭直後の明治三十九年の一萬八千に對して、僅に二十數年の歳月に、如何に異數の發展であらう。

九　平和の記念塔（旅順）

滿洲は今、黃金狂の夢を描く對象たるの觀がある。一攫千金を夢みて渡滿する內地人が、月に幾千幾萬あるであらう。しかしながら我等は、此の夢を描く前に、先づ滿洲の地が、我が殉國同胞埋骨の地として、嚴肅に認識されねばならぬことを痛感する。

日淸戰役、日露戰役そして今次の滿洲事變と、三度び皇國の興廢を賭して滿洲の野に强敵と相見へ、十餘萬の生靈と、巨億の國幣を犧牲にして、日本は最後まで滿洲を守つて來た。此の三度の大戰中、最も安危の氣遣はれたのは、謂ふまでもなく日露の大戰であつたのだ。我等は今其の戰役中の一大役割をつとめた旅順を巡禮せんとするのである。

六月四日、初夏の麗はしき日が、アカシヤの葉に映ずる朝、我等は大連と旅順を結ぶ旅大環狀自動車道路の南道路をドライブし、凌水寺の大道を右折し、五峯を抱いた小島と陸との連繫砂州上の聚落小平島會を通過し、北河口を過ぎて蔡大嶺の山腹を縫ひ、老座山の隧道を突破し、山深く分け入つて幾曲折

京城博文寺前の一行

風光明媚なる玉の浦の出でゝ、更らに白銀山隧道を突き進めば、漸く新緑の中に甍美しき市街を見出した。是れぞ我が旅順である。

我等は先づ旅順攻圍戰に陸海の犧牲となつた忠勇二萬二百餘の遺骨を納めた白玉山上の納骨堂に額づき、更に圓錐形二百八十尺に及ぶと云ふ天を摩する表忠塔に誠衷を捧げ今や此の塔頭は千古不滅の燈明臺となつて、暗夜渤海を行く船舶の爲め、平和の使命を遂げつゝあるとの說明に感激して、車を東鷄冠山北堡壘に驅つた。此の堡壘は旅順背面の防禦堡壘中、最も歷史的に著名なるものである。日露の戰士が言語に絕した凄慘なる肉彈戰を演じ、勇敢無比なる慘劇の數々を遺した聖地である。我等はコンデラテンコ將軍の戰死碑前に記念の撮影を爲し、聊か敵將に對する敬意を表した。

我等弔客を乘せたる自動車は、更らに雙島灣街道を大陽溝の谷浴ひに長驅し、山麓に至りて停車した仰げば高く山頂の記念碑「爾靈山」と題す。旅順攻圍戰中最大の犧牲を拂つた戰場である。其の碧血と死屍に蔽はれた山頂は、今尙雜草も生ひ出でざる悽慘たる光景を偲ばしてゐる。

我等は更らに水師營に至り、明治卅八年一月五日、我が攻圍軍司令官乃木大將と、露國關東軍司令官ステッセル將軍と開城の談判場たりし民家の跡を見舞ひ、歌唱に名高き棗の樹に感興を覺へ、此にて戰跡り巡りを終つて後、關東州廳に米內山內務部長、田邊警察部長に會して詳に最近の州情を聞かされた。

春秋を回顧すること三十年、旅順の地は東亞に於ける和平工作の橋梁とすべく、困苦と犧牲とによつて凝固せられゐる最も重要なる柱脚としての役割を爲した銘記すべき一大記念塔に外ならない。今や全滿洲の新たなる認識は、躍進日本を物語ると共に、更に日露戰役の追憶を必然的ならしむるものでありその一大據點であつた旅順の地は、我が國民精神凝結の寶庫として永劫に記念さるべきものでなければならぬ。

一〇　抗日に更生した遼河　（營口）

三夜を大連に明したる我等は、旅順の見學を最後とし、五日朝八時、滿鐵の誇りたる所謂國際列車

「あじあ」に搭じ、愈々北滿の征途に上らんとし、途次營口を視察すべく大石橋に下車した。

興安嶺に源を發して、沿々幾千里、鄭家屯、昌圖、法庫門、新民府、奉天、遼陽、海城、田庄臺と幾多の都邑を連ねて、濁水浩蕩たる遼河の流域は、滿洲交通の中系として、往時頗る殷賑を極めたものであつた。遼河を上下する帆船は、實に一萬を下らずと算せられた。

西曆一八五八年、英淸間に歸結された天津條約により、此地が初めて通商港として開港されて以來、所謂牛莊の名の下に次第に發展し、開港後十年目なる一八七二年の貿易總額は、實に五百十二萬海關テールと稱せられた。其の後日淸、北淸、日露の事變は、此の地も混亂の渦中に投ぜられたが、之が反つて營口の繁榮を導く楔機を爲し、一時は全滿に於ける需給物資の唯一の呑吐港として、市況の殷賑實に素晴らしきものがあつた。

偶る折から日露戰後の大連、安東の發達は此地の商權を略奪して、其の進運を甚だしく阻害するに至つた上に、彼の張作霖の濫發せる奉天票の暴落、其上に苛斂誅求等相次ぎ、商況著しく衰頽して、爲めに營口の前途は、一時非常に憂慮されたのである。加之年々上流より押流さるゝ土砂は河底を淤塞して各所に淺瀬を造り、航行を阻害するばかりでなく、重要物資の輸送期たる冬季四箇月間は河水氷結して交通が杜絶するなどの缺點で、此地の將來は頗る憂欝に閉されざるを得なかつた。

時偶々所謂舊東北政權の利權回收熱に關聯して現はれた滿鐵線包圍計劃、又は滿鐵對抗集貨策など〻、我が國の鐵道と、商工業に對する張學良の挑戰的計劃は、思ひもよらぬ此地に幸して、昭和五年以降、即ち所謂利權回收熱に伴つて、其の輸出入額は、俄然激增して、實に一億海關テールを突破したと云ふ。何か禍福になるか。人間の萬事は塞翁の馬である。

しかも今は其の滿鐵線包圍計劃も、滿鐵對抗集貨策も、一場の夢となつた今日、一億海關テールの景氣は、再び元の木阿彌とならねばよいがを思はしめざるを得ない。老翁閣、滿鐵埠頭河北驛には發送貨物に藍、麥粉、石油、綿糸布、アンペラ、紙類、砂糖、到着貨物に大豆、高粱、豆粕、穀類、撫順炭、鞍山銑鐵などが堆積されてある。其の上に亦た夫の耐火材料、建築材料並に輕金屬の原石たるマグネサイト（菱苦土鑛）亦たオイルセールの原石たる滑石か、附近大石橋一帶より發掘され、其

濁流浩蕩たる遼河

の埋藏量の豐富なる世界に冠絶せらるものと稱せられるからには、近く大石橋を中心として工業地を控へたる此の遼河の價値は、必ずや再認識せられざるを得ないであらう。斯くて我等は營口の將來を祝福する。我等は當地、在留本縣人諸君に迎へられて、遼河に船を浮べ、濁浪岸を打ちて滾々盡きざる大江の偉觀を眺め、沿岸の沃野千里、目も遙かなる大平原に、滿洲の落日を賞しつゝ、母國出發以來一週間、征衣の稍々旅塵に塗れたるを、今夜湯崗子溫泉に洗はんとす。

一一　靈泉の一夜（湯崗子）

下關出帆以來約一週間、行程約三千粁、朝は概ね七、八時頃から紅い夕日の沈む頃まで、時には夜を通して汽車にあらずんば自動車ゆられ通しの我等の體は、流石に多少の疲勞を覺へざるを得ない。旅程中に湯崗子溫泉の一夜を挿入したのは、このプログラムの作者なか〳〵頭のよろしい人である。

湯崗子溫泉は、滿洲三大溫泉の一と聞いて非常な期待を以て立寄つた。下車の際、驛前の美しい白楊の並木道に、陸軍の相當な將校や、憲兵や、或は亦此地の自警團と聞く滿人の兵裝したものゝ一群が、着劍のまゝ三々五々往來してゐる。我等の警衞には少し過ぎてゐると思つたら、これは林陸相が今夜此地に一泊するを警護の爲めと判つた。御蔭樣で、我等の宿泊すべき豫定の旅宿對翠閣は、陸相一行の爲に奪はれて、我等は一枚下の玉泉館に宿替へ。

「溫泉會社で宿屋の設備だけは致してゐますが、娯樂機關とまでは手が屆かず、不便やら不景氣やらで、茲數年赤字ばかり出してゐましたが、滿洲事變以來旅客が殖へて、此頃では多少の配當を致してゐるやうです。能くこそお出で下さつた。どうぞ御ゆつくり御休み下さい。」と驛長さんが態々四町の道を御案內して下さる。

唐の太宗高句麗か親征の際、軍兵金創を此地に療したと云ふ傳說は信じ難

蛙鳴く滿洲の水田

い。日清戰爭の末に、鳳凰城から牛莊に轉戰した兵士が、途中征塵を洗つたことがあり。其後露國の軍を滿洲に進むるに當つて夫の「クロパトキン」が此地を相して滿洲軍の療養所に充て、大規模の溫泉場を經營したものが即ち今の建築物であるさう

だ。一晝夜二百石を湧出する温水を利用して、十町歩の水田を開拓したのは、よき思ひ附きである。其の他取り立てゝ言ふ程の設備とて無く、期待の大きかつた丈け、多少の失望は感じたが、何にせよ荒涼無味な滿洲平野に、此靈泉の湧出は、有り難き存在であらねばならぬ。

日暮れて水田に鳴く蛙聲は鄕國の田園を想はしむ。幾夜重ねの旅枕は都會の騷音に夢結び難かりしが、靈泉の一夜こそ眞に快眠を貪り得た。

一二　美なる煤煙都市（撫順）

湯崗子溫泉で旅塵を洗つた我等は、今日また煤煙の燃上る滿洲の大寶庫、黑ダイヤの都なる撫順に立寄つた。

撫順採炭の情況は我等の旅行記に載すべく餘りに有名に過ぎる。只此處の石炭埋藏量は、無慮十億噸と稱せられ現在一日二萬噸宛を發掘するとして、今後二百年かゝると云ふ途方も無い大規模のものであると言ふことだけを申述べておけば、澤山であると思つたが。

只併し乍ら、かの世界的に有名なる露天掘の一件だけは、話さなければ撫順行は無意味に終る只併し乍ら、かの世界的に有名なるだけ、今更ら語るも無用であるとも言へる。其れだけ驚くべき代物である

美化された煤煙都市

のだ。

撫順の露天掘を代表するのは古城子の炭田である。此の炭田は東西の延長五粁に及ぶ大きなもので、其の最後の深度は、地表下三百五十米と見做されてゐる。此の場合に於ける露天掘の擴がりは、東西五粁、南北一粁の廣範圍に亘つて、其の石炭の採掘量は、一億三千萬瓩に及ぶと云ふ。驚く可き數字である。

此の石炭發掘の爲めに剝離する土砂岩石は、二億三千萬立方メートルに達するさうで、現代世界に於ける最大の土工を以て記録さるゝ、かのパナマ運河開鑿數量の二倍半に當ると云はれてゐる。是も亦た驚くべき數字である。

今一つ驚くべき數字は、此の土砂岩石を以て、かの萬里の長城に倣ひ、下幅三間、高一間、上幅一間の堤塘を作るとするならば、其の延長は地球の赤道を二巻きして尚餘りありとの話である。………撫順を見舞つた誰もが、聞かされる話かも知らぬが、私の耳は驚いたのである。

撫順炭礦の業務に從事する滿洲人の數は約三萬人の多數であるさうだ。露天掘を見ての歸るさ、其の從業者の住ひであらう、路傍にクソ茸の簇生する如き掘立固屋がある。自動車に乘合した別嬪のガイドガール即ち叫んで曰く「あれが滿洲國勞働者の、流線型文化住宅であります」と。車中爆笑。流線型文化住宅は恐れ入つたが、此地に於ける滿鐵社員の住宅こそ、僞りなき眞の理想的文化住宅であるさうだ。何しろお手もの丶石炭が自由な爲め、電氣であれ、瓦斯であれ、暖房裝置なら、炊事なら一切合財、スキッチの開閉で事足りる。無精の娘さん方は、此處の奧さんになるに限る。

そればかりでなく、此の煤煙都市は、とても美しく整備されてある。撫順驛を基點とする半經放射碁盤式地區劃とやらを爲し、アーサーネグンドとやら云ふ。初めて承る楓みたよな並木が茂つて、此の煤煙都市を美化してゐる。滿洲の都市の街路樹は、多くアカシヤであるが、此處のはアメリカから直輸入したと云ふそのアーサーネグンド。例のガイド、ガールが得意な説明であつた。

撫順炭を原料とする、モンド瓦斯工場、硫酸工場、骸炭工場、酸水素工場等の化學工業は、人智の幽玄さを語るものであり。更に亦大炭田の炭層直上に汎く分布されてゐる油母頁岩より採油するオイルセイル工業など、素人の我等には、神の手品と見る外は無い。此の亦た手品を遣ふ科學者の頭は、どんな機構から成り立つもの乎。

× × × × ×

滿鐵線を奉天までは、曾遊の地であるのが一行中に約半數。此より先き四平街を左に折れて所謂滿鐵の委託經營となる平齊線に乘り入れたものは一行中一人も無い。サア其からが愈々滿洲旅行の氣持ちになれるぜと、多少の緊張味を覺へる。今夜七時、奉天を發する我等の列車は、七百六十二粁の行程を、龍江省の平原を走り、一氣齊々哈爾に入らんとす。

一三　落日の大景觀（平齊線）

此處は御國を何百里。離れて遠き滿洲の。赤い夕日に照されて。友は野末の石の下。母國に於て無心に唄ふ小兒の唱歌を聞いてさへ、多少のセンチメンタルを禁じ得ない我等である。それが今滿洲の奥深く來て、現實に赤い夕日に照され、幾多殉國の同胞の石の下に眠るを見た時、我等の喩は熱して來る。

夕方の七時、奉天を發した我等の列車は、暮れ行く虎石臺の高原の彼方、地平線上の雲は、鮮やかな

オリーブ色を湛へて海かと見まがうばかり。其の間を縫ふて黄藍の積雲が、刷毛を曳いたやうに縦横に流れる
　暗黒色の雲の中は忽ち火焔の立昇る如く燃へて來る所在に散見する白楊の森は、紺青の島影のやうに映ずる

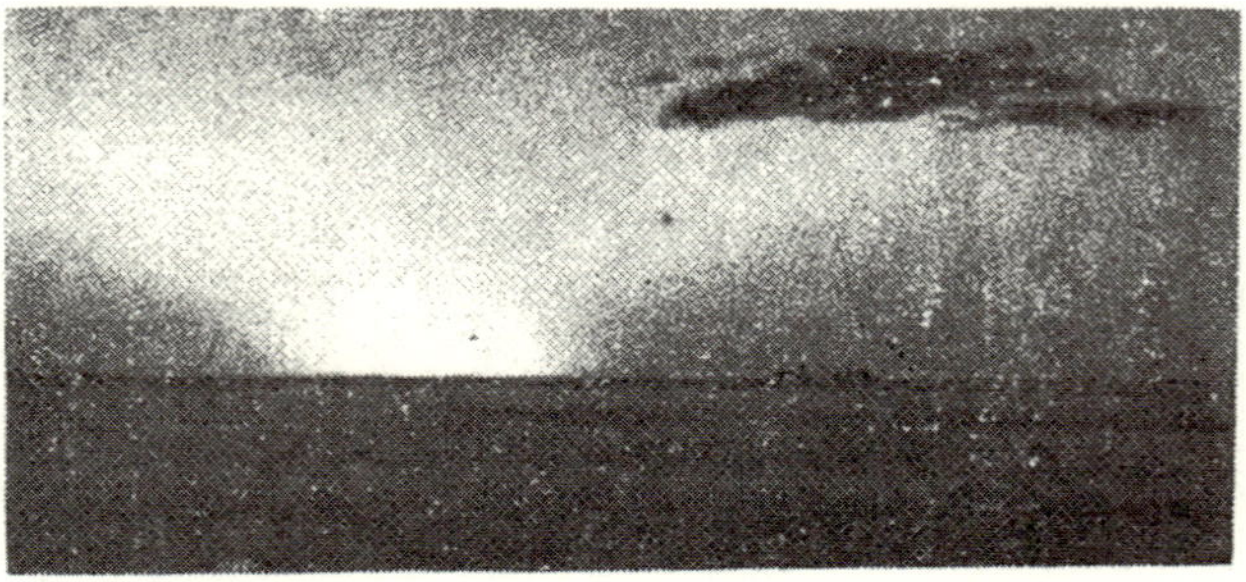

曠野の落日

何と美しい照明の變化であらう。ロマンチックな光景である。

　滿洲の曠野は、荒寥寂寞である。一望無際限の草野原は無味乾燥の天地であることを何人も否定する譯には行かぬ。而かも大自然はボヘミアンらしき漂泊の民族に、この落日の景觀を與へてくれる。僕は皇天の攝理に、感謝の祈禱を捧げざるを得なかつた。

　我等の列車は夜半の十一時十分に四平街に停車した。三十分間の停車である。平齊線中の主要都市と聞いて、寢い目を擦りながら下車する。流石は八面城、鄭家屯、通遼、洮南などに通ずる要衝で、外城千里、大豆、高粱、麻子、粟など各種の穀類が年額六、七十萬石、取引額が二千萬圓と云

ふ大市場。近來の新興氣分は、また格段だとの話であた。見上ぐれば、薄黒い空に星影が二三點、ボンヤリと浮び出た街の燈火が、ボカリ〳〵と明滅する邊境の深夜は、何となく物凄いものがある。此から鐵路は左に折れて、追々蒙古の地に入るのだ。カムフラージユした裝甲車が無氣味に横つてゐる。……………長居すべき處にあらずと、寢臺に驅り戻り夜具引かぶる。

衞門臺の大分手前から夜明となる。眼に映ずるものは、只茫々たる稚草の平野のみ。地平線上見渡す限り、巨濤の如く起伏する砂丘の邊、土造家屋の村落に、牛と馬と豚と羊が、點々放牧さるゝを見る。汽車の響に驚いて、飛出す雉と兎は時にとつての興である。ところ〴〵に見る沼には水鳥の群。廣袤千里、とても諧調の無い景色ではある。

最早高粱の伸びを見せる頃合であるが、一向にそれらしきものも見當らぬは、雨の無い爲め種蒔の出來ぬからで、「此儘で行つたら此秋が思ひ遣られます、昨年は高粱一升が八、九錢どころでありましたが、今頃は十八、九錢、白にして二十一、二錢、秋の飢饉を見越してからですナ、若しさうどもなつたら、匪賊の横行が怖ろしいですぞ、心配なことで御座る。」と列車に乘合しだ此地在留の方の話であつた。又しても匪賊の横行、此れは實に滿洲統治上に於ける不滅の惱みであらねばならぬ。鐵道沿線到る處に、軍人、憲兵巡警の人々が淋しい野原に佇立し、上り下りの汽車を見送り見返りしてゐるのは何の爲めか。言ふまでも無く鐵道警備の任に着いてゐるのだ。余は嫩江の橋畔、鐵路の交叉點に立つて、暮れ行く北滿の曠野に、獨り淋しく直立不動の姿勢ながらも、如何にも人懷かし氣なる日本軍人を見たとき、僕の眼に涙なきを得なかつた。

一四　詩趣の聚落（洮南）

我等の列車は今ま嫩江の鐵橋を渡つたのである。嫩江の鐵橋……想ひ出さるゝは日露戰役當時の横川沖兩志士である。彼等の爆破を企てた鐵橋は、富拉爾基と云ふのであつたから、おそらく今渡つた鐵橋の支流にあるものであらう。彼等が捕へられて、悲憤の涙を呑みつゝ、哈爾賓に送られた足跡は、此あたりにも印せられたことであらう。此の野中にも尙ほかゝる悲壯なる想出がある。

高粱の穗波（まだ見へなかつたが）天際に連なる茫漠無邊の荒野原。水田などはこともおろかや、畑らしい耕地は、一坪として見當らない。土質が砂質壤土地帶で、其上にアルカリ性含有地帶と云ふのだから、農産物は出來ぬのが本當だ。太平川あたりから夜が明けたとして、午後二時チ、ハルに着くまで約十時間、車窓から見たあの廣漠たる平原は、沃野とは言ひ難いが、それでも其の途中には前述べた如き鄭家屯、開通、洮南などゝ、北滿に於ける知名の都邑がある。その洮南に著いたのが、午前七時三十七分、停車二十分間をプラットホームで利用する。

洮南の聚落的發生こそは、まことに詩的である。廣漠たる荒原の只中、洮兒河の南五支里の地に立つ一大土城市である。此處の地名は元、蒙古語で蘸鶏街茅土と呼んだ。これは「鵲の樹」と言ふ義で、曠野の中に立つ一本の楡の老木があつて鵲が之に群棲した。旅行く人は之を目標とし、此樹下に集つて交易に從事した。それが追々小部落を形成して、遂に今日の洮南が出來た。されば此の楡の木こそ洵に洮南の恩人……イヤ恩樹である。今は樹命盡きて枯木となつたが、其樹靈を慰むる爲に、小北門附近に小祠を建てゝ記念物として保存してあるさうだ。此の荒原に此の佳話あり。

清の光緒の二十八年（明治三卜年）清國政府は此地を遊牧地として開放した。當時戸數僅に四十戸に過ぎなかつたが、漢滿人の移住するものが漸次增加するうちに、日露戰爭の勃發となつた。北滿地方に家畜の供給が多くなつて、此地が其の畜産市場となつた爲めに、著しく發展を遂げ、其後民國十二年十一月に、四鄭鐵道が開通し、次で洮南三房間の開通を見る

平齊線の茫漠たる平野

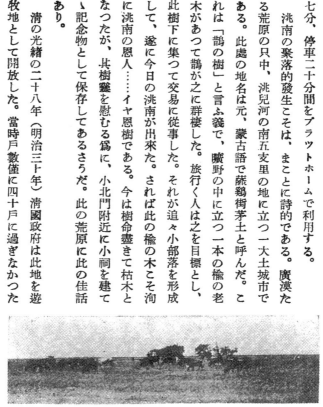

に至つて、益々急激な繁昌となつたが、それでも事變前までは、邦人の數は僅に三十名位だつたのが、事變勃發後軍隊の駐屯するに及んで俄かに邦人の招來となつて、今年の四月末には一千五百名(内鮮人約五百名)を突破したと云ふ。滿洲人は現在六萬人で、とにも角にも此の地方の交通、行政及産業の中心地として其の大を誇つてゐる。此蒙古の一邊境僅に四、五十年の新しい此の都邑の繁榮は偉とするに足る。

斯う云ふ事實のある譯でもあるのか、此の列車の乘客が非常に多く、二等の客車も寢臺も滿員食堂車も賑ふ。中には婦人小兒も交はつて、おそらく滿洲旅行中最後まで異彩を放つた列車であつたらう。荒寥たる四圍の環境に比して、奇なる對象であつた。

一五　封禁の鐵則(齊々哈爾)

十九世紀の中葉、露西亞の猛烈なる極東經略に狼狽へた清朝が、俄かに邊防の急を痛感して、嫩江の右岸チ、ハル屯に火器營を設け、一六九一年には此處に城砦を築き、黑龍江將軍を置いた斯うした歷史を經て、今日の齊々哈爾は生れて來た。最近は例の馬占山に依つて、記憶の新たしい土地である。龍江驛の東方、大興の曠原に、默々と連なる白木の墓標は、此れぞ馬占山討伐戰に陣沒した我同胞の英靈の

齊々哈爾龍沙公園

眠る處だ。我等は車窓に此れを拜しつゝ齊々哈爾に着した

由來清朝は滿洲を祖先發祥の地として之を神聖視し、一六四七年から封禁と言ふを行つて、漢人の浸入を禁じてゐた。偶々一六八八年露國と戰端を開くに及んで、邊防上屯田の必要を感じて、旗兵を此の地方に駐屯せしめ、次で一七三五年には、奉天八旗を呼蘭河流域に移住せしめた。かゝる事情からして清朝の關外不出の鐵則が破れ、移民は怒濤の如く押し寄せ、如何ともすることが出來なくなり、遂に一八九七年に黑龍江の全省を漢人に開放してしまつた。然れば今日の此の地方の開發は、即ち此等移民の賜で、蒙古の一寒村に過ぎなかつた齊々哈爾の今日あるは封禁解消のお蔭であるのだ。

其後一九〇五年に滿洲に關する附屬協定によつて、商埠地として外國人に開放することゝなつて以來、此の地は黑龍江省の政治及軍事上の中心地として發達し來つた。此間我が邦人の足跡を觀るに、日露戰爭後幾何もなく、進出して來た北滿出兵當時は、一時三百名の移住者を見、當時三井鮮銀出張所なども開設されたが、何時の間にか漸減して、事變前には僅に百二、三十名の在住に過ぎなかつた。

其れが滿洲事變に伴ふ馬占山討伐で、昭和六年十一月五日には、かの大興の戰爭となり、十七日には三間房の激戰となつて、八十九名の戰死者、二百四十八名の負傷者、三百餘名の凍傷者と、多大の犧牲を拂つて、遂に馬占山を海倫に追放し、月の十九日午後三時と言ふに、日本軍が武歩堂々此の地に入城してからと言ふものは、素晴らしく活氣を呈し、日に月に在留者が增加して、一昨年の五月には三千名となり、最近は五千人を下るまいとのことであつた。偉い進出振りである。

此上更に四洮、洮昂、齊克鐵道が滿鐵に統一された日には、此れまでの北滿鐵道の恩惠に浴することの尠なかつた時代と異つて、哈爾賓の經濟勢力を此の地に奪ひ得るの可能性が出來た譯で、齊々哈爾の前途は、蓋し多望なりと謂ひ得るであらう。

一六　夜半の鈴音　（齊々哈爾の二）

齊々哈爾の一行の宿はチ、ハルホテル、支那向きに言つて龍江飯店の名もあつたやうだ。とてもモダンなホテルであつた。其の昔、北鐵の華やかなりし時代、露人の經營になつたものらしく、北鐵の露人が歡樂の夜を此のホテルに過した名殘を留めてゐる。地下には賭博場さへあつたと聞く。

チ、ハルはいま、龍江驛と舊市街との約半里の間に、文化的新都市の建設に急である。が何といつても蒙古の一邊境に過ぎない。此れを南滿に比べて、文化の程度も遙かに低く、工業も幼稚な小規模で漸く手工業から機械工業に移らんとする過渡期である。地方特殊の產業と言つて左程のものも無いやうな此の地に、どこまでの期待がかけられるであらうかと、僕は小首を傾けざるを得なかつた。

只併しながら、此地方は例の一望無際の草原である。草を餌とする代物には、うつてつけの土地柄である。即ち牧畜が此の地方の生命であらねばならぬ。一昨年此の地で移出された畜類は、牛が六千頭、羊が四千頭、豚が七千頭、金目にしたら相當の金額であらう。それでも北滿鐵道敷設以前は、蒙古地方の牛馬、皮毛の集散地であつたが、開通後海拉爾に其の勢力を奪はれて、今は昔の面影は無いとのことだ。

陸上の畜類に次いで、嫩江の魚族は豐富である。魚市場に並べられた鮒や、鯉や、鯰のおそろしくデカイには驚かされる。龍江縣一箇年の河魚の產額は、二百萬斤と稱せられるか、惜いかな輸送が不便な爲に、地方の消費に充てらるゝのみで價値がない。何百目もあらうと思はれるスッポンが二十錢、二尺程の鯉が三、四十錢●河魚の好きな者は齊々哈爾行にくべし。

斯様な概念を得た後に、サテ此れから市中の觀光に出掛ける。南河外の南大街、正陽大街と言ふは支那商舗櫛比して例の支那馬車の來往織るが如しで、永安大街、財神廟街と云ふのに日本商店がチラホラ見へる。城內の東南隅孔子廟に、魁星樓なる華麗の建築が高く聳るなどとても美しい都城である。市の西方には楡の老樹が龍幹の枝を交へて夏涼しき龍沙公園がある。此處に祭られたる關帝廟前は、例に依つて支那の遊逸の民が群集して、饒舌を交はしながら終日を無意義に暮してゐる。露支事變の戰死者を祀ると云ふ忠列祠は、滿洲には珍らしき存在である。西方の望江樓に登れば、嫩江の長流を隔てゝ、遙かに葫蘆島の帆影を浮べ、沿岸の茫漠たる平原に、沙丘の蜒々と連なる眺望は浩

齊々哈爾城外滿人市街

々たる大陸の氣を湛へて頗る雄大である。

興安嶺の麓、内蒙の一邊境に、夜更けて聞く支那馬車の鈴の音は、言ひ知れぬ一種の哀調を帶びて、強く旅人の胸を打つベツトの夢はなか〳〵に結び難いものがあつた。

一七　綠林榮達の夢　（昂々溪）

今日は朝四時起床、五時出發、斷然寢坊すべからずと、前夜統監部からキツイ命令が下る。大陸の夏の夜は頗る明け易い。昨夜少し夜更しゝた爲、ちよつとまどろむかと見れば、早やホテルの女中さんが起しに來る。此れから直ぐに自動車で昂々溪に突走るのださうだ。なんとまあ、むごたらしいスケジユールである。

昂々溪に着いて哈爾賓行きの發車までに、一時間の餘裕をつくつて、昨年まで下關の要塞司令官だつた我が鄕土の將軍、兒玉中將を慰問しようと言ふのだ。兒玉中將の住居は、滿壽屋とか云つた頗る御粗末なコーザンである（コーザンとは僕が滿洲旅行中に覺へた三つの支那語の一つで客棧である。滿壽屋なるこの宿屋が、頗る支那式なのでコーザンと言ふのが、うつりがよろしい。）

中將欣んで一行を出迎へ、通されたのが此のコーザン相當の應接間「討伐に出てゐるものゝ苦勞を思

高粱の蕃茂

へば、晏寛と立派な宿にも住む譯にいかんでナ」との話に、一行期せずしてお叩頭をする。由緒はそればかりでない。此家は昭和六年六月、興安嶺の麓なる蘇罰公爺府に於て、中村震太郎大尉と共に虐殺され、滿洲事變の一楔機を作つた井杉延太郎曹長の經營してゐたコーザンで「僕の宿舍としてゐるのも、幾分彼の跡を弔ふ一助にもならんかと思つてナ」とシンミリした話に、この度は一同嚴肅なる憂欝に打たれる。

中將の話を彼是綜合して見ると、其の警備區域は、北滿西部線、齊北線、濱北線、平齊線と延長實に日本の里程で七百里。七十箇所の駐屯所があるやうだ。中將が赴任以來、匪賊の出現すること二百六十回、戰死十八名、負傷者五十一名「僕が來てから鐵道線路をやられたことは一回もないが、匪賊と言つても強盗の程度のものが多い。少し大きなものは直ぐにたゝきつけるでナ」と、相手が物足らぬらしい口吻であつたが、何としても厄介至極なるは、此の匪賊と言ふ奴である。夫の國際聯盟の御使者、リツトンの報告書にも

匪賊は支那に於ては嘗て絶へたることなく、政權は未だ嘗て之を撲滅することを得ざりき

と述べてゐるほど、彼等の存在は、執拗にして根强い。

匪賊。それは實に滿洲統治上に於ける不斷の惱みであるが、彼等はソモ〳〵如何なる存在であらう。僕は此の旅行中に見聞した彼等の活動狀況を紹介しよう。

滿洲に於ける匪賊と言ふのは、春季の解氷期が來ると、そろ〳〵部下の糾合にとりかゝる。七月頃高粱の繁茂期になると、愈々彼等の活動が始まる。其の最も猖獗を極むるのは、八月である。九月に入ると追々人員を整理して、農作物の收穫の終る頃までには賍得金を分配して解散する。そして已がじゝ歸鄕して良民を裝ふ。宛も隣家の猫を一昨日たゝいたやうな顏でゐる。其中始末の惡いのは其のまゝ不良無頼の徒の群に投じて越年する。解散の時に、彼等の武器は、多く地中に埋沒せらるゝが、小頭目以上になると護身用として拳銃が貸與せられる。年の暮に、滿鐵の附屬地に出沒して、犯行を逞ふするのは多く此の手合であるさうだ。

大體右のやうな經路で、每年活動し來つておつたが、昭和四年頃から奉天票の下落に加へて銀の暴落

山東方面からの戰禍の爲めに窮民の移住、又昭和四五年兩度の奉山沿線、盤山、黑山方面の水害、おまけに奉天軍閥の搾取などゝ、次から次と經濟界の著しい變調に伴ふて、農村の疲弊、商民窮迫の結果匪賊も此までのやうな慣行の單純な手段では、香ばしい穫物が得られなくなつた揚句の果ては、從來は匪賊ながらも、嚴格なる節度を保つて、小盜的の非行を愼んでゐた大匪賊頭目と言はるゝ手合も、時代の推移は、所謂綠林出身の榮達の途が絕へ、已むなく野盜的集團と成り下つて、自然其の犯行手段を擇ばぬやうになり、遂に殘忍兇暴なる方法を採るやうになつた。

然かも滿洲事變勃發以來は、治安の混亂と支那軍憲の動搖とに乘じて、各匪賊團は益々其の勢力を擴張して、舊東北軍や馬占山の敗竄兵、逃亡公安隊、鄕團などゝ云ふ徒輩が、多く匪賊に豹變し、其他衣食住に窮する不良土民が其の群に投じ、或は又同類が集合して、新たに匪賊團を組織するなど、滿鐵沿線を中心に蠢動する此等の群集は、其跳梁期に於て、一時三十萬と稱せられた。試みに我が官憲の示す統計を見るに、事變前後の件數に次の如き增減がある。

昭和五年九月から昭和六年八月に至る一ケ年の件數は、二、四三一件、それが昭和六年九月から昭和七年八月に至る一ケ年の件數が一七、二二四件と激增し、更らに昭和七年九月から昭和八年八月に至る一ケ年の件數は、實に二八、六八〇件となつてゐる。

我等が旅行中に聞き得たところでは、此の三十萬の匪賊も、今は僅かに二萬五千か三萬位に討滅し、それも今は深林地帶に包圍されてゐるとのことであつたが、滿洲も今や建國第三年を迎へて、國礎は愈々れく、治安も漸次恢復を見つゝあると言ふのに、然かも猶匪賊の跳梁其の跡を絶たず、幾千粁に亘る鐵路の警戒に、晝夜我が精鋭を惱ましつゝある現情を目撃した時、我等は所謂國防の第一線なるものに大に考へさせられるものがあつた。

一八　悲慘なる送還途上（北鐵西部線）

昂々溪から哈爾賓に至る間は、今回接收された北鐵線中の、所謂北滿西部線の一部である。昂々溪を發車したのが午前七時五十七分、哈爾賓着が午後二時三十分であるから、正に六時間半の道程。

此の列車の通過する二百七十粁の沿線こそ見渡す限り文字通りの廣漠無邊の大平原である。平齊線の平野には處々に波濤の如き沙丘の起伏ぐらいはあつたが、此處ばかりは其の沙丘さへ見へぬ一面のノッペラボウである。只處々に水溜りがあり、水禽の飛翔するのを見るが、此の沼は一昨年の洪水の名殘りで、其の水が今に乾かぬのであるさうだ。二年前の溜水など、大陸でなければ見られぬ圖であらう。

興安嶺の雪が解け初めたと言ふ便を聞いて、ものゝ二十日もたつたかと思ふ頃、チ、ハルの嫩江の水嵩が增して來る。それから一週間か十日を經た頃、ハルビンの松花江の橋の下の水が濁つて來る。して見ると、興安嶺の水が、あの大平野をウネリクネリして、哈爾賓に流れ著くまで、實に一箇月の日子を費す勘定となる。悠々たる大江の流れとは、まさに此れを謂ふのであらう。これも亦た大陸でなければ見られぬ圖である。仍て僕は此の沿線の此の後の景を、何もかも大陸的で片附けて了ふことにする變化なき情景は、如何なる筆をもつてするも、描寫すべくも無いからだ。

サテ我等の列車が安達驛に着いた。折からの雨であつたが、此の驛に群がる老幼の男女を見た時、全く人種の變つてゐることを發見して、我等は此處に初めてエトランゼーたる我等を見出さゞるを得なかつた。彼等は何れも紅毛碧眼の露人である。注意すれば此の驛に著く以前、昂々溪發

北滿の曠野を走る列車

の此の列車は、已に滿鐵の型で無い。車中のボーイ、食堂のウェーター、何れも我等の人種で無いのだ此れまで蒙古の地方を旅した身も、さまで旅行者の氣分も出なかつたが、茲に到つて初めてヱトランゼーの緊張味を覺ゆる。

偶々左手の線路に停車しつゝある貨物列車を見出した時、更に我等は驚天した。蜒々五十輛を聯ねたかと見ゆる長蛇の陣は、露西亞人の老若男女が、鮓押しに積まれて居る。彼等は一貨車に一家族宛、家財道具の一切を持ち込んで、炊事から臥床まで、總ての生活を此に營むやうである。……貨車生活、それがどんな慘めなものであるか、想像に難くあるまい。

此は申すまでもなく、北鐵の從業員が、此のたび御拂ひ箱となつて、本國に送還途上の風景であるのだ。年寄つた婆さんも居れば乳飲み兒も居る。無論妙齡の娘も居る。彼等はいま此の貨車生活を續けて鐵路迢々滿洲の曠野を走り、更に西比利亞の深林地帶をも突破するわけである。想へば悲慘なる亡國民の末路ではある。彼等の列車がチタに着かば、彼等は一應其處に下車される。そして多年植民地の放縱生活から、本國の赤い生活に移る訓練を積まねばならぬさうだが、ソビエットの赤い生活に堪へ得られぬを知る彼等は、上海、香港あたりに、流謫の半生を求むるものが多いと聞いた。

長大肥滿の體に長劍を吊した露人の兵、＝此は滿洲國の傭兵である。鐵兜を着けた日本の軍人、劍覇の音高き我が憲兵、滿人の巡警、靑い腕章の路警と、色とり〳〵に武裝されたる驛の内外の物々しさ。之れも新國家建設の惱みの一風景でがな。

一九　世界統一の夢の跡（哈爾賓）

八日午後二時三十分、我等の列車は、多年憧憬の都ハルピンに着いた。哈爾賓驛忽ち想ひ出すのは伊藤公の最期である。驛の助役石川氏は我等を導いて其の現場に伴ひ、當時の情景を目のあたり見る如く說明される。

今に東洋外交史上の謎として殘さるゝ故伊藤博文公の哈爾賓訪問。時は明治四十二年十月二十六日午前十時、前日の雪が一度溶けかゝつて、又氷り着いて居る寒い朝であつた。我が明治維新の元勳伊藤公が、極東の平和工作の爲め、當時の露國大藏大臣ココツツオーフと會見すべく、此驛に着かれた。公は其の列車內に訪問した藏相と肩を並べて降り立ち、各國の領事團と在留日本官民の整列する前を歡迎に答へて、元の路に引返したとき、藏相の望みに依つて、ブラツトホームに整列する露國軍隊の檢閱を爲さんとした刹那、領事團の背後より躍り出た鮮人安重根の放つたブローニングの彈丸に、我が伊藤公は此處に壯烈な最期を遂げられた。「何者か」と低聲ながらも力强き一聲が公の最期の言葉であつたと。

此の英雄終焉の地、其の遭難の現場には、先年郷國美爾郡より取寄せた經七寸余の六角形の大理石を埋め、更に其の中央に圓經三寸の眞鍮を嵌めて、永久に記念の烙印とした。同行十一名の滿鮮の巡禮客は茲に敬虔なる默禱を捧げた。

斯かる悲壯なる第一印象を持つ哈爾賓。これを觀光するに當つて、僕をして先づ其の盛衰窮り無き過去を顧みる。必ずしも徒爲ならずであらう。

哈爾賓の起原は、遠くニコライ一世の見たと云ふ歷史的なナンセンスの夢から始まる。爾來歷代のザールが、天下統一の夢を見續けて、先づ極東經略の策源府として、將來極東を支配する主都とするプランを樹て、豫ての政治的軍事的の機關を此所に集めて、廣大なる大ハルピンの建設に取りかゝつた。時は我が明治の三十年頃。物價の安かつた其の時代の金で、四億四千六百萬留、即ち邦貨にして約四億五千萬圓と云ふベラ棒な大金が、東支鐵道建設の爲に費された。

地は極東に偏在する廣漠たる荒野原、重罪人流謫のシベリアの一邊境に、國法など一切お構ひなしの極めて自由開放な、豪奢放縱な、宛かも世紀末に見るやうな獵的奇な淫蕩の都、我が哈爾賓が築き上げられたのである。斯くしてニコライ一世の夢は、漸次に現實ならんとする時に起つたのが夫の日露戰爭ハルピンは遠征軍の根據地となつて、幾百萬かの軍隊が駐屯し、文武顯官の往來などで、此時分此の地に落ちた金だけでも蓋し數億圓に上つたであらう。想像するだに素晴らしき景氣であつたが、サテ何とせんあの通りの連戰連敗。ニコライ一世の夢は完全に醒め果てゝ、戰後の哈爾賓は、火の消へたやうな沈衰。

さう斯うする中に、こん度は歐洲の大戰となつた。ハルビンは歐亞への仲繼地として又活躍の時代が來た大戰當初のハルビンは、ヤツサモツサの賑ひを見せたが、其中に祖國に革命の騷動がもち上つて、帝政ロシヤは遂に沒落。ついで來たのが國境の閉鎖、更に强いられた東支鐵道の改編などで、當時のハルビンは又もペチヤンコになつた。

共産國家と云ふ得體の知れぬものがデビューして、今度は西比利亞出兵の一幕となる。戰場となつた地方の避難民が、此地を指して殺到した。現に此地の滿人街として、途方も無い殷賑を見せてゐる傳家甸と言ふは、此の當時の産物で

哈爾賓キタイスカヤ街

ある。斯様な新市街の出現することほど、左様に繁榮を見せたハルピンも、ついで來たのが世界的の不況である。元々露西亞の都市であるからには、其の本國と運命を倶にするに何の不思議も無い。逆境のドン底にある本國通り、ハルピンの現在こそ眞に火の消へたやうな沈衰振りである。

走馬燈の如くに數奇を極めた哈爾賓の過去、其の數奇の運命は單に此に止まらない。今次の滿洲建國についで北鐵の讓渡となり、其の存在の要を失つた露人は、續々本國に引上げて、今や東洋に於ける露西亞のローカルカラーは、日毎に日本色に塗り變へられつゝある。奠都以來、春秋を重ぬること三十八年、露西亞の東方經略の歷史が、未だ幾分の名殘りを見せてゐる我が哈爾賓こそ、現代亞細亞に於ける最も感興を唆る魔都である。

二〇　帝政露人の遺跡　（哈爾賓ノ二）

四十年前までは、松花江岸の無名の草莽、其の名の哈爾賓は、滿洲語の「網干場」から出たと言はれる蘆荻の洲が、今日尙歐亞交通の要地として、北滿富源開發の根據地として、南の上海と並稱せられ、國際都市としての偉容を保つ其の雄大なる景觀は、眞に驚異の存在であり、其の地を畫策したる當年の露人の遠大なる氣宇に對しては、何人も驚嘆せざるを得ないであらう。

哈爾賓モストワヤ街

宏壯なる百貨店の櫛比するキタイスカヤモストワカ街ウチヤストコワヤ街、トルゴーワヤ街等々と、露國の臭のにぢみ出る町の名、總てが一齊に近代都市としての面貌を現はし、ゼネバの時計店、カスペの貴金屬店、グリコーリエフの佛蘭西店、クンストアルベルスの獨逸店、エスキンの亞米利加店、有名なチユーリン洋行さては我が松浦洋行などと、いづれも國際商戰場裡に覇を競ふ店舗の街を、スマートに裝つた男女の往來・鋪道のベンチに憩ひ語る無數の露人の種々相。遺憾なく國際情調を漂はして、物珍らしくも亦目まぐるしい情景である。

新市街の中央、哈爾賓北鐵停車場の眞正面に、蒼空高く尖塔聳立つは、希臘正教の中央寺院である。帝政露西亞の表象として、露國文化の盛時を偲ぶに足るものである。ロシヤ民族が市街を建設するに當つては、眞先に寺を建立すると聞く。猶太教や回々教寺院の尖塔、ソフイスカヤ寺院のドームなど何れもハルピンの景觀を添へるものである。ロシヤが滅亡して星霜早くも二十年、今も猶其の殿堂の前を過ぐる老若男女が、十字を切つて禮拜し行く姿を見るとき、宗教の前に敬虔なる彼等の態度の奥床しさが偲ばれて、そゞろに彼等の心中を察せざるを得なかつた。

私等の觀光自動車は、キタイスカヤ街を北行して、松花江の埠頭に出た。下流遙かに大江を壓する三千二百呎の鐵橋の雄姿に接し、帆檣の林立する江流には露人の青年男女が、早くもボートを浮べて夏の情緒に浸つてゐる。大陽島の水泳場のあたり、柳の蔭、草叢の中に人魚の群が惜氣も無く白人の肌を見せて嬉遊してゐる。江岸のカフエー喫茶店は、已に相當の賑ひである。殆ど春らしきものゝ無い大陸の地に、早くも灼熱の夏が訪れた。長い間の酷寒に閉ぢ込められ、自然から束縛されたハルピン人が、初めて開放された氣分になつて、思ひ切り自由に大陸の夏に親まんとする。

其處に白人の素裸も、脚線美のオンパレートも、たとへそれがイツトの發散とやらであらうとも是は彼等の爲めに寛容さる可きことであらう。夏の松花江彼等の爲めには全くのパラダイスである。

涯しれぬ曠野の彼方に、赤い夕陽が沈まんとして、大陸の一角に夕燒雲が五彩の色を放ち、サボールの鐘が、幽かに餘韻を曳いて空に消へ行く頃、我等は新市街から約四粁、國立大賽馬場の傍を通つて、日露戰役に有名な、沖、横川等六烈士の遺跡を弔ふた。喇嘛僧に扮して嫩江鐵橋の爆發を企てんとする刹那、其の所持した瀬戸物の茶碗から正體を看破られ、捕へられて悲憤の銃殺に處せられた刑場に「志士之碑」と題せらるゝコンクリートの塔が、荒寥千里、北滿の野を睥睨する如く聳へてゐる。銅版に刻して曰く

大詔煥發、事急邊疆、書生愛國、幾手古狂、嗚呼六士、鐵石心腸、死雖慘烈、
其骨猶香、豐碑屹立、後人仰光、松華三水、浩々洋々、正氣磅礡、千載流芳。

と眞に千載流芳である。此の「志士の碑」こそハルビン驛頭に不慮の死を遂げられた伊藤公と共に、尊き我が犧牲として、これは哈爾賓の有する歴史的光彩である。

歡樂境と言はるゝ夜の哈爾賓は暗い。其處に「魔の都」の稱ある所以があるであらう。「シャンタンパルレモ」とやらの時代は、昔話として聞かされる。今は白系露人の將軍の娘が、零落の果て生きんが爲めの「ニッツア」とやら、それが如何に獵奇的な好奇心を唆るものであらうとも、動物的本能とも見らるゝ、斯うした世紀末的な淺ましさを見るやうな日本人は無いはずだ。夜の十二時頃から始まる「キャバレー」など、十日も驅け廻つた疲れの旅人などの行かるべき處でない。此等の視察記をものすべく別に其人がある。

二一　跳躍の明日の姿　（哈爾賓の三）

哈爾賓の鐵橋下より、千噸の汽船に搭じて、一散に松花江の急流を下るとする。佳木斯まで約三日、其處からハバロフスク迄七日、其處からニコライエフスク迄十日乃至二週間、其處で始めて海に出るのである。ハルビンは左樣に奧地にある。此の奧地の大平原に建設された近代國際都市、行李匆忙の觀光客の眼にも映じた物珍らしき事象は尠なくない。蘇聯人が三萬、國籍の無い露人が三萬四千、英、米、獨、佛、伊、波蘭等其の數實に二十三種族に及ぶ異國人が四千人、それに滿洲國人が三十五萬人、朝鮮人が四千六百人、內地人が一萬二千人（何れも昭和九年九月調查）總數約四十三萬人、此等の種々雜多の民族が、總ゆる意味に於ける國際的生存競爭をやるのだから、其の混雜さ加減は一通りでないことが解る。ハルビンに一歩入れた我等自からが已にヱトランゼイの氣分であり、ヱキゾチツクは到る處にある。而かもそれはハルビンの橫顏に過ぎない。我等は最後にハルビンの有つ經濟上の地位を一瞥するの義務がある。

東はポクラニチヤナを經て浦鹽斯德、又は沿海洲へ、東は齊々哈爾滿洲里を經て遙かに西比利亞及び歐洲諸國へ、南は北滿鐵道に依り、新京、奉天、大連を經て支那、朝鮮へ、北は濱北鐵道に依つて北安鎭、大黑河、ブラゴヱチヱンスクへ、更らに東南は拉濱線に依り、間島を經て北朝鮮へ、海を越へて日本への最短距離である。斯樣な交通の衝に當るハルビンである。其間をウネリ流るゝ松花江の洋々たる幾多の支流は蘇滿國境に於て黑龍江と合し、曠漠極り無き北亞細亞の地に存する無盡藏の富を呑吐して、無限に供給さるゝ勞働力と賃金安と相俟つて、將來此地は北滿に於ける大工業地たるの運命を擔つてゐることが解る。實に此の地は北滿商工業の鍵鑰を握る新興都市で、一九三三年の統計の示す處に據れば、此地に於て集散された農產物は、大豆が八三萬瓲豆粕が一七萬瓲、其の他の農產物が一〇萬瓲合計一一〇萬瓲が、北滿鐵道のみによつて輸送されて居る。

　現在哈爾賓に在る工業としては油房二十八、製粉工場十九釀造工場二十四であり、事變後から昨九年十二月一日までに此地に新設を見たる主なる會社が、股份有限公司哈爾

ハルビン夏の松花江

賓交易所、資本が二百萬圓、大同酒精股份有限公司、資本百六十七萬圓、北滿製糖株式會社、此資本二百萬圓、日滿製粉股份有限公司、此資本同じく二百萬圓、哈爾賓洋灰股份有限公司、此資本二百五十萬圓とある。經濟的に燃ゆる新興の意氣を見るべしである。我等は地段街ウチヤストコワヤ街に、横濱正金銀行、北滿電氣、東洋拓殖、國際運輸、朝鮮銀行、滿洲銀行、近藤林業、ハルビン洋灰、東亞煙草などの大銀行會社が、此の日本人街に堂々軒を並べて、此の國際都市に活躍しつゝあるを見たとき、我等の心は躍らざるを得なかつた。偶々今次多年の懸案であつた北鐵讓渡が完全に解決せられて、思ひ掛け無く躍動の春を迎へたのは外ならぬ此のハルビンである。跳躍の春に伸び行くハルビンの明日の姿こそ我等待望の見ものであらねばならぬ。

二三　俯仰今昔の感　（新京）

目まぐるしき哈爾賓の觀光を終つた我等は、露人の料亭ギドリアンに在留友人の招宴に臨みて、ボールシチー、ボヂヤアルカなど油濃い露西亞料理の滿喫を名殘りとして、六月九日夜の十時と云ふに、新京行きの寢臺車にもぐり込んだ。

ハルビンから新京間二四〇粁は、今次讓渡された北鐵の一部で、今ま北滿南部線と言ふのである。車中の八時間は熟睡の裡に過ぎて、十日の朝六時二十五分、いよ〳〵躍進途上にある帝國の新國都新京に着いた。

昭和七年三月一日、積年軍閥が蟠居して、秕政の鬱結せる地を、王道樂土に變へる爲めに創建された新國家、前淸廢帝傳儀氏を迎立して執政と爲し、二年の後に此を皇帝とし、改めて滿洲帝國と呼ぶに至つた。爾來こゝに三年有半の春秋が流れた。此の開新國家は、堅實な發展を遂げて、國內の秩序は整ひ內政の實は擧り、今や帝國の基礎は萬古不易と輝いてゐる。我等は此の榮光ある國都に着いたのだ。驛前にズラリと並んだ前垂れや、涎掛に何々棧と書いた支那宿の客引きが、彼等特性の狂燥の聲を張り上げて、無數の支那客を爭奪する中に、我等は珍らしき旅客を見出した。ハルピンには露、英、米、佛獨、丁と凡そ二十二三種族を見ることが出來るが、今我等の新京驛で見たのは、滿、蒙、漢、日、鮮は元より、ギリヤーグらしいのや、ツングースでもあらうかと思はるゝやうな、現代に取り殘された異樣の人種を混ぜて、彼等は此の新都を目指して、新生涯を求めんとするのであらう。押し寄する此等杏層犀齒の人種で新京は眞の亞細亞人の都市たるであらう。

今我等の通過した二百十萬六千九百坪といふ廣大の面積を有する滿鐵附屬地は、明治四十三年に、時の滿鐵總裁後藤新平男の買收し置いたものであるさうだ。後藤男の大風呂敷な遠大な計畫は、今になつ

帝都を指して集る人々で賑ふ新京驛

て滿洲到處、敬服に値するものがある。此地に於ける當年の草原も、今は整然たる街衢に、雄大壯麗なる建築が櫛比して、滿鐵沿線屈指の日本人大都市を形成した。而かも此の街は、北滿の多くの都市と異り露國のプランの踏襲で無いことが、一つの衿持でもあるさうだ。プラタナスの街路樹、老幹の技面白く繁りたるが特に眼を惹く。

名古屋ホテルに旅裝を解いた我等は、此の國都訪問の第一歩を、溥儀皇帝の在ます假の宮居の拜觀に踏み出した。其の昔、露國の鹽務局の倉庫を改造したものと言ふだけ、これは亦た想像だも及ばぬ荒寥たる環境である。僕は曾て北京の紫禁城を觀、宮城の南隅南華園に、大液池の波光澄碧にして、幽邃閑雅なる風致に接し、武英殿、文華殿の結構輪奐の美に驚嘆したことがある。

溥儀皇帝は、幼少此の紫禁城の奥深き坤寧殿に宣統皇帝として君臨された御躬である。今ま滿洲國の皇帝とは更生遊ばしたもの丶、其の御環境の餘りにも凄凉たるには、今昔に俯仰して多少の御感慨なきを得ないであらう。さあれ、肇國匆々の際、試煉の御途上に在る御躬として、是も御忍びならなければならぬ御過程の一階段でもあらう。想へば數奇を極めた御半生である。

二三　新國務總理の外交振　（新京の二）

假の宮居の拜觀に、無量の感慨を描きつ丶、我等は次で滿洲國々務院に車を飛ばす。玄關を入つて十數歩右手の室が閣議室である。滿洲國の獨立を宣して間も無き同じ年の九月十五日、我が全權武藤大使と、鄭總理との間に締結されたかの日滿議定書の調印も、此室でなされたのである。長方形の卓子に、青色絨壇のクロースを掛け、三十脚許りの椅子が並列されてある。壁間には調印當時の光景を描いた油繪と、大姿見とが掲げられてゐる。何と無く日清媾和談判の春帆樓の面影がある。

此の閣議室と中庭を隔て丶右手の建物に國務總理の公室がある。應接室に通され待つ間程なく新國務總理張景惠氏が、其圓顔に肥滿した體を現はす。我團長格の田邊氏が挨拶をする。

今回私共一行が滿鮮旅行を命ぜられ、今朝當地に着し、閣下に敬意を表せんが爲め茲に推參致した。

閣下は此の新國家に新國務總理として日夜政務に鞅掌せらるゝ御心勞を恐察し、謹みて閣下の御健康を祝福し、益々滿洲國の隆昌ならんことを御祈り申上ぐる。

　と立派にやつて退ける。張總理乃ちよくこそ御訪ね下された。折角の御來訪ゆる〱御意見も拜聽したいのであるが、今日は閣議の當日、最早開會にも間も無い今、其の時間の無いのを遺憾に思ふ。何卒緩々御視察下されて、此上ながらの御聲援を賴む。

と直ちに手を差伸べて、一行殘らずの握手。張總理の外交振りは如才ない。忙がしき中を中庭に於て我等と共に記念撮影、別に臨んで今一遍握手、總理の外交振りいよ〱百パーセントである。

滿洲國最高の行政府國務院

　遠藤總務廳長の滿洲統治の抱負、民政部總務司長清水良策氏の滿洲國施政の意見、就中清水氏の雄大なる言論は、僕の頭をしてボーとせしめた。試に其の一節を紹介する、『滿洲國の統治だつて君譯はないんだ、滿鐵の附屬地を還して貰ひ、日本人の治外法權さへ撤廢してもらゑば、明日にも立派な滿洲國が出來るんだ。何と云つても七千粁に亘る廣い滿鐵の附屬地で、あの不良貿易商共の密輸入ぢやあ關稅の收入は無茶苦茶ぢや。約三百箇所も監視所は置いてあるが、仲々左樣なことで取締りは出來難い。高粱や大豆の價格の無いもので格段の收入を期待する譯には參らんし、此の治外法權さへ撤處してくれたら、關稅收入だけでも三億萬圓は入いるからなあ。

夫いから君等の前ぢやあ失禮だが、僕は將來滿洲に議會など造らうとは思はんネ。今の議會は民意暢達の機關で無いのみか、政黨の弊害をまざ〳〵と味つた議會政治などは、滿洲國には絶對禁物、斷じて御免を蒙るだ。建國當初に此の失敗を繰返さぬやう、僕は斷手たる決心を有つてゐる。…………と何と凄い鼻息ではあつた。

清水氏の大氣焰にフラ〳〵しながら、國務院の玄關を辭するとき、其處に十幾臺かの自動車の列、閣議室には滿洲國大臣の顏が見へる。日本人の治外法權の撤廢を議するには早いがなあと思ひつゝ。

（此稿起草中七月中旬の新聞には滿鐵附屬地の還附及び治外法權問題が日滿兩國間の具體的問題化しつゝあるを報じた）

二四　國都建設（新京ノ三）

國務院を辭した我等の自動車は、是より新國都建設の模樣を見物する。人口十五萬の既成都市を基礎として、新たに建設される百萬人目標の國都區域は、高臺子を中心として、二百平方粁の廣漠たる區域に及ぶ。大同公園、白山公園、牡丹公園、順天公園などを點綴して、其處に官廳街、商店街、工場街、住宅街と區劃され、これに放射道路を配して廣場を置き、中央停車場から市街に至る幹線は、幅員六十米、三線式とやら言ふ四列の並樹を植へる日本にもまだ見ない美麗を極めたものである。大同廣場は市政機關の中心、順天廣場は宮內府の前苑、安民廣場は中央政府各機關の所在地と定めらる。官廳の建築樣式は、獨自の滿洲色を發揮してゐる。道路の大半は已に舗装を終つて、美しい照明電燈や、街路標示も設備されてゐる。綠化都市の實を擧げるためには、計畫區域內の樹木は、總て其の伐採を禁ずると共に、國都建設局に於て最近まで約三十萬本の樹木を搬入して、全土を一大公園たらしめんとする意氣込み。其他國際飛行場の計畫、四十五萬坪に及ぶ南嶺綜合グラウンドは、スポーツの殿堂として十萬の觀衆を入れる東洋第一の大規模。其他ゴルフリンクス。大賽馬場等々、如何にも潑剌たる帝都の建設振りこそ、新興帝國の進運を象徵するものであらう。

由來滿洲に於ける滿人市街は、何れも雜然たる自然發生の原始的狀態に放置されてゐたもので、住民の福祉など言ふことは、嘗て施政者の考慮だに上つたことが無い。從來の軍閥爲政者は、唯彼等一門の榮華を誇る可き金殿玉樓を築くことにのみ專念して、都市としての交通、治安、社會施設、衞生などには何等顧る所なく、無統制なる住民の鳥合的衆團狀態に放任されてあつた。斯くの如き都市生活に的確なる基調を與へて、住民の安居に資することこそは、實に我が王道國家滿洲國が持つ都邑問題の意義である……

……とは國都建設局のスローガンである。然らばこそ此の草原の中に此の雄大なる都市建設とはなつたわけでもある。…………併しながら實に併しながらである。

　大阪城の天主閣を模したと言ふ關東軍司令部、同時に日本大使館であるところの宏壯なる建物のルーフに登つて此

新裝鮮かなる財政部新廳舍

の建設最中の國都の大觀を俯瞰した僕は、つく〲と此の事業の將來に就て、深く考へさせられざるを得なかつたものがある。

試に滿洲國康德元年の歲計豫算を見よ。總額が一億八千八百餘萬圓で、其の主なる歲入は租稅で總額の六十一パーセントを占めてゐる。六十一パーセントの租稅收入か、果して堅實なる財政と謂ひ得やうか。さらに此に對する歲出を見よ。軍政部の經費が、四千百九十六萬七千圓を計上され、歲出の主座を占めてゐる。而かも滿洲車事費の大部分は、日本の擔當に歸するにも關らず、猶ほ且つ歲出の主座である。

左樣な數字は先づそれとして、元々滿洲國を構成する其の最大の要素である農民の最近の狀態を看ると何うである。滿洲の農民は、舊政權搾取の魔手より脫れて、王道樂土の基礎を樹立しつゝあるとは聞くが、他面には匪賊の外に、建國第二年目には北滿大洪水の被害を受けて、農家の疲弊を深からしめた翌三年目に入つては、大豆其他の穀類の、海外殊に中歐諸國及び支那向荷動きが減少した爲、農村は春耕資金の融通にも困窮する狀態であつて、不況は益々深刻化しつゝありと聞き及ぶ。曩に政府は各縣に命じて、農村の實況を調査報告せしめたが、夫れに據ると（一）各縣殆んど匪賊の掠奪に遇ひ、食料役畜の損失甚大で（二）整つた農業金融機關なく（三）勞資は五割方低下、等の事實が判明された。此が最近の滿洲經濟情勢である。

國內の經濟狀態が、斯くの如くある話を聞いた直後に、此の亦た餘りにも尨大窮り無き國都建設の業を看て、關東軍司令部の屋上、僕は天の一方、あらぬ空に僕の面をそむけざるを得なかつた。想へ、建國の聖業なるものは、一日にして成就さるべきものでは無い。其處に多くの荊棘の道がある。此を開拓せずして進むは無謀であるまいか。跳躍は可なり。蹉躓せずんば幸である。

×　×　×　×　×

此日新京は防空演習で鬪都戰爭氣分が横溢してゐた。朝來數十臺の各種の飛行機が、晴れ亘る北滿の空を飛翔し來つて物凄き爆音を轟かしつゝ、帝城十五萬の生靈を威喝してゐる。大同廣場に砲列を布いた高射砲、機關銃は旺に此を邀擊して、天地も爲めに振撼せん許りである。我等の自動車は此の飛行機の亂舞する下を潛つて、南嶺の新戰場に向つた。

奉天北大營の砲聲が、此地に反響したのが其の翌日の九月十九日、東北陸軍中の精銳と稱せられた四千四百名の兵が、此の南嶺の兵舍に駐屯してゐるのを、大島第四聯隊黑石第二大隊長と、公主嶺獨立守備隊小河原大隊長の率ゆる皇軍とが、僅か半日間の攻擊で美事に敵を潰滅せしめ、長春の城內に一彈痕すら止めなかつた新戰場で、滿洲國出現の爲めに、大きな役割をつとめた場所である。半日間の戰鬪ではあつたが、小河原大隊長の負傷、倉本第三中隊長の戰死、そして其の中隊は殆ど全滅と云ふ激戰であつた。殉國の血潮は、今尚班々として此の高原の夏草を染めてゐる。壘々たる墳塋に弔客絶へず、香煙縷々として幽魂を慰めてゐた。

二五　舊き邦人の足跡（吉林）

新興滿洲の國都を觀光すること一日有半、看る處は大略視盡し、聞くべきことは大略聞き終つて、我等は十一日の午後二時五十分發、京圖鐵道により百二十八粁を約三時間にして午後五時四十分吉林に着した。平齊線以來、一眸漠々たる大平原に馴れた我等は、此列車の車窓に送迎する山川草木の凡ならざるに讃歎の聲を發せざるを得なかつた。土們嶺隧道を出ては、其の情景に一層の變化を看て詩趣油然として湧くものがあつた。吉林の地を滿洲の京都と呼ぶさうだが、滿更の誣言で無い。

吉林省は事變後、全滿に魁けて獨立を宣言し、滿洲國獨立と共に之に併合した先覺の省であると記憶する。其の省都吉林は第二松花江に臨んで人口十四萬を有する北滿屈指の大都である。史を按ずるに當地は吉林固有民屬によつて形成された渤海が興つて、中京建德府が置かれて以來、吉林の名が各種の文獻に發見さるゝに至つたが、特に我が國との間に聖武天皇の時代より、醍醐天皇の御代に至る間、二百

松花江畔の吉林

有餘年來續られた交通貿易の事實は、史上有名なもので星霜實に千二百年の昔、已に我國よりの入唐者が吉林の地を踏んだことも屢々あつた。それから遼、金、元、明淸と時代幾變遷、時に應じて此地の榮枯盛衰、左樣な事は此の旅行記に要は無い。

滿洲事變當時には、かの張作相が東邊陸軍邊防副司令兼吉林省政府主席と言ふ嚴めしい名で納まつてゐたが、彼は事變最中には此の地に影を見せなかつた。事變後の九月二十八日に、當時の參謀長であつた凞洽氏が、主席となつて、吉林省の獨立を宣言し、大同元年三月一日に滿洲國に併合したのである。

斯樣な歷史を持つ有名な土地柄ではあるが、此地を圍繞する各縣は、山岳重疊して平野少なく、交通不便な上に列の馬匪賊の跳梁の爲に、自然の寶庫は全く死藏されてゐた。それが一昨年の九月に、初めて新京、淸津間の直通列車が運轉され、十月一日から京圖線の正式營業が開始されて、茲に日滿貿易に一ヱポックを畫した。そして其の要路に衝つたのが即ち我が吉林であつた。滿人の移住するもの、内鮮人の渡來するもの日に月に激增して、此處も亦た滿洲各都の如き發展振りを見せてゐる。

吉林に我官憲の初めて駐在を見たのは、明治四十年の二月、奉天總領事館吉林出張所として警部宮田某氏が、數名の館員を引卒して來任したのがそも〱である。當時日本人の戶數が僅に五十八、人口が百八十八と註せられてゐる。歲月茲に二十有八、昭和九年の調査に依ると、戶數が千七百八十九、人口が實に五千百八十六となつてゐる。此頃では亦づゞと殖へたことであらう。さて此の五千五百許りの日本人中、如何なる種類の人達が一番多いかと見ると、此處も同じ例の娘子軍である。嶄然頭角を現はして二百九十三名、其の多數の理由は說明を要しない。其次が大工左官業の二百二十八名、まさに娘子軍の壘を摩せんとしてゐる。其次が土木建築業の百七名。此の二つの者の多數の理由こそ乃ち建築の旺なるを證するもので、建築の旺なるは乃ち吉林の繁榮を語るものである。

二六　北滿稀觀の景勝　（吉林の二）

吉林の商埠地も亦た近代都市の形式を備へて、數多の西洋建築の櫛比する中に、滿鐵の經營に係はる東洋醫院と云ふが異彩を放つてゐる。カフヱー、料理店の軒を並ぶるも、植民地の型通りである。赤煉瓦の古色は蒼然としてゐるが、堂々たる建物が我が帝國總領事館である。此を西に折れると新開門と云ふに入る。此處は全部日本商店。此から道を左に入ると河南街。此處は全部支那商店。例に依つて支那店舗の装飾は美しいが、商品にはメード、イン、ジヤパンが多い。此を西すると今度は牛馬行と言ふ變な名前の町は、各種の市場で、滿洲人の肩磨轂撃、例の喧騒と雜沓で特殊の雰圍氣を醸してゐる。此を通り抜けて德勝門外に至ると、茲に吉林第一の歡樂境なる北山と云ふに臻る。

北山には例の關帝廟、藥王廟、玉皇閣などあつて、滿洲の都市到る處に見る型通りの遊園地である。舊暦四月二十六、七、八の藥王廟會の大祭のあつた間の無い其の頃、御祭氣分の失せぬ滿人が、宿碎未だ醒めずと言つた形で山麓から山上を埋めて數萬の群集だ。露店に客を呼ぶ聲、見世物のチンドン、とても混雜である。參道の岩石に腰打かけて、終日ボツネンと煙草を燻らす支那人の呑氣性は性急な日本人をして寔に感心に値せしむるものがある。

市の西南に聳ゆる小白山、龍潭山、南の方に長白の遠山翠微、其の麓を縫ふて第二松花江の碧水婉々として環流する景觀は、かなりの雄大さである。元より北滿の地に初めて見るの豪快な情趣である。山を下りたる我等は、福綏門に入り、財神廟總商會を過ぎて、糧米行街に入り江岸に沿ふて建てられたる舊政權時代の藝術的建築を見て、其の昔滿洲八旗を統治せしめた、寧古塔將軍の威勢の名殘を偲はじめて、再び新開門を東し其處の江上一面に伐出されたる流筏はさすがに「木材の都」に背かざる偉觀であると覺へしめた。

此夜名古屋旅館に於ける縣人會の歡迎席上で、頗る耳寄りな話を承つた。それは吉林の餘り遠かざる地方に小城子、大綏甸と云ふ平野がある。吉林總領事館の所轄內で、昨年中に約一萬の

荘麗なる吉林省公署

鮮農の移住者があつた。一天地と云ふのが七畝歩であるが、昨秋の如きは十天地に三十二三石乃至四十石の米が收獲されたと言ふ。而して其の土地の價か坪三錢そこ〳〵「何と二三百圓もあらうものなら、大地主になれますが」との話。此れは寔によい土產話であると思つたが、此から先きの話が少々拙い。此のあたりは例の匪賊の巢窟である。だから鮮人の移住民も一塊り

二三百人宛、自衛團と云ふのを組んで機關銃など携帶に及ぶ、所謂武裝移民でなけらねばならぬと言ふのだ。折角の耳寄りの話も、此れではどうも二の足を踏まざるを得ない。

我等は明朝此處を立つて間島省圖們に向ふのであるが、此地は最近哈爾巴嶺の生々しい慘劇の演ぜられた處だ。豫て我々は夜行列車に乘る可からずとの禁令を受けてゐた。北滿中にても匪賊の最も跋扈跳梁する地方である。王道樂土の建設の地に、此の匪賊の存在は、實に滿洲統治の癌疾である。

二七　苦心の掃匪工作　(京圖線所感)

此稿を書き終つた其日、新聞は土們嶺に於ける匪賊の列車顚覆、奈曼旗公署の襲撃等の慘狀を傳へ、彼等の跋扈跳梁振りの容易ならざるを想はしめた。就中八仙洞に於ける匪襲の狀況は、一糸亂れぬ彼等の統制振りと、慘虐極りなき其の魔手とに戰慄せざるを得ないものがある。殊に「東北民衆抗日救國軍」の名によつて、發表した布告文など見ると、其の計畫的行動の、背後に於ける勢力の相當のものあるを感ぜざるを得ない。其の布告文の概要なるものを見るに

九月十八日(滿洲事變發端日)日本は東北四省を奪つて僞國を樹立した。われらは救國軍司令部の命に依り失地を回復せんとし、とり敢へず奈曼旗を奪回した。今後此の勢を以て全滿を奪回せんとする

ものにして、われらの敵は日本である。我等は徹底的に日本を排斥する。滿蒙人には一切の危害を與へず。

と書いてあるさうだ。此れで見ると此匪賊は、食ふに困つて其糧を稼ぐ草賊の群でなく、一種の政治的觀念を有つ惡質の集團であることが判る。我等は曩に滿洲匪賊に就て數行を費したが、此處に亦た一言を重ねて滿洲の認識を深からしむる一資料としたい。

支那四百餘萬の匪賊の横行せぬ處と言つては無いが、此は多年に亘る官憲の暴虐、軍閥の秕政、或は戰禍、天災などのある毎に發生するもので、大凡そ左の如く色彰に分つことが出來る。（一）は「兵匪」と言ふので、即ち政治的排外的の質を帶ぶる種類で、此中には正規軍、義勇軍及地方自警團又は公安隊などが交つてゐる。（二）は「會匪」と云ふ、此は宗教的秘密結社の武裝團體である。夫の大刀會、紅槍會の如き部類。（三）は「土匪」此

匪賊の跳梁する京圖線

は職業的衆團で、普通に馬賊と云ふ手合ひ。（四）は「共匪」と云ひ、思想的、政治的色彩を帶びる、露國共産黨一派の賊である。

此等の匪賊は驛舍、列車の襲撃、運轉妨害、電線の破壞、鐵道從業員旅客の拉致、殺傷等、總ゆる暴虐の限りを盡あのである。全滿殊に奥地鐵道村落の蒙つた被害は、蓋し莫大なものであらう。新國家は建國の當初から日本と協力して所謂掃匪工作に邁進したが、日滿議定書によつて、國内の治安工作は、締盟兩國軍に依つて行ふとあるから、匪掃工作は大分日本の責任となつた譯である。爾來惡質の匪賊に對しては、徹底的討伐を行ひ、暫行懲治叛徒法、暫行懲治盜匪法など云ふ法律が出た。一方には日本軍は多大の犧牲を拂つて「分散配置」と云ふのを行つて、掃蕩を期しつゝある他方には亦歸順賊匪に對して、各種の機關を通じて極力之が勞働化を計りなどしてゐる。就中滿洲國の施設中に多くの治績を擧げてゐるのは清鄕委員會とか、事變直後に成立した靖安軍とか、治安維持會とか、又は國鐵沿線の鐵道愛護村の運動など、滿洲國人の自發的活動が、掃匪工作上に相當な實績を擧げつゝあるのは注意すべき事實である。

此頃南滿を旅行したものは、誰も氣の附いたところであらう。鐵道線路の左右に一定の間隔をおいて赤旗の翩翻とはためくのを見たであらう。南滿の此の地方が、共産黨の爲に赤化されたとは未だ聞かぬが、多少氣懸りである爲め、車掌氏に伺ひを立てると「ハア、、あれですか、あれこそ線路の左右五百メートルの標識で、此間には高粱を播種すべからずとの命令が下つてゐます。馬賊の出沒に備へる爲です」と。成程此は至極の思附きである。

斯くも匪賊の掃蕩には、日滿當國とも多大の苦心を拂つてゐるが、濱の眞砂子の盡くるときなく、支那に於ける匪賊の影を沒するは、いつのことであらう。滿洲に高粱の繁茂する間は、怖らく彼等の絶ゆる期はあるまい。我等は北滿の奥、人煙を絶した荒寥の地に鐵路の警備に當る日本軍人を見た時、サテ厄介なお荷物を背負ひ込んだなと思つたことさへあつた。

一八　江上半夜の銃聲（圖們）

日滿交通の最捷路であるところの、國都新京を起點として、東部滿洲の大森林地帶を横斷し、途中に吉林、敦化の都邑を縫ひ、哈爾巴嶺の嶮を迂廻して、坦々肥沃の間島平野を貫き、北鮮との國境を流れる豆滿江岸の圖們に至る全長五二八粁を、京圖鐵路と唱へてゐる。其の圖們に着いたのが十二日の午後九時五十分。大陸の初夏の長い日も、ポツトりと暮れた後であつた。

京圖線の開通を見るまでは、灰幕洞と呼ばれて、荒凉たる平地にポツネンと立つた鮮人の一部落に過

豆滿江の國際鐵橋

ぎなかつた。滿洲事變前には戸數が百五六十、鮮滿の農家が散在して、冬季穀類の集散地として知られてゐたのが、敦圖線開通後俄然驚異的發展を示して、昨年七月の調査に依ると內地人の戸數が一、四三八、人口が五、六四一。朝鮮の戸數が三、九〇八、人口が一七、九九八。滿洲人の戸數が四六二、人口が一、四八八、其他外國人が八名居住して合計で人口が二五、一三五となつてゐる。之を營業別戸口數に見ると、雜貨店が二八四、飲食店が五〇、料理店が三二、土木建築業が三六、其他……やで、例のカフエーが十九軒。何處も同じく娘子軍の進出振りである。一行中夜の市中の探檢に、精勤の一人は、獨り我が圖們の夜を見遁すはづが無い。例に依つて出掛けたなと思ふと間も無く歸つて來た「何か變つたことは無かつたかい」と訊くと。「只もう眞暗らな町で、なんにも見るものは無かつたよ」まことにつまらなさうな話ではあつたが、兎も角國境都市として、近く圖寧線の竣工の曉には、一段の飛躍が期待さるゝであらう。今諸官衙、學校、病院其他の各種機關の建築の最中である。

圖們江を隔てゝ朝鮮の南陽と相對し、江上に架せられたる延長四二〇米の國際鐵橋は、鴨綠江のそれと同じく、橋上を往來するもの、一日一萬人を降らずと云ふ。此處にも國際的異風景を見ることが出來る。

此の國際的異風景は、更らに江上に於て屢々演ぜらるゝ密貿易に依つて一段の深刻を加へる。圖們江岸に於ける稅關の監視哨は、十五六箇所もあり、國境警察隊が嚴重に見張つてゐるに關らず、暗夜に乘じ、江上を渡來して、大袈裟な密貿易を試る不逞の徒が絕へ無い。見付かつたが最期、ヅドンと一發御見舞申される。三日に一人位土左衞門となつて、ボシエツト灣の漁網に其の死體が引かゝるそうだ。何しろ朝鮮で一合壹錢の相場の鹽が、狹い河一つ渡つた圖們では七、八錢乃至十錢の價がするのであるから、斯樣な不敵な行動も行はるゝ譯である。日沒から日の出迄、江上に銃聲の聞へぬ夜のないとは、なんと物騷千萬なる國境都市の有つ風景であらう。

イヤ國境都市許りで無い。其領內に滿鐵附屬地と言ふ治外法權の地區があつて、國際關係の錯綜した滿洲で、密貿易の行はるゝのは自然の勢であらう。カーブのある箇所などに、線路に油を撒いて列車の運行を遲からしめ、車窓より密貿易品を投げ出すと、それを持構へて受取るやうな藝頭も各所に演ぜらる〻。風呂敷の結び目に張金を捲いて輪を造り、進行中の列車より、巧みに腕を差伸べて、其荷物を投かるやうな七分三分の懸合ひの曲藝も演ぜられる。「七千粁に亘る滿鐵の附屬地で篦棒な密輸入をやられては堪つたもんぢやないか」との清水民政司長の憤慨、此の圖們江の話を聞いて今更らながら合點されたのである。

二九　さらばよ滿洲國　（告別の辭）

圖們の視察を終つた我等は、愈々此地を最後として滿洲の地に告別しなければならぬ。思へば去る月の三十一日、鴨綠江を渡つて、安東に滿洲の第一步を印してより今日は既に六月も十三日、約四千粁の行程に樞要の地を馳け廻つて、略ぼ滿洲なるもの〻概念を摑み得た。玆に此地に御別れするに當つて、一言告別の辭を述べるが禮であらう。

昭和六年九月十八日、我が滿洲特殊權益の動脈たる滿鐵本線は、支那正規兵の爲に、奉天の北方柳條溝に爆破された。間一髮を容れずして、皇軍は自衞權の發動を促した。北大營の白壁は、夜半の銃聲に見る〳〵鮮血に彩どられた。長春の郊外、南嶺の高原に咲いた秋草は、露の乾ぬ間に碧血に染められた大興の曠野に積りし雪は、我が勇士の血汐に凍ついた。斯くて皇軍の神速機敏なる行動によつて、舊軍閥は一朝にして滿洲の天地より掃蕩され、暗闇の世界は、忽然として光明の滿洲と變り、軈て耀やかしい新國家が招來されたのであつた。

想へば三度び、我同胞の血によつて洗禮され、過去四半世紀に亘る在滿同胞二十餘萬の心血に培はれた滿蒙の地に、創建されたる滿洲國である。今になつて列國が、之を承認するの、しないのと言つてみたところで、其れは已に問題で無い。滿洲國の獨立は、最早儼然たる事實である。亂離と荒亡に苦しむ支那の領土から、完全に蟬脫したる安全境の出現は、實に人類の歷史を飾る曠古の盛業であつた。而かも當初から此の聖業に携はつた日本が、事變以來支那の惡宣傳と、雷電の如く閃めく國際的批判の眼光の矢面に立つて、惡戰苦鬪した幾多の努力は、實に尊き犧牲であつたのだ。此の尊き努力に對して、文句を言ふものあらば、此は東洋平和の破壞者として、此れを排擊するは正義日本の使命であらねばならぬ。時は問題の解決者である。見渡す限り、全世界の中いま滿洲建國にブツ〳〵言ふのは、一人だに無くなつて了つたではないか。

されば日滿兩國は、現在の國際間に見るやうな、又は過去の日支間の如き對立的、競爭的な國家であつてはならぬ。眞に共存親善の間柄なる關係であらねばならない。いやもつと突き進んだ道義的、精神的、骨肉的の結合でなければなるまい。即ち滿洲國それ自體は、日本の實力と威望なくしては、到底獨立國としての存在は期し難く、同時に亦た滿洲國の興廢が、日本の存亡を制する事實も、其の所謂生命線の意義に照しても明かなる如くに。

斯くて建設の地均しが略ぼ完成した滿洲國にとつて、殘された問題は國家經濟の建設である。今、日本は滿洲國政府に、幾多俊敏なる日本人官吏を送つて、國政變理の樞機に參せしめ、滿鐵は其の深遠なる經驗と、新銳なる技術とを提供して、滿洲國交通の整備擴張に、只管指導援助して、兩國繁榮の萠芽を育みつゝある。しかしながら今日の處、滿洲國と云ふ地は何と言つても農產國である。それはその住民の生業を視ても判明する如くに、農業移民の將來こそ最も考覈研究さる可き重要なる國策であらねばならぬ。

滿洲の總人口は三千萬と稱せられてゐるが、其の中の九割七分餘は支那から移住した漢民族である。つまり滿洲國住民の九割以上は、此等の農業移民によつて占められてゐる譯である。由來滿洲は、淸朝の發祥地として長い間移民移入禁止の政策が踏襲されてゐたが、十九世紀の中葉、露國の南侵が著しくなつた爲め、淸の嘉定年間に、その禁封を解くの已むなきになつて此の方、山東、河北、河南の方面、それは當時北支那社會の經濟的構造に打擊を喰つた、其の社會的生產過程からはみ出した、所謂流亡の難民共が、群を成して年々怒濤の如く押し寄せ、次第に土着の滿蒙諸民族を邊境地方に驅逐しつゝ、遂河の平野を中心として、そこに農業を營み初めた。それが即ち今日の九割以上を占むる滿洲住民の濫觴をなすもので、是等の上に舊滿洲社會の農業諸關係は形成されたのである。殊に日露戰爭後になつて、日本の文化經濟的開發と治安の確立とによつて、此等の移民は多々益々殺到し來つた。

漢人に次いて多數を占めてゐるのは朝鮮人である。豆滿江、鴨綠江を距てゝ、一葦帶水の間に在る彼等は、越境して滿洲に移住し、其の接壤地方たる間島、吉林、奉天方面主として東部地方の低濕地を求めて水田を開懇しつゝある此等在滿の鮮農は其の實數實に、百二十萬內外と云はれてゐる。現に彼等の手によつて開發された滿洲の全水田は約十萬町步に達するさうである。水田の開拓こそ實に鮮農の獨擅場とも言ふべく今後現在の十倍、即ち百萬町步、籾收量三千萬石程度に至ることが豫想されてゐる。

殺到する漢人移民

飜つて日本人の滿洲進出振りを見よ。過去三十年間に日本人の滿洲移民は、僅に二十五萬人に過ぎない。これは如何なる原因か、謂ふまでも無く滿漢の勞働者は、生活の程度が極めて低く、勞銀が非常に安く、其上體力强健にして、如何なる勞働でも其の種類を擇ばない。かゝる手合を相手に、比較的生活程度の高い、體力の劣つた、且つ潔癖の日本人が競爭の出來ないのは當然であり、島國の日本人が古來植民的に訓練されてゐないことも、亦た滿洲進出の振はざる所以でもあつたであらう。

滿鐵の報告書に據れは、滿洲國は日本移民の來耕を殆んど無制限に歡迎してゐる世界無二の友邦である。而も滿洲國成立前迄は土地商租權を得てゐたとは謂へ、其の運用による圓滑を缺ぎ全く空文に終つてゐたが、現在では南滿洲に限られた通用範圍は全滿に擴張され、多くの援助を與へて歡迎せんとして居る。又一方には高度の科學的技術の所有者である日本商工業移民は、此國に於ける日滿合辦事業竝に大小企業の發達に伴ひ、必然の要求となつてある現況である。

我國は過去二十年間に亘つて屢々滿洲へ農業移民を試みた。…………就中金州城の北方四里餘に營まれた愛川村は關東廳補助の下に成立した移住農村で、米作を主とし現に七戸が在住してゐる。（中略）又旅順、普蘭店、貔子窩等には大連農事會社（滿鐵傍系）の補助に依る移住農村がある。夫等の外滿鐵沿線各地の移住農業者も、其の數約一千名を算する。

過去の農業移民が、最初の期待程に成績を擧げ得なかつた原因は、今尚究明されてゐないが、最大の原因は資金の不足に歸せられ、加ふるに土地の不慣れや、生活程度が先著漢人に比して高いこと、土地取得の容易ならざる等が擧げられ、總體的には物價の暴落續きが、其の主因とされる。

新國家成立後右の諸項中何れが滿されたかと言へば、土地取得の容易になつたことが最も著しい現象である。滿洲國は其の建國宣言に述べた如く、日本人に對し從來の漢人に與へたと同樣な待遇を附與することになつて居る。併し乍ら交通機關の完備した地方は、大體滿人が占めてゐる關係上、今後熟地を購入せんとせば、相當に資金を要すること丶、肥沃な開墾地は總體的に交通不便の地たることも覺悟せねばならない」云々。

滿鐵の報告書已に斯くの如しである。過去の日本農業移民の成績は、期待ほどになかつたのみならず寧ろ全然失敗とは言はざるまでも、成効しなかつたと云ふ可しである。

昨年十二月、關東軍特務部主催の下に行はれた移民會議の席上に於て、在日滿の移民問題の權威者は口を揃へて日本の滿洲移民は有望であると、斷案を下したさうであるが、此の斷案は果して誤りたいであらうか。曩に拓務省の手によつて、所謂武裝移民なる屯懇隊が三回に亘つて佳木斯に送られ、ハルピン附近には天理教の移民村が作られ、興安南省の通遼に近い蒙古の草原地帶には、東亞勸業公司の手で天照園移民團が送られてゐる。何れも僅に兩三年を過ぎない試驗時代であるから、其の實績の徵すべくもないは已むを得ないとして、たとえ可成りの成績を擧るとしても、日本の如き氣候、風土に惠まれた國民が、あの荒涼落寞たる年中の半ばを雪に鎖さるゝ曠野を目指して、彼等の鋤鍬を運ぶであらうか。

國務院民政廳は、目下日本人移植の大計畫を樹て、第一次に樺川、第二次に依蘭、第三次に綏稜、第四次に一次、二次の中間地帶を擇んで、集團移民を招致すべく頻りに研鑽中である。樺川、依蘭は三江省松花江の沿岸、露滿の國境に近く、綏稜は濱江省のハルピンを何百粁、北に距る奥地である。冬寒くして氷雪堅く、夏暑うして瘴癘多し。借問す、瑞穂の國神風吹く此の國民が、千里異域の此の蠻界に、果して王道樂土を謳歌し得るであらうか。滿洲の日本移民問題は、いま我が全國民の前に課せられた切實なる懸案である。僕は敢然として此に答へん。それは到底出來ない相談であると。

三〇　狂熱の降下　（雄基港）

滿洲の地を離れて、國境を越へんとする旅客は、圖們の驛で稅關の檢査を受けねばならぬ。發車間際になつて驛の長い荷物臺に、ところ狹き迄にブチ撒かれた十幾人かの品物は種々雑多だ。煙草あり、絹紬あり、支那緞子あり、寶石あり、寫眞機、望遠鏡と云つたふうに。就中ハルピンあたりで、シコタマ

雄基港の大豆輸出

仕込んだ土産物を有つ連中の氣の揉めること夥しい。中には絹紬の二匹も、寶石類の五六個も忍ばせたものもあつたであらう。ウオツカを二本も携帶した左黨もあつたやうだが、ヤツサモツサの中に檢査が濟むや濟まぬ間に傍には赤帽が鍵のかゝらぬまゝのトランクをヒツたくつて列車に積み込む。何とも早や混雜を極めたもので、まさに國境越しの一苦勞であつた。想ふにである。成程鴨綠江や豆滿江は、今日のところ政治的には嚴然たる日滿の國境である。又永遠に國境であらねばならぬ。が、此の兩國は經濟的、文化的には左樣に七むつかしい境界たる觀念や施設を取り除かねばウソであらう。稅關の檢査が七面倒な爲めに言ふのぢやあない。

午前十時豆滿江に架せられた四三〇米の國際鐵橋を通過すれば、一時間後に南陽に着く、朝鮮式建築の驛舍を見て、長い滿洲旅行を終つた我等にとり、何と無く郷國に歸つた想を爲さしめた。南陽は京圖線の開通によつて產れた町である。昨年の調査では人口三千餘人、此中内地人が七八百人、京圖線の開通までは、人煙絶へた荒蕪地が、二三年の中に斯程の町となつたからには、工事中の圖寧線が開通すれば、更に一段の發展を見せ、國境都市として北鮮の新義州の地位が約束さるべきである。停車一時間、午後〇時九分此處を發し、三時間半にして雄基に着した。

豆滿江を西に距ること二十四粁餘、日露戰爭當時は、僅に數十戶の漁家が點々散在した荒磯であつた明治四十二年頃、新潟縣から多數の漁民が來航し、此處を根據として近海の漁撈に從事した。これが雄基なる地に內地人進出の嚆矢であつた。此頃からポツ〳〵此地が世に紹介さるゝに至つて、大正元年に朝鮮郵船が航海を開始し、同十年六月に開港場に指定されて以來、沿岸航路には勿論、裏日本、大阪、東京、北海道の各航路の寄港地となつて、滿蒙奥地の物資が集散さるゝ地位にまで躍進した。殊に滿洲事變後は、熱狂的に活氣づいて、一時は黃金狂の夢を追ふ對象とまで世の視聽を聚めたものである。土地の恩惑賣買に成金になつたものや、それが亦た步に返つたものやで、一兩年間の雄基の有爲轉變は、數々の喜悲劇を演じた土地である。

港は東北西の三方が松眞山脈に圍繞されて、南方が適度に開けて港口を造つてゐる。港灣は右岸西南方に岬の如く浮出する琵琶島の突端から、左岸に聳立する雄基山頂を見通す直線內の海面で、此の面積が三百二十七萬坪と註せられる。見たところ如何にも天然の良港である。此の港內の左方に防波堤、防砂堤を設けて艀船溜があり。之に引込鐵道、稅關の上屋が建設され、右方の繫船岸壁は、正面二〇〇米五千噸級の汽船が、同時に二隻繫留が出來る。昨年の港勢は上半期に於て輸移出が三百七十五萬七千餘圓、輸移入が五百四十六萬七千圓、合計ザット一千萬圓で、前年の同期に比し約三倍の躍進振りである大豆、石炭、木材、魚油が輸移出の主座で、絹織物、粟、小麥粉、食料品、建築材料、雜貨と云ふ順の輸移入となつてゐる。

斯くて雄基港は現在のところ、略ぼ港灣としての設備は整なつてゐるが、將來滿蒙の大量貨物を呑吐するには斯程のことでは滿足出來ない。更に大雄基港の實現に邁進せんとて、此地の有志諸君が港灣擴築期成會なるものを造つて猛烈に運動中である。灣に接する三十八萬坪の水面を有する龍水湖に運河を通じて、之を港灣に取り入れんとする期成會の計畫は平凡の妙案であらう。

然る處、我等が此海上に浮んだ時のこと、何處からとも無く濛々と襲ひ來つた濃霧は、忽ち此港灣を銷して殆んど咫尺を辨せざらんとする勢ひ、家も驟雨にも遭ひたるかたちである。着てゐる服は忽ちシツトリとなる。我等を案內さるゝ方のお召になつてる絽の羽織や袴が臺なしにならねばよいかと心配で堪らなかつたほど。之が即ち有名なる夏の日本海の濃霧である。古い想出ではあるが、日露戰爭の當時露々浦鹽艦隊を逸したのが、此奴であつた。

現在雄基の人口は鮮人約三萬人、內地人が五千四、五百、支那人が六百、合計約三萬六千。內地人の職業別を見ると、一位が商業で次が俸給生活者、山口縣の八十戸が筆頭で、福岡、廣島、佐賀縣の順序である。

三一　北鮮の大連（羅津）

今朝八時雄基出發の間際になつて、一行中腹痛が二人も出來た。此の日は日本海沿岸を羅津を經て淸津まで、自動車をブッ飛ばすことになつてゐる。此の車上の時間まさに四時間半。今日迄約四千何百粁かを突破し來つた體だ。腹痛の出るのも、必ずしも昨夜の歡迎會に、羽目を外づし過ぎたせいばかりでも無い。そこへもつて來て今日の此のコースは、餘りにも酷ではあるが、まあ、やれる處までやつてみよで、腹痛をいたわりながら車上の人となる。

雄基の西南十五粁、寬洞嶺の險を穿つて敷設された一等道路はドライブ程度で左程苦でもなかつた。五十分にして羅津着。

明治三十二年、英國の東洋艦隊が十二隻、舳艫相啣んで威風堂々と此灣に入港した。どうしたはづみか、其の中の一隻が坐礁した。責任を感じた其艦長は、身を投げて死んで了つたと言ふ哀話を有つ海である。日露役の當時には、上村艦隊が屢々潜伏して浦鹽艦隊を覗つた處だ。西比利亞出兵の折には、我が艦隊が月餘に亘つて碇泊したこともある。斯様な由來から羅津の

羅津港と滿鐵社宅

名はかなり以前より識者には知られて居たが、今度と言ふ今度滿洲事變を楔機として、永年の懸案であつた京圖線が開通して滿鮮海陸の接續物資を呑吐する終端港と指定されて、今滿鐵の投資によつて、一大港灣建設の道程にある。一度び此の港灣の計畫が發表さるゝや、此地は忽ち北鮮の寵兒となつて、來往者日々踵を接し、近々一ケ年に萬を越ゆる都市を造り上げた。昭和八年から十二年迄に、呑吐能力三百萬瓲、人口三十萬を目標

に、種々の計畫が進められ、將來朝鮮に於ける大連の地位を占んず勢ひである。すさまじなんど言ふ許りない。

港口に大草島、小草島の二島彼が自然の防波堤を爲し、灣内の奥行六浬、港内の面積六百萬坪と稱せられる。地形頗る長崎に似る良港である。然るところ、此處の有志諸君が、港灣の説明をなさる爲、私等を町の背後の小丘に導びかれたが、之れは亦た如何なこと、海上一面は全く濃霧に鎖されて、何處がどこだか、港口さへも定かに見分け難い。「霧がひどいので港口は三臺か五臺の燈臺が建つ筈です。霧中信號所も設けられるでありませう」とあつたが、此の濃霧ほど航海者にとつての苦手は無い。これは北鮮諸港の有つ一大缺點である。

最近の調査に依ると、羅津の人口は二萬五千、家屋は大概バラックである。昭和十二年と言はゞあと二年であるが、之れ迄に三十萬の大都市を造らうとの目論見は、當てが外れた。滿鐵の仕事場附近を除いては、市中の景氣も彼是言ふ程のことも無く、何となく附け景氣の醒めかけた氣配も見へる。羅津と言はゞ、一時黄金の雨の降る土地として世間に放送され、土地成金と云ふのも相當にあつたさうだが、今は其の土地の賣買さへ、チョット行詰まりの形である。後に淸津の人の話に依ると「羅津も豫想される程の貨物は集らぬやうですな、滿鐵の見込みも違ひましたかナ」と。必ずしも淸津人の嫉妬のみでないやうだ。が何と言つても満鐵の指定地である。山を堀り海を埋めての大土工、此港灣竣成の曉こそ見ものであらう。一行中の腹痛は此處の病院で御薬を頂戴し、元氣を恢復したので、サア行かうと許り、此から三時間半の道程を、再び自動車上の人となる。イヤなか〳〵苦しい旅程である。

咸鏡北道の慶興郡と富寧郡の郡境に誇る天安山の山麓を縫ひ、左手に日本海の煙波漂渺たるを望み、新洞、楡新、水坪洞の長汀曲浦、濛々と脚下に襲ひ來る濃霧の中、斷崖上の路をヒタ走りに走る自動車にハラ〳〵しながら、路傍に立てられた道程標を見つめて、刻々目的地の近づくを樂みつ、軈て廣周嶺の嶮を越ゆれば、漸くにして清津港に着した。ヤレ〳〵草臥れた。

三二　强敵の出現（清津）

清津には此地實業界の代表者多數出迎へられ、諸方面を案内して更に港頭の丘上に聳へ立つ宏壯華麗のルネサンス式建築、國際ホテルに我等を導き、盛筵を設けて歡待された。此の國際ホテルは、蓋し清津港の一の誇りであらう。パーラーの窓に映ずる紺碧の波光高秣半島の翠巒雙燕山の綠黛は眞に湖山の雅致を添へ、遠く輸城の大平野を隔てゝ、長白の連峰を望むなど、旅情を慰むるに充分である。斯様な設備の整ふたホテルがあるに、疲れ果てたる我等の旅枕を、此處に要意しなかつたチューリストのブランは氣が利か無い。

日清戰爭の當時は、戸數僅に百戸の一漁村に過ぎなかつたが、北韓軍が此地を陸揚場と選定して以來急激に發展し來つて、明治四十一年四月、萬國通商貿易港と指定され、同四十三年十月日韓併合に、清津府廳を置いて、全鮮十四府の一に數へらるゝに至つた。此の間清會線の敷設、次で會寧より上三峯を經て間島方面への鐵道の開通、引續いて咸鏡線の全通、就中三十年來待望の京圖線が全通して、其の始發驛となるなど、此地は滿洲方面よりの物資を呑吐する重要なる使命を帶び、港灣の修築と相俟つて、今や滿洲國の表玄關として活躍してゐる。

港の岸壁には三千噸級四隻、六千噸級三隻を、同時に整留することが出來る。「一昨日もアメリカの五千噸級の汽船が、二日間に立派に荷役して出帆しましたワイ」と港灣の能力が吹聽された。更らに沿岸貿易に對しては、舊防波堤を利用して、埠頭の擴築工事の最中である。輸移出品は魚類、鐵條、竿板金巾、綿織物、魚油、木材等で輸移入品が小麥粉、野菜、人絹、砂糖、果物、機械油などで、何れも相當の金額を示してゐる。清津人の曰くに「此處は單に港灣としてのみでない、北鮮の工業地帶として廣濶一千萬坪に亘る工場敷地を有してゐる。將來は大工業都市として飛躍する運命を有つてゐるんですゾ」と威張つて居られた。

北鮮の雄清津港

サテ斯樣な大港として、北鮮に君臨してゐた此港に忽然として大敵が現れた。それは謂ふ迄も無く雄基と羅津である。滿洲事變が楔機となつて、北鮮の開發が急激な變化を見せ、偶々京圖、圖寧の開通は、一歩滿洲に近き雄基、羅津をして、まさに清津の繁榮を奪はんず氣勢を示して來たのだ。清津人たるもの、豈に晏如たるを得んやで、ヤキモキして總督府、滿鐵にいろ〳〵と注文を持ち出してゐる。話の中にチョイ〳〵雄基、羅津にケチをつけんとする口吻のあるのも、今の清津人として無理からぬ心境の現はれである。斯樣にして雄基、羅津、清津の三港は、三ツ巴となつて各々其の運命の興廢に、懸命の努力を傾倒しつゝある。

國際ホテルの食卓は、まだデサート、コースにはいらぬ中に、迎ひの自動車が來た。午後五時清津驛發で、朱乙溫泉に向はねばならぬ。…………ア、六月十四日、ソモ〳〵今日は如何なる日柄である。一生の中、かゝる行李の匆忙を極めた日は元より空前にして、おそらく絶後であらう。

三三　寞れた北鮮の雄港（元山）

「あなた方も今日はお草臥であらうから、一つ朱乙溫泉に一浴を試みられて、旅塵をお洗ひ下さい」とでも云ふ旅程製作者の氣の利いた處を見せた積りではあらうが、最早溫泉もクソも無いのだ。驛の共同椅子にでも横になつて脚を伸ばしたい程の思ひである。おまけに此の列車には三等しか無いと聞いて愈々ウンザリである。小言タラダラで車中の人となると、一時間ソコ〳〵にして朱乙驛着。マア〳〵此の位ならと思つたら、未だ〳〵〳〵。此から西北に向つて二里十八町、更らに自動車で溫泉場まで走らねばならぬと。

長白山の支脈に源を發する溫井河、其の岸に沿ふてのドライブ、溪流の風景美は、萬更ら捨てたものでも無かつた。聽てのことに鮮仙閣と云ふに著く。其の昔鎭堡やらのあつた所であるが、近頃陸軍の療養所に指定され、感鏡線の開通やらで、相當浴客もあり、一日の湧出量が一萬四千石と言ふからには、湯は豐富であり、幾つもの浴室が列んでゐる。

着後取り敢へず一浴と、一番手前の浴室に飛び込むと、先客は羅南の兵隊さんで一杯、此れではならぬと次の浴室のドアーを引いた刹那、此れは亦た思ひもよらぬ。若い外國の婦人が二三人、湯上りにホテつた豐滿な肉に輕羅を纒つたのにバツタリ。餘りの意外にホホウの言葉より出なかつたが、此旅館から朱乙川に浴ふて登つた處に、白系の露人ザリヤ、ヤンコブスキーと云ふ偉い丸持の邸宅があるさうだ。此の婦人連はおそらく其處の家族か、逗留客でもあらうが、此の靜かな山中の溫泉に意外な異國情景を見せられた。岩間に響く溪流のせゝらぎ、翠滴る兩岸の濶葉樹、長く滿洲の曠野に旅せる身には捨て難い溫泉情調を味ふことも出來た譯、今朝來の憤懣の心境、いさゝかなごやかとなる。

夜の十一時になつて、又しても轉寢の夢を驚かし、此か

谿谷美の朱乙溫泉

ら元山行きの汽車に乘るのだサア起きろとの命令。わしやあもういやだと駄々つた者もあつたが、罷ならぬの嚴命に、「何處にでも連れて行けッ」とヤケ氣味になつた一行、亦たも自動車にゆられて、朱乙驛を夜半の十一時六分、寢臺車に投げ込まれた。

元山に着いたのか十五日の朝九時七分。プラットホームに降り立つや、カッと照りつけられた此の日光の嚴しさはどうである。これやあかなわぬと許りに、驛前の茶店に飛び込んだ儘、市中の觀光にさへ出なかつたものゝあつた程、左樣に暑い日であつた。內地の八、九月の氣候である。聞說、此處の松亭里海岸の海水浴場は、全鮮一の設備を有すると。成程此の暑さでは海水浴は繁昌するであらう。

此の港は明治十三年の開港であるから、朝鮮では一番古き港。風光明媚な永興灣の南に、北の方鹿島半島の尖端と相對し、葛麻岬角南より北に突出して港口を扼し、灣外には數個の青螺碁布して自ら外海に對する防波堤を造つてゐる。眞に天然の良港で、流石は久しく朝鮮東海岸に於ける覇者であつたが、咸鏡鐵道の全通以來、貨客は皆んな素通りとなつて、近時滅切り沈衰狀態に陷つて了つた。滿洲に近い清津、羅津、雄基の三强敵の出現は、古き元山をかゝる情勢に導いたのも已むを得ないであらうが、元山人たるもの此の際緊褌一番の要があらう。平元線、それは朝鮮の中腹を横斷する鐵道が完成すれば、亦た昔日の繁榮も期待出來やうが、これは猶六、七年の長い將來、俟ち遠いことである。其までに一工夫凝さねば、元山の褰れは日一日と加はるであらう。

二時間半を此地の暑さに苦んで、午前十一時四十五分發、此の長い旅行の最後の餘興として書き卸された、金剛山の探勝に取り掛るのである。

三四　世界的奇勝　（金剛山）

元山から外金剛に至る鐵道沿線の風光の佳麗なる、北鮮にもかゝる境地あるかと僕をして狂喜せしめた。安邊驛を出でゝ歙谷、松田に至る間、一望千畦の水田には、今勤勉なる朝鮮の農夫が、挿秧の半ばを終らんとし、正條に挿まれた苗列の目も鮮やかに、軈て長箭附近に至れば、紺碧の進潮油の如き青松白砂の海濱や、車窓近く湖水の瀲漣を見るなど、須磨も濱名の景觀も及ばぬところさへある。此等の美景を車上に送迎すること三時間餘、午後二時五十七分、外金剛驛に着き、溫井里嶺陽館に投じた。

世界的奇勝の名を博した朝鮮の金剛山、それは半島の背梁を成せる白頭山の連脈が、蜿蜒として北より南に縱走して、江原道の准陽、高城の二郡に誇り、廣袤實に十八平方里に亘る所謂一萬二千衆峯の一群の峻峯を稱するのである。幾千年來の風削雨蝕になる千米以上の峻峯巨巖の重疊は、實に世界的名山の名を擅にするのである。

我等は温井里着後一浴の後直ちに登山道路に自動車を馳せた。數町にして一條の溪流あり、是れ即ち寒霞溪と稱する幽谷、約二里の長きに亘ると言ふ。左方に矗立する觀音峯の連脈と、右に聳ゆる萬物相

天下の奇勝金剛山

の連峯とに挿まれた溪間を遡行すること一里二十町。自動車は此處でとまり、此より先は樹根岩塊の落々たるを踏破して進まねばならぬ。岩床を曲折して流るゝ清冽の水は、瀑布となり、深淵となり、碧潭となつて、其の溪流美の幾變化は、綿の如くに疲れた身をも忘れしめた。漸くにして萬相亭と稱する茶店に辿り着けば最早頂上を極めたのである。

峻峭劍を立てたる如き巨巖が、恰も鼎立の形を成したる三仙巖の雄偉なる。前面の深溪を隔てゝ危峯の亂立、或は羅漢の如く、或は奇獸の如く、或は筍子の叢生せるが如く、其の千狀萬態の形容には、實に天斧の奇怪なる工作に驚嘆し、さすがに世界的奇勝と賞讃せらるゝ所以を首肯せざるを

得なかつた。

夕陽春かんとする頃、溫井里に歸着し、出で湯の一夜を心ゆくまで山氣の淸々しさに浸つた。宵の程より前山に低迷した白雲は、軈て雨となり、夜の更くるに從つて地軸を流さん許りの土砂降となつて、此の深山幽谷を彌が上にも神秘の境と化せしめた。山精木魅の出でゝ遊ぶかと思はるゝ此の寂淨の雨の夜こそは、未だ嘗て味はざる幽玄の一乾坤であつた。

翌朝は此處より九龍淵探勝の豫定であつたが、夜來の雨は益々劇しく、到底登攀を試る由もなかつた併し頑健を以て誇る一行中の數氏は、奮勇征途に登つたものもあつたが、九龍淵の源流を窮め得ずして濡鼠となつて歸つて來た。

僕は此上金剛山を說く資格を持たぬが、已に此の天下の絕勝の片鱗は目擊し得た。此の上は文獻を玩讀して、人に向つて金剛山美を說く、必ずしも潛越の沙汰ならざるを信ずるものである。世の金剛探勝を試みんとするもの、來つて僕に就て豫備智識を得よである。

金剛山の探勝こそ、我等今回の旅行の、棹尾の活躍の舞臺として書き卸された旅程であつたが、蛇尾甚だ振はずして、我等の行途は此に其終幕を告げた。六月十六日夜八時二十五分、此の山麓を辭し一路京元線を京城に急ぎて、十七日を京釜線上に送り、十八日朝七時三十分下關に歸着した。日を費す二十有三日、行程實に五千數百粁。想出多き汗漫の遊であつた。

昭和十年九月三十日印刷

（非賣品）

昭和十年十月 五 日發行

山口縣豐浦郡内日村第千百六十二番地

著者　楯田五六

山口市後河原一五

印刷者　小澤彬造

山口市縣廳通リ（電話二一三番）

印刷所　山口響海館

増田貞次郎

『旅順と大連』

（東京堂、一九四三年三月）

403　増田貞次郎『旅順と大連』（東京堂、1943 年 3 月）

旅順と大連

昭和十七年十月三十一日　旅順要塞司令部御許可済
昭和十七年十一月四日　旅順方面特別根據地隊司令部御許可済

東京堂・版

旅順と大連・目次

旅順

大連

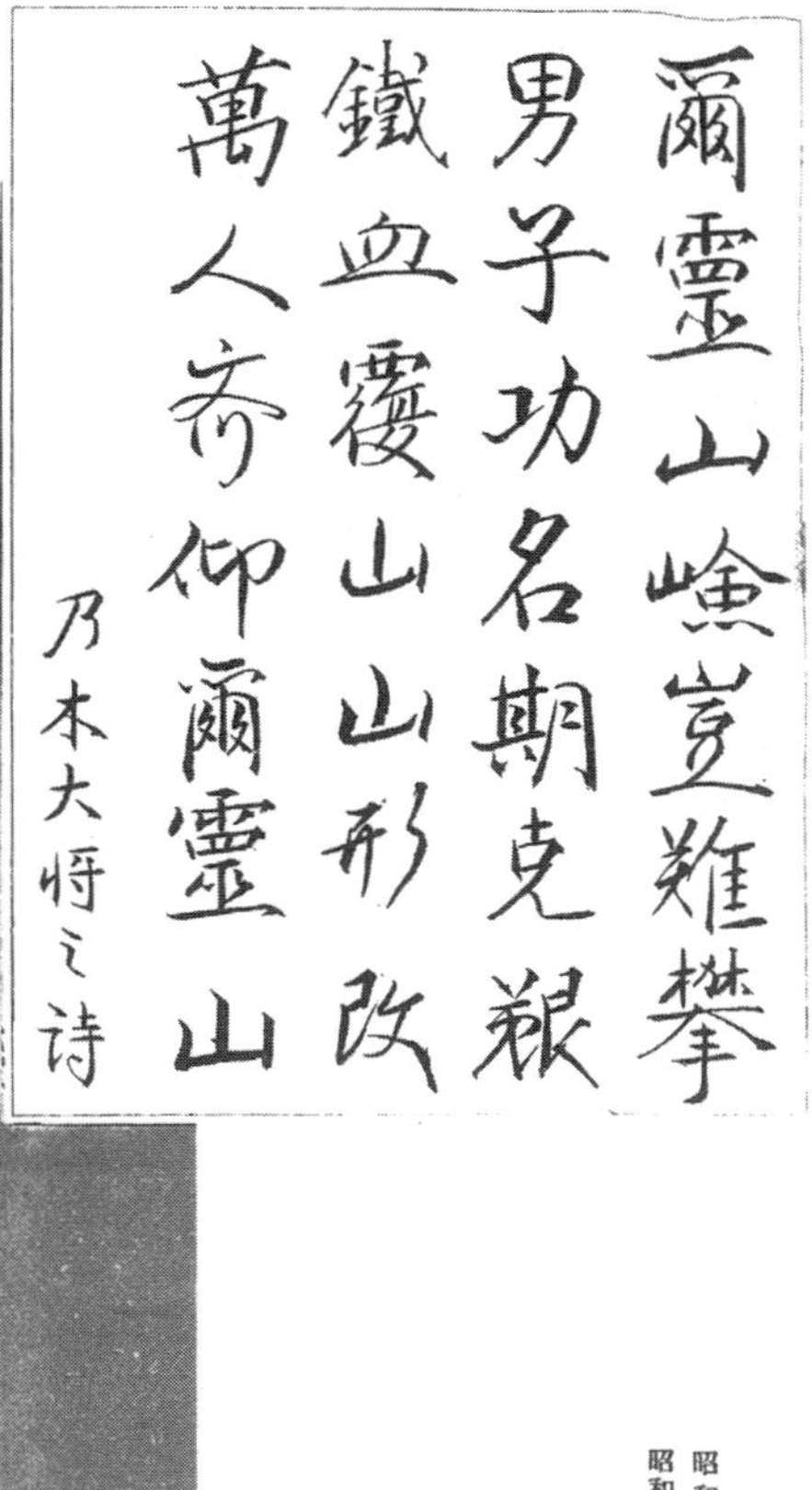

軍神乃木希典大將
日露大戰當時の英姿

昭和十七年十月三十一日旅順要塞司令部御許可濟
昭和十七年十一月四日旅順方面特別根據地隊司令部御許可濟

旅順
表忠塔

旅順
表忠塔
8.10

旅順白玉山納骨神社

白玉山北方高地にあり、日露戰役中旅順要塞戰に參加、苦鬪奮戰名譽の戰死を遂げし我陸海軍將士卒二五、五三三柱の英靈を合祀し、每年六月八日盛大なる祭典行はる

昭和十七年十月三十一日旅順要塞司令部御許可濟
昭和十七年十一月四日旅順方面特別根據地隊司令部御許可濟

旅順表忠塔正面の一部

昭和十七年十月三十一日　旅順要塞司令部御許可済
昭和十七年十一月四日　旅順方面特別根據地隊司令部御許可済

佐中瀬廣神軍

旅順港口巨巖上に屹立せる閉塞隊記念碑

港口封鎖は明治三十七年二月以来三回に亘り決行、第二回目には廣瀬中佐始め約十名が敵彈のために殪る、遂に十七隻の大小船舶を自爆自沈閉塞の目的を達せり。記念碑は勇士の英靈を慰め遺烈を千載に傳へるものなり。

昭和十七年十月三十一日　旅順要塞司令部御許可済
昭和十七年十一月四日　旅順方面特別根據地隊司令部御許可済

旅順第三回閉塞隊戰沒將士の記念碑

驛前白玉山麓新公園内にあり明治三十七年五月三日第三回閉塞後上陸戰死せる湯淺少佐以下三十二名の遺骸を假埋せる所、碑は當時閉塞に參加せる朝顔丸の推進機にして「忠烈輝萬世」の刻字あり。

旅順戰利品陳列記念館に當時の威力を想ふ露軍使用の各種砲

旅順戰利品陳列記念館

當時の旅順戰鬪の大要を知らんとせば先づ必ず本館に就いて當時の概念を得、然る後實地に付き巡拜するを便とす。

旅順東雞冠山砲臺の一部

昭和十七年十月三十一日　旅順要塞司令部御許可済
昭和十七年十一月四日　旅順方面特別根據地隊司令部御許可済

旅順東雞冠山砲臺の全景

此の砲臺は永久築城にして當時正面に對し多數の備砲をもち、山麓に數條の鐵條網をめぐらし防備堅固なりしも數回に亘る我が猛烈なる砲火に堪へ兼ね、露軍自ら破壊を決行せり。圖は現存せる當時の慘狀なり。

旅順東雞冠山第二堡壘の記念碑

臨時築城にして第一回總攻擊に於て步兵第四十四聯隊第一大隊、奮戰大隊長吉永少佐は重傷を負ひ大隊殆ど全滅となりたると云ひ、一に吉永堡壘の名あり。

旅順東雞冠山北堡壘彈痕の跡

堡壘爆破決行と同時之に突入せる我軍は敵と正面衝突となり、小銃を以て攻擊應戰彼我の亂射せる彈痕は雨霰と錯綜、交戰をつゞく、その慘狀筆舌に盡し難く圖は「ベトン」に現存せる我突擊隊の猛射にて蜂の巣の如くなれる彈痕なり。

旅順東雞冠山北堡壘我軍第一破壞口

此の爆破口は明治三十七年十二月二十七日敵が我坑道を爆破するや共　爆藥過量なりし爲め「ベトン」體を暴露せるにより同日日沒後より翌拂曉に亘り、我工兵爆破班は步兵と協力し三回の爆破を敢行せし際生じたるものなり。

昭和十七年十月三十一日　旅順要塞司令部御許可濟
昭和十七年十一月四日　旅順方面特別根據地隊司令部御許可濟

旅順東雞冠山北堡壘掩蔽部

當時の最新式築城法による旅順背面防禦線中最大のものにして、之れが奪取には慘憺たる激戰が續けられ決死隊を以て數回の攻擊をなし多大の犧牲を拂ひ占領し、我軍砲火並に大爆破による慘狀は今尚現存し當時を語るに餘りあり。

旅順東鷄冠山北保壘山頂中央部

露軍の守將「コンドラデンコ少將」は此の堡壘掩蔽部內てに軍議中、我二十八糎重砲彈により幕僚と共に戰死せり、爾後露軍兵士の意氣振はず我戰勝の一因をなしたると云ふ

旅順東雞冠山北堡壘掩蔽部の內部

掩蔽部とは保壘內の兵營にして外壁は三尺餘「ベトン」を以て造られ、その構造は周密巧妙を極めたれど、我二十八糎砲の威力に屈し終に殘骸を止めたり。

旅順東雞冠山北堡壘の爆破
前後四回に亘る攻撃も空しく不成功に終り、遂に地下坑道により
堡壘下に爆藥を裝塡し大爆破を 決行、此の時一齊に堡壘へ驀進
した部隊により此れを占領せり、明治三十七年十二月十八日占領

旅順東雞冠山北堡壘外壕內作業工事中の實況

昭和十七年十月三十一日旅順要塞司令部御許可濟
昭和十七年十一月四日旅順方面特別根據地隊司令部御許可濟

戰時の旅順東雞冠山北堡壘の小掩蔽部
堡壘の一部爆破と共に突入した我軍の決死隊は此の掩蔽部の內部に土囊を積み此れを挾みて彼
我小銃戰を交へたり、その慘憺たる彈痕は歷然と現存し、激戰を如實に物語れり

忠勇義烈

旅順盤龍山東堡壘記念碑

明治三十七年八月二十一日第九師團及後備步兵第四旅團の一部之を攻擊し、翌二十二日占領せり

旅順一戶堡壘記念碑

旅順背面防禦線の攻略上此の堡壘の高地の奪取の必要あり明治三十七年八月以來第九師團及後備步兵第四旅團の一部隊此れを攻擊同年十月三十日第三回總攻擊には一戶旅團長自ら戰を督し占領したると云ふ

旅順盤龍山北堡壘の記念碑

一名鉢卷山と云ひ、二龍山の東方に有り明治三十七年十月二十六日大島第九師團長之を占領せり

旅順盤龍山西堡壘の記念碑

明治三十七年八月廿二日第九師團の一部隊之を攻擊し同日占領せり建碑は陸軍中將竹內正策閣下の題字なり

昭和十七年十月三十一日旅順要塞司令部御許可濟
昭和十七年十一月四日旅順方面特別根據地隊司令部御許可濟

昭和十七年十月三十一日旅順要塞司令部御許可濟
昭和十七年十一月四日旅順方面特別根據地隊司令部御許可濟

戰時直後旅順望臺頂上の十五珊加農砲

旅順望臺砲臺の遺砲

露軍正面防禦線中の最高峰西の二〇三高地と共に緊要の地點なれば露軍は此處に、十五珊速射加農砲二門を備へ攻圍戰の最後まで之を死守し、明治三十八年一月一日午後三時三十五分漸く占領せり

東北正面の堡壘中最大の永久築城にして備砲四十七門を有し、我金澤師團は日夜二ヶ月餘苦戰作業を継續し明治三十七年十二月廿九日遂に占領したるものなり

旅順二龍山堡壘の記念碑

旅順二龍山堡壘の外壕

圖は西部殘壕の一部にて二龍山堡壘は東雞冠山北堡壘に次ぐ大なる堅壘と云ふ

旅順松樹山堡壘の塹壕

坑道作業中、地中にて敵と出合ひ互に坑道中にて爆藥戰を惹起し慘憺たる修羅場を演じ我が作業を妨害し其の困難は想像の及ばざる處なり

昭和十七年十月三十一日旅順要塞司令部御許可濟

昭和十七年十一月四日旅順方面特別根據地隊司令部御許可濟

旅順松樹山堡壘の殘影

此の堡壘は永久築城にして多數の備砲あり鐵道線路に沿ふ關門なれば頗る堅固に守備せり、數次の攻擊も空しく遂に坑道を堀り火藥を塡め之れを大爆破しその機に乘じ突進之を占領せり

旅順　水師營會見所記念碑と棗の木

明治三十八年一月五日、乃木、ステツセル兩司令官は當時我が第一師團衛生隊が使用せし此の荒屋に歴史的會見をなせり、左隅ノ樹木は當時ステツセル將軍が軍馬を繋ぎたる有名なる棗の木なり

昭和十七年十月三十一日　旅順要塞司令部御許可濟
昭和十七年十一月四日　旅順方面特別根據地隊司令部御許可濟

前列右　津野田參謀　マルチエンコ參謀
中列右より　伊知參謀長　ステツセル將軍
乃木將軍　レース參謀長
後列右より　渡邊管理部長　松平副官
ネベレスコイ副官　安原參謀　川上書記官

旅順水師營に於ける乃木、ステツセル兩將軍の會見

旅順水師營會見所の入口

戰役中、兩軍の砲火のため附近の民屋は悉く破壊燒失せられ僅に我第一師團の衛生隊の使用せし此の一民家が取殘され居りたるにより此處を會見の場所に選びたると云ふ

旅順水師營會見所の內庭

昭和十七年十月三十一日旅順要塞司令部御許可濟
昭和十七年十一月四日旅順方面特別根據地隊司令部御許可濟

旅順老虎溝山の記念碑(一名赤坂山)

二〇三高地と海鼠山との間に介し互に唇歯の關係にあり東京赤坂聯隊之を攻撃せしも非常なる天嶮にして豫期の如く進み得ず一時攻撃を中止せり、後、二〇三高地の陷落と共に地勢孤立となり現狀維持困難となり戰はずして占領せり

旅順大案子山堡壘の掩蔽部

椅子山と連互せる高地脈の底地當堡壘は露軍最後の防禦線なれば、その築城たるや堅牢且つ大なる掩蔽を有し見學者をして思はず驚嘆の聲を發せしむるものあり

昭和十七年十月三十一日旅順要塞司令部御許可濟
昭和十七年十一月四日旅順方面特別根據地隊司令部御許可濟

旅順椅子山堡壘掩蔽部

堡壘前方に二十尺餘の外壕を設け我軍の攻撃に備へり如何に露軍が堡壘の建設に苦心を拂ひたるかを思はしむるものあり

旅順大案子山掩蔽部の內部

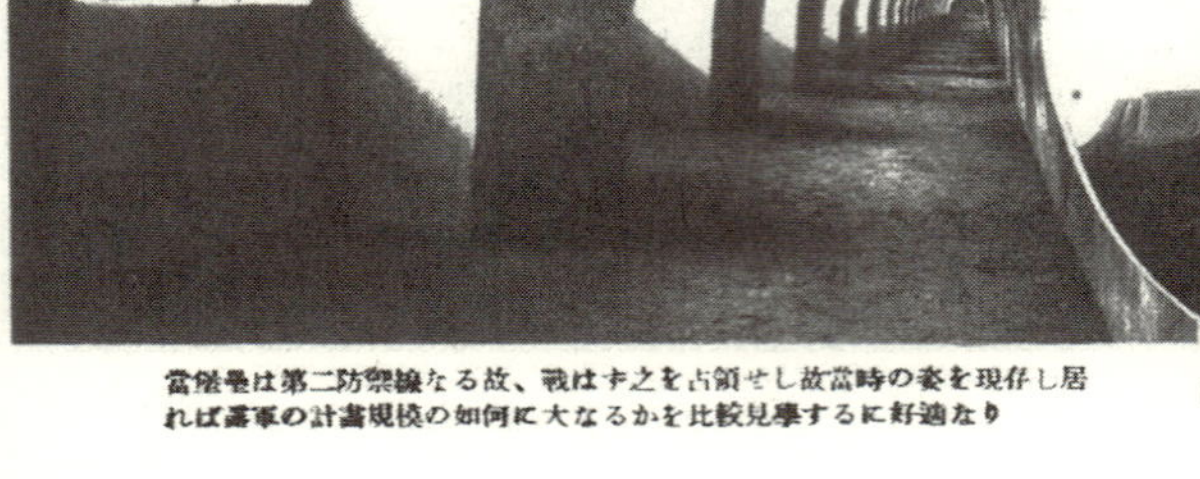

當堡壘は第二防禦線なる故、戰はずして之を占領せし故當時の姿を現存し居れば露軍の計畫規模の如何に大なるかを比較見學するに好適なり

旅順要塞西北部の前線にあり、非常なる要害の地點なれば、我高崎第十五聯隊は數日に亘り突撃に突撃を重ね、我砲兵隊の協力により明治三十七年八月十五日遂に之を占領し一名高崎山の稱あり

旅順一六四高地記念碑

421　増田貞次郎『旅順と大連』（東京堂、1943年3月）

旅順爾靈山記念碑

四圍の連巒中、最高峯、背面防禦線の西北端、旅順要塞の運命を左右したるものなるが故、露軍は强固に死守、數回に亙る大總攻擊を行ひしため彼我共に死屍累々となれりと云ふ、山頂の記念碑名は乃木將軍の雄筆なり

名譽の戰死を遂げた乃木御兄弟
左勝典殿　右保典殿

旅順爾靈山乃木保典少尉戰死の所

爾靈山の西北中腹にあり、總攻擊中乃木少尉は旅團副官として命令傳達中敵彈に當り、惜しくも此の地點に名譽の戰死を遂げり

昭和十七年十月三十一日旅順要塞司令部御許可濟
昭和十七年十一月四日旅順方面特別根據地隊司令部御許可濟

激戰中、山上西南の一隅を占領此處に我重砲兵觀測所を移し、我重砲陣地と連絡を取り港内の敵艦を撃沈、目的を達せり此時敵は我軍を鬼神なりと呼びたりと云ふ

旅順博物館

新市街の中央にあり、露治時代の半成家屋を修築したる建物にして陳列品の蒐集は滿蒙を主とし支那全土に亘る先史時代よりの石像、金佛、陶磁器その他、得難き逸品珍什あり、殊に、一千三百年前の四體の「ミイラ」は得難きものなり

旅順聖地會館

白玉山の南麓、港口を一眸の下に俯瞰し眺望絶佳の地近代的建築様式に、大講堂、參考室、新聞縦覧室、その他大小多數の客室を有し内容外觀共に聖地に相應しき精神道場として偉容を備へり

昭和十七年十月三十一日旅順要塞司令部御許可濟
昭和十七年十一月四日旅順方面特別根據地隊司令部御許可濟

東亞的水彩風俗

少女と美しさを競ふ庭の白薔薇

古嶋松之

大連　莊嚴自ら襟を正す大連神社

大連神社は市の南方高地に位し天照大神、大國主神を奉祀しコンクリート
造りなれども神代ながらの風貌を現出し自ら襟を正さしむるものあり

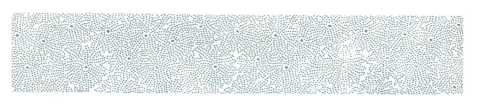

昭和十七年十月三十一日旅順要塞司令部御許可濟

大連　忠魂永遠に輝く大連忠靈塔

中央公園の高臺陽光に映ゆる莊嚴なる忠靈塔には護國の鬼と
化したる幾多の英靈を合祀し常に市民の修養道場となれり

昭和十七年十月三十一日旅順要塞司令部許可済

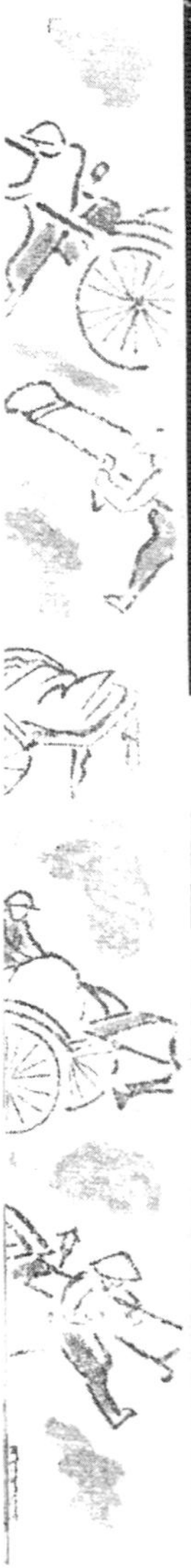

大連常盤町の三越百貨店前

常盤町は大連の美観を誇る近代的の大建築物軒を連ね西部大連との交通要路として常に雑沓を極む

昭和十七年十月三十一日旅順要塞司令部御許可濟

大連老舗の繁榮を誇る浪速町通り

浪速町通りは大連創設以來の老舗殷賑を極め都市の發展と共にその經營上に多くの變遷を經て今や文化都市としての形體を整へ、その面目を遺憾なく發揮してゐる。圖は幾久屋百貨店前

大連南滿洲鐵道株式會社本社

日本の大陸開拓者として滿洲、支那に於ける文化資源の開發に大なる使命を負ふ滿鐵會社は半官半民の資本の下に日露役直後創設せられたるものなり。

鏡ケ池

大連商社櫛比する山縣通り

大連埠頭の玄關を下り港橋を渡ると放射狀は走る街路の一角山縣通りは商船會社各代表的諸會社等櫛比して正に大連に於ける經濟界の原動力をなしてゐる。

昭和十七年十月三十一日旅順要塞司令部御許可濟

大連山縣通り東拓ビル附近

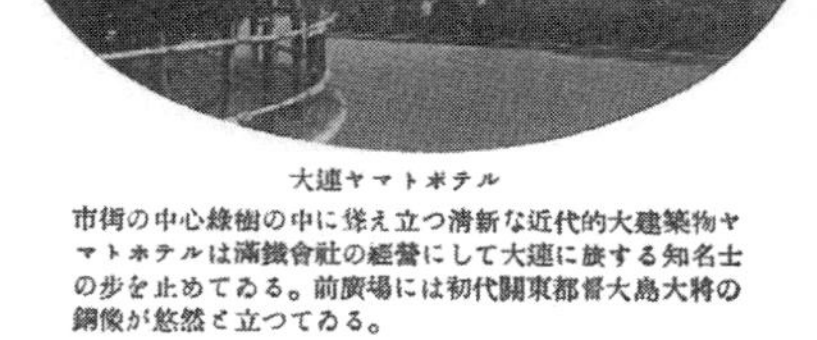

大連ヤマトホテル

市街の中心綠樹の中に聳え立つ淸新な近代的大建築物ヤマトホテルは滿鐵會社の經營にして大連に旅する知名士の歩を止めてゐる。前廣場には初代關東都督大島大將の銅像が悠然と立つてゐる。

大 連 西 廣 場

西廣場は大廣場、常盤町、浪速町へ通ずる交通の要點にして又映畫館等慰安機關の聚ふ所として常に市民の足を集めり。

大 連 監 部 通 り

大連奥町の滿人劇場宏濟大舞臺

滿人の最好の娯樂機關たる宏濟大舞臺劇場は新京、上海、北京、天津等の一流劇場に習ひ支那の美彩を放ちて屢々名優の登場出演、支那風趣古代劇等ありて名實共に觀衆を喜ばせてゐる。

昭和十七年七月三十一日旅順要塞司令部御許可濟

圖內　大連五品取引所　　　　大連吉野町

大連伊勢町通り

大連磐城町

近代的施設を誇る連鎖街と老舗顧客を呼ぶ浪速町の兩商店街を結ぶ磐城町の商店區は明日の商業街を目指して大きな飛躍を續けてゐる。

昭和十七年七月三十一日旅順要塞司令部御許可濟

大連　北　公　園

大連　工業博物館と兒玉町

工業博物館は工業、滿蒙、交通、の三館に分れ滿洲新興工業の基礎となるべき各種資料を蒐集陳列し滿洲工業の概念を得るによい

大連　滿蒙資源館

昭和十七年十月三十一日旅順要塞司令部御許可濟

滿蒙の各種產業或は滿鐵會社經營事業に關する標本模型圖表等を陳列し、あたかも滿蒙資源寶庫を一場に蒐集したる觀あり、視察者にとつて見逃し得ない所である

大連　若狹町大連劇場附近

大連　西　通　り

大連　連鎖商店街　　明粧整然たる市街美を誇る常盤町交叉點は二百餘の專門店を有する連鎖商店街、或は亞歐の玄關大連驛等を近くに配して近代都市としての面目躍如たるもの有り

大連　連鎖街扶桑仙館　　北京料理で尤も名高き扶桑仙館は連鎖商店街の一隅にあり客室の整備と共に參百有餘人收容し得大宴會場等ありて大連に於ける一大飯店と云ふ

大連　榮町通り

信濃町通りはロシヤ町波止場と大連驛を結ぶ交通の要路として近時飛躍的發展をなし、又商業區としても目覺ましき進歩をなせり

大連　信濃町通り

大連　小村公園の正門

昭和十七年十月三十一日旅順要塞司令部御許可済

大連　小村公園の温室附近

伏見台の小村公園は滿鐵會社の投資に依りて設立せらる規模小たれ共諸種の娯樂機關備はらざるなく日滿人の眞に最善の遊園地たり

大連　小村公園の小村壽太郎侯の銅像

市街の一角市塵をはなれた閑寂な小公園、一木一草特異の趣き有り、園内には日本の大陸經營の大恩人、時の外相小村侯の銅像が泰然と立つてゐる

大連　小村公園椿谷陽二翁の銅像

昭和十七年十月三十一日旅順要塞司令部御許可濟

大連沙河口神社

西部大連の守護神沙河口神社は沙河口驛に通ずる一右高地に位し境域廣からずと雖も莊嚴にして朝夕は殊に惟神參拜者多し

大連星ヶ浦公園の後藤新平伯の銅像

滿洲唯一の濱邊遊覽地、白砂の長汀曲浦、背面の高地に擴がる芝生に櫻樹を配し我國海外發展史上に不滅の功績を印した滿鐵初代總裁後藤伯の銅像が悠然と立つてゐる

高粱の刈入

旅順に鵜の群が北風と共に飛んで來る頃にはソロソロ高粱の收穫が始まる。そして今迄青かつた畦が次々と一望赫土の平原に立ち戻つて行く。

大連中央公園アカシヤ歩道

大連聖徳太子殿

大連佐渡丸殉難の碑

大連の開拓會館

大連小崗子滿人商店街

大　連　客　馬　車

滿人飯食店うどん屋の看板

滿　人　の　藝　人

大連近江町の滿人街

昭和十七年十月三十一日旅順要塞司令部御許可済

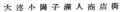

——澡堂子(風呂屋)と理髪館の招牌——

古嶋松之助画

昭和十七年十月三十一日　旅順要塞司令部御許可濟
昭和十七年十一月四日　旅順方面特別根據地隊司令部御許可濟
昭和十八年二月二十八日印刷
昭和十八年三月三日發行

發行人　大西守一
旅順市乃木町三丁目二十番地

著作人　增田貞次郎
旅順市乃木町三丁目二十番地

印刷人　田中良三
東京市神田區神保町二丁目二十三番地

印刷所　株式會社 倚美堂
東京市神田區神保町二丁目二十三番地

發行所　東京堂
旅順市乃木町三丁目二十番地
東京八〇九
振替口座大連一六六七番

賣捌所　東京堂
大連市常盤町三十番地ノ五
振替口座大連四〇五番

[illegible]1.46

停

雑誌掲載記事

① 神田乃武「VISITS OF A JAPANESE NAVAL OFFICER TO AN AMERICAN AND A FRENCH MAN-OF- WAR IN TALIEN BAY.（大連港なる米仏の軍隊を訪ふ）」（『太陽』1895年3月）

VISITS OF A JAPANESE NAVAL OFFICER TO AN AMERICAN AND A FRENCH MAN-OF-WAR IN TALIEN BAY.

The following conversations are said to have been carried on between Staff-Commander Awada and American and French Naval Officers, when the former called on them on board their men-of-war in Talien Bay.

On the American Man-of-War.

American officer.—Your achievements have been extraordinary. Will you permit us to look through the dock and over the battle-field?

Japanese officer.—Of course, there will be no objection whatever. Imagine the disappointment a wrestler would feel if there were no one to admire his powers; we should rather solicit you to come and see the condition of the place, but you will have to first obtain permission of the Chief-Staff-Officer.

A.O. When will the war be terminated? Have you received any intelligence on this point?

J.O. No, we have not received any official report, but we are in receipt of private communications expressing different views. According to a letter from a friend the national sentiment is for continuing the war till we cause the fall of Peking. The Diet has sanctioned the payment of 15.000,000 yen for war expenses and in case of necessity any further amount of money needed.

A.O. How is the army standing the cold weather?

J.O. In the beginning of November the difference of temperature day and night was so extreme that the severity of the winter was seriously apprehended, but, at present, we are surprised to find the climate not nearly so cold as we anticipated; in fact, in some parts of Japan it is a great deal colder. Moreover, as the roads do not get muddy by the snow melting it is very convenient for walking. I hear that the Chinese say there has not been such a mild winter for the last fifty years, which I take to be a special blessing of God upon our army. Under such conditions our army has not been suffering at all from the cold.

A.O. What is the feeling of the soldiers on enduring for so long the privations of war.

J.O. Our countrymen have sent us provisions and clothes in great abundance. Besides, there is the pleasure of winning a victory in every battle. Should the war be stopped before we take Peking I think our people would be disappointed.

A.O. When will you get to Peking?

J.O. Unless we meet with violent opposition we think we can get there by * * *; but such a question you had better ask of army officers.

A.O. Is it true that the Japanese soldiers have perpetrated brutalities upon the helpless Chinese at this place?

J.O. Certainly not. Our soldiers have been fighting in a good cause with rigid orders prohibiting the wanton destruction of innocent lives. Among the Chinese killed were some without uniforms, but, as you know, Chinese fugitives generally exchange these for the dress of citizens when they wish to escape.

A.O. What damage was received by the *Matsushima* during the naval fight at Yalu?

J.O. Out of one hundred and seventy men on board about ninety were either killed or wounded. Those on the barbette were killed to a man, but in face of all this casualty this much-talked-of flagship took the lead of and commanded the squadron.

A.O. Had the Japanese squadron previous information concerning the movements of the Chinese squadron?

J.O. Not at all. It was a mere accidental meeting, happening because our squadron was in search of the enemy's fleet. To our regret, but luckily for the enemy, our other squadron and torpedo-boats were not with us at the time.

A.O. You should not feel sorry for that. A small squadron has beaten a much larger one and caused the Japanese navy to be known to the world.

J.O. I hope it may be so. May I ask your opinion of that naval battle?

A.O. The Chinese squadron could not move freely on account of its having been backed by shallow water; this, coupled with their bad seamanship and their ignorance of geography, was against them.

J.O. No, that is a mistake. The Chinese squadron was in deep sea far from the land, and there was no danger of striking any place whichever direction it might have chosen to move in.

A.O. Then the victory must be due to the skilful command of your squadron.

J.O. No, it was not that. The victory was owing to the spirit of our men, who would cheerfully sacrifice their lives for the cause of their Emperor and their country.

A.O. Japan will be a great nation from now.

J.O. We are the actors; you are the spectators. Hope you will stay here and criticise what you observe.

On the French Man-of-War.

F.O. That extremely strong gale of last night must have caused much suffering in the Japanese Squadron.

J.O. No, our men are well provided with warm clothes; so none of them experienced much discomfort.

F.O. Has the enemy not been impeded in the field?

J.O. I do not know, you must ask the Chief Staff-Officer at Port Arthur.

F.O. May we fire a salute?

J.O. No, thank you. I will communicate your good intentions to our captain on my return.

F.O. By the way where is your flag-ship at present?

J.O. At Chemulpo.

F.O. How long do you expect to stay here? Our ship has been slightly damaged by the gale of last night; we hope to repair at the dock in this place. Can we do so?

J.O. I cannot say without asking, but every possible convenience will be afforded to you.

F.O. Thanks. Is the dock yard fully equipped with materials for repairing.

J.O. Yes, more than well equipped. I believe the materials you require will be cheerfully provided.

F.O. Are the cannon in the forts of the latest style?

J.O. Yes, they are of the very latest style.

F.O. What are their sizes?

J.O. They are various, the largest 21 centimetres and the smallest 12.

F.O. I hope the account of this war will be soon known all over the world. The details of the naval battle at Yalu seem still unknown in Europe.

J.O. They should be known, as several of your army officers followed Brigadier-general Hasegawa to the field.

F.O. The French people are glad at the victories of the Japanese.

J.O. Our people know the good will of your nation. What we appreciated deeply was when at Chemulpo, of all the ships of different nations, only French warships manifested their good-will by signalling to us that they would convey our letters home as they were about to depart to Nagasaki.

---

② 無署名「〔軍事〕〔時事〕〔旅順口及び大連湾の防備〕」（『太陽』一八九六年三月）

○旅順口及び大連灣の防備

我日本軍隊は夙に遼東より撤回したるより清國四川提督宋慶は急に所部の勇丁三十餘營を率ゐて旅順口に入り前提督麾下の記名提督馬三元は數營を分統して大連灣に赴けり、而して從前駐紮したる毅武軍は悉く撤歸したりと云へり

③無署名「(時事評論) 政治界 (英国と大連湾問題)」(『太陽』一八九八年二月)

○英國と大連灣問題

大連灣問題は、今や五里霧中に彷徨せり。初めは英國之れが開港を淸國に要求したりと傳へ、後には此要求を撤回したりと傳へ、今や共に事實を誤解せりといふの說あり。抑も英國政府の眞意は焉くに在りとするぞ。顧ふに英國が大連灣開港の要求を淸國に提出したるは、事實として信を置くに足るとするも、其要求の一たび露國に反對せられたるは、亦事實に近かしと想像するを得可し。何となれば、大連灣の開港は、露國の覬覦せる旅順港をして、不利益の位地に立たしむるものなればなり。吾人を以て之れを觀るに、英國は獨逸の膠洲灣占領、露國の旅順港占領にも、絶對的抗議を提出せざりしに似たり。然れども之れと共に英國は、露獨と同一の權利を大連灣に得るの要求を北京政府に提出したるは英國現藏相バルフォーア氏の演說に據て之れを知る可し。氏は同く英國にして同一權利を得ば、露國の不凍港を有するに對して決して異議なきものなりと。然りと雖も、英國にして露國と同一權利を大連灣に有するに至らば、露國は英國の爲に北淸に於ける勢力を控制せらる可し。英露豈衝突なくして已むを得むや。

④ 無署名「(時事評論) 政治界 (大連湾の開放)」(『太陽』一八九九年九月)

○大連灣の開放

露國政府は、今回大連灣を各國通商の爲に開放するの勅令を發したり、但し稱して各國通商の爲にすといふと雖も、其實は英國の爲に開放したるに過ぎず。何となれば此に依りて最も利益を享受するものは英國なればなり。

初め露國の大連灣を占領するや、各國大抵沈默して恰も露國の行爲を是認するもの丶如くなりしに拘らず、獨り英國は頗る强硬の態度を執りて露國に一大抗議を提出したりき、是れ露國が大連灣を以て純然たる軍港と爲すを恐れたるが故なり、今や露國は大連灣を自由港として其輸出入税を免除す可しと宣言したり、是れ豈英國に對する露國の退讓を意味するものに非ずや。

之れを前にしては勢力範圍の協定あり、之れを後にしては大連灣の開放あり、以て英露兩國の清國問題に於ける爭因大半消滅したるを知るに足る可き歟

⑤ 無署名「(時事評論) 経済界」(大連湾の開放)(『太陽』一八九九年九月)

○大連灣の開放

曾て我國の版圖に歸したる清國遼東の占領に對し、三國連合して異議を唱へ、之を還附せしめたる同盟の主謀者たる露西亞國は、其後遼東還附の干渉を恩に被せ、自から旅順及大連灣を永久に清國より借り入れて之を占領せり、當時之に對して英國はまた故障を述べしに、露國は、大連灣を以て自己の獨占地とせず、將來之を開放して世界の貿易港と爲すべきを答へて英國の故障を屈せしが、去月中旬に至り、露國皇帝は前日英國に約する所を實にし、終に大連灣を開放すべきことを公布せり其の公布の要に曰く

露國は歐羅巴亞細亞に跨りて廣大の領土を有すれば天祐に依り東西兩洋人をして相親和せしむるを得べしと豫期したるに清國は好意を以て我國に大連旅順二港の使用權に加へて莫大の土地を貸與せしかば西伯利鐵道は黃海へ達する出口を得素懷を遂ぐるに至れり清國政府の賢明は深く我國の感謝する所にして目下工事中なる鐵道落成し清國と連絡を通ずることゝならば各國民の交通に非常の便利を與ふると同時に世界の商賣に益すること大なる可し萬國の繁榮を増進せんことは朕の最も希望する所にして鐵道落成後、借地期限の繼續する間大連灣を開き各國商船の出入を自由にすると共に同港の附近に新市街の建設を許可するは朕之を必要なりと信ずるより玆に其開放を命ず

是れ露國が一籌を英國に讓りたるが如きも、實は積年

の希望なる西比利亞鐵道を、故障なく黄海の岸まで通せしむるものにて、露國は宿昔の素志を逹するものなり、大連灣天然の形勝、貿易港として好位地を占むるが上に、西比利亞鐵道を奉天省に分岐して、此所に通ずれば、亞細亞歐羅巴を縦貫する鐵道の起端と爲るべく、加ふるに、自由貿易港として各國の輸出入を縦まゝにせしめば、他の香港上海にも匹敵すべき繁盛を北清の一角に設定するを得べし、之に對して我國に受くる影響を考ふるに、從來西比利亞鐵道の起端を浦潮須徳と信じ、日本海は世界交通の衝と爲るべきを期し、彼の伏木、七尾、敦賀、宮津等、此方面に多くの開港場を設けたるも、他日に望を屬する所ありしに、今後大連灣を以て西比利亞鐵道の起端と爲さば、我國が日本海に於て期待したる計畫は、蓋し一半は徒爲に歸すべし、然れども大連灣は一旦我が版圖にさへ歸したる所、其の開放を利用し、他國に先つて之を利用し、鐵道に連絡する海運の如き、之を我が手に收むるを得ば、不利を轉じて利と爲すの手段、未だ必ずしも無しとせず、此所我が國民の一大奮發無るべからざる所とす、

⑥ 無署名「(時事評論)（大連湾附近掃海と宮古沈没）」（『太陽』一九〇四年六月）

○大連灣附近掃海と宮古沈沒

大連灣進擊に先ち、海面の沈沒水雷を一掃するの要あり。十二日午前七時四十五分、第三艦隊は大窰口に達して解列し、嚴島、日進、宮古は、陸上の威嚇砲擊を行ひ、第二、第六、第二十、第廿一の四水雷艇隊は、海面の掃海を開始せり。第十二水雷艇隊は、十一日夜、旅順口封鎖に從事し、十二日朝八時卅分、大窰口外に來會して、直に測量に從事し、其間煤窰附近に現はれし敵の步兵約一中隊、騎兵約五十を砲擊擊退せしに、敵は二三の監視哨を止めて、我動作を候ふ者の如く、敢て發砲せず。午後三時、無事測量を結了せり。第四十七號、第四十四號の水雷艇は、大窰口内西岸に沿ふて敵狀を偵察しつゝ掃海を行へり。時に大孤山半島八百卅呎山の北北西山麓を通過する電線を發見す。堀田海軍少將は、砲擊掩護の下に、下士卒四名を率ゐ、艦用端舟にて上陸し、電柱五本を破壞し、其電線を奪ひ歸れり。更に煤窰の東方約二千五百米突に進航して、陸岸を砲擊せしに、徐山家と五百五十呎山との中間より、敵の步兵約二百現はれ前進し來る。乃ち其近接を待ち之を砲擊せんとせしに、敵は海岸を距る數百米突の地物に據り、敢て前進せず。暫時にして敵の騎兵十一煤窰の南西方約二千米突に現はれしを以て、之を砲擊遁去せしめぬ。宮古は深灣に進入し、ロビンソン角の北西八百呎山に敵の哨尺あるを發見し、之を砲擊破壞せり。敵は其後方に約十小隊伏在せしが、共に狼狽遁走せり。

露兵の露京出發
Russian Soldiers departing from the Capital.

第四十八號、第四十九號の兩水雷艇は、大窰口東岸に沿ふて掃海中、午前八時、黑嘴子の南々西二分一西約八鏈の地に於て、敵の機械水雷を發見し、百方之が爆沈を勉めしも其効なく、因て艇を後退せしめ、更に爆沈を試みんとして作業中、正午過二十七分、該水雷俄然猛烈なる爆發をなし、第四十八號艇爲めに兩斷し、約七分時にして沈沒せり。各艇は直に救助艇を出し、附近にありし水雷艇と共に、其救助に盡力せしも、終に十四名の死傷者を出せり。黑嘴子と砂砣との結線上、更に機械水雷三個を發見し、之を爆沈せり。

かくて第三艦隊は、午後六時、作業を中止して、集合地に歸港せり。該行動中、各艦隊は、艦隊掩護の下に、危險を冒して、掃海及測量を遂行し、且敵を擊攘して、其交通機關を破壞し、多少陸上の防備を偵知せり。

第五戰隊及第二水雷艇は、十四日早朝、大窰口沖に達して、第三艦隊掩護砲火の下に、聯合掃海艇隊を放ち、掃海を續行せり。敵は去十二日、ロビンソン角九百呎の高地に在りし監視哨を撤退し、太沽山北東六百三十呎山の北東側に、新に假設砲臺を急造し、野砲六門を備へ、又同山の東側に、掩堡を設け、歩兵約一中隊を配備する等、應急防備に努め、終日頑強なる抵抗を爲せり。此日掃海艇隊は、終日敵の機械水雷敷設面内に在て、敵の砲火を冒し、能く其任務を遂行し、水雷五個を破壞し、又我艦隊の砲火は、陸上の敵に多少の損害を被らしめたり。午後四時卅五分、作業を中止し、掃海艇を收容せんとするに際し、敵の機械水雷、不幸にも宮古の左舷艦尾に觸れ、轟然爆發して艦躰に大破を被らしめ、死傷者廿四名を出し、艦躰も亦廿三分時の後に沈沒せり。

十五日、第五戰隊幷に第六水雷艇は、又大窰口に至り、掩護射擊の下に、掃海を行ふ。陸上に於ける敵の防備は、野砲二三門を增加し、屢野砲及小銃の一齊射擊を以て、作業に妨害を加へしも、我れに一の損害死傷なし。かくて行動中、敵の機械水雷八個を發見して之を破壞す。發見せし敵が水雷の位等より判斷すれば、敵はロビンソン角と砂砣との結線上に不規則なる三線の水雷を布設せし者の如し。

○初瀬吉野二艦の喪失

濃霧の我海軍に禍する、一

滿洲に於ける露兵の食糧運搬

Russian Military Provisions in Manchuria.

に何ぞ頻次なるや。曩きに金州丸の轟沈を見しも濃霧の爲めなりき。而して黄海の海上更に二等巡洋艦吉野を失ふに至りしも、亦濃霧の爲めなりき。五月十五日、午前一時四十分頃、第三戰隊は、旅順口封鎖の任務より歸航中、山東角の北方海面に於て濃霧に遭ひ、春日は吉野の左舷艦尾に衝突し、吉野は爲めに浸水甚しく、不幸竟に沈沒せり。春日より出せる救助艇にて收容されし者、機關長以下、約九十名なりき。此日、初瀨、敷島、八島、笠置、龍田は午前十一時頃、旅順口沖にて、敵を監視中又最大不幸の出來事は起りぬ。一等戰鬪艦初瀨は老鐵山の東約十海里の所にて敵の水雷に罹り、約三十分間を隔て、二回の被害を受けて、瞬時に沈沒せり。同方面には濃霧なかりしといへば其不幸や更に哀しむべきが如し。敷島、八島、笠置、龍田等は、梨羽中將、中尾大佐、以下三百名を救助收容せり。初瀨沈沒の頃、敵の驅逐艦十六隻、旅順口内より出で來り、我を追尾せしが、會ま其地に來りし明石、千代田、秋津洲、大島、赤城、宇治、及高砂は、敷島等諸艦と協力して之を擊退し、初瀨生存者の收容を果すことを得たり。初瀨、吉野の沈沒、是れ實に我海軍の爲めに、哀惜すべき者也。

○韓國大使の來朝　韓國報聘大使李址鎔氏の一行は、四月廿二日を以て、神戸に着し、廿三日新橋着入京、廿五日參内して、鳳凰の間に謁見し、韓皇の親書及贈進品を捧呈せり。廿八日、伊藤侯の滄浪閣に招かれ、五月八日を以て退京、韓國の途に就けり。極東の時局棘かにして、隣邦の大使來朝し和親を表す。其勞を多とせざるを得ず。日韓將來の輯穆、極東平和の爲に最も祝すべき者也。

露兵のバイカル湖渡進
Russian Soldiers Crossing the Baikal.

○露韓協約の廢棄　五月十八日、韓皇は詔勅を發し

⑦ 無署名「(第三篇　満洲) 第三章　露国の満洲侵入 (第四節　旅順口大連湾の租借)」＊特集「満韓大観」(『太陽』一九〇四年六月)

第四節　旅順口大連灣の租借

喀希尼《カシニー》條約《でうやく》の結果《けつくわ》は、露清銀行《ろしんぎんかう》の設立《せつりつ》となり、東清鐵道會社《とうしんてつだうくわいしや》の起業《きげふ》となり、茲《こゝ》に滿洲南下《まんしうなんか》の準備大半《じゆんびたいはん》は成《な》れり。かくて露國《ろこく》は

○滿洲南下の準備

滿洲《まんしう》に於《お》ける鐵道敷設權《てつだうふせつけん》を得《え》たる爲《た》め、西比利亞《シベリア》鐵道《てつだう》の、黑龍江《こくりうかう》に沿《そ》ひて迂回《うくわい》するを免《まぬ》かれ、又滿洲《またまんしう》の沃野《よくや》に通路《つうろ》を洞開《どうかい》するを得《え》、更《さら》に陸路《りくろ》烏拉西窩士特克《ウラヂオストツク》に連絡《れんらく》するとを得《え》、加之《しかのみならず》滿洲《まんしう》の南端《なんたん》に突進《とつしん》するの通路《つうろ》を開《ひら》くとを得《え》たり。露國《ろこく》の一躍《やく》して、喀希尼條約《カシニーでうやく》を實行《じつかう》し、遼東《れうとう》に不凍港《ふとうかう》を得《う》るの日《ひ》、亦將《またまさ》に遠《とほ》きにあらざらんとしぬ。而《しか》して其南下《そのなんか》の準備《じゆんび》は、喀希《カシ》尼條約《ニーでうやく》の締結《ていけつ》せられ、露清銀行《ろしんぎんかう》の設立《せつりつ》せられ、又東清鐵道會《またとうしんてつだうくわい》社《しや》の創設《さうせつ》せられし千八百九十七年《ねん》明治卅年の初《はじめ》よりして、夙《つと》に着々《ちやく／＼》として其歩武《そのほぶ》を進《すゝ》めり。其武官及技師《そのぶくわんおよびぎし》を派遣《はけん》し、哥薩克兵《コサツクへい》掩護《えんご》の下《もと》に、齊々哈爾《チチハル》、寧古塔《ニングタア》、吉林《キーリン》等《とう》の各方面《かくはうめん》を探撿《たんけん》し、之《これ》が測量《そくりやう》、視察《しさつ》に於《おい》て、殆《ほと》んど至《いた》らざるなく、到《いた》る處《ところ》凡《すべ》て哥薩克兵《コサツクへい》を配置分屯《はいちぶんとん》せしめ、同年《どうねん》の末《すへ》に至《いた》りては、滿洲《まんしう》の諸要《しよえう》地《ち》には、擧《あ》げて露國《ろこく》の駐兵《ちうへい》を見《み》ざるなきに至《いた》りぬ。唯《た》だ遼東《れうとう》半島《はんたう》のみは、列國《れつこく》の注目《ちゆうもく》を避《さ》け、未《いま》だ一の駐兵《ちうへい》を進《す》めず、以《もつ》て時機《じき》の至《いた》るを待《ま》てり。かくて露國南下《ろこくなんか》の準備《じゆんび》は、東清鐵道《とうしんてつだう》の起工《きこう》せられし當時《たうじ》に在《あ》りて、旣《すで》に其着手《そのちやくしゆ》せられしを見《み》ぬ。而《しか》して獨逸《どいつ》の膠州《キャンチャウ》を占領《せんりやう》せしは、實《じつ》に此年《このとし》に在《あ》りき。

○旅順口の占領

露國《ろこく》が斯《か》くて南下《なんか》の準備《じゆんび》を大成《たいせい》せし時《とき》に際《さい》し、千八百九十七年《ねん》三十年末《すへ》獨《ど》逸《いつ》は宣敎師《せんけうし》の淸國人《しんこくじん》に殺害《さつがい》せられしを口實《こうじつ》とし、卒然《そつぜん》として山東省《シャントンせう》の膠州灣《キャンチャウワン》を占領《せんりやう》せり。獨逸《どいつ》の該占領《がいせんりやう》は、端《はし》なく露國《ろこく》をして、淸國《しんこく》に抗議《こうぎ》を容《い》れ、其久《そのひさ》しく垂涎《すゐえん》せし遼東半島《れうとうはんたう》を得《え》るの口實《こうじつ》を作《つく》らしめたり。されど淸國《しんこく》は露國《ろこく》の抗議《こうぎ》にも拘《かゝは》ら

の外債を引受《ひきう》け、露國《ろこく》の貸與《たいよ》を拒《こば》むに至《いた》りしかば、露國《ろこく》は是《こゝ》に於《おい》て、急遽淸國に迫《せま》り、獨逸《ドイツ》の膠州灣占領《キャンチャウワンせんりやう》は、極東《きよくとう》の均勢《きんせい》を破《や》ぶる者《もの》なるとを主張《しゆちやう》し、直《たゞち》に艦隊《かんたい》を旅順口《ルーシユンカウ》に派遣《はけん》し、大軍《たいぐん》を上陸《じやうりく》せしめ、茲《こゝ》に露國《ろこく》の國旗《こくき》を、旅順《りよじゆん》の岸頭《がんとう》に樹立《じゆりつ》せり。

○旅順大連の租借條約

かくて翌《よく》千八百九十八年《ねん》三十一年三月《ぐわつ》、旅順口大連灣《りよじゆんこうたいれんわん》の租《そ》借條約《しやくでうやく》は、露淸兩國間《ろしんりやうこくかん》に締結《ていけつ》せらる。條約文《でうやくぶん》千八百九十八年三月廿七日調印は、左《さ》の如《ごと》し。

第一條　露國艦隊の防禦、及保護として必要なる一根據地を、支那北海岸に得せしむる爲め、淸國皇帝陛下は、露國に旅順口、大連灣及其附近の水面を貸與するとを約す。但し此借地は、支那帝國の主權を侵害するとなし。

第二條　前條に遵ひ貸與さるゝ土地の限界は、艦隊保護、及陸上防禦の爲め、大連灣の北方に及び、其必要なる地點に至るまでを包括す。其境界は本條約の記名調印後、淸國公使許景澄と聖彼得堡に於て、本條約執行上、必要なる細則と共に之を定むべし、區域設定後は、區域内の土地、及附近の水面と共に、露國に引渡さるべし。

第三條　租借年限は、本條約締結の日より、二十五箇年とす。但し期限經過後は、露淸兩國協定の上、期限を延長するとを得。

第四條　租借年限内、露國に貸與せる土地及附近水面に於ける陸海軍の行動、及區域内の政治は、露國官吏に委囑せらるべく、責任者は一人にして總督の官職を帶びざる者とす。淸國軍隊は、除外例を設くるとなく、此區域内に駐屯するとを得ず。淸國住民の留まらんと欲するものは之を許し、其去就は各人の隨意とす。淸國人の犯罪者は、淸國官憲に引渡し、千八百六十年咸豐十年萬延元年の露淸條約(北京條約)に據りて處分せらるべし。

第五條　租借地の北方に一帶の地(即ち中立地)を限定す。其區域は淸國公使と、露都に於て協定すべし。此地方の行政司法は、淸國官吏之を執行す。然れども露國の承諾を經るにあらざれば淸國軍隊を駐屯せしむるを得ず。

第六條　兩國政府は、旅順口を以て軍港と協定せるを以て旅順口は、露淸兩國軍艦の專用とし、他國艦隊の出入を許さず。大連灣は其一部分を旅順口の如

く、軍港とし、此部分を除く外は、之を商港とし、各國商船に向つて、之を公開すべし。

第七條　露國は租借地の制限を確守すべし。但し旅順口、及大連灣は緊要なる故に、露國の費用を以て、陸海軍の兵舍、堡塞、其他軍事上必要なる設備を爲す者とす。

第八條　清國政府は千八百九十六年、（明治二十九年）東清鐵道會社に、鐵道敷設を許可せし條項を擴張し、此條約記名調印後、東清鐵道線路の一停車場より分岐し大連灣に至る支線を敷設するを許し、又必要に應じ、營口及鴨綠江の中間、遼東半島の海岸或る地迄に達する支線の敷設をも、亦許可すべし。該支線敷設の方法は、總て千八百九十六年、清國政府と露清銀行との間に契約せる章程の條項に準ずる者とす。線路の方向及經過地は、清國公使と東清鐵道會社との間に會同妥協を遂ぐる者とす。但し該鐵道敷設を以て、清國の領土を押領し、又は清國の主權を侵害する爲めの口實となすことを得ざる者とす。

第九條　本條約は記名調印の日より効力を生ず。批准交換は、聖彼得堡に於て爲すものとす。

同年《どうねん》五月七日《ぐわつか》、露都《ろと》に於《おい》て成立《せいりつ》したる協約中《けうやくちゆう》、鐵道《てつだう》に關《くわん》する者《もの》を摘出《てき》すれば左《さ》の如《ごと》し。

第三條　露國政府は西比利亞鐵道及遼東半島を連絡するに鐵道線路の終端を、旅順口、及大連灣に限ることを承諾す。該支線の經過する地方に於ける鐵道敷設權は、他國人に附與するを得ず。但し清國が將來山海關より該支線の附近に延長するは此限にあらず。

而《しか》して該協約中《がいけうやくちゆう》、第一條《だいでう》、第二條《だいでう》は租借地及中立地《そしやくちおよびちゆうりつち》の區域《くゐき》を規定《きてい》し、第四條《だいでう》は中立地《ちゆうりつち》に於《お》ける清國駐屯軍《しんこくちうとんぐん》の撤去《てつきよ》、第五條《だいでう》は租借地附近《そしやくちふきん》の港灣《かうわん》、及礦《およびくわう》、商《しやう》、工業等《こうげふとう》の他國《たこく》に讓與《じやうよ》せざることを現定《きてい》す。尋《つい》で旅順大連《りよじゆんだいれん》一帶《たい》に、關東省《くわんとうせう》を置《お》けり。

○列國の租借

獨逸《どいつ》の膠州灣租借《キヤンチヤウワンそしやく》は、露國《ろこく》をして旅《りよ》順大連《じゆんだいれん》を租借《そしやく》せしめ、英國《えいこく》をして威海衛《ゐかいゑい》を、佛國《ふつこく》をして廣州灣《くわうしうわん》を租借《そしやく》せしむるの動機《どうき》となれり。伊太

利も亦其間《またそのかん》に乘《じやう》じて、三都澳《とわう》を占領《せんりやう》せんとさへなしぬ。而《しか》して之《これ》と同時《どうじ》に露國《ろこく》の滿洲鐵道敷設權《まんしよてつだうふせつけん》を得《え》たるに倣《なら》ひ、列國爭《れつこくあらそ》ふて鐵道《てつだう》の敷設權《ふせつけん》を、清國《しんこく》の諸地《しよち》に獲得《くわくとく》せんとし、所謂《いはゆる》勢力圈《スフェアオフインフリユエンス》なるものを劃定《くわくてい》して、隱然《いんぜん》支那《しな》分割《ぶんかつ》の準備《じゆんび》をなさんとするの觀《くわん》ありき。此《かく》の如《ごと》くにして獨逸《どいつ》の膠州灣占領《キヤンチヤウワンせんりやう》は、最《もつと》も清國守舊派《しんこくしゆきうは》の惡《にく》む所《ところ》となり、忽《たちま》ち團匪《たんぴ》の大動乱《たいどうらん》を惹《ひ》き起《おこ》して、列國連合軍《れつこくれんがうぐん》の總進擊《そうしんげき》を見《み》るに至《いた》りぬ。

⑧ 無署名「(時事評論)」(大連湾の掃海)(『太陽』一九〇四年七月)

○大連灣の掃海

大連灣一帶は、五月二十六日、南山激戰ありし以來、すべて我れの事實占領する所となれり。されど其海面には、なほ敵の敷設水雷あり、艦船の接近自由なるを得ず。是に於て大連灣の掃海事業は、我海軍の一重要任務となれり。而して此任務に當りし者、實に片岡第三艦隊司令官其人となす。

六月四日、大連灣掃海隊の一部は、北三山島及大崗口村を偵察して、北三山島には一の家屋なく、又何等敵の設備せる者なく、大崗口村には、敵の電信所あるとを知り得たり。同八九兩日に於て、掃海隊は敵の機械水雷十六個を發見破壞せり。我に一の損傷なし。大崗には、露人の設備に係れる貯水池、約百坪のもの一、三十坪のもの三あるを見る。何れも深さ約一尋、棧橋あり、鐵管を導き、通水に便するも、鐵管の諸處破壞し、多少の修理を要すといへり。六月十日以後に至りては、大連灣及其附近の掃海、着々其步を進め、既に其豫定第一期掃海面を掃除して、機械水雷七十餘個を爆沈し、將さに第二期掃海に着手せんとす。されど公海に浮流せる敵の機械水雷は、未だ絕ゆるに至らず。六月十二日までに我軍の發見擊沈したる者、既に三十に下らず。是等の浮流水雷は、風潮の爲め、渤海灣にも流入し、第四驅逐隊は、鐵島の北方に三個を發見して之を擊沈し、其他董家口にて、亦三個の浮流せるを見る。

○艦隊の蓋州砲擊

東郷第三艦隊司令官の率ゆる分遣艦隊は、旅順口背面沿岸の封鎖中、六月七日其一部を北上せしめ、蓋州附近沿岸の威嚇砲擊を行へり。偶ま塔山附近を南下する軍用列車ありしが、我れの砲擊に驚きて、再び北方に引返せり。爾後暫間は、亦汽車の往復を認めず。蓋州角附近に於て、敵は我上陸に備へんとし、步騎兵の漸次に增加して、地物に據れるを見る。赤城、宇治の兩艦は、淺吃水を利用して、八日朝、蓋平角附近に於て、敵の步兵約二個中隊、騎兵約一個中隊の一群を猛擊し、多大の損害を與へぬ。營口に在りし露兵三千、砲二十門は、該砲擊を聞いて、同地を撤退せりといふ。八日又、第十水雷艇隊は、復州灣に入りて、露兵二名を捕ふ。復州灣より乘船して、將さに旅順に向はんとせる者なりき。此時サムソン少將の率ゆる露軍は、旅順攻擊の牽制の爲め、南下して萬家嶺、瓦房溝、瓦房店に來れり。蓋し得利寺の一戰、總べて我れの擊摧する所となりしを疑はず。

⑨ 無署名「（本紀）第二十八章　大連湾の掃海」＊特集「日露海戦史」（『太陽』一九〇四年一一月）

第二十八章　大連灣の掃海

六月四日、大連灣の掃海、六日午後九時卅分大本營着電、片岡第三艦隊司令長官の報告に曰はく、『四日大連灣掃海隊の一部は、北三山島、及大嵐口村を偵察したり。其報告に依れば、北三山島には家屋なく、何等の設備せる者無し。大嵐口村には、敵の電信所あり。土民の言に依れば、敵は十數日前、其通信器具を取外し遁逃せり。而して其退去に際し、飲料水源に毒を投じたりと。依て目下精細探査中』。

○大連灣掃海の開始

五月二十六日、南山の大戰以《たいせんい》來《らい》、旅順の背面《はいめん》に向へる我攻鬪軍は、同月三十日迄に、進《す》んで安子山より臺子山に亘《わた》るの線《せん》を占領《せんりやう》せり。されば青泥窪及大連灣《たいれんわん》一帶《たい》は、此時既に我有に歸したりし也。六月の初、敵《てき》は依然《いぜん》として雙臺溝、安子嶺《あんしれい》の線に在りて、其斥候《そのせきこう》は絶《た》えず、我前面に近く徘徊《はいくわい》せり。大連灣の陸上《りくじやう》、既に我の有に歸す。然《しか》らば其海面《そのかいめん》に於ける敵《てき》の水雷敷設面を一掃《いつさう》して、危險《きけん》なからしむるにあらずんば、天然の良港《りやうかう》も、收めて以て我用《わがよう》に供《きやう》するに足らず。是れ片岡《かたをか》第三艦隊《かんたい》司令長官が、六月三日以來《いらい》、既に大連灣掃海隊《たいれんわんさうかいたい》を派出《はしゆつ》する程《ほど》に、早くも其準備《そのじゆんび》を了したる所以也。

○水源投毒問題

かくて編制《へんせい》せられし大連灣掃海隊《たいれんわんさうかいたい》の一部は、六月四日、北三山島及大嵐口村を偵察《ていさつ》したるに、北三山島には家屋《かをく》なく、又何等《またなんら》敵《てき》の設備《せつび》せる者なかりき。されど大嵐口村には、敵の電信所《でんしんしよ》ありて、十數日前、敵《てき》は其通信器《そのつうしんき》を取外して遁走《とんそう》し、其退去に際して、飲料水源に毒《どく》を投《とう》じたりといふ。十數日前《すうじつぜん》といへば、我軍《わがぐん》の未だ南山《なんざん》を攻陥せざる以前の事也。南山《なんざん》の陥るべしとも夢想せられざりし以前《いぜん》、早《はや》くも遁走せしとは、如何《いか》に其該地附近《がいちふきん》を固守《こしゆ》するに意なかりしやを見るべし。其飲料《そのいんりやう》に投毒《とうどく》して去りし如きは、公理《こうり》に戻《もと》り、人道《じんだう》に反《はん》する惡羅刹《あくらせつ》の業と謂はざるべからず。若し之を事實とせば敵國の如何に公法《こうはふ》を無視《むし》し、又如何に野蠻曚昧《やばんもうまい》に近き行爲《かうゐ》を憚《はゞか》らざるかの一證左として、世界《せかい》の倶に紀臆《きおく》すべき所也。

六月六日、大連灣掃海の進捗、東郷司令長官報告に曰はく、『大連灣の掃海は、三日以來、南方長濤の支障ありしに拘らず、豫想外に進捗し、六日午後二時迄に發見爆沈せる、敵の機械水雷四十一個に及び、又曾て敵の水雷嚮導者たりし者を利用し、一の有望なる航路をも發見し、已に小吃水船を航通せしむるとを得るに至れり。尙ほ掃海隊は、鋭意作業しつゝあり。掃海隊員は凡て無事也』と。

○大連灣掃海の進捗

大連灣《たいれんわん》の掃海は、獨《ひと》り陸上に於ける攻圍軍《こうゐぐん》との連絡《れんらく》を通ずべき必要《ひつえう》の爲めのみならず、又實に我滿洲軍の策源地《さくげんち》として之を開拓《かいたく》するの必要あるが爲め、最も其進捗《そのしんちよく》の迅速《じんそく》ならんとを希望《きばう》せざるを得ず。是を以て大連灣《たいれんわん》掃海隊は、六月三日以來、南方長濤の支障《しゝやう》ありしにも拘らず、鋭意《えいい》作業に從事して、豫想外の進捗《しんせう》を見るに至りしは、殊に其勞を多謝《たしや》せざるを得ず。爾來三日にして、六日午後《ごご》二時《じ》迄《まで》に、既に敵《てき》の機械水雷《きかいすゐらい》四十一個を發見爆沈《はつけんばくちん》し、而して掃海隊員《さうかいたいゐん》、船舶《せんぱく》すべて無事なるは、大窰口掃海の損害多《がいおほ》かりしに比して、最も之を慶《けい》せざるべからず。其曾《そのかつ》て敵の水雷嚮導者《すゐらいきやうだうしや》たりし者を利用《りよう》し、水雷敷設面《すゐらいふせつめん》に於ける、安全《あんぜん》の航路《こうろ》を發見し、既《すで》に小吃水船を通航せしめ得るに至りしは、最《もつと》も重視すべきことたらずんばあらず。

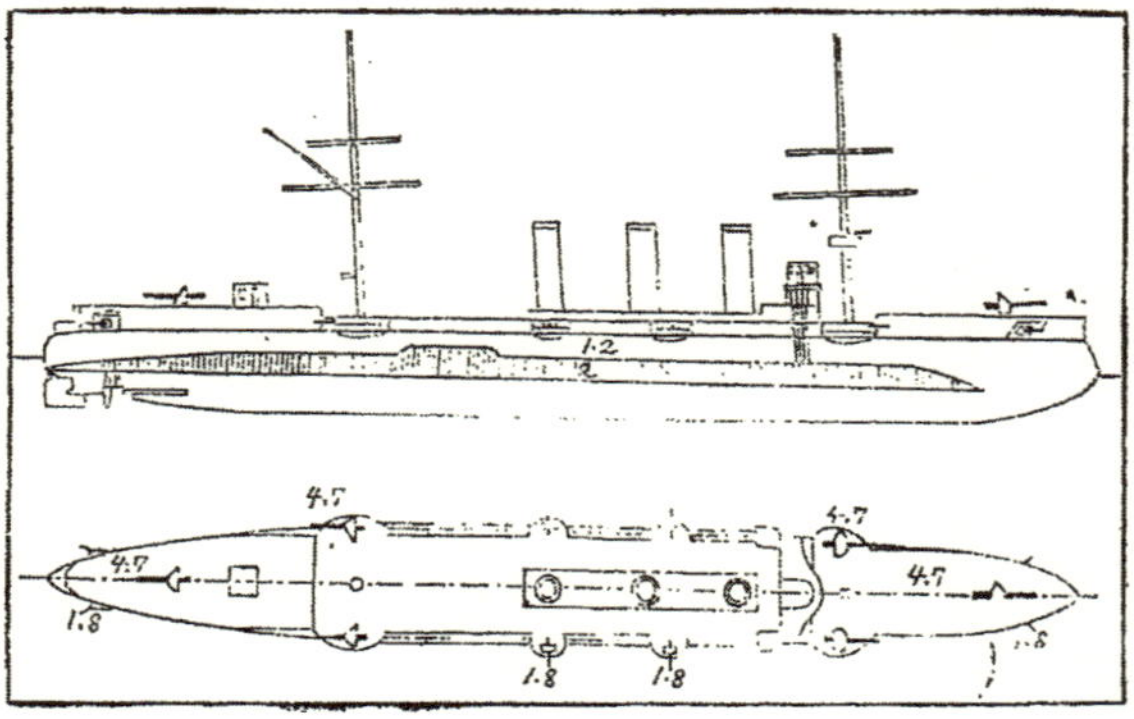

メ　ヤ　リ　ン

六月六日、陸戰隊の南三山島偵察、八日午後九時四十分大本營着電、片岡第三艦隊司令官の報告に曰はく、『六日、松島より陸戰隊を南三山島に上陸せしめたるに、其報告の概要左の如し。

燈臺は改造中と見受けらる。點燈器具なし。附近少量の建築材料あり。附屬煉瓦家屋四棟あり、内一は破壊し、他は床を毀ちあるも使用に耐ふ。發電機及汽罐は、爆發藥にて毀ちたる形跡あり。又鐵蓋を有する監視哨所らしき土工物一あり。西灣の北角に二小埠頭あり、西側崩壊したるも船舟の接着に便利也。同島北部南東麓に、大小五棟の煉瓦屋あり、即ち避病院なるが如し。屋内一物なく、床板窓戸扉等は、概して破壞しあるも、暖爐、家根、及壁は完全にして、多少の修理を加ふれば使用に適す。内一は消毒室にして、汽罐及消毒罐あり。汽罐は其儘にて使用し得るも、消毒罐の內筐は、取外しありて附近に見當らず。外に二棟の亞鉛板家屋、又濾水池一あり。飲料水は露國人の穿ちたる井戸一、土人の使用する不完全の者二あり。共に濾過の後煮沸すれば、飲料に供し得べしと信ずるも、水量は多からず。牛馬鷄豚は、多少得らる」と。

○南三山島の偵察

大連灣の灣口《わんこう》に點在《てんざい》する者、南北南三山島あり。青泥窪半島《はんとう》の北東に相對《あひたい》する者、即ち南三山島也。敵兵《てきへい》は既に遁逃して影《かげ》を止めざるべきも、尚ほ敵哨《てきせう》なきを保せず。因て六月六日、松島《まつしま》より陸戰隊《りくせんたい》を派し、上陸して其狀況を偵察《ていさつ》せしめたり。改造中の燈臺《とうだい》一基ありて、點燈器具《てんとうきぐ》はなきも、附近《ふきん》に少量の建築材《けんちくざい》料《りやう》を留め、附屬煉瓦《れんぐわ》家屋四棟、其一破壞《はくわい》したるも、一は床を毀ちたるのみにて使用に耐《た》ゆ。發電機《はつでんき》及汽罐は爆發藥《ばくはつやく》にて毀たれし者の如し。又鐵蓋《てつがい》を有する監視哨所《かんしせうしよ》らしき土工物一を見る。改造中《かいざうちう》の燈臺《とうだい》、他時修めて以て用に供《きよう》すべし。西灣《せいわん》の北角《ほくかく》に、二小埠頭あり、西側《せいそく》は崩壞《ほうくわい》したるも、尚ほ船舟《せんしう》の接着《ちやく》に便すべし。島の北部南東麓《なんとうろく》に於ける、大小五棟の煉瓦屋《れんぐわをく》、敵の避病院に用ゐし所、屋内一物なく、床板《とこいた》、窓牖、戸扉等概《がい》して破壞《はくわい》せられたるも、暖爐《だんろ》、家根《やね》、及壁は完全にして、多少の修理《しゆうり》を加ふれば、使用《しよう》に適す。内一は消毒室《せうどくしつ》にして、汽罐及消毒罐あり。汽罐《きくわん》は其儘《そのまゝ》にて使用《しよう》し得るも、消毒罐《せうどくくわん》の內筐は取外《とりはづ》しありて見當らずといふ。皆修理《みなしゆうり》して用ふべき也。外に二棟の亞鉛板家屋《あえんいたかをく》、及濾水地《ろすゐち》一あり。飲料水《いんりやうすゐ》は露人の穿《うが》てる井戸一、土人の使用《しよう》する不完全の者二、共に濾過《ろくわ》の後、煮沸《しやふつ》して飲料《いんりやう》とすべし。たゞ水量の多からざるを憾む。又牛馬雞豚《ぎうばけいとん》も、多少茲に得べしといふ。此《かく》の如《ごと》きは皆收《みなおさ》めて以て、我用に供《きよう》すべきを覺《おぼ》ゆ。

六月七日、八日、大連灣の掃海、八日午後十一時大本營着電片岡第三艦隊司令長官の報告に曰はく『大連灣に於ける掃海隊は、昨七日十一個、今八日十個、敵の沈置せる機械水雷を發見し、孰れも之を爆沈したり。人員船舟異狀なし』。

○敵機械水雷の破壞六十二個

三日以來、大連灣《だいれんわん》の掃海《さうかい》に着手してより、六日午後二時迄《まで》に發見爆沈《はつけんばくちん》せし敵の機《き》械水雷《かいすゐらい》、既に四十一個、而して七日に至り、更に十一個《こ》、八日に至りて更に十個《こ》を發見《はつけん》し、之を爆沈《ばくちん》せり。是れにて前後《ぜんご》敵《てき》の機《き》械水雷《かいすゐらい》を無効に歸《き》せしめし者、總計六十二個を算《さん》するに見る。而して人員船舟《せんしう》一の異狀なきは、大窰口の掃海《さうかい》に比して、何等《なんら》の好成《かうせい》績《せき》ぞ。該事業に錬熟《れんじゆく》したるが爲めなるとは、蓋《けだ》し疑を容れず。

六月八日、掃海面第一區結了、八日午後四時二十分着電、片岡第三艦隊司令長官報告に曰はく『大連灣の掃海は、豫定通りに進捗し、既に掃海面第一區を淸め得たりと云ふ。又北三山島の西約千米突と、南三山島の南西とに沈沒船あり前者はバヤーリン、後者はノンニーと信ぜらる』と。

○掃海面第一區の掃蕩

既《すで》に總計六十二個の機《き》械《かい》水雷を無効《むかう》に歸《き》せしめ、掃海《さうかい》事業はかくて、豫定の如くに進捗《しんせう》し、八日を以て茲に掃海面《さうかいめん》第一區を淸《きよ》め得たりといふ。該事業《がいじけふ》の進捗《しんせう》此の如く迅速《じゆんそく》なるは、大連灣《たいれんわん》の海面に、航路の安全を得さしむるに於て、最《もつと》も欣《よろこ》ぶべきの事《こと》たらずんばあらず。北三山島の西約千米突と南三山島の南西《なんせい》とに、巡洋艦《じゆんやうかん》バヤーリンと東淸鐵道《とうしんてつだう》滊船《きせん》會社所屬輕氣球用船ノンニーとの沈没《ちんぼつ》を發見《はつけん》せしは、前一たび之を記《き》せり。

六月八日、九日、大連灣の掃海、十日午後七時大本營着電、片岡第三艦隊司令長官の報告要領に曰はく『掃海隊は八九兩日間に、敵の機械水雷十六個を發見破壞せり。我に一の損傷なし。大嵩には露國人の設備に係る貯水池約百坪のもの一、三十坪のもの三あり。何れも深さ約一尋、棧橋あり鐵管を導き、通水に便なるも、鐵管の諸處破壞しありて、多少の修理を要す。毒水の件は、曩に露國人が退去に際し毒を投じたりと密告したる支那人の踪跡を失したるを以て見れば、或は我軍に利便せしめざるの目的を以て、毒水と吹聽したる者にあらざるか。目下嚴探中、水も取寄せ、化學試驗中也』。

○敵機械水雷の破壞計七十八個

掃海隊《さうかいたい》は、八日までに既に敵《てき》の機械水雷凡そ六十二個を掃蕩《さうとう》して、掃海面《さうかいめん》第一區を淸め畢りしが、更に同日《どうじつ》より九日に亘《わた》りて、發見破壞したる敵の機《き》械水《かいすゐ》雷《らい》十六個を算《さん》せり。公報《こうほう》に其八九兩日の破壞數《はくわいすう》として報告したるは、前公報の八日に於ける十個を破壞《はくわい》したる後のとなるべし。故に九日までの全破壞數《ぜんはくわいすう》、總計《そうけい》七十八個を算《さん》す。

○毒水事件の虛搆

掃海隊《さうかいたい》は曩《さき》に四日及六日を以て、一たび北三山島、大嵩口村及南《なん》三山《さん》島《とう》を偵察《ていさつ》せしが、更に大嵩を偵察《ていさつ》して、露國人の設備《せつび》に係る貯水池《ちよすゐち》、約百坪の者一、三十坪の者三を得たり。何れも深さ約一尋にして棧橋《さんばし》を備《そな》ふ。鐵管《てつくわん》を導きて通水に便《べん》せるも、鐵管諸處破壞《はくわい》しありて、多《た》少《せう》の修理《しゆうり》を要《えう》すといふ。又毒水事件《どくすゐじけん》に關しては、曩さに露《ろ》人《じん》が退去に際《さい》して投毒《とうどく》せりと密告《みつこく》したる支那人の猝《には》かに蹤跡《そうせき》を晦《くら》ませしより見れば、露人を誣ゐて此虛搆《きよこう》を敢《あへ》てし、以て我軍《わがぐん》の該飲料水《がいいんりやうすゐ》を使用《しよう》せしめざらんとしたる者の如しともいへり。支那人の猾惡《くわつあく》にして、往々人《ひと》を欺《あざむ》くは、最も不快《ふくわい》の感《かん》に堪《た》えず。

⑩ 無署名「大連風景」＊写真（『太陽』一九〇五年六月）

大連風景

Views of Dairen.

舊青泥窪ホテル

舊露國劇場（未成）

（在大連華丘諭君寄贈）

市內より眺めたる港灣の一部

⑪小松緑「〈雑纂〉大連及営口の将来」（『太陽』一九〇五年一一月）

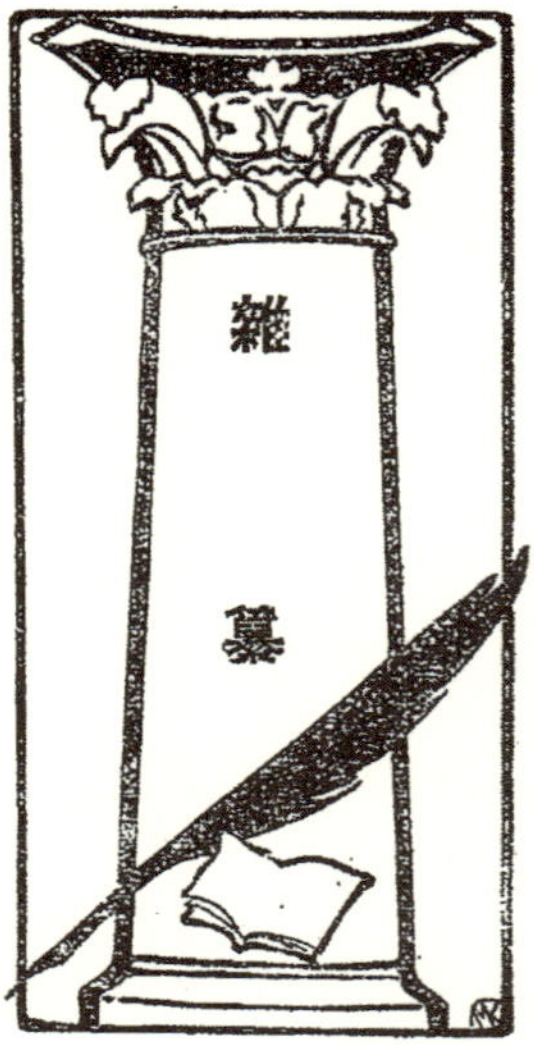

大連及營口の將來

小松綠

或は曰く大連《たいれん》は是れ唯《たゞ》一箇の軍港《ぐんこう》のみ、軍略上《ぐんりやく》の關係《くわんけい》にして甚だ重要なるものに非《あら》ず、若し一旦兵戈《へいくわ》戢《をさ》みて軍旅の撤退するに於《おい》ては、忽《たちま》ち索漠として復《ま》た人影《じんえい》を留めざるに至らん、何《なん》となれば、四圍《ゐ》の地方《ちほう》皆な磽确不毛の瘠土《せきど》にして、啻《たゞ》に其《その》地《ち》の盛榮《せいえい》に資すべき物產《ぶつさん》なきのみならず、穀菜《こくさい》の以て住民を支持するに足るものすら產出《さんしゆつ》せざればなりと。又曰く大連にして縱令《たと》ひ東洋《とうやう》の一商港《しやうこう》たるの資質《ししつ》を具へたりとするも、既《すで》に遼河を控《ひか》へて水運《すゐうん》の便を有し、北清《ほくしん》の咽喉《いんこう》を制する營口《えいこう》の在《あ》るあり、其《そ》の商賈多《おほ》くは數代《すうたい》の富豪にして、其《そ》の事業《じげふ》も亦幾百年の辛苦《しんく》に成《な》る、根深きものは拔《ぬ》き難《がた》し、其の富を奪ひ來《きた》りて之を大連《たいれん》に移さんとするが如《ごと》きは、是《こ》れ言《い》ふべくして行ふべからざるの事《こと》に屬《ぞく》す、既《すで》に營口にして地の理《り》と人《ひと》の情とに鑑《かんが》みて到底《とうてい》動かすべからずとせば大連《たいれん》の成敗知るべきのみと。

以上《いじやう》は必ずしも薄識者《はくしきしや》の淺見《せんけん》とのみ云ふべからず。實地《じつち》を踏《たう》査《さ》したる學者《がくしや》、實業家、軍人、兩院議員中にも時《とき》に此種《このしゆ》の意見を吐露《とろ》するものなきに非《あら》ず。予の遼東《りやうとう》より歸るや遇ふ人毎に這般《しやはん》の論説に言及《げんきう》せざるはなし。其《そ》の中《うち》には、之《これ》を信《しん》ずるものもあり、之《これ》を疑ふものもなきに非《あら》ず。要《えう》するに遼東の將來に就《つい》ては、得失《とくしつ》の事情《じじやう》多岐《たき》に涉《わた》るを以て、大概《おほむ》ね五里《ごり》霧中《むちう》に彷徨して適從《てきじう》する所を知《し》らざるに似《に》たり。

先《ま》づ茲に豫定《よてい》し置かざるべからざる問題《もんだい》は露國《ろこく》が曩《さき》に清國より租借《そしやく》したる旅順《りよじゆん》、大連及金州《たいれんおよびきんしう》を包括する遼東半島は戰後《せんご》に於《おい》て如何に處分せらるべきかと云《い》ふに在《あ》り。既《すで》に清國《しんこく》にして露國の軍事上《ぐんじじやう》若《も》しくは通商上《つうしやうじやう》の目的を助成せんが爲め、其《そ》の租借《そしやく》を甘諾したりとせば、露國《ろこく》より一層親密《しんみつ》なる關係《くわんけい》を有し一層緊切なる利害《りがい》を感ずる我國《わがくに》に對しても亦少くとも彼と均しき特典《とくてん》を與ふるに躊躇《ちうちよ》せざるべき筈《はず》なれば、若《も》し我國《わがくに》にして望《のぞ》まざれば則ち止む、苟《いやし》くも我《われ》にして露が六千哩外《まいるぐわい》に於て其の國家の隆盛《りうせい》を計るに必要《ひつえう》なりと爲し、進《すゝ》んで求めたる所《ところ》の物を一衣帶水《いたいすゐ》の對岸に於て之を要《えう》するは、理に於て一層《そう》適切なるが故に、清國《しんこく》も列國《れつこく》も之に對して何等《なんら》の異議《いぎ》を唱《とな》へざるは勿論《もちろん》なるべし。況んや戰勝《せんしよう》の結果《けつくわ》として遼東半島が我が領有に歸《き》すべきは自然《しぜん》の勢ひにして、好《よ》し我《われ》に於《おい》て之を放棄せんと欲するも或は能わざるの事情《じじやう》あるに於《おい》てをや。故に吾人《ごじん》は先づ大連を以て縱令《たと》ひ軍事上の理由《りいう》を外にするも、通商上——必《かなら》ずしも我國《わがくに》の純利《じゆんり》より打算せず、世界萬國《せかいばんこく》の公益《こうえき》に資《し》すべき——通商上《つうしやうじやう》の考量より、是非《ぜひ》とも東洋の一開港場たらしめざるべからざるものとして其《そ》の興敗《こうはい》を推究《すいきう》するを穩當《をんたう》なりとす。

蓋《けだ》し遼東半島の地《ち》を以て磽确《かうかく》不毛毫《ふもうごう》も生產に取《と》るべき所《ところ》なしと爲《な》すは、獨り事實を距ること遠きのみならず、復た地勢自然の鹽梅をも解せざるの論のみ。天下《てんか》何の處にか萬物《ばんぶつ》を生ずるの沃土《よくど》あらんや。或《あるひ》は初《はじめ》より一二種の天產《てんさん》物を有する處あるべし、三種《しゆ》四種《しゆ》の特所を得《え》んと欲せば必ず人爲《じんゐ》の耕耘《かううん》に俟たざるべからず。試みに遼東《りやうとう》の地味《ちみ》を案《あん》ずるに、既《すで》に到《いた》る處に高粱《かうれう》の繁茂《はんも》するを見る。適當《てきたう》の方法をだに施《ほどこ》さば米麥蔬菜必ずしも求《もと》むべからざるに非《あら》ず。況んや石炭の如き、石灰の如き、水晶の如き、海鹽の如き人生須用《じんせいすよう》の天產物《てんさんぶつ》も亦少量ならざるに於《おい》てをや。殊に貿易港の盛衰に至ては其の地に於ける產物の饒乏を以て論ずべきに非ず。彼の大連《たいれん》の四周、穀菜を產《さん》するの地なくして其《そ》の住民を扶持《ふじ》するの料を缺《か》けるの故《ゆゑ》を以て遂《つひ》に其の良港《りやうこう》たるべからざるを說《と》き、軍隊一《ぐんたいひと》たび去《さ》らば忽《たちま》ち一場《じやう》の荒原人煙を絶《た》つに至《いた》るべしと云ふが如《ごと》きは是れ鐵道汽輪の發明なかりし古代《こだい》の舊想《きうさう》のみ、是《こ》れ曩昔、茫漠たる漁村《ぎよそん》が、今日《こんにち》の横濱、神戸の如き繁榮《はんえい》なる良港に遷り變りたるの事實を想はざるの迷說《めいせつ》のみ。

夫《そ》れ港灣《かうわん》は彼《か》れ是れ有無《うむ》相通すべき物資《ぶつし》の集散場《しふさんじやう》たるに適すれば則ち足る其の附近《ふきん》に於ける地味《ちみ》の肥瘠《ひせき》如何《いかん》に由ずして、其《そ》の地勢《ちせい》の果《はた》して貨物送受の目的に適合《てきがふ》するや否やを顧《かへり》みるのみ。而して大連《たいれん》の位地《ゐち》たるや、實に東洋の中樞《ちうすう》に位し、日清韓相接《あひせつ》するの要處たるのみならず。若し西比利鐵道にして露國《ろこく》の公言《こうげん》するが如く、世界《せかい》の自由交通《じゆうかうつう》に供せらるべきものなりとせば、之《これ》に接續《せつぞく》して陸路人も物も歐洲《おうしう》と往來《わうらい》するを得《う》べし。殊《こと》に露人《ろじん》が數千萬金を投じて築造《ちくざう》せる既設《きせつ》の棧堤は六七千噸の大船六七隻《せき》を一時《じ》に連繫《れんけい》するに足《た》るべく、更《さら》に多少《たせう》の補修《ほしう》を加《くは》ふるときは幾《いく》十隻《せき》の巨船をも送迎するを得べし。且其の「ヴヰクトリア」灣内《わんない》には汽船軍艦を碇泊せしめて多々《たゝ》益々《ますます》辨《べん》ずるの餘裕《よゆう》あらん。眞に天位人工共に東洋隨一の良港と謂わざるべからず。

若《も》し夫《そ》れ營口《えいこう》にして永《なが》く現狀《げんじやう》を維持し貿易港《ぼうえきかう》たるの實《じつ》を完ふせば、大連《たいれん》の追加《つゐか》は無用の事に屬すべく、又大連《またたいれん》を新開せんが爲《た》めに營口を壓倒《あつとう》するが如きは、啻《たゞ》に事《こと》に益《えき》なきのみならず、徒《いたづ》らに淸國《しんこく》の怨《うらみ》を買ふて結局《けつきよく》我に損する所多かるべしと云《い》ふに至《いた》ては、是れ一理あるが如くにして、實は杞人の憂に過ぎざるなり。由來《ゆらい》營口と大連と兩立《りやうりつ》すべからずして、其の一方興《おこ》らば、他《た》の一方は必《かなら》ず仆《たふ》れざるべからずと斷定《だんてい》すること大《だい》なる誤《あやまり》なれ。抑《そもそ》も世界《せかい》の進運は駸々《しんしん》として水《みづ》の如く晝夜を舍《や》めず。人類次第《じんるゐしだい》に繁殖して事業愈々多きを加へ、昨日の盈は今日の乏、日一日として隆盛《りうせい》に赴《おもむ》かざるはなし、必《かなら》ずしも高遠《かうゑん》の事例《じれい》を援引《えんいん》するまでもなく、卑近《ひきん》の現象《げんしやう》に徴するも其《そ》の理《り》を解するに難《かた》からざるべし。設《たと》へば東京市内の交通が馬車鐵道の一會社《くわいしや》を以て滿足《まんぞく》したるは纔《わづ》かに曩昔の事《こと》に屬《ぞく》せるに、今《いま》や乃ち電氣鐵道《でんきてつだう》の三大會社ありて猶《な》ほ足《た》らざるの觀あるにあらずや。鳴立澤《しぎたちさわ》の僻邑《へきいふ》は淸麗《せいれい》なる旅舍、幾軒《きけん》を增す毎《ごと》に雅客遊人《かかくゆうじん》の多きを加へて却つて相互の繁榮《はんえい》を來したるに非《あら》ずや。其《そ》の稍々衰運《すゐうん》に傾《かたむ》ける所以《ゆゑん》のものは目前《もくぜん》の我利《がり》を計《はか》るの盲者、人を俟つの法を誤《あやま》りたるが為《た》めにして決《けつ》して彼れ是《こ》れ相排擠《あひはいせい》したるが故《ゆゑ》に非《あら》ず。故《ゆゑ》に今《いま》、世《よ》の進運《しんうん》と共《とも》に北清に大連の一港を加へたりとて、忽《たちま》ち営口《えいこう》の頽敗《たいはい》を醸すの理由あるべからず。独《ひと》り其《そ》の理由《りゆう》なきのみならず、両港《りやうこう》相補援して更《さら》に双方《さうはう》の発達に資すべきや必《ひつ》せり。且夫《かつそれ》営口は一年の中其の四箇月は堅氷《けんぴやう》の凍鎖《とうさ》する所となりて、全く海運《かいうん》の途《と》を絶たれ、其《そ》の間事業《じげふ》は空《むな》しく停滞《ていたい》して人物共に光陰《くわういん》を徒消《とせう》するの止《や》むなきに至る。左れば、よし天下《てんか》自然《しぜん》の進運は北清に限りて波及《はきう》せざるものと仮定《かてい》するも、猶《な》ほ一年間の事業《じげふ》に就き其の三分の一は優《いう》に之《これ》を大連に譲《ゆづ》りて得失《とくしつ》なき筈《はず》なり。況んや経済上《けいざいじやう》の理法は交通の機関《きくわん》、次第に発達《はつたつ》するに随ひ、山間僻《さんかんへき》地《ち》に埋没せる天然《てんねん》の富源、益々《ますます》開拓《かいたく》せらるべきものなるに於てをや。是を以て大連にして一たび世界の開港場たらば欧亜両洋の物資は靡然として茲に傾注し、其の盛栄は啻に営口の霑被する所となるのみならず、遂には北清全般に普及するに至らんとす。論者が清国の怨を買ふと云ふは蓋し清国に恩を売るの謂ひなるなからんや。別《べつ》に論者《ろんしや》あり、大連《たいれん》をして開港場たらしむるも、其《そ》の位地《ゐち》の陸運《りくうん》に便ならざるに於て却《かへ》つて営口《えいこう》の壓倒《あつたう》する所とならんことを憂《うれ》ふ。其《そ》の説《せつ》に曰《いは》く、満洲の特産は大豆を以て最《さい》とし、其《そ》の産地は通河溝以南奉天に至《いた》る遼河《りやうか》の沿岸《えんがん》にして営口を以て其《そ》の集合点《しふがふてん》とす、而《しか》して是《こ》れ皆《み》な遼河の舟楫に由つて輸送《ゆそう》せらるゝものなるが故《ゆゑ》に、其の運賃《うんちん》も其の便利《べんり》も、之《これ》を遼河に遠《とほ》かれる鉄道《てつだう》に由りて大連《たいれん》に移すの煩累《はんるゐ》に比すれば、霄壤も啻ならざるものあり、大連が遂《つひ》に営口《えいこう》と競争して之と并立する能《あた》わざるや瞭《あきら》けしと。此《こ》の説、大豆を以て満洲貿易《まんしうばうえき》唯一の骨子《こつし》とす、日清《につしん》通商は決して大豆の輸入《ゆにふ》を以て主眼と為すべからざるの事由《じゆう》に至《いた》ては後段《こうだん》に於《おい》て少《すこ》しく言及する所《ところ》あるべきも、斯《か》くては余《あま》りに単純《たんじゆん》なる偏見にあらずや。若し営口にして大豆を以て其の主要なる貿易品《ばうえきひん》として満足《まんぞく》せば、大連《たいれん》は其《そ》の他《た》の貨物《くわぶつ》に対《たい》する貿易港たるも可《か》なり。否《いな》、世界の一大開港場たるべき大連は、限《かぎ》りある大豆《だいづ》の一品を顧慮すべきに非《あら》ずと雖《いへど》も、論者《ろんしや》にして大豆猶ほ且つ然《しか》り其《そ》の他《た》は類推すべきのみとの論法《ろんぱふ》を採《と》り来《きた》らんことを慮り、茲《こゝ》に具体的《ぐたいてき》に大豆の運輸《うんゆ》に就《つい》て推究すべし。先づ帰着する所は遼河の水運と陸路の鉄道と、孰れが利便なるやと云ふに外ならず。今若《いまも》し多量《たりやう》の貨物《くわぶつ》を運搬するに於て汽車と汽船との便否《べんぴ》如何《いかん》と問はば、一は、時間《じかん》に於《おい》て早《はや》く、他《た》は運賃《うんちん》に於て廉なるを以て、事情《じじやう》に由《よ》りては俄《には》かに其の得失を弁すべからずと雖《いへど》も、遼河《りやうか》の水運に至ては、内海若《ないかいも》しくは外洋を航行する汽船と同日に論ずべきにあらず。遼河の水量は大船の航行《かうかう》を許《ゆる》さず、殊《こと》に上流《じやうりう》に在《あ》つては「ジャンク」にても巨大《きよだい》なるものを用ゆべからず。今日《こんにち》の実際《じつさい》を観るに、幾隻の小舟に由りて貨物を輸送《ゆそう》し、纔《わづ》かに河口に近き部分に於て之《これ》を大船《たいせん》に移《うつ》すの煩雑あるを以て其《そ》の費用《ひよう》も亦《また》多量の物品《ぶつぴん》を一大汽船に搭載して、一港より他港へ直輸するが如くならざるは勿論《もちろん》なり。斯《か》くて専門家《せんもんか》の調査《てうさ》したる所《ところ》に依《よ》れば、遼河《りやうか》の水運賃は之を汽車《きしや》賃に比し却つて幾分《いくぶん》の高価なるを示すと云ふ。時間《じかん》に於て既に幾倍の遅緩あるに加へ、運賃《うんちん》にして果《はた》して些少たりとも低廉《ていれん》なりとせば、營口《えいこう》の貿易《ぼうえき》其れ自身《じしん》も或は水運《すゐうん》より轉じて陸運《りくうん》に俟つに至《いた》るも知るべからず。亦以て遼河の有無を以て大連の成敗を律すべからざるを推すに足るべきに非ずや。然《しか》りと雖も予《よ》は鐵道《てつだう》は總て水運《すゐうん》を壓倒すべきものなりと謂《い》ふにあらず。各々《おの〳〵》其の處に從ふて其の用《よう》を爲《な》すこと猶《な》ほ鳥の兩翼《りやうよく》の如きものあらん。唯々營口にして水運の利ありて立たば、大連が汽車の便に由りて榮へざるの理なきを證せんと欲するのみ。

更《さら》に聊か世人《せじん》の注意を喚起せんと欲するもの有《あ》り。遼東の租借地を得《え》たりとするも、單《たん》に此地域内《このちゐきない》に籠居《ろうきよ》するのみにては何《なん》の益《えき》もなきこと是《これ》なり。往日我《わうじつわれ》は臺灣を得て一方ならず欣びぬ。然《しか》れども其《そ》の經營《けいえい》には十年《ねん》の間「資金を投下《とうか》して嘗《かつ》て獲《う》る所《ところ》なかりき。纔《わづ》かに今日に至りて獨立自營《どくりつじえい》の狀態に達するを得《え》たるのみ。今大連旅順《いまたいれんりよじゆん》を取《と》りて又々之に對し數年間の投資《とうし》を要《えう》するに止《とゞ》まらば、空權を得て實利を失ふの愚に陷らむとす。露國《ろこく》は東清鐵道に沿ふて幾多《いくた》の兵舍《へいしや》官衙を建設したり。其の規模の洪大にして而かも工事《こうじ》の永久的《えいきうてき》なるの事實《じじつ》に徵《ちやう》すれば、其《そ》の眞意《しんい》の那邊《なへん》に在りしかを窺ふに難《かた》からず。然れども既《すで》に滿洲の開放と淸國の保全とが世界《せかい》の通誼《つうぎ》となりたる以上《いじやう》は、我《われ》に於《おい》て必ずしも軍略的《ぐんりやくてき》の考量に重を置くを須ひず。況んや時世の推移は、干戈の戰鬪よりも寧ろ牙籌の競爭を以て立國の要道と爲すの傾向を呈し來れるに於てをや。是を以《もつ》て大連《たいれん》にして一たび天下《てんか》の良港《りやうこう》たるに至らば、營口《えいこう》に由る日清貿易の僅《わづ》かに彼《か》れより我《われ》に大豆、豆油、豆粕などを輸入するが如《ごと》き細利《さいり》に安せずして、宜しく我《われ》より進《すゝ》んで我《わ》が國產《こくさん》を北淸の各地《かくち》に輸出《ゆしゆつ》するの工夫《くふう》に出でざるべからず。殊に滿洲の野《の》には諸種《しよしゆ》の鑛礦に富《と》み、吉林の山《やま》には森林の鬱蒼《うつさう》たるもの有り、之《これ》を採り來《きた》りて直《たゞ》ちに我《わ》が用《よう》に供《きやう》するも可なり、或《あるひ》は之《これ》に工を加へて再び他《た》に送るも利《り》あるべし。總じて國際貿易は、一方より他方に出だすのみにては、需用供給自ら限《かぎ》りのあるありて、永久に旺盛には赴き難きものなり。要は彼《か》れ是《こ》れ互《たがひ》に送受して、終始絶ゆることなきに在り。日清《につしん》貿易《ぼうえき》の宜《よろ》しく盛なるべくして、却《かへ》つて日《ひ》に衰《おとろ》ふるの狀あるは淸國內地に於《お》ける交通《かうつう》の機關《きくわん》乏《とぼ》しくして而かも安全《あんぜん》ならざるに依《よ》るとは云《い》へ、畢竟《ひつきやう》其の常に所謂《いはゆる》片貿易に陷《おちい》るの弊《へい》に職由せずんばあらず。故《ゆゑ》に我《われ》に餘《あま》れるの貨物《くわぶつ》を擧げて之を彼に送ると同時《どうじ》に、彼《かれ》に於て未だ開拓せられざる富源《ふげん》の發展《はつてん》を促がさば、兩國の福利は、忽《たちま》ちにして今日《こんにち》に幾倍《いくばい》するに至らん。米人《べいじん》は曩《さ》きに安東縣《あんとうけん》に伐木の事業を起し、露人《ろじん》は遼東《りやうとう》に石炭採堀の企圖を講《かう》じ、獨人も亦膠州に鑛山の開鑿に從事したることあり。而《しか》して彼等《かれら》は皆な萬里の天涯より雄飛《ゆうひ》し來《きた》りたるものにあらずや。顧みれば、我が實業家は蝸牛角上の追逐に汲々として、未だ海外數步の遺利に着眼するもの稀れなり。今や國威隆々として域外に輝き、國民の責任も亦隨ふて重且大を加へんとす。是れ最も覺醒すべきの秋にあらずや。

⑫無署名「旅順口及び大連」（大連の全景）＊写真（『太陽』一九〇六年六月）

旅順口及び大連

Port Arthur and Talien.

旅順口市街

關東總督大嶋大將

旅順口鎮守府司令長官柴山大將

大連の全景

⑬ 無署名「(戦後経営) 大連民政署十年計画」(『太陽』一九〇六年六月)

●大連民政署十年計畫

大連民政署にては今後施設を要するもの多多あり經常歳入を以てしては到底其實行を期し難きにより來る四十年度以降二百六十萬圓を起債し四十三、四兩年度据置、同四十五年度より五十一年度に償却する豫定にして其計畫左の如し、

▲借入

四十年度	百萬圓
四十一年度	百萬圓
四十二年度	六十萬圓

▲償還

四十五年度	十萬圓
四十六年度	二十萬圓
四十七年度	三十萬圓
四十八年度	四十萬圓
四十九年度	五十萬圓
五十年度	五十萬圓
五十一年度	六十萬圓

⑭ 無署名「大連民政署三十八年度繰超総収入高」(『太陽』一九〇六年六月)

●大連民政署三十八年度繰超總收入高

民政資金	六八六、七六〇、五〇六
租税	三七三、四七九、四四九
地租	一〇四、一三八、四六〇
營業税	七〇、〇九六、六〇〇
雜種税	六五、〇〇八、三二〇
鹽税	四六、六九〇、〇六〇
輸出入税	八七、五四六、〇〇九
官業及官有財産收入	二四一、一四六、九〇二
官有土地建物貸下料	二三一、八六四、〇六二
醫院收入	九、二八二、八四〇
雜收入	七二、一三四、一五五
免許及手數料	二四、八六六、五〇〇
懲罰及沒收金	八、八八二、二一五
返納金	三一、〇〇〇
雜收入	三五、八七五、六三〇
官有土地物件拂下	二、四七八、八一〇
臨時部	二〇六、〇〇〇
物品拂下代	二〇六、〇〇〇
特別收入	一〇〇、〇〇〇、〇〇〇
引繼金	一〇〇、〇〇〇、〇〇〇
總計	七八六、九六六、五〇六

⑮ 無署名「(清国時文欄)」(大連税関組織)(『太陽』一九〇七年三月)

大連税關組織

日本政府欲將大連税關組織不依東清鐵路定章。依膠州灣例起意。外務大臣乃電告林公使轉知外務部。又與唐紹儀赫德會商。清國政府對此似無異議。寧以爲妙。惟赫德意見膠州税關章程不能直用於大連。須於細則要變更。又遼東租地以外。準照俄清陸路貿易章程。以一百清里爲自由地帶一事於理不甚合云。

⑯ 無署名「(清国時文欄)」(大連税関協約)(『太陽』一九〇七年三月)

大連税關協約

關大連税關。日清協約。現已成立。以五月三十日。在北京兩國委員記名畫押。至其設置大連税關協約條項。以十八項成。內河行船協約。以七項成。約署陳之。則不外下記四點。一限金州半島租借地內。進出貨物。一概無税。二經該租借地進出清國內地之貨物。課以一定租税。三自租借地出入清國各口貨物。另課落地税。四在租借地內。用清國原料所製貨物。其出口税、止課原料。即此四點也。又大連關税務司。我國人黑澤禮吉氏選任。七月初一日起開關云。

⑰ 無署名「殖民地政庁」（「大連民政署庁舎」）＊写真（『太陽』一九一〇年一一月）　大連民政署（大連警察署）

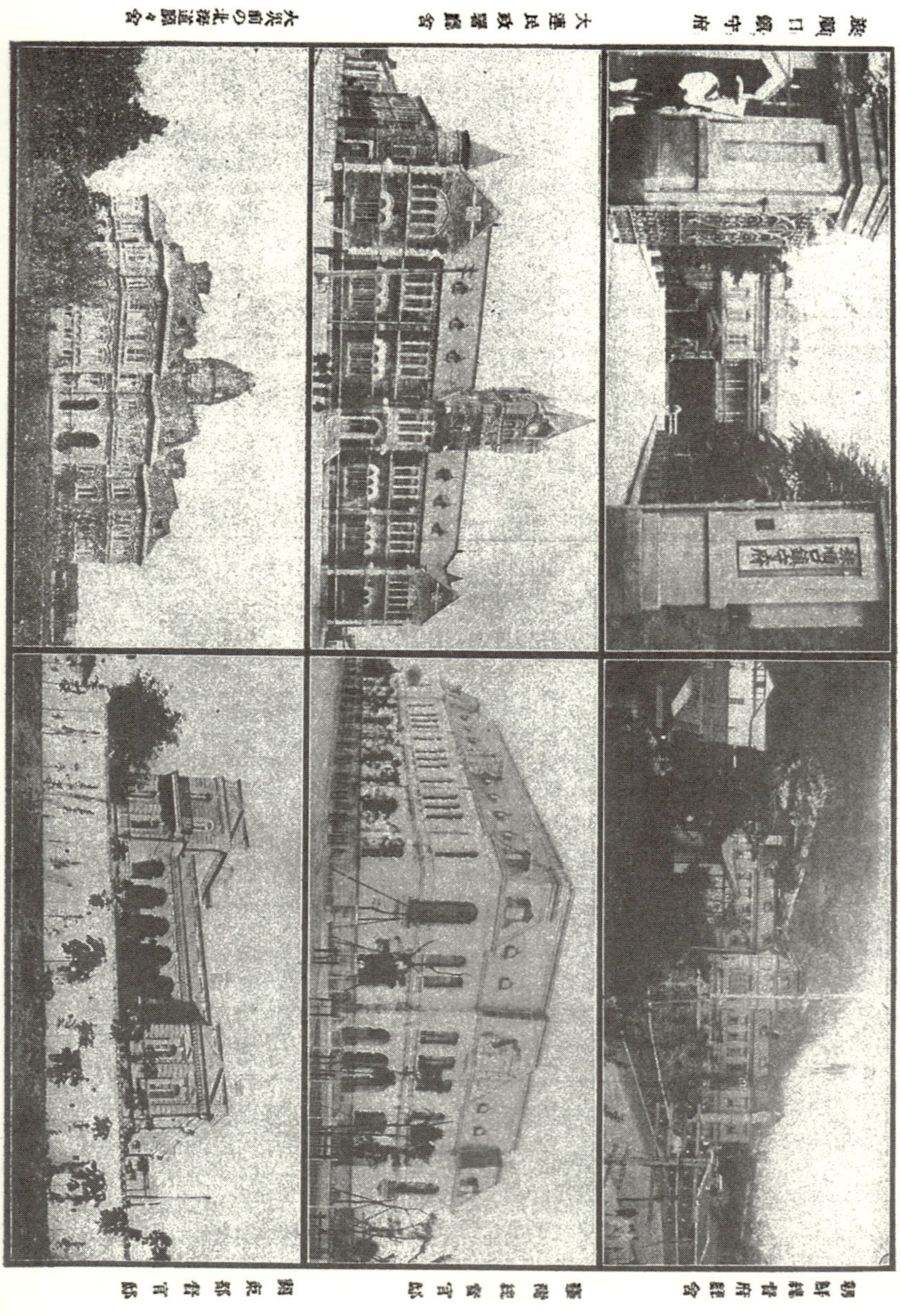

⑱無署名「殖民地市街の今昔」（『大連』）＊写真（『太陽』一九一〇年一一月）

殖民地市街の今昔

大連日本橋（五年前）

今の札幌市街（南五条通）

昔の札幌（明治五年）

今の大連日本橋

⑲ 無署名「大連市街の美観」＊写真（『太陽』一九一〇年一二月）

大連市街の美観

Streets of Dairen.

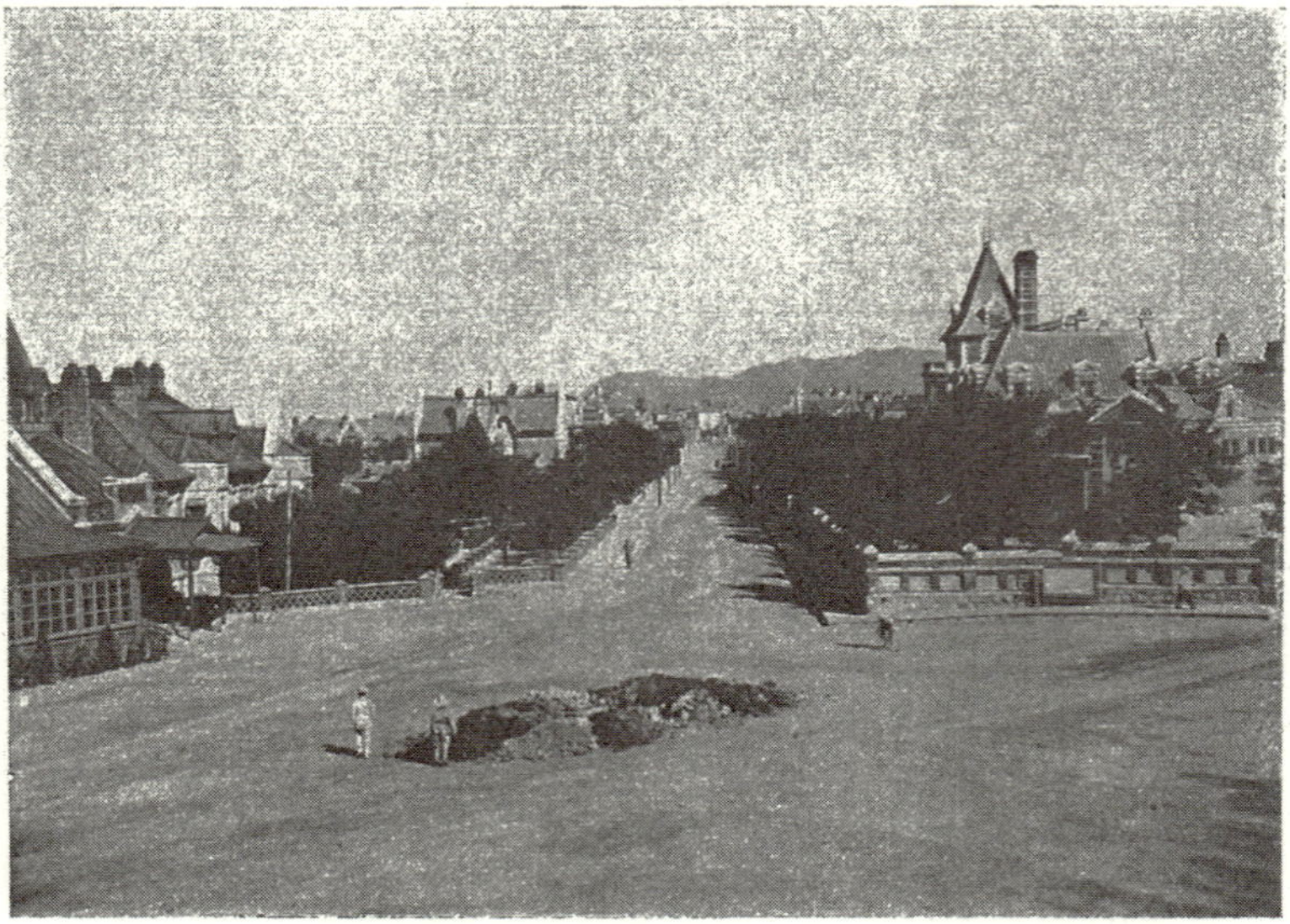

大連市兒玉町

（ヤマトホテル樓上より日本橋方面を望む）

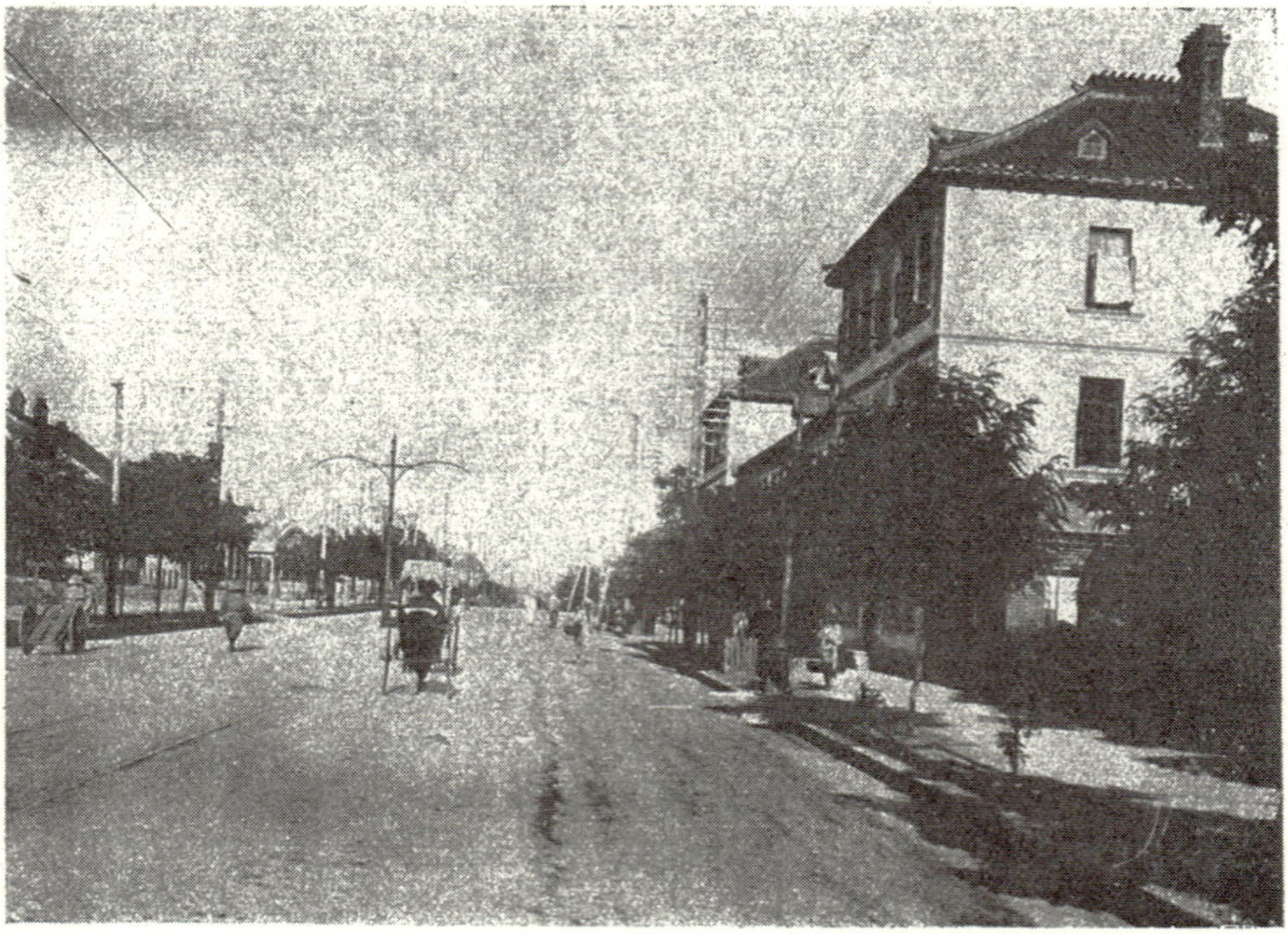

同監部通り

⑳無署名「最近南満洲通信」（「大連関東都督府民政署」）＊写真（『太陽』一九一一年一月）

最近南滿洲通信

Latest Communications from South Manchuria.

鼎坑嶺、鷄冠山腹六哩の處を轘

遼陽停車場

大連關東都督府民政署

西方より見たる東鄕坑竪坑開鑿

撫順炭鑛事務所

㉑無署名「満蒙雑景」＊写真（『太陽』一九一三年一一月）

満蒙雑景（其一）

蒙古ウルガ市外の交易

長春西四道街

ハルビン駅前

奉天満鐵病院

奉天停車場

安東線本溪湖駅

安東線草河口全景

安東縣市場通

鴨緑江下流

滿蒙雜景（其二）

東蒙古の喇嘛寺

洮南府外の牧羊

千金寨一條通

千金寨驛炭車

奉天日本駐劄隊

奉天滿鐵小學校

旅順工科學堂

旅順工科學堂

大連埠頭の荷揚

大連埠頭の豆及豆糟

㉒無署名「日清戦争　日露戦争」＊写真（『太陽』一九一七年六月）

日清戰爭

臺灣御征討當時の故北白川能久親王

臺灣神社

臺北市街の一部

(正面、臺灣總督邸)

(中)臺北公園内兒玉故總督像

臺灣生蕃風俗(タイヤル族)

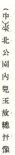

日　露　戰　争

大連ヤマトホテル

撫順炭坑（東鄉坑）

滿鐵展望車（外部）

滿鐵展望車（内部）

長春停車場

㉓三郎「大連所見」＊挿画（『太陽』一九一八年四月）

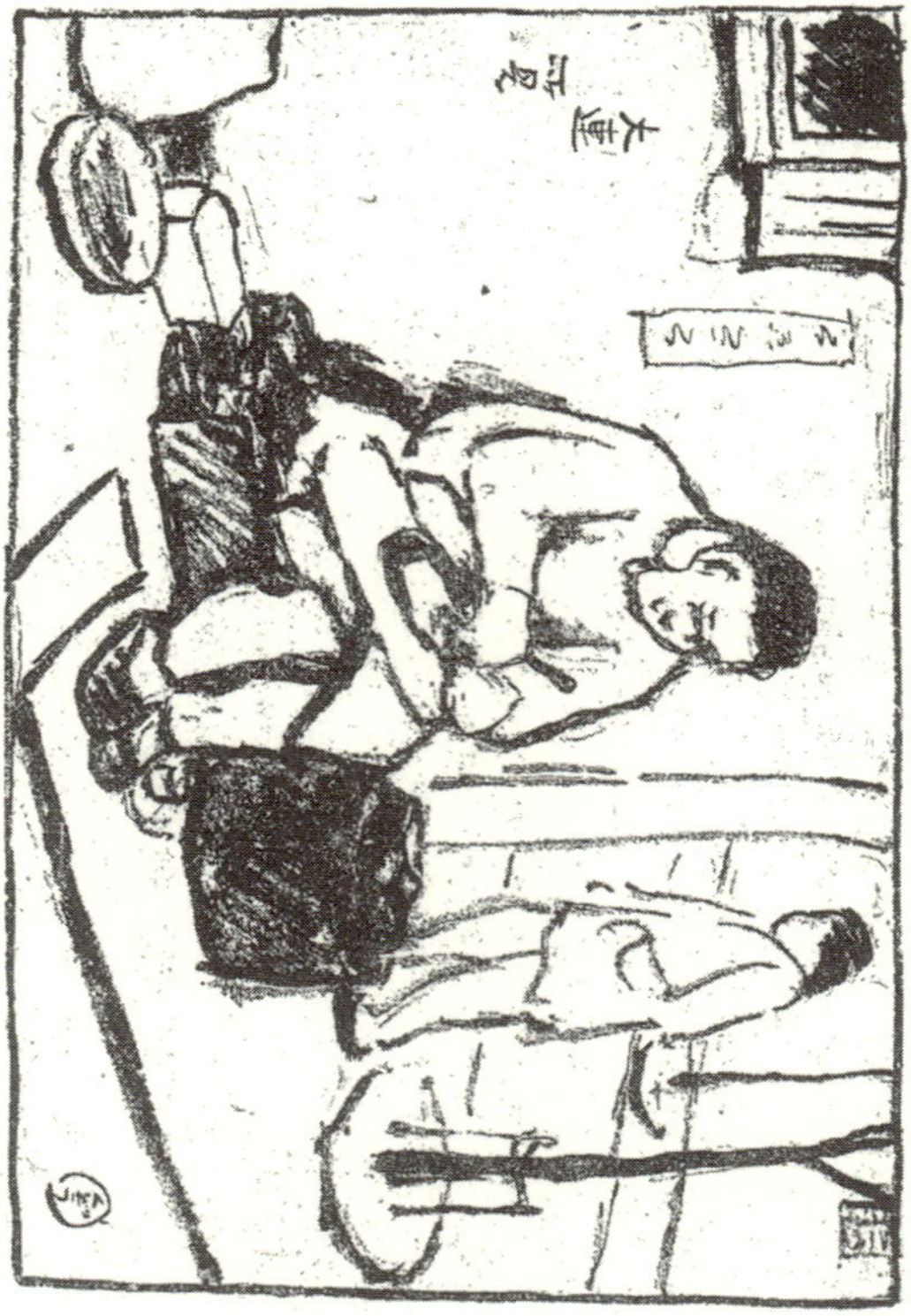

大連所見（三郎）

三五七

㉔無署名「〔新刊紹介〕（露西亜時代の大連　上田恭輔著）」（『太陽』一九一九年三月）

◎露西亜時代の大連（上田恭輔著）　日露戰役の初め參謀本部にあり、時の大本營參謀長の命を受けて大連の事情を取調べたりし著者が、當時の材料を骨子として加ふるに露西亜側の記錄と著者の實地目睹せる所とを以てして編述せるもの、小册なれども當時の事情を知るに於て好參考たるを失はず（非賣品〇滿鐵本社內著者）

三五

㉕木村荘八「大連にて」（『中央公論』一九二〇年一二月）

想華

大連にて

木村荘八

一

大連に着いた。

自分は此の地でいきなり××ホテルと云ふ旅館へはいつた。小さな洋室で据付のベツトが右手にあり、テーブルの上には卓上電話など置いてある。室の入口には洋服ダンスの上に大きな鏡があり、それに反對側の書物机の正面にも亦小さな鏡がある。つひものを書いてゐて前の鏡面を見ると自分をはさんで向き合ふ大小二面の鏡がいたづらをして何と澤山に自分に似た奴がずらりとならんでゐることか。銀行の如し。もしその後ろ向きがふり向いたり顔が笑つて舌でも出したら全く自分は氣絶する。――さう云ふ不健康な想像心を誘ふ。それでなくとも心忙しく、寂しいのだ。落付かぬ、イヤナ室である。遥かにのどかなリンの音とうるさい太鼓が聞えて來る。リンは支那馬車の鈴であらう。太鼓は室前のヱランダを隔てゝ筋向ふの活動館で、松之助を映し初めたと思はれる。

女中が廊下をケラケラ笑つて通るが、一體此の地の日本人は荒んだ、あくせくとした寂しい感じがする。笑ひも何か空しく響く。――此所の湯屋番が自分に畫を見せてくれと云つて先夜室へ來た、自分は寫生畫を出して見せたが、彼は「内地の寫生はないのですか」と四五枚見捻つてから僕に聞いた。一瞬、寂しい氣の毒な感じがした。――實際遠いのだ。金を目的に持たずに此所へ來てゐる日本人があらうか。彼等は此所へその氣で來て家を持つ。又は家族を呼ぶ。恐らく金は如何にか出來る。此の地は内地よりのんきで、樂である。――それに馴れる。つひ此所の生活に安樂を感じて――さう云ふ多くの人は幸福かも知れない――次第に今見る如く街が出來た。丁度滿韓のハゲ山へ植ゑた日本のナヘ木と同じである。次第に日本くさく土地を化かす。醜化が稍もすると却つて目的になる。

見渡す限り、誰も――日本人で――此の地に個人の歴史を持つてゐると思へる人は一人もない。此の地にあり得た人生は「結婚」からがやつとである。母に抱かれて泣きながら世にも満足して此の地の風物を見た消へぬ経験は、現在小學期の子供だけにしか味はゝれてゐない。全き無意識の中だけに。戀愛や死、友情、立志――等青年期の出來ごとはいろ〳〵此の地の淺い歴史の中にも、人事の上に起つたであらう。然しそれより成功や破産、貧、富と云ふ様な地上のことが、より多く歴史の骨組となつてゐる筈だ。

渡世の濁流にもまれぬいた武装した金界の兵士の如き人間が、寄つてたかつて此の地をこれまでに建て上げたのである。物質の妖氣がゆらゆら至るところ、歩道のタール塗りにも流れ迷ふてゐる。阿片でまうけて出來た道路、モルヒネでまうけて立つた石造建築、カンカンと日が當り、雨は殆んど降らぬ。餘りに自分と遠いので天も忘れて洗はぬのか。で、一歩郊外へ出ると砂塵《ほこり》がセメンのやうに舞ふてゐる。その臭い苦しい赤はだかの大地の中では、支那人達が天幕を張つて、野天バクチをしてゐる。蠅だらけのパンを食つてゐる。又はモヒ中毒で往來にゴロゴロねくたれてゐる。

その空地を去つて小崗子支那町へはいると軒並み遊女屋が並んで灰色にくすぶつてゐる。支那、朝鮮、日本の三國の女がゐる。鐵の手に曲がつた角の灰色煉瓦建ては盲目のやうに戸を閉ぢて森閑としてゐる。何屋かしらん？　窓硝子からそつとのぞいて見ると、此の暑中、閉て切つて、みんな寢上に横たはり阿片をのんでゐる。門口に老人の門番がゐて、ボロボロ涙をこぼしてゐる。

二

此の地（大連）で育つた子供は、溫和な日本の氣候を知らず、やさしい風光を知らず、街では東洋よりも多く歐羅化の西洋を見、郊外では坭の如きデカダンの支那生活を見て、思ひ測られぬ不思議な心理の中に、恐らくは變則に生長しつゝある。

生れるとすぐに二つの人種を見、二つの國語を知り、その人種の中一は二を全く壓倒してゐる不自然を露骨に見る。此の地の子供は車夫や苦力の日本人でないことを知つてゐる。同時に故に人間でないと思つてないと誰に云へやう。少くも對象がさう思はせ、大人がその感をあほり、子供心にしみ込む。「あの人間は人間でない」と。

さう云ふ生活で鍛られた子供——故郷なき日本人——は、今年十七歳が最年長だ相である。世の中の大切なことをかゝる邪険な搾盤の中で数はつて十七歳になる。小學の生徒は富士山を見ぬ想像で描いて、赤く塗る相だ。滿州のヘゲ山の様に。次第に全くどう世の中が見えて行くことか。

三

町に立つて見ると、往來はすつかりタタキのやうにかためて何所も電車道のやうであり、又電車はどの町筋を通るのか特に電柱を注意しないと往來だけ見ては一寸わからない。——それ程「いゝ。」

それに兩側ぎつしりと家が建つてゐる。何所も帝劇のそばのやうに「冷情でリッパ」である。外構への日本家屋は一軒だにない。

そして皆商賣してゐる。實に「商賣」してゐる。町それ自身商法取引の感じがする。人は商法の爲めに生育してゐる感がある。此所で聞くと日本語は商賣取引の爲めに使ひ、支那語は勞働の爲めに使はれる様だ。二つの國語が物質の妖氣に魅入られて囁き、ヤケになり、情なき響となつて、みぞれのやうにパラパラ寒く耳を撃つ。

およそ美術文藝と云ふ種の靈は、此の地の「出來」には關係更にないのである。（骨董は關係がある。自明の如く。）——恐らく諸に聞くニユーヨルク市で電燈越しに夜月を見たら、こんな感じか。精神が引込み、物質が出しやばる。又人はそれでいゝと思つてゐる。寧ろ知らずにゐる。電燈があるので月は要らない。誰も月を見ない。稀れに見る者はそれは無いこともないだらう。只彼は渡世に失敗するだらう。

——然し彼等も「月見」はする。夏の夜老虎灘へ行くと海に月見船が一杯出てゐる。支那郷桐《シャンメン》にオレンヂの硝子ランプを吊り、三味線をのせ、酒をのせ、蚊のやうに歌つて、上から見おろすと暗い入江の中をそれがチラチラ行つたり來たりする。溺死の死體をさがすに似てゐる。

月は恐ろしく遥く煙る黄海の水平線の彼方に、美はしく浮ぶ。その靜けさ——

自分はあとで奉天ドロボー市場と云ふ支那人の市場を歩いたが、砂だらけの街路、奉天城内の灰色の城壁下にぎつしと並び、市を張つて、あらゆる「物品」を賣つてゐる。物品が主で人間は從——それに隷屬する生きた重實な機械である。ぞろぞろとそのせまい横町を人が通る。何かしらうまくゴミの中から世に稀れのものを堀り出さう爲めに、云はゞこつちは「買ふ金」に屬する、よく歩き、見、注意をする、同じく生きた重寶な機具だ。その機具同志が、汗とほこりの中で、「物」を中間の祭壇におき、負けろ、負けないと露骨論をする。終日且年中それでガヤガヤいがみ合つてゐる。慾が。――それを見たが、大連よ。汝も煉瓦造りの一つのドロボー市場に過ぎなくはないか。

――大連にて――

四

町には蝿のやうに支那苦力《クリー》が車を引き、又は客待ちして、右往左往してゐる。歩いてゐる日本人は殆んど自分だけと云つても或る町筋では誇張でない。何所を歩いても何所を歩いても徒歩の人間は支那人ばかりにぶつかる。――或る日道を掛からうと思つて長い通りをその異様な經驗で歩いた。尤も日中であつたが、日本人は恐らく家の中にはいつてそろばんをはぢいてゐるか、夢中で株の話をしてゐるか、又は支那苦力の車又は馬車にのつてその堅い車道を樂にすべるのだ。殆んど歩かないと云つてゐゝ。

その中をブラブラ歩いてゐる自分――日本人――大將《チャンクイ》――を見付けるので、苦力の車屋は支那語で何か云ひ、車を引きつける。町角などではこつちが曲がるといきなり四方から引き付ける。手をふり口をとがらせて「クルマー、クルマー」と云ふ。

自分は來たあくる日滿鐵本社前まで用があつて出かけた。地圖をたよりに歩かうと思つて出たがホテルから二十間程行くと道が二つに別れてゐる。一寸わかりにくいので或る門口で立話してゐる背廣の無帽の會社員に道を聞いた。

「それは少し遠くてやゝこしい。車へおのりなさい、十錢もやればいゝ」

彼はすぐわきの並樹下に休んでゐた車夫に支那語で何か云ひ、自分は妙な氣分で兎に角車にのつた。イヤ、のせられた。どうなるのか――

彼（車夫）は自分を乘せてのつそりとイヤに大きく走り出したが、支那苦力は身體が大きく、力も強いのでよく引く。オールのやうにスースーと前へのり出る。少しもガタビシしない。そして早い。

自分はバカの様にあつちこつち見て不安を感じつゝ引かれたが、稍二三分も乘つたかと思ふと電車停留場があつて立札に「本社前」と書いてある。右手に大きな建ものがある。然し車夫は――まだのそのそ引いて不安である。「オイ君、本社前だ、マンテツだ。」おろしてくれと云つた。彼はモヂモヂふり向いて然し意味を悟り、かぢを下ろした。」

「いくら?」

「五十シエン」

「さつき十錢だと聞いた。」

「五十シエン、五十シエン」

彼は無氣になつてゐる。「雨フル」と云つたが成程雨が少しふつた樣だ。道がいゝので感じなかつた。

自分はタヾシに二十錢やつた。ところが彼は自分のガマロ持つ左手をいきなりおさへて、何か早口に云つた。自分は驚いた。

「もう十シエン」

何と云ふ熱心なことだ!―大きな眼をして。で、僕は「もう十シエン」出してフト變な氣が起つた。

「オイ、コスイゾ」

と彼の肩を笑つて叩いてやつた。」

彼はすつかりニコ〳〵してやがて車を引き向ふへ行つた。何か快活な輕い元氣な氣分になつた。然し下りは降りたが一體此所は何所だ?

やつと西洋料理の出前持ちに出逢つて、訪ね先きを親切に聞き、用をたして返つた。

返りには危ふく歩いて歸つたが帝大を森川町正門から赤門へ一寸まはつてぬける位ひで、何でもなかつた。

一體此所は小さな、只ゴタゴタしたうるさい町である。

五

町には山縣通りとか大山通りなど、大將の名が矢鱈に付けてある。大廣場と云ふ圓形の妙な小公園の場所がある。(そこを中心に八方へ町筋が走つて「大連」になつてゐる。)四方西洋建築に圍まれて丸く開《あ》き、木や草が植はり、うね〳〵道がつけてある。日比谷のやうである。その廣場の一隅に、見ると日本軍人の銅像がうしろ向きで立つてゐる。前へまはつて見ると大島とか云ふ人の像である。汽車で見たが何かの本に、多分此の人と思ふ――ダルニー時代に此の地を見て

――大連にて――

「露西亜にあゝ作らせて今に日本が頂戴する」と云つた、とあつた。銅像は外套をガンカチになびかせて劍をつき、豪然と遠く向ふを見てゐる例の姿である。全くかう云ふ人間がよつてたかつて此の地を「取つた」と云ふ露骨の感がある。

自分は同じ日本人で少しこの白日の前に、氣が引けた。いゝことではない。

六

ホテルへ歸ると晝飯になつてゐたが女中は東京御徒士町の人で、すつかり大連をバカにしてゐる。せまい、せまい、上野の山を持つて來たらつぶれて了ふ、と云ふ。妙に同感である。――彼女の思つてゐることは少くも自分も思つてゐる。「東京はいゝところだ」と。

實際「東京はいゝところだ」。そこにもいろ〳〵イヤなことはあるが、只世に稀な凡てを蔽ふ一つの美がある。精神の渦がある。恐らくそれは世界の何所にも稀れに見るものだ。黄金の出る山が假令外國埃だらけでもいゝやうに、我等の東京はいゝところだ。美が一つあれば千の醜もつぐなへるのだ。

彼女は給仕しながら何所へ何しに行つた、と訊いた。自分は車夫の話をした。彼女は話材を感じて、支那苦力の惡口を散々に云つた。彼等はドン慾で汚なく、臭い。人間ではない。餘り金ばかりほしがるので時には日本人に靴で頭を蹴られたりステッキでぶたれたりする。ぶたれるとやつとへこたれる。

此の地の子供は內地へ行くと同じ日本人が車を曳いてゐるので氣の毒だ〳〵と云ふ、と話した。「支那人は車夫に生れ付いてゐるのだ」、車へ乘つたら何所へ行つても十錢やつて、ブツブツ云つたら警察へ行くと云ふのがいゝと云つた。

自分はそれを聞いてゐながら次第に飯がまづくなり、不快に、憤まんになつた。

此の地の日本人に對して腹が立つて來た。

車上から蹴るとは何だ。大方先刻町で自分を車へ乘せた、あの二人の會社員の如きが「彼」であらう。あり得ることである。十錢紙幣の如き痩せたカスカスの賤民！

「日本人はそんなに此所で威張つてゐるのか？」

「エヽ、あなた。支那人は何したつてかまやしません。」

自分はそれを全く通稱露西亜町のジャンク波止場ではからず見た。場面で。

七

自分は先刻車夫をねぎつて、後悔した。あとで或る町で又彼が誰か日本人をのせて走る姿を見た。その輕快な姿のある燕の如き早い影絵が、女中の話で眼にチラチラと復活し、自分を刺した。

その影はチヨツと横を向き、歯を出して云ふ。

「ねぎつた日本人、どうです、御飯はおいしく上れますか？」

でも默られなくてよかつたと若し彼が少くも思ふ、──思ふことがあり得る──と思ふと、たまらない。それが此の地であたりまへでは此の地はたまらない。

八

翌日露西亜町のジャンク波止場へ行つて見た。──地圖をたよりに。

日本橋と云ふ橋がある。あの「日本橋」から化物像をとつた感じである。橋下を汽車が通り、すぐ近くに大連驛が展く。こつちの汽車は驛へ近づくと低い煙突のわきに吊るした真鍮のベルを大きくゆらして、カンカーン、カンカーンと不安に事あり氣な合圖をする。霧の場合の用意と云ふが、寂しい異境の感じである。つひ家のことなど思ふ。

その日本橋を渡つて、まつすぐ行くと露西亜町へぶつかる。ロシアの時代に作つた町でその名がある。ジャンダークの活動のダークの町のやうである。その突き當りが海になり、波止場がある。

何と云ふ美しい海であらう。眞青と云ふ言葉の通りである。又何と云ふ味のある船。──昔蒙古から攻めよせたと云ふ軍船に似てゐる。黒く、反つて、二三本マストが立ち、小さな紅旗が各檣にヒラヒラ舞ふてゐる。おゝ、帆を上げてゐる、帆を。眞黒なガパガパの帆を。ところか上下三段に上げると全く形ちが付いて、美になる。

それも支那獨特の古風な大味に。

自分は感嘆してそれを見てゐた。

自分は波止場の水彩寫生にかゝりたく、或る舟の影に位置を据へやうとした。がたまらぬものを見た。一人支那人が尻をまくり糞をしてゐる。糞が尻からたれてゐる。それを、――何と云ふことだ――日本勞働者がガリガリあたりの砂利を蹴り散らして、叱つてゐるのを見た。支那語でガミガミ何か怒鳴つてゐる。支那人は糞をしながら居ざつてそこを逃げる。

勞働者と云ふ日本の人間が支那人と云ふ世の生きた何かを使つてゐるのだ。多分。

自分は實際がつかりした。

九

自分は然し――後に平壤で――更にひどいシーンに出逢つた。そこには「不正」の中に妖火の如くありありと燃へる感情と意志がある。自分は大連に視點を据へて書いてゐるが、一つのものをそこに見ながら、その目標からいつか八方に糸が出てつひ平壤へも京城へも奉天へも安東へも材料のつながる場合がある。此の滿韓の植民地には、その廣大な一帶の地域を蔽ふて、相共通する無形の糸がいくらもあるのだ。一つを正視するとみんなつながつて伏せあみが上がつて來る。この字の仕事では――それは小說だか散文だか詩だか叙景だかわからない、結局自分の才能として繪ではかけない材料のうちに立つてゐるわけ――そこでは、自分は形ちなき畫架をあつちこつちへ持ち步いて材料の中を多少步きまはる必要が起る。

自分は平壤へ二人連れで下りた。停車場をおりると廣場があつて遠くに灰くすんだ低い町が展き、驛から下車の客が吐き出されるのを待ち受けて改札口前に二列、右と左りに人力車隊がひかへてゐる。その辛い脆い世渡りの黑塗りの砲車をずらりと並べて待つてゐる。生きた勝手な彈丸の發射の命令を。

自分は革鞄と毛布の荷物を持つて立つてゐたが、それと見て左側の列から車が一臺引きつけて來た。自分はそれに乘つた。

連れには同時に右がはの列から車がやつて來て彼はそれに乘つた。

そこで自分は「くどく惡ふざけする」我々の二人の車夫を見た。――連れへ右がはからは車が、自分へ左がはから引き

――書　公　失　字――

つけたより遅くれて來たが、おくれて右から來た車夫は、いきなり既でにカヂを上げにかゝつてゐた自分――左がはからの車夫の首に腕を巻いて、彼を少くも此の言葉の感じでねぢ伏せ、そして云つた。

「何故こんな所へ頭を出しやがる」

自分は變だと思つた。

わるくふざける車夫同志だ。何所へどう頭を出したのだらうと思つた。その「頭を出した」車夫の車上で。

そこへ又右がはからガラガラ若い車夫が空車を引いて自分のわきへやつて來た。二人の客に車が三つ來た。

「旦那、こつちへのりかへて下さい。帖場がちがひますから」

と連れを乘せた「ねじ伏せた」車夫が自分に云つた。

「もう乘つてゐるのに如何するんだ。之れで向ふへ行けばいゝぢやないか」

と僕は云つた。チラと感じた。朝鮮人と日本人だな。――然し左がはの車夫はしきりに「帖場がちがふ」ちがふと云つた。あとから來たその仲間の車夫はその間に既にわきから手を伸べて默つて、僕の足の間から切角立てた靴をどけ毛布をどけ、自分の車夫は一たん上げたカヂをおろし、――その時彼の游毛布が地に蹴け折れる如く、蹴込みから下ちた――自分はのめり相な工合になり、つひ有耶無耶に、その車をおりて降りのあとから來た車へ乘つた。

が、迷つた。不快を感じた。おりて了はうと思つた。然しその時は既でにカヂが上がり、二豪走り出してゐた。

この二人の右がはからの車夫は、日本人である。自分を眞先きに乘せて忽ち邪魔がはいり、自分――何と不甲斐なき客であつたらう、氣が引ける――を取られたあの車夫は鮮人だ。停車場前に右と左りに分れてゐるのか。露骨に。

我々はY屋旅館へ行くと云つた。それは一等旅館の名であつた。我々は術を持ち、東京語を話して、一見內地からの客に見えた。いゝ玉だと思つたのだ、それは朝鮮人に渡さないのだ。――「帖場がちがふ。」

「ヨボ（と朝鮮人のことを云ふ）の車はよくケガをさせたりなどします。そんな時には……」

組合で如何だとか、つまり日本人の車へのれば人間が締にのつたと同じである位ひの何か辨解（？）を走りながら車夫がしやべつてゐたが、自分は今の小事件の場所から距離が遠のけば遠のく程、事件の性質がよくわかつて、後悔を感じ、不快を感じ、前の車屋（鮮人）にすまなく、此の足の下の膝をひねる「動物」がにくい。

「えゝ、えゝ」

――大陸にて――

とかゝとで蹴込みをこぢる氣になつた。憤怒を感じてイヤで弱つた。此の感情をもう一息何かゞあほれば自分は車上から車夫を蹴ると思つた。こんなところ――殖民地――に長く住めば、人は感情の正衡を失ふと思つた。

十

果してその我々に同情を强ひ、――と敢て云ふ――屢々不正の悲慘な素因となる「氣の毒な、」滿鮮の支那人や鮮人は然しどんなものか。

それは氣の毒なものだ。

豚は汚なく、劣等なイヤなものだが然し氣の毒な哀れなものだ。その意味で氣の毒な哀れなものだ。

この哀れなものに觸るな。

觸れば直ぐに不正が起り、不快が生じ、憤怒に映る。さういふ妖氣の立ち迷ふ腐つた泥沼である。滿韓に土着の現在の人種は。小石一つでも落すな。

あゝかくの如き地球上の腐敗の個所は如何したらいゝのか。周圍にさくをめぐらして人はさはらずに、自然の成敗を待つほか無い樣な無慘な情けない感じがする。縫へば縫ふだけ破れるボロのやうである。

十一

そのボロの上を、矢庭にギウギウきしむ丈夫な革で頑固にツギを當てたかの樣に、廣軌のすばらしい滿鐵が地響き立て通る。その一分も隙《すき》のない二重硝子窓からは、軌道の沿線にまき散らせる限り開化を蒔く。煉瓦建築を蒔く。背廣の紳士を蒔く、「新市街」を散布させる。あらゆる物質を蒔く。

病人を療病院へ入れて癒してやるよりも先きに、溺死の病床からいきなり、彼を引き起して、盛裝だけさせたかの感じがある。着ものだけ見ると丈夫で金目《おめ》でえらい氣がするが、身體は皮膚病でくずれ、眼は嗜眠狀態で流れ、精神はとうに先へき墓へ行つてゐる。

自分は開城で高麗の都の廢趾を見た。滿月臺と云ふ宮殿のあとへ行つて見た。

一面に雜草がのび、灌木が燒けあとの如く立つてゐる。そこに四周山にかこまれた盆地の中央に空地があつて、空地は四角く廣く、次第に奥へ二三段に地形され、正面に幅廣い十段ばかりの石階がある。石階を上ると「宮殿」はずつと奥まで草いきれの中に、見透しである。何か虫がチイチイ泣いてゐる。木と草と地形の他には廣々として何にもない。只一地割毎に往古の殿堂の礎石だけ地中に半ば埋沒して殘つて、そこに歩を說明の爲めの近頃の標石が立ち、「何々殿」と字が彫りつけてある。

その廣く何にもない宮殿の幽氣の中を、何かしら想像心が眼に不可思議な高麗建築の幻影を空氣の透明の中に朧ろに又壯大に探らせて、人は沈默に撃たれ、正面石階からよりずつと廢趾の奥まで行つて、又引返し來る。そして歎息をつく。綫に溫和に日が當つてうつろである。その明か明かとした廣場の草の眞中で、自分は靈氣が八方から來て蔽ひかぶさり、己れゝ高麗宮殿の如く見えぬ空中へかき消されるかの思ひがした。

＊＊＊

自分は滿洲と朝鮮が、その土着の附性の住民と共に、滿月空の如く透んだ大氣の中へ消滅する日を寧ろ公情から、望むものだ。慶州や京城や開城、平壤、奉天、遼陽——等の各地に「昔の宮殿」の不滅の礎石だけ清淨に殘して、——それは迎日灣からの朝日を受けて吐含山の石窟庵にのこり、夜は寂しい街道わきに半月を浴びて瞻星台の靈姿となり、群れ飛ぶ清楚の飛天の如く高麗燒が散つて圃先の愛を分け、或ひは不動の陵となり、西塔のカーヴとなつて鳥も喜び唄ひ、夢中にかけめぐる天使の如くぐるりに始終引きよせ、又は遼陽白塔の如く一氣に天を突き揺すか、暗く清冷なる古墳となつて土中に身をかくし、默る——そして肉體は無くなることを望む者だ。

十二

滯在の中いつも各地にコレラがひどかつた。然し百人の中日本人は一人しかかゝらず、土着の人々のみそれにかゝつた。朝鮮人はこの病氣には魔がゐると思つた。漢法では溫める。洋法ではそれを冷やす。日本の療法は洋法である。それで人々は病院へ行くと氷づめにして早く殺すと恐れ、いましめ合ふ。隣家の患者をたのまれて戸棚へかくして、却つてその一家傳染して全滅した雜貨店があつた。患者が町で車にのり、あとでは町外れに空車だけあつて、車夫も病人も

大邱にて

見えなくなつと話してゐた。大邱(?)・は病院を逃げ出して病人が高等女學校のさくを破り、校庭へのめり込んで倒れた。巡査が追つて來たが瀕死の患者は頼んでどうか病院へだけは入れてくれるなと云つた相だ。

又病人を出した家のことを聞いた。家族は病人を送り出して、嘆いて、せめて食事は向ふでするとも藥はのむなと忠告を與へた。

滿州へ來ると支那人が夜病人をかつぎ出して、空地へ捨てる。朝鮮でもそれを聞いた。交番のわきを異様な荷を持つて通る者があつた。巡査が誰何するといきなり死骸を投げ出して逃げたとその日の新聞が三面に出てゐた。同じことが、去年大連滿鐵本社の裏に あ つ て困つたと云ふことを、そこを窓から見ながら、聞いた。然も死體が裸體で空地にころがつてゐる。誰か着衣をはいで着たものがある。その青いボロを――三文で死の手下になつてバイ菌を蒔いて歩く。

彼等は又川へ病人をこつそり投げ込む。その川下で、みんな地びたに坐つて皮ごと生瓜をコップの様に持ち、種ものこさずにはじから食つてゐる。それが代用食なので無下に禁止も出來兼ねる。――みすみす病氣に近づくものを。

自分は慶州で鼻口を蔽ひながら、金瘦王陵の飾りに繩を貼り石灰を眼に痛くまき散らした人なき朝鮮家屋の間を、全く半分病氣になつた氣で一思ひに通りぬけた。それが唯一の道なので。そこでもここでも今日十人死んだ、昨日二十人死んだと云ふ慶州を自働車にのつて大邱へ逃れた時には、全く「逃れた」時には、ロト(?)がソドムの地を逃れる樣な感じがした。刻々走り去る背後には優雅な美術の古都、慶州が、硫黄の雨に燃えて炎々とたゞれ、崩れる思ひがした。

そして五日目でホツと大邱へ着いたのに、その五日間に、自働車が町へ着いて見るとあたりには選まれし魔の家の如く、赤紙とシメ繩の交通遮斷が碁石の白の様に刺戟的に目につく。自分は驛の待合室へかけ込んだが。

――然しそれは惡い方だ。「いゝ方」を見やう。

自分はその慶州からの自働車で日本語の達者な朝鮮人と同乘した。彼はコレラの話をしてゐた。そして自分は注射したから大丈夫だと云つた。途中で車が止まつて、そこに又一人朝鮮服の人がゐた。車内の人は彼に親しげに聲をかけ、車外の人をそこから自働車へのせるあつせんをした。假令如何に流行地にゐたと雖も「彼も注射をしてゐるからこの車へ乘せて大丈夫だ」と云つた。人間の死なくなる注射も直に信じ相な工合であつた。

又京城で或る夜朝鮮芝居を見に行つた。そこに髮を分けたすごい、野球選手の如き朝鮮青年がゐた。彼は日本語をよく話した。自分は彼に芝居の説明を乞はうと思つた。彼は喜んで、然し適當の耳はないかの如く、自分は質問して却つ

——大連にて——

て困つた。「あれは何の狂言か」と聞いた。彼は答へて、「役者はあゝして演技して觀客を喜ばすのが義務だ」と云つた。

高等普通學校とか云ふ、曖昧の教育がよくないのである。まるで心がないからいけない。教化のやり方に。それで才能ある者は、國語や教科それだけをおぼへ、活字の如き「日本人」になる。——然しよく教へても彼は何になるか。

又そう云ふ「米國人になつた」人を見た、開城行の汽車で出逢つた。丸い大きな眼鏡をかけ、洋裝してゐた。我々と共に開城で彼も下りた。彼には連れがあつた。外人が。それ等は變り種の花卉の如く窓から人工的な顔をそろへて出してゐたが、丸眼鏡の鮮人はその下へ行つて帽をとり、テカテカ頭を振つて、英語で挨拶を交はし、胸を叩き、それから一々握手して驛構内を向ふへ出て行つた。小さな人間が反つて杖を振つて大股に行つたが自分は見てゐて情けない氣がした。

所謂不逞《ふてい》鮮人がしきりに滿州の北部から半島の中程へ鴨綠江を渡してやつて來る。安東はその監視故か車内の巡視警官が嚴重である。自分はねまきに朝鮮服を着てゐて、いけないと云はれた。

「怪しまれると御損です。」

それ等の「不逞鮮人」はピストルを持ち、屢々警官が彼等を誰何して身邊に近より、胸を射ぬかれる。警官を殺すと滿足して又北滿の奥へ引返す。馬賊の一種である。

自分は彼等に思想があるとは思へない。反感と云ふ「思想」の他には。

今の朝鮮人には思想があるとは思へない。滿州の支那人にそれがあると思へない如く。

自分は京城や平壤の本屋で何か月刊の朝鮮人の雜誌でもあるかと思つて見たが、何にもなかつた。

大多數の者は、何か過去の廢所の國の樣に、そこに經つ無氣力な死への「時」の中で、冠を被り、長煙管をくはへて、千三百年前に支那新羅で軍人やその家族の者が土中に埋められ、それが熱砂の中で乾しかたまつて今旅順の博物館へ生々しく掘り出されて來た、その屍體のはいてゐると寸分ちがはぬわらじをはき、背のたゝぬ家の中で、「何か」にてゐる。「生活」だけは盲目一途にしてゐる。夕方になると各戸から煙を立てる。朝は早く起き、夜は灯なしにねる。頭に盌をのせて水を運び、老人は糸車をゴトゴトまはしてゐる。子供は裸體で腹をふくらせ、ひぜん一杯のからだで日中外にさらされてゐる。

チゲと云ふ荷負ひ具を背にして町に出てゐる勞働者がある。少年もゐる。釜山へ着くとその灰色に汚れた白衣の群が

大連にて

蝿のやうに停車場前にちらばつて、荷を運ばせてくれと言ふ。

「ニモチュアリマシェンカ――」

それ等の或る者は銀行の壁によつかかゝつて白晝ねてゐる。そのそばを小さな驢馬に乘つた赭顔の男が、草色の上衣で、シャンシャン鈴を鳴らして通る。

上流の者は清潔な白裝をし、まげを切り、パナマを被つて一等列車などに乘つてゐる。その多くが日本語を語り日本に去勢を受け、役人などに媚びることを生活の一つの内容としてゐる。そのコセコセとした眼が寒く光る。

誰も自己一個主義で冷情である。笑ふと云ふことをしない。笑みをエネルギーと同時に祖先の墓へ埋めて了つたかの様に。

郡集も個人も冷たい。そしてそれは強ち日本の殖民地政策の投ずる間違つた影とばかりには思へない。少くもこの影に被はれてゐる彼等それ自身も赤情火が無いのだとしか思へない。

自分は朝鮮に同情を有し、朝鮮に厚意を持つて東京を出て來たが、親しくその心で彼等に諸方で接するうちに、彼等から心の火をいつか段々にもみ消された。

假令手まねでも心は双方にあれば通ふ筈だ。情愛は手の方が口より雄辯の筈だ。自分は奉天の支那公園で一杯の支那人の人垣の影からさくの中の饑ゑた熊を見て、心を裂かれた。熊はハアハア息を切らして、いちぢくを裂く様に口をあけ、太い兩手をつき、足を一つ可愛く投げ出してペタンコに座り、お辭儀してゐる。太つてムクムクした背中まで見せてお辭儀してゐる。君の意味はよくわかる。心がむき出してそこにある。

まはりの支那人は誰も何にもやらうとしない。ぐるりとそのまはりの丸太にもたれて並んで、寧ろたかつて、熊を見てゐる。子供が笹つ葉を持つて口をあく度びに熊をつゝつく。熊はウオーといやがつて然し兩眼を小さくぱつちりと開け、ハアハア息を切らしてお辭儀してゐる。

自分はやつと十錢近所で苦しい支那語でパンを貰ふことが出來て、それをやつた。支那人は却つてそのパンを食ひた相にあきれて見てゐたが僕はアガつて了つて、無氣になつて熊の口へパンを入れてやつた。全く自分が食ふ様に身に泌みて感じた。お前と俺は心がぴつたり出逢つてゐると思つた。熊の方が人間よりいゝと思つた。下賤な支那人や冷情な朝鮮人より心を通はす天の言葉を知つてゐるだけいゝと思つた。實際。

もしや自分の手が、「日本人の手」なので彼等——植民地の土着の人達——に冷たくしか通はないのか。日本はそれ程彼等を悲惨にしたか。そんなに悲惨に冷情になると云ふことが世の國際の上に有ることか。

十三

自分は悲惨を認める。然し悲惨になつた者のそれ以外には又どう為りやうもない哀れな因縁の淵をも認める。それが痛ましく、人力では如何ともしがたく、満韓に土着の現在の住民の唯心の上には傷つき開いてゐることを、無ざんに思ひ、弔ふものだ。

そして思ふ。それ以上の同情は過ぎる、と。

故にそれ等を弄玩し又虐げる「不正」は倍にも三倍にも憎む可きだ。彼等は從へられるほか無いのである。それを虐げてはいけない。然し過度にかばつても仕方ない。彼等は情なくつけ上る。十年展つて育てた支那少年が年頃になると資りだめをぬすんで「獨立」すゐ様に。それは、彼等には、心の方面が容しいからだ。生れつき。

さう云ふ人間があることを識つた。

⁂

自分は朝鮮について多くをかいた。何故なら満州の支那人については又それと無形に於ては同じだからだ。

汽車が國境の安東を過ぎると白かつた（着衣の）人間が忽ち青くなり、うね〳〵と曲線で出來て脆かつた植物性の家屋が堅い直線的な泥、石その他鑛物性の建てものと變り、人間は大きく、悠長に、生活は益々際限なき大地の上の一種の生きものゝ状態になる。自由で露骨で異様である。人間と云ふものが一番自然から惠まれずに不自由に作られた生きものゝ様に考へられる。實によごれ易い。且不用意に脆く殖へ易い。——自分はそれ以上同じことは繰り返してかゝない。

その上流の「教化」ある人は、彼等には祖國と云ふものが全く無く、天地の凡てが自我で、恐らくしきりに金をためてゐる。その門柱に赤紙に黒く字がかいてはつてある。「出門得財」と。その以外には門は開かぬ。心の門は。

——大連にて——

奉天では、結婚に凡て金が要る。嫁を金で買ふのである。のみならず女は若ければ安く、年が多ければそれだけ高い。年が多ければそれだけ親元のメシを餘分に食つてゐると云ふ理窟で。

十四

諸君が此所まで讀む間、恐らく自分は波止場で立ちどまつて水彩寫生をやつてゐた。それは四ツ切が一枚出來たのでどれ、歸ることにしやう。

見ると海岸から道が左手へ鍵なりに曲がつて何所かへ通じてゐる。地圖で見ると停車場へつゞくやうである。自分はそれを歸ることにした。

道に石塀《べい》があつた。石塀の上から支那少年が赤児を抱いて町を見てゐた。自分がその下を通りかゝると、「イマナンジデシカ」

自分に云ふのではないと云つた。

又、「イマナンジデシカ——」

自分はやつと氣がついて全くうれしく、愛を感じた。

「四時十分前」

「ヨヂマイデショ——」

と時計を出し、ふり向いて笑つて答へてやつた。

少年は女のやうに、恥しく笑つてうなづいて引込んで了つた。

十五

馬が車を引いて通る。

何か變つた感じがするので氣が付いて見ると何れも眼を出してゐる。眼を。あの可愛いゝ温良な眼を。どの馬車馬もどの馬も靜かな悲しげな眼をぱつちりと明け、うるみを帶びて、忠實に車を曳いて行く頑健な苦力が頭髮を丸くたばね、はだをぬいで、しなふムチを持つてついて歩く。

あゝ、馬をぶつてくれるな。

何故馬の眼が殊更に見えたか自分にはわからぬ。

恐らく自分は旅でかうしていつも寂しいのだ。

＊＊＊

自分はその日旅愁を帯び、元氣を失なつて歸つて來た。

㉖堀口九万一「大連スナップ」（『近代生活』一九二九年一二月）

大連・北京・上海・巴爾寒

大連スナップ

堀口九萬一

滿洲を朔北荒凉の地域だと思ひ、大連などをホンの田舍の町に過ぎぬ位に想像して居る人達が日本には多いやうだが、誤謬も誤謬！凡そ世の中にこれに越した見當違ひはない。滿洲は南滿・北滿を通じて地味膏腴、五穀豐穰、雞豚狗彘、滋々蕃息。まして滿洲の廣袤は日本の二倍もあつて、見る限り果てしの無い。その野に山に原に林に無窮の富源、無限の物資が藏されてある。隨て農工殷賑、商賈繁昌、從々乎として今や伸張發展の眞ッ盛りである。されば、曾て如是閑氏も、

『滿洲はよろしきところ支那人が人にやらぬと云ふもことはり』

と詠ぜられ、讀人不知の某氏も、

『滿洲はよろしきところ同胞が是非にと云ふも無理からぬこと』

と歌はれたるに徵しても、滿洲がどんなに好い處であるかゞ大概推察せられるであらう。

まして其の滿洲の關門たる大連は支那四十餘港の第二位を占めて田舍町どころの話にあらず、堂々たる一大都市である。率直に言へば僕は東京よりも大連が氣に入つた。先づその埠頭の賑やかさ！世界萬國の汽船帆船、門左衞門の句調で言へば、千艘出れば入舟も日に千貫目萬貫目、小判走れば銀が飛ぶ、東洋一の大港であるのが嬉しい。若しそれ歩を移して市内に入れば、輪奐たる大厦軒を並べ巍々たる高樓棟を聯ね整然たる家並み、町並みその道路は坦々として砥の如く、しかも廣闊清潔一塵の浮ぶを見ず。左右に連なる店舖の豪麗富贍道行く人の快活なる姿態表情、見るからに氣が浮き〳〵する。是を我東京の復興未だ成らずして屹然たる五層樓は大小區同

然のバラツクと相伍して犬牙錯雜し到る處の道路は掘り返し又掘り返し起伏凸凹さながら數疇の如く、晴の日には黄塵萬丈面を撲ち、雨ふれば泥濘三尺脚を没するものに比すれば、その美醜啻だに天壤のみに非ず。況んや東京では縱横十文字の街道に肩摩轂擊と狂奔する群衆や、押すな死にますの電車の人々、孰れを見ても佛頂面の喧嘩腰、然らずんば滿懷の憂欝遣ろに處なく、今夜縊死を遂げんか將た尋常に首縊らんかと思案投げ首とつ追ひつ縮《せつぱ》つまつた御面相を到る處に見せ付けられるのに比してその快と不快は多言を待たずして明かなるに非ずや。

況して大連唯一の大廣場衆公園の前面に巍然として聳ゆるヤマト・ホテルの雄大莊麗な建物は歐米大都に於ける最高級のホテルに比して些の遜色を見ざる處にして我東京の帝國ホテルが一見して荒涼たる廢墟の感を與ふるものとはとても比較になつたものにあらず。その間取の如きも帝國ホテルは天井が低く、部屋が暗く陰慘なること宛として牢獄の如くなるにヤマト・ホテルは高壯明快恰かもエデンの園に似たりと言ひ得可し。

特に旅客の待遇の如きに至りては大連のホテルに在りては日人、露人、英人、佛人、さては支那人、印度人に對しても全く一視同仁四海兄弟で外國人だからとて毛嫌もせねば恐れもせず、內地人だからとて別に狃れもせず疎略にもせず、皆一樣に親切丁寧、それに加へて氣が利いても間が拔けて居らぬのでテンポが速くて實に行屆いた接客振りは上はホテルの支配人番頭事務員より下は店員給仕小僧ボーターの輩に至る迄頗るよく訓練されて居るので、居心地のよき事この上なし。東京のホテルの多くが兎角內外人のけじめをつけ、見識りの客と、初見の客と成金客と未成金客との間に

大連埠頭

目に立つ程の差別待遇を爲すが如きものとは 全く大に異なる點である。

　要するに大連のアトモスフェアーは世界的なり、大陸的なり、近代的なり。だから快活で、賑やかで陽氣だ。而かも萬事が合理的だから、讀者諸君よ、僕が大連を好くのも、よもや無理とは言へますまい。」

　さればその大連より自動車で二十分、東洋第一の避暑地、星ケ浦のヤマト・ホテルで、忘れもせぬ去ぬる八月二十日の夜、あるフランス人との一夕の清話は、今思ひ出してさへ愉快でたまらん。讀者よ、何んでそれがそんなに 愉快であったかを知らんと欲するならば乞ふ下の數行を讀んで御覧なさい。

星ケ浦にて、一フランス人との對話

……東京《トンキン》へ來られてから、毎年必ず日本へ、避暑にお出でた貴下が、二三年このかたふつゝり、日本を袖にしられたのは……「何うした理由ですか」とまだ僕が言ひ終らぬうちに、食後のコニャックで微醉氣味の好い機嫌になつたアンリオ氏はフランス人獨特の饒舌をユーモアーたつぷりの例の輕快な口調で、

「前のよりも好いのが出來れば乘り換へるのは人情ですよ。なる程日光も箱根も輕井澤も惡くはないが、併し大連を、特にこの星ケ浦を知つてからは、とても日本へ行く氣にはなれません。第一この大連のコスモポリタンな空氣、世界的アトモスフエールが 日本とは大へん變つて居るので、妻や子供達は大喜びです。御覧なさい。あの斷髪の支那人の令嬢は、若いイギリス人と樂しさうに踊つて居るではありませんか。あすこで先刻から仲の良い友達のやうに笑つたり話し合つたりして居るのは、お國の方とロシヤ人です。そしてあの右の方の芝生で寢轉んで一緒になつて遊んで居る一團は、日本の學生と支那の學生達です。大連には排外的氣分だとか攘夷的空氣なんか藥にしたくも有りはしません。一寸見たばかりでも四海兄弟萬國一家と云ふやうな平和と親愛さとが感じられるやうな氣がして……ですから避暑の場所を日本から 大連へ鞍替したのは私達ばかりじやないのです。支那の内地に居る英國人などは二三年このかた皆んな此處へ來るやうになりました。その外上海香港遠くは新嘉坡、ボンベーあたりの英國人など近年日本へは行かずに皆んなこの大連へ避暑にやつて來るやうになつたのです。今私どもの居るこの星ケ浦のヤマト・ホテル丈でも、百人餘りの外國人が泊つて居ます。で此處の避暑客の數は年々増加するばかりで・…」

　と尚も頻りに、大連禮讃を續けんとする氣配が見えたので、

「大連の贔屓の爲には、誠に結構な事ですが、併し日本の……」と僕が言ひ掛けやうとするに先だつて聰明な、そして氣早なアンリオ氏は解りましたと言はぬばかりに、滿面に微笑を湛へて、矢つぎ早に話頭を日本に向け、

「聞けば、日本では近頃外國の觀光客を引き寄せる方法を研究中でツーリスト・ビュウローを始め帝國ホテル、郵船會社、大阪商船、

大連ヤマトホテル前の大廣場

その他各大都市の旅館なども、之に參加して、大々的の計畫が立てられたとやら……誠に當然な次第で、フランスの諺に『遲れたりとも爲さゞるに優る』で結構なことですが、これには先づ第一着手として、東京、横濱、京都、大阪その他の大都市は勿論のこと、日光でも箱根でもドライブすることの出來るやうな道路を造ることが何よりですな。大連が私共外國人に一番嬉しいのは、この道路の好いことです。道路が廣く清潔で、そして延長は幾十哩の旅順迄も金州迄も、もつとその先迄も自動車で、馬車で、快よくドライヴが出來るじやありませんか。處が日本はこれが無いので……ろく／＼散歩することさへ……」と恰も日本の都府缺點の棚卸しでも始めんとするかの如き語氣なので、僕は話頭を他に轉ぜしめんと試み、

「併し天然の景色は日本が」と言ひ掛くるや否や、氏は待つて居ましたと言はん許りに、

「お國の方々は、いつも必ず日本の風光絶佳を御自慢なさるやうですが併し天然の景色なぞといふものは、どの國だつて二つや三つは絶景の場所を持たない國はありません。元來天然の景色などは人を惹き附ける力の上から見ましては、案外弱いものです。世界の三大絶景と呼ばれるのが御承知の通り、トルコのコンスタンチノープルとブラジルの首府リヨデ・ジャネローと濠洲のシドニーとですが、よく／＼の好奇者でもない限り之等の絶景を見るが爲にわざ／＼南米や濠洲くんだり迄出掛けるものが有りますか？　然るにパリーは何うです？　ロンドンは、ベルリンは何うです？　人間を惹きつけるものは、矢張り人間ですよ。人間的な

便利と愉快と温か味が缺けて居る處へは人は集るものでは有りません。フランスのある學者（アンリオ氏は僕にその名を言つたのであるが僕が忘れたのだから一寸斷つて置く）が人工化された天然の景色であつてこそ始めて人間との親しみを持つ事が出來る、というたのは名言です。人工の加はらない、自然そのまゝの景色はどんなによいにした處で、直にそれに人が親むことの出來るものではないのです。お國のお方々が景色を好愛賞鑑せらるゝ感情の中には、よく解剖して見ますと、純然たる天然的景色ばかりでは無いのです。必ず歴史的背景がその後ろに潜んで居るのです。

私はお國へは五六度――しかも長い逗留――旅行をしましたので少しは日本の歴史も嚙ぢつて居りますが……若し歴史的背景を少しも知らずに、鎌倉や由井ケ濱を見た處で、何等の感興の湧く筈が無いじやありませんか？　どこの國にでも、有りさうな、只の平々凡凡たる砂濱續きの海濱と、大震災以來特に荒涼の感を増さしめた風物の外には、何の特異な景色がありますか？　ところが此處がその昔鎌倉の大將軍賴朝幕府の廢墟だとか、又は此處が賴朝公の參謀梶原景時や畠山重忠の屋敷の跡だとか、將た又これが曾て公曉が實朝を狙つた時の大銀杏樹だとか、護良親王の土窟だとか、さては日蓮上人が奇蹟を示した靈場だとか、幾多懷古の史料が天然の景物の背後を縱横十文字に色彩つて居るからこそ、鎌倉や、由井ケ濱も美しく見えるのです。

支那人の詩句にも『景物は人によりて勝概となる』ともありますが全くその通りです。ですから是等の歴史や口碑を少しも知らぬ觀光客に鎌倉や由井ケ濱が少しも興味を惹かないのは尤もなことなのです。その他京都にせよ、奈良にせよ、或は一の谷、須磨舞子、又は壇の浦にせよ、嚴島にせよ、この類ですから、日本人も餘りに景色々々とばかり言はずに、大連や、星ケ浦のやうに天然の風景を利用して、人工化し、人間味を附加して、便利でそして愉快であるやうにすることですな。これが外國觀光客引き寄せ策の喫緊要事です。勿論大連でも、星ケ浦でもまだ／＼設備が十分ではありません。日本との比較上、稍よいと言ふ位のもので、歐米の避暑地などゝはとてもまだ較べものになりません。が星ケ浦などは開けてから年數が極めて淺いので、これは咎める方が少し無理でせう。

倘又此處もさうですが、日本に於ても外國人が一番退屈で困るのは、夜の遊びの場所と設備とが全く缺けて居ることです。此處のホテルで今やつてをる普通尋常一樣の舞踊ばかりでなく、外國の避暑地には必ずある、あのカジノーのやうなものや、カッフエ・コンセールやカッフエ・シヤンタンやカバレやその外……觀光客特に若い人達が午前三時四時頃まで面白をかしく遊ぶことが出來るやうな設備が肝要です。外國の觀光客や避暑に來る人達は、どうせ遊びに來るのだから散財は覺悟の上で、金は少々位高く掛つても面白く愉快に遊びたいのです。況して英米諸國の富豪の息子さん達の、若い元氣な獨身者などの爲めの……その點では、フランスのドオヴヰールやビアリッツなどは如何です？　貴下もまだよく覺えてゐらつしやるでせう。ハヽア！　日本でも大通でも先づざつとあのやうにするんですナ！　處がドライで涸し切つて居る、米國の金持ちの紳士などが底抜け遊びをして、ウント散財する積りで遥々日本まで出掛けて來ても、惜いかな、日本には遊ばせる場所がなく、遊ぶ相手方(女)が無いので、米國人は日本では散財の方法が無くて困ると、歎息を漏らすものが多いと云ふことですが、本當に莫迦氣て居るではありませんか。日本人は今少し利巧な金儲けに拔け目の無い國民だと思うて居たのに。

要するに、外國の觀光客を惹き付けるには死んだ、冷めたい山光水色では無くて、生きた溫かな艷美な佳人なんですよ。お解りになりましたか。……」などゝ滔々たる自分の雄辯に陶醉して頻りに呑んでは酌がせ、酌がせては呑むコニヤックの第幾杯目かのアンリオ氏は一つ置いて隣の卓子に妻君と子供達の居るのを忘れたかのやうにフランス人にチヒックな一種の稍エロチックな愛嬌のある兩眼に微笑を湛へて、尙も滔々とその雄辯を續けて、果ては日本藝者の禮讃となり、「日本藝者は女の中の女、婦人の精粹、女のエキス、世界のあらゆる女性を打つて一丸となし、之れを理想化したものが日本藝者です。そのやさしさ、しとやかさ、その溢るゝばかりの愛嬌と、その氣の利いてゐること、察しのよい事、察に先つて旨を受ける底の目から鼻への聰明さは、たとひ世界は廣く萬國は多しと雖も、日本藝者丈けは、宇宙間に唯一無二です。だが惜しいことには外國語を知らないのが玉に瑕、だから」と氏は一段聲を張り上げて、「だから此際日本の國家的一大急務は東京の眞ン中に藝者大學を設立して、彼等に英佛獨の語學は言ふまでもなく、歐米風の衣裳の着こなし、化粧の仕方、且つは各種のダンスや洋風の坐作進退をみつしり仕込むことです。さうしたならば、柔質は良し、手練手管はお手のものゝ之れに加ふるに語學が自由自在で外人を惱殺せずんばやまずと來た日には、それこそ、鬼に金棒天下無敵、外國觀光客なぞは招かずして、東より西より南より北より、所謂千客萬來珍客殺到で」とアンリオ氏は、半笑談の如く、半眞面目のやうな口調で滔々と辯じ立てたのが一卓を隔てた隣の妻君にも聽こえたものと見えて、マダーム・アンリオは微笑を唇邊に浮べながら、靜かに僕達の小卓に來て、僕に向つて「お氣の毒ネ！　貴下は、今晩はすつかりアルベールの例の出鱈目な饒舌に、當てられましたネ。さぞ御迷惑でしたらう。」で今晩は先づこれでと促されたのでアンリオ氏も僕も笑ひながら起ち上つて、快活に、

ボン、ソワール、マダーム。

ボン、ソワール、ムツシユ。

因に云ふアルベール・アンリオ氏は隨分知られた、フランスの建築家で、夫妻ともに前年伯國《ブラジル》での舊知、氏は七年前からフランス政府の御用技師として、東京《トンキン》に在勤して居るとの事。三年目で偶然此の度星ケ浦で邂逅したので、双方ともにこの奇遇を心から喜んだ。氏は曾て日本へは屢々旅行して稍日本の風俗習慣などにも通じて居る。九月中旬まで星ケ浦のヤマト・ホテルに滯在すると言うて居た。

㉗ 一戸務「統一しない統一の大連港」（『新科學的文藝』一九三〇年九月）

統一しない統一の大連港

一戸　務

タアクワルの、肥大なおとこが、横笛のリズムを、かんだか、――すると、夕陽が、レンガ舗道に、うすく、よみがへつてきて、街のそぞろを、とめて、少女歌舞が、はじまる。くりくりした、あたまのうえに、油びかりな鵲が、とびまはつて、肥大な支那おとこのうしろから、もうひとり、蛇味線ひきが、阿片によどんだ眼じわをよせて、うすびのなかへ、三ぼんの金屬ふうなリズムを、流す。

と、二人の、きかざつた、チヤイナおどりこが、道の踏えうに、布いた、はやしたてのぶたい――ま、云つて、すりきれたジウタンで、のどかな、おどりをおどる。唱ひながら……

春は樂しや、花は紅柳はみどり、

落ちた花びら流れくる。

漁夫の嬉しさ漁家樂。

あたま飾りの朱、綠、黃――そんな毛のぼんぼりふうなかんざしが、後の土くづれの塀にけふのあえぎの旅かげのおわりを、みぎに、ひだりに、おどる。ときどき、うつすと、やがて、陽が、かげつて、きいろいすなほこりが、さつと、たつて――

そんな時代錯誤な支那風俗もあつたりして、くれてゆく大連の支那街西崗子の、ちよつと、かたすみ、丘陵に沿つて、綠、赤、灰色――屋根や、壁が、自由な生活樣式で、セザンヌをみせてゐる。――星が浦。うみに沿うて、街道が、名勝老虎灘に向ふと、兩側は、春だと、「櫻花爛漫、雲雀が、囀り、長閑な驢馬嘶く」と、古風にみても、――それでゐて、匂が、季節のくだもので、アスフアルトのドライブ道路が、近代風を、つれてくる。

そんなモダンな歐風の文化村もあつて、

――ゴルフ？ ケイバ？ いやあよ。あたし、けふ、旅順へドライブで、コビイ＊コンパクトの粉が、しづかなかをりを、洋風な小窓から、ふりたてて、朝の化粧が、わかいむすめに大連の郊外を、きまゝに、のびさせる、

若草山に大慈大悲の本願寺、そして、やまかげの大連神社。で、また、三角形の教會。

南滿鐵道株式會社、中央試驗所、大連醫院、取引所、遞信局……そんな、近代風な機關が、たかく、滿洲に大連を、莪然に、そびえさせてゐるとしたら、一寸向ふで、露西亞波止場の、雜漢が、亂舞して、檣頭の紅旗、鋼纜の諧調、つぎはぎな褐色の帆をもつた帆柱が幾本、脈するやうに、海草のながれよどんだ海邊の俗惡ななかで、飄然と、佛ふしてゐるロシヤ情味の大山埠頭。

ま云つて、この世界の港が、ちよつと、素通りにみると、人々を、ごまかして、放射狀な道路、大廣場の花圃をめぐるホテル、銀行の壯大が、八方に、ひろがつて、軍國的な名稱で、大山道、山縣通――云はば、主道が、近代的都市計畫のいろづけで、モダンに、この海港を、ほこつてゐても、しよせん、殖民地ふうで、箱庭細工に、模倣の諸國風俗が、むりな、大和趣味で、加味されてゐるといふだけで……

だから、まあ、船が、大陸の關門――大連に、足跡を、いれて、港口の蒼白い海面に、埠頭の建物が、うしろの、霞んだ山々を、ひかえて、彩つて、繪葉書じみに、現實な美的を、頭腦に印したら、

――一年三千五百隻の船舶出入。貿易額六億圓。滿蒙に亘る廣い後背地の經濟的脈搏の基調地。自由港大連！

と、敎科書なみな、政治、經濟思想に、うすらく、この風景鑑賞を附いて、船を、惹きかへすが、いゝ。

日本語が、日本語で通用して、その美音の出ない處。歐風で、大和風で、ながく滯在が、日毎に支那風を、好ましごくる處。殖民地で、租借地で、租借地風でない處。面白さうで、つまらぬ處。港で、港情趣のない處。

…………………

…………………

――AでAでない處と、そう云つたなら、大連で、大連でない處に、大連の眞情か、あるとすれば――日本のもので、日本のものじや、ないと云つたつて……案外、そんなところに、變つた刺戟の大連が、現出してくるかも知れない。

とまれ、「世界の港」にしちあ、海港文學なぞ、生れ相もないエセ•モダンな、古風、新味の中途半端な、にほひのない市街。

㉘蔣希曾／浅見昇（訳）「遼東」（『詩・現實』一九三一年三月）

遼東

蔣　希　曾
淺　見　昇　譯

ドン、ドン、ドン、戰爭が始つたぞ
ラン、ラン、ラン、大砲が唸つてゐるぞ
××軍が遼東へ來た、遼東迄進んで來た
上海は未だ遠いけれど、俺達は生きるために
　働いてはゐられるが

なむあみだぶつ、なむまいだと何とかかとか
　神は俺を默らせてはゐたが
ところが仕事はお苦しみだ
喉は喝くし
胃袋はいつも空つぽだ
父よ、母よ、食はずに生きてくことを
　何故敎へてくれなかつたんだ

鞭ぢやさんざんひつぱたかれ
耳はカチカチ鳴つてゐる
監督の顔さへみりや
すつかり氣が滅入つちまふ
奴は俺の涙迄枯らし
聞えるのは苦しみの聲ばかしだ

兄弟！　俺の話をきいてくれ
お前達は勞働者だ、お前達は百姓ぢやねえか
皆同じ人間なんだ
生れてから悪いことをしたことはない
食へねえのに働かされてる位だぞ
着るシヤツもないのに糸を紡いでゐるんだ
自分の家もないのに他人の家を造るんだ

さあ、はつきりと見ろ
腕と腕をしつかり組んで
奴等を粉砕するんだ

兄弟！　俺の話をきいてくれ
××が遼東を占領した
そいつは××の兵隊や勞働者のしたことぢやない
いいか、〇〇大將のやつたことだ
奴は立派な×殺しなんだ、
だが××の勞働者は俺達の味方だ
俺達は力を合せて〇〇を叩きのめすんだ

兄弟！
お前達は勞働者だ、お前達は百姓だ
この叫びをきいてくれ
新しい世界が近づいてゐるんだ

無茶な虐×を突き破つて
行かう、滿洲へ
廣東の南方へ
遙に新しい地を開拓し
その空を血で眞紅に染め拔いて
俺達はパンと自由を戰ひ取るんだ

㉙××《〔ママ〕》三治「工場カラ農村カラ大連から」（『ナップ』一九三二年一一月）

大連から

××　三治

（その一）

（一）俺達の職場は日本人一〇〇名、中國人約五十名、鮮人一名です。御存知でしよが、S・M・Rでは傭員、雇員職員の階級に分たれて職場に於ては、傭三三名、雇十六名、職員四八名。

（二）傭員の多くはラバラトリ特有？のプチ・ブル的な逃避性を有つて居る現在S讀者會員三名、少し本を讀み、文藝に興味を持つて居るものはニヒリテスイクな生活をして居る。

（三）この様な職場に文學サークル——此の外に、寫眞同好者を持つて寫眞部を持つ——をつくり。

（四）組合準備會及S讀者班の影響下に置きたいと思ひます。之を實質的な傭員會に結成し、漸次政治的に目覺めたものを讀者班に、研究會に、組合にピツク・アツプする。

（五）斯の様な意圖の下につくられる文學サークルに根本的な誤謬は無いでしよか？　サークルの集會に於て、如何なる題材（政治的・文學的）を取上げるべきか。

（その二）

（一）私がもと居つた獨×寮で現在劇研究會が開かれて居る。寮の事務員が世話をしてゐる。一週一度水曜日に集る、今の所詩の朗讀ぐらいのもの。

（二）大連市外×××にて、五、六人の若い者達が、一週間に一度程會合して、座談會様のものを開かうと言ふ話がある、未だ、限定された題目を持つて居らないが、最初は時事問題的なものからやる心算、だが、明瞭に、會合場、日等は定まつて居ない、唯場所に倶樂部を借りることに內定。

（三）こちらで出てる『街』と云ふ雜誌は、時々店頭で見たが、インテリの思ひ上りが書いた様なものばかりだつたから買つたことがない。お送りしたいが不能です。次のこと答へて欲しいのです。中に或は、ナップに關係した人が居るかも知れないが、この內部に入ることの可、否、それから滿洲に於てナツプに關係した人々のグループが組織されて居るのですか、若し其様な人々があれば、御知らせ願ます、忠實に働く覺悟を持つて居ます。

通信員の資格の問題、もつと具體的に書いて欲しい、又通信には通信紙を使用せねばならないのか、如何に以上の如き會合を報告せねばならないか。

今滿鐵傍系會社の整理に、戰々キヨウ〳〵たる者あり、抵抗する術を知らず、滿鐵の社會フアシズム化を論じられ、益々其御用團體たるを暴露す、然し傭員階級にて之を意識するもの何人ぞ。亂筆。

㉚西條八十「満洲娘」(『蠟人形』一九三二年二月)

滿洲娘

姿やさびしい
滿洲娘《まんしうむすめ》。

家《うち》は焼《や》かれて
高粱《かうりやん》枯《か》れて、
姉《あね》は東に
妹《いもと》は西に。

戰爭戰爭《せんさうせんさう》と
いつまで續《つゞ》く、
昔こひしい
娘々祭《にやん〱まつり》。

戀も散りぢり
滿洲娘《まんしうむすめ》、
泣けば涙《なみだ》が
夕日《ゆふひ》で染まる。

西條八十

㉛坂井艶司「満洲小唄」（『蠟人形』一九三五年七月）

満洲小唄

満洲　坂井艶司

〽春の風吹きやヨ　旅寝のからす
故郷戀しと　故郷戀しと又泣いた
〽主の情にヨ　ついほだされて
今ぢや滿洲の　今ぢや滿洲の渡り鳥
〽さまを慕ふてヨ　他國の町へ
戀はいなもの　戀はいなもの味なもの

〽多の玄海ヨ　はる〴〵越へて
主の爲とは　主のためとは云ひながら
〽大和櫻がヨ　戀しゆてならぬ
捨てたお國は　捨てたお國はなほ戀し
〽泣くな姑娘《こむすめ》ヨ　あたしも泣ける
遠い滿洲の　遠い滿洲の春の雨
〽蒙古風吹きやヨ　粉《こ》雪にくれる
今日もつれない　今日もつれない雪だより
〽胡弓ひく音にヨ　夕陽が落ちる
くれりや涙も　くれりや涙の旅鴉

㉜坂井艶司「満洲おけさ」（『蠟人形』一九三五年一〇月）

満洲おけさ

満洲　坂井艶司

アー　満洲
満洲戀しや五色の空に
春は杏の花吹雪
エ、花吹雪

アー　なびく
なびく高粱にかくれて見えて
あの娘《こ》嫁入り幌の中
エ、幌の中

アー　わたしや
わたしや漂泊《さすらひ》果から果へ
あほぐ涙の北斗星
エ、北斗星

アー　吹いて
吹いてくれるな靺鞨嵐《まつかつあらし》
雪の隊商の旅だより
エ、旅だより

アー　五色
五色いろます樂土の空は
祖國日本の生命線
エ、生命線

中はお湯だよ　熱い管だよエリヤ妓の情
燃えて焦れりや　金さへお湯だよ
あだしさし水ア　うけつけぬく。

㉝坂井艶司「満洲三人娘」（『蠟人形』一九三六年二月）

満洲三人娘

満洲　坂井艶司

日本娘

夜ごと夜ごとの里の夢
　帯は戀しい筑前博多
　日本娘のネ　エ、緋縮緬
銃を把る身の主故に
　大和撫子淋しく散つた
　雪に血潮のネ　エ、北大營

満洲娘

啼くな鵲　ひく蛇皮線も
今宵悲しや　満洲娘
紅い口紅　涙でといて
二度と返らぬ日本の人よ
　明日は別れか雪野はら

露西亞娘

夜のハルピンキヤバレに暮れて
青い眼と眼とステツプ踏めば
戀は浮草　露西亞の娘
　肌の白いが氣にかゝる

㉞坂井艶司「満洲追分」（『蠟人形』一九三六年六月）

満洲追分

大連　坂井艶司

〽道は赭土　曠野につゞくヨ
鵲《かち》が鳴くぞえ　えゝ――
碧空に

〽荒野千里に　春風吹く日ヨ
旅で見つけた　えゝ――
馬蘭花《ねじあやめ》

〽おいらしがない　山東苦力《さんとんくりい》ヨ
楡の樹陰に　えゝ――
ごろ寝する

〽紅い夕陽に高粱酒《むぎけ》を飲めばヨ
酔ふてほろりと　えゝ――
出る涙

〽霧がふるふる　戎克の帆影ヨ
遠く聞える　えゝ――
苦力の唄

〽遼河流れりや　泥水あかいヨ
戎克漕ぐ手に　えゝ――
霧がふる

〽柳絮《わた》がとぶとぶ　胡砂《こさ》吹く風に
こゝろ追分　えゝ――
西　東

㉟坂井艶司「満洲旅すりや（小唄）」（『蠟人形』一九三六年一〇月）

満洲旅すりや（小唄）

大連　坂井艶司

満洲旅すりや夕陽に灼ける
　暮れて夜空の尾あかり
故郷《くに》で見たよな
　　あの　北斗星

春雨の
　露にぬれたか満洲娘
　柳絮《わた》のとぶよな片戀なれど
旅のお方が
　　えゝ　忘られぬ

鵲に
　果は何處と路問ふこゝろ
　姑娘可愛やラマ塔のかげに
咲いた花さへ
　　それ　馬蘭花《ねじあやめ》

秋風に
　戀も未練の青空つばめ

満洲旅すりや心がいとし
せめて便りを
　　あの　白雲に

寥々と
　蒙古嵐にこゝろがいたむ
　満洲旅すりや高梁の果に
すゝり泣くよな
　　ああ　風の音

㊱坂井艶司「満洲しぐれ（小唄）」（『蠟人形』一九三六年一一月）

満洲しぐれ（小唄）

大連　坂井艶司

〽満洲　ナ
　満洲しぐれて　赭土や　濡れて
　　　　　　　　　　　　濡れてヨ
旅寝ぐらしの　おいらの胸に
　憎くや　はらゝと　エ
　　　　　　　　　　ふりかゝる

〽旅の　ナ
　旅のしぐれは　泣ことて　泣けぬ
　　　　　　　　　　　　泣けぬヨ
ましてこの身は　あの旅役者
　『どない　しまほか』エ
　　　　　　　　　　　このこゝろ

〽姑娘《むすめ》　ナ
　姑娘十七　高粱も　みのる
　　　　　　　　　　みのるヨ
秋の空さへ　しぐれて泣くに
　いとし　蒲鑵車《くらま》は　エ
　　　　　　　　　　まだ見えぬ

〽しぐれ　ナ
　しぐれ空とて　泣かれも　すまい
　　　　　　　　　　　　すまいヨ
あたしや主ゆゑ　浮草ぐらし
　果はどこやら　エ
　　　　　　　　高粱の原

＊蒲竈車は俗に云ふかまぼこ車の意

㊲深町敏雄「大連支部――季秋ピクニック報告」（『蠟人形』一九三六年一二月）

大連支部
季秋ピクニック報告

深町敏雄

十月十七日少し風はあつたが穹は滿洲特有の青い青い穹に白雲の一片だに見出せない晴天。十時半黒石礁出發途中隨所に絕佳な景色に心を奪はれながらも內地と違つて滿洲は總てが要塞地帶となつてゐるためカメラは旅大八景の石塞の前で一枚撮つたきりで二時目的地凌水寺に着く。少憩の後奇岩亂石櫛比する溪間をかいくぐり好適の岩盤に車坐となり心樂しく宴食――今村義夫氏の持食、ソーセージ一本とアルコール瓶一本には驚ろかされた――それから途中もいできた並木の林檎やら菓子（上等な）やらをつめこみ少憩後、蠟人形十月號の批評に移り自分々々の論を述べ合ふ、先づ好評の作品としては、詩『日記より』（古川陽三氏）小唄は『滿洲旅すりや』（坂井艷司兄）小曲は議論區々にして決しなかつたが坂井兄の參加不能により作者の感想やらをうかがふことの出來なかつたことは惜しかつた。

かくて午後三時半凌水寺の唐門の前にて井上秋吉君のカメラに收り歸路丘陵迂回して龍ヶ岡淨水池に立寄り西町虹二兄が振舞ふ清水に渴を醫し一同蘇生のおもひ、龍ヶ岡の丘上から大連全市を俯瞰遠く星ヶ浦の白帆が美麗だつた。軈て暮靄せまる丘上を辭しバスにて大正廣場に立寄り樂しかつたピクニックを解散した。

『常任幹事　松島巖兄古城壽兄及び大連のため萬丈の氣を吐いてをられる大連の麒麟兒坂井艷司兄が止むを得ぬ事情のため參加し得られなかつたことは殘念でした』

當日の參加者は甘地滿、西町虹二、巖岫躁、今村義夫、井上秋吉、深町敏雄の諸氏

㊳坂井艶司「満洲夜曲」（『蠟人形』一九三七年一月）

満洲夜曲

大連　坂井艶司

かささぎよ　かささぎよ
遠い入陽に啼くのぢやないぞ
畑のうねりの土饅頭
主のお墓に　満洲娘は
　泣くわいな
泣くわいな　泣くわいな
高粱も枯れ枯れこの秋故に
夜霧冷たや星さへが
主と想へば　胡弓ならせば
　いとしゆうて
いとしゆうて　いとしゆうて
夜霧　露草　幌馬車　姑娘《むすめ》
追ふて行つたよあの城内《まち》へ

満洲娘の　赤い陽のよな
　戀ごゝろ
戀ごゝろ　戀ごゝろ
明けりや一夜の胡砂吹く嵐
主はつれなや散る落葉
泣いてくれるな　満洲娘よ
　かさゝぎよ

滿洲花嫁

大連　坂井艶司

雪はちらちら　まだ城内《まち》や遠い
姑娘《なすめ》　寒かろ
花轎《はなかご》で
　　噯《アイ》！　會ひたかろ

紅い花轎《くるま》にや　金銀かざり
銅鑼と太鼓の
お嫁入り
　　噯《アイ》！　鳴る爆竹《はなび》

媽《はゝ》にや泣き泣き　心ぢや笑ふ
滿洲花嫁や
親孝行
　　噯《アイ》！　泣き笑ひ

雞《とり》に歯が生え　馬にや角が
生えたところで
歸りやせぬ
　　噯《アー》！　不回門《ブウホエノン》

銅鑼がなるなる　畑中道に
雪は花轎《くるま》の
上にふる
　　噯！　紅閙旗《はた》にふる

註　滿洲人結婚の習慣として父母に泣いて別れを惜む事が表面上親孝行となつてゐる。「不回門」は二度と父母のもとへ歸らぬ貞節さを云ふ。「紅閙旗」は行列の赤旗である。

㊵坂井艶司「大連支部新年例会の記」（『蠟人形』一九三七年三月）

大連支部新年例會の記

坂井　艶司

一月九日、例によりマルキタにて午後六時半より開催、新進の同人、波々伯部武氏の「少年」より批評を始めた。好評又、新進同人の秋野サチ子女氏の作品「竹林」等大いに歡迎された。瀧川醜氏も好評、推薦欄の詩集では「秋叢」「短篇三つ」小唄はまち〳〵な批評、小曲では辻村朝月氏の粉雪が斷然好評であつた。本月に入つてから大連支部諸兄が大いにがんばつて下さつてゐるので本年度こそ、斷然蠟人形紙上を覇握して下さる樣お祈りして居ります。毎回、來會されて支部の爲にお世話下される古城蒜兄が都合により來會されず、又今村義夫兄もみえなかつた事は殘念であつた。大連の諸兄姉よ、どうぞ御來會下さい。

當日出席者　門脇靜兒、井上秋宵　眞田健、西村良雄、深町敏雄、伊藤つとむ、松島巖、西町虹二、岫煥躁、坂井艶司（出席順）

本年度大連支部幹事を左の方にお願ひする事に決した。

記

井上秋宵、今村義夫、古城毒、西町虹二の四氏。

㊶田中欽弐「満洲ざくら」（『蠟人形』一九三七年四月）

滿洲ざくら

田中欽弐

雪の滿洲に
櫻はないが
大和魂の
花が咲く。

見せてやりたや
おくにの母に
おらが守備《まもり》の
立ち姿。

手柄たてましよ
命を的に
匪賊征討《たいぢ》の
その時は。

沈む夕日に
忠靈塔よ
滿洲ざくらか
あかあかと。

㊷岫巌躁「大連支部報告」（『蠟人形』一九三七年四月）

支部ニュース

大連支部報告

二月六日。大連の中心廣場にスマートなメカニズムを誇る東拓ビル地下室三葉ホールに於て第十回例會を開催致しました。

當日は滿洲としては珍らしく暖かゝつた故か待望の特輯號を虎の子でも抱へるやうにして懷しい方がポツ〳〵集つて來られ、初めて出席された水野兄並河姉を加へて十一人が純白のテーブルを圍んで、定刻七時井上兄今度から設けた進行係の席に着き開會の辭を宣し、續いて自己紹介は皆固くなつて、ボーイの運んで來る、コーヒーとニラメッコしてるので古城兄替つて順々に紹介する。松島兄の準同人作品朗讀によつて批評に入り新城氏の小唄が問題になつた外は好評であつた。其頃今村兄、續いて月路姉が息をはづませてかけつける。

次いで推薦欄に移動する。トップを飾る「愛の手紙」は私達グループの中堅幹事古城兄の飛躍的な作品で、古城兄靜かに立ち朗讀し簡單に說明すると、方々から質問が流れて、今村兄隅の方から「之れは破れた戀愛ですか？」「經驗豐富ですね」ＥＴＣ……と難問？を發すると滿場は爆笑の渦。丹羽氏の「沼」は意見對立し、孤獨の詩人深町兄の「古里の追憶」は最後の節の力が足りないが、三節の「洗面器の白さ」は好評であつた。推薦三篇を盗つた大連支部の鼻息荒く眞面目な批評と激論に皆紅潮した頰になる。小唄推薦では坂井、今村兩兄の獨占になり、横濱小唄が好評、坂井兄の「滿洲花嫁」は議論百出、意義ある例會が盛會裡に終ることの出來ました事を大連の皆樣に厚く御禮申上げます。

尙まだ一度も出席されない大連の皆樣！變な遠慮は止して此の次は是非出席して下さい。例會は毎月第一日曜日にやります。

（岫巖躁記）

（出席者）

松島巖、坂井艷司、廿地滿、水野靜芽、西町虹二、深町敏雄、江藤雅一、保津美紗、古城壽、井上明吉、今村義夫、月路由美、岫巖躁

㊸水城雅男「大連支部三月例会報告」（『蠟人形』一九三七年五月）

大連支部三月例會報告

三月七日午後一時、連鎖街マルキタにて開催。今月は新しい方の出席がなく一寸淋しい感じであつたが、思つたより愉快な集になつたことが非常に嬉しい。

これから……。と進行係井上氏の開會の辭で先づ準同人の感想から始め、各自持前の明朗洒脱な話術をもつてどん／＼進行。部屋の空氣は和やかに充ち、ポートラップ・甘い舌觸りに皆ときの過ぎろのも忘れて一同の心と心は完全に溶け合つた。

今月の推薦欄で、詩に於ては、加藤嘉保氏の「冬三篇」が好評であつた。小曲の前田三郎氏の「靴と私」は簑諸の感じと云ふ意見が多數であつた。小唄では今村義夫氏の「招待女」が斷然好評。かくて約四時間半にわたつて盛會裡に五時半閉會した。

大連支部は新しい方の出席を切望してゐる。讀者の諸兄姉遠慮なく御出席下さい。

出席者（イロハ順）

今村義夫、非上明吉、廿地滿、本田直好、柳玲子、古城蓊、水城雅夫、白城恆夫、杉山劍風の諸兄姉。（水城記）

六月例會豫告

日　時　六月六日（日曜午後一時）
場　所　連鎖街マルキタ地下室
會　費　三十錢
持參品　蠟人形六月號
申　込　大連市青雲臺九七番地岡本方
蠟人形大連支部
水城雅夫　宛

㊹坂井艶司「満洲恋しと（小唄）」（『蠟人形』一九三七年六月）

滿洲戀しと（小唄）

滿洲　坂井艶司

滿洲ナ
　滿洲戀しと
　お歌代　十八　玄海越えて
　様を慕ふて　ひとすじ來たが
　様は流れの　旅がらす
　　旅がらす

春はナ
　春はおぼろよ
　むすめ　十八や　なほさらおぼろ
　しらぬお國の　幌馬車かげで
　お歌代　夕陽を見て泣いた
　　見て泣いた

利れナ
　別れ別れて
　月夜櫻の　ふるさと捨てゝ
　滿洲戀しと　流れた空に
　春も暮れます　杏花《はな》も散る
　　杏花も散る

春もナ
　春も暮れましよ
　お歌代　二十一　あれから三とせ
　様と別れた曠野の街に
　泣いて　はたらく　あやめぐさ
　　あやめぐさ

㊺廿地「大連支部六月例会報告」（『蠟人形』一九三七年八月）

大連支部六月例會報告

集つたのは四人です。薄暗い地下室でコソコソと、飯とお茶を飯べて喫んで始めました。願へることなら四人の影も席について、親しく話したいと思ひました。

　どこの支部も夏枯れで振はないやうですが、八月はみんな讀者作品號を手に持つてそして、マルキタの根城でわれら支部ケンザイと唱へませう。（廿地記）

八月例會豫告

日　時　八月七日（土）午後六時
場　所　連鎖街マルキタ地下室
會　費　三拾錢

㊻古城「大連支部七月例会報告」（『蠟人形』一九三七年九月）

大連支部七月例會報告

七月十一日。本日朝よりの雨模樣で出席者水城雅夫、井上秋吉、今村義夫、西町春介の諸兄との僅か五名。例によつて例の如く、今日のお天氣の樣に　めやかに開催しました。

　大連在住の諸兄姉、蠟誌の愛讀者としての諸兄姉、僕等の會は決して取つて食べろやうな人達ぢやありません。怖くありませんから遠慮なしに御出席下さい。（古城壽記）

大連支部十月例會豫告

日　時　十月二日（土）午後六時
場　所　連鎖街マルキタ地下室
會　費　參拾錢位
持參品　蠟人形十月號

㊼無署名「大連支部八月例会報告」（『蠟人形』一九三七年一〇月）

大連支部八月例會報告

八月七日暑い盛りの土曜輕裝で六人集つた。毎日同じ顔觸れでお互ひに微苦笑、下駄をはいたのが二人、上着を着て來なかつたのが二人、水泳歸り一人、トーストとハヤシを喰べたのが二人、ポートラップ、ソーダ水、水のお代りが十三、それを喰散らしたり喫散らしたりして四時間の放談、讀者作品號なので少し愼重に批評、街をノシ廻ろ。

好評の作品月在ろ花園、丘の雲によせて素描、影の鳴ろ音等であつた。

出席者、坂井艶司、古城毒、今村義夫、水城雅夫、西町萘介、廿地滿

㊽萩原恭次郎「北支方面」（『蠟人形』一九三八年一月）

北支方面

萩原恭次郎

十字砲火を浴びねば戰爭の實感は出ぬと、ある記者が通信をしてゐる
戰爭
國家は如何に大なる生物《いきもの》であるか。

海上權を握つた艦隊
楊子江の冷く沈默した白い波頭を見よ。

空襲に羽翼を連ねる機影の搖れる地平
見渡す限りの綿畑の中に彈煙は流れてゐるのだ。

床の間にある南畫は出鱈目と思つてゐたのに

北支の山岳は更に何萬年かの歳月を食つて雄偉である。
長城にうす雪まぢりの風は吹きつけそのまま氷り、守備兵の銃口はしばし
火を吐くのを止めてゐる。
川邊の華は抗日支那への彈雨にそよいだであらう
しかし無辜民衆は日一日と戰場の香失せぬ地へ歸つて來る。
何時までも何時までも和平となるには御身らが歸つて和平とせねばならな
いのだ。
今朝私は北支少年が日本語を習つてゐる寫眞を見た
見よ　机にキチンと並んだ少年達はみな伸び上つて手を上げ答へやうとし
てゐるではないか。
大陸　北支の少年よ
日本語を學び給へ
そして我らと共に更に世界を學び給へ。

㊾土井章「北支建設問題と治安工作」（『中央公論』一九三八年八月）

北支建設問題と治安工作

土井章

北支建設の根本問題は、北支那自體に於ける環境と資金並に經營方法の三つであらうと考へられる。

北支那自體に於ける環境と云ふのは、その地に於ける治安狀態と財政の問題である。この外に外國關係に屬すべき他の條件もあるにはあるだらうが、それは中支に於ける程複雜ではない。企業の大小に拘らず、凡ゆるものを日支合辦にて行はなくてはならぬ程に、北支ではこの問題は差迫つてはゐない。即ちこゝには好んで外國が觸手を伸ばすべき基礎と餘地とが、中支に較べて遙かに少いからである。だから、一先づ北支の環境に就ては、この二つと見て差支へはなからう。

對支抗戰に對しては、即戰即決の望まれるとは云ふ迄もないところではあるが、勿論長期戰たることを覺悟しなくてはならぬから、この抗戰の中に於て、各種の建設事業を行ふべきであつて、平和克服の後に於て、或は完全なる治安恢復の後に於て、これを行ふと云ふべきものではない。戰爭なるがために、或は治安不充分なるがために、より一層この建設に拍車をかけなくてはならない。だが、然し軍事と共に結びつくべき交通通信關係事業は兎も角として、その他の一般產業に就ては、治安と云ふことがどうしても一應の條件とならざるを得ないのである。

しかもこの治安恢復なるものは、支那にとつては對內的の問題であつて、日本と黨軍との問題でなく、新政權自體の問題なのである。だから新政權に於ては、この治安工作の基礎たるべき、財政の確立を圖らなくてはならぬ。抗戰中であるからその理由を以て、戰時狀態に於ける無組織と無系統が永く續けらるべきものではない。新政權はこれを組織化し、系統づけることを何を措いても急がなくてはならぬ。卽ち治安工作の進展及びこの工作費の出來るだけの自給化と云ふことが、北支開發の根本的な一つの問題である。

北支の治安に就て、その對象となるべきものは匪賊であるが、これは敗殘兵のみでなく、寧ろ第八路軍がその主流をなすものではなからうかと見られる。この第八路軍なるものは周知の如く、江西より西北支那への大移動を行つた支那赤軍の主體をなすもので、今回の國民黨及び共產黨との合作によつて、自ら紅軍の名を捨てゝ、國民革命軍第八路軍となつたものである。この軍隊の根據とするところは、延安を首都とする陝西北部及び寧夏甘肅兩省の一部であつて、この地方も亦國共合作後は陝甘寧ソヴィエート區を陝甘寧特區と改めてゐる。この八路軍は大移動によつて著しく兵力を減少してゐるし、また根據とする地方も貧瘦の地であるから、勢力としては大なるものではないと一應は考へられるのである。

然し微力だとしてこれを過少に評價することは危險である。卽ちこの紅軍なるものは、そのまゝに烏合の衆が來るのを待つてゐると云つた一般の匪軍とは異るからであつて、絕えず組織的にその力の擴張を積極的に伴ひつゝあるからである。例へば交戰時に於てさへ、その組織の擴大を求めつゝあるのであつて、スノーの言によれば、山西進入中一ケ月に於て約一萬五千の民衆を赤軍に組織してゐる。現在では幹部は兎も角として、その組織分子の大部は、北支に於て新たに編制されたものが多い狀態である。

また幹部に就てもその養成に努めつゝある。卽ち現在延安に於ては紅軍大學を抗日大學に改名して、その速成に當つてゐる。この大學の第一期生は赤軍幹部の再教育を行つたものであるが、第二期後は修學期間二ケ月として一般知識階級並に小資產階級のものを收容し、抗日基本幹部の養成を圖り、收容人員約一千名であるが、この外に陝北公學、共產黨政治學校等があり、收容人員約二千に達するし、小規模ながらも技術學校も存在し、學生は何れもこれを全支到るところから集めてゐる模樣である。しかもこれ等が次から次へと民衆組織に動員されるのであるから、過去の赤匪が現在の赤匪であり得ないし、現在の赤匪が將來の赤匪であるとは云へない。

この八路軍は陝西から山西に出動し、紙上傳ふるところによれば、河北山東にも出沒し、これによる皇軍の後方防禦の運動を起しつゝあるが如くである。

彭德懷によると「支那は現在戰略上防禦の立場におかれてゐる。然し戰術上專ら防禦のみによるとすれば、兵器の劣質及び防備施設の不完全から、必ず失敗を招くに至るであらう。だから戰術としては飽迄攻擊を以てしなくてはならず、假令防禦としても積極的防禦でなくてはならぬ。積極的防禦の眞諦は、敵の移動中或は戰鬪準備行動の中に、優勢なる兵力を集中し、迅速なる手段を以て敵を攻擊して各種兵器の有機的な效力の發生を破壞することにあつて、これは防禦的目的を達成する最高の手段である。廣汎なるゲリラ戰が展開されつゝあると云ふ條件の下に於ては、この戰法によつて敵を移動せしめ、分散せしめ或は通信を遮斷せしむることが出來るから、これによつて正規軍の進退を決定して、移動戰の機會を摑み得るのである。若しも單純なる防禦戰なるときは、攻擊の機會を見つけ或は敵を操縱して之を移動せしむるが如き巧妙なる方法は了解し得ない。徒らに一個の陣地に於て、味方を消耗せしむる結果を招くに過ぎないだらう。」

「支那の陸軍は日本の幾倍にも上るだらうが、その質は惡いし技術も低い。だから、戰略的には弱を以て强に當ることになるが、戰術的には强を以て弱に當るべきを求むべきである。卽ち交戰時に於て自己の力が敵に劣る場合、戰術的に多きを以て少きに勝つべき方法を講ずるのである。これは極めて簡單なる問題であつて、一例をとれば、兵力の同數なる場合、一部を以て敵を吸引し、これを以て敵の主力に當り、味方の主力を以て迅速に敵の側面或は後部を衝き、先づ敵の一部を殲滅して後、改めて全力を擧げて殘敵に向ふのである。」

「支那の勝利は持久消耗戰によつて求め得る。消耗戰の目的は敵の人と物を消耗せしめて、戰局に變化を來すことである。この最も有效なるものは大衆動員によるゲリラ戰であり、ゲリラ戰の進展によつて、敵に消耗的打擊を與へると共に、敵は後方治安のために、處々に幾つかの根據地を必要とするに至るが、このことは結局敵勢力の分散を來すことになるのである。」

「支那には堅固なる要塞はなく、多くは野戰築城である。一般の防備は戰略及び戰術上の重點及び經濟政治の中心と交通の中樞地を保持するにあり、防禦的配備は縱深、據點、不整、隱蔽及び獨立的でなくてはならぬ。機關銃及び砲の配備も分散隱蔽にして、而も火力集中の原則を採り、防備工事は橫線式を避けて、圓周或は馬蹄式とし、その一つ一つは壕或は排を以て單位とし、火線は交叉して相互に掩護を容易にする。各個の工事は獨立するものであるが、縱に長くして正面を小さくする。かくすることは兵力を節約し犠牲を減少せしめ、且つ敵の突破を困難とし、敵としても正面狹小のため側面包圍に出易いが、これは直ちに敵自體が側面を曝露することになる。しかも一面防禦工事外の地點に大部隊の突擊隊をおき、敵が味方の陣地を包圍して、その側面を曝露するに至つた場合、迅速に突擊を開始し、是に對應して工事内の豫備隊が反擊に出づべきである、」と彼等の戰術を述べてゐるが要するに正規軍と遊擊隊との有機的聯絡及び時機に適した兵力の集中と分散とによつて、近代裝備を有する優秀なる日本軍隊に當り、長期消耗戰を以てこれに向はんとするものであり、且つこれに要する指導者を大量的に養成し、これによつて大衆を動員し、抗日軍に組織しようとするものであるから、これに對して單に無視的な輕侮は出來ないだらう。

然しかゝる戰術に至つては多少の疑問は抱かれる。現に北支に於てはその結果を曝露してゐるとも考へられる。周恩來は國共合作後、所謂蔣委員長に對して、彼等の數年に亘る國民政府軍と赤軍との交戰の經驗を語つてゐるが、恐らくこの彭德懷の如く、共產軍の戰術を示したものと思はれる。だが、これは江西省に於ける山地戰の經驗であり、交通施設の無視された地域に於ける經驗だらうと思ふ。故に山西山東南省の南部の一部或は河北省北部山地に部分的な擾動の可能性はあるかも知れぬが、平原地帶に於ては、極めてこの可能性は削減さるゝものと考へられる。だから、重要交通路並に沿線重要諸都市の確保によつて、交通路による包圍陣形を强化する。即ち鐵道を中心とする都市並に主要資源地の確保自體が彼等を包圍し、彼等を閉塞せしむることになるのである。

甘寧陝特區主席林祖函の說明するところによると、國共合作後に於ける政策は、完全に勞働者及び農民の獨裁たるソヴィエート制を放棄し、民主共和制を採用してゐるのであつて、これは全民主義であり、日本に於ける普選制度の如きものと何等變るところはない。然しこの中共の民主運動なるものは、極めて政策的のものである。即ち國共合作及び大衆動員による中共勢力の擴大を前提とした一つの政策であるから、この運動は國民黨及び共產黨の併立する非占領地帶に於ては、好んで採らるべき政策であるが、非占領地域とは充分の連絡なく、且つ國民黨勢力の著しく低減しつゝある占領地域に於ては、その民主運動の必要はないし、且つ鐵道主要都市より分離せる農村に於ける、中共の民生政策は、土地の分配より外に方法はない。若しも彼等が抗日のために、この地方に於てさへ民主制を採用し、各階級の全民的動員をなして、驛或は諸都市の襲撃或は鐵道の破壊を繰返すとしても、それはたゞそれだけのことであつて、それ以外何等の意味なく、防備設備並に通信施設の完備によつて、寧ろ彼等の被害を大ならしむるだけで、何等の効果なく、彼等は單なる匪賊以外の何物でもなくなるので、これに民衆がついて來る筈がない。そこで多少共産主義的な政策を採るに至るだらうが、これは直ちに階級對立を來たし、支那に於けるスペイン化を強化するので、この際日本の防共政策は、大衆的にものを云ふことになるのである。卽ち民族戰線の人民戰線への純化によつて、對農工作の強化を求め得る譯である。

現在支那に於けるゲリラ戰なるものは、前述の如く戰略的には一つの防禦體制を採るものであり、皇軍の攻擊に對しては戰術的には防禦的攻擊として皇軍の勢力分散に對應しようとも、またそれ以外に採るべき方法はないのである。これに對して近代裝備による分散勢力の連絡強化と敵の集中勢力に對する攻擊がある譯であるが、これは卽ち結局に於て主要交通路及び沿線都市の確保を必要とする。だから、北支の治安工作はこゝを中心とし、この地に於ける再建の進行、隨つて生ずる農村階級の對立、及びこれよりする治安工作の對農村進行の順序を有つべきものと考へられる。

この沿線奥地都市の再建はまた奥地自體の手にて行ふべきである。それはこの都市より離れたる農村に於て、そこに適當なる政權の樹立さるゝことは、農村階級對立の後に於て始めらるべきもので、一應は一つのアナーキーの狀態におかれるから、勿論これに財政的にタッチすることは困難である。だから、財政的問題の解決として、沿線都市に流入する農產品に入市稅を賦課して、都市の治安と再建並にその附屬農村の救濟或は農事改良に當るべきである。しかも各都市のかゝる自治的行政の強化は、反面中央行政機關の職務の一部をも直接に擔當するものであるから、それだけ中央の業務は減少さるゝのであつて、徒らなる上層政府の設立を減少し、國稅收入は先づ何を措いても治安工作に支出さるべきである。臨時政府の財政狀態に就て、これを明かにすることは出來ないが、前冀察政務委員會の軍事費を除く、行政費なるものは微徵たるものである。現在關稅、鹽稅及び品目の整理を見たる統稅收入はある程度の額に上るものと想像する。

目下のところ沿線都市に於ける課稅は額として小額であらうが、治安に當るべき人達の給養の程度は漸次可能とならうから、防禦設備並に器材の補充の如きは、この國稅收入よりなさるべきものと考へられ、財政は當然これを目標として一應系統づけなくてはならぬと思ふ。

沿線都市或は廣く云へば沿岸をも含めたる諸都市を中心とし、交通網をその神經として、支那の治安恢復を求め、この治安を政治經濟的手段を以て、漸次農村に延長してゆくものとすれば、その資源開發の問題に就ても、同じくこの交通網に或は都市に近接する地方を以てしなくてはならないし、またその地に於ける資源開發工作は一層治安の確立を助けるものとなる。しかも開發なるものが、かく治安と云ふものと結びつく以上、その開發に對しては絶えず治安工作なるものをその念頭におかなくてはならぬ。卽ち具體的には支那資本の問題である。沿線都市の再建は、主として商業の恢復にあるが、これ等商業は出來得れば、その土地々々の土着資本の存續及び育成によつて行ひ、鹽、石油、燐寸、綿布、其他都市商品と小麥、豆、棉花、卵等の農産品との交換、及びこれ等産品の大都市或は仲買商への賣却は、この沿線都市商人を保護すると云つた立場から行ひ、彼等を商會或は公會等に組織し、彼等を徴税者とすると共に、納税者にもするし、更に彼等自體が地方都市政權の中心とするやうにすれば、それだけ治安工作の進展を容易ならしむるものであり、且つこれが農村より農産を買附得る可能の方法であらう。

また一般開發事業に就ても、土着資本を參加せしむべきである。たゞ一般開發企業に土着資本を參加せしむることは甚だ困難である。現在の支那に於ては、小規模なる商業資本を除いては、尙産業資本なるものはない。都市に於ける銀行資本は一部その擔當者であつたが、然し現在これ等の銀行は負債者でこそあれ、産業開發に動員し得るが如き資金を有するものではない。それは北支ばかりではなく、上海に於てさへさうであらう。だから、支那が企業に參加し得る場合、その出資し得るものは現物で外の何物もないのであるから、土着資本の參加と云つても、夢の如きものである。たゞこの現物の運用にある。資源としての現物は國家の所有のものがあらうし、逆産であるものもあらう。これ等のものは、皇軍聖戰の代償として、日本の取得すべきものでもあらう。然し北支の開發なるものは、日滿ブロックの補強にあることは明かであるが、この補強は直截に云へば、所要物資が北支より日滿兩國に行けばいゝのであつて、資源そのものが圓ブロック下におかれるとすれば、その所有者は誰であつてもいゝわけである。だから、出來得れば日支合辦とし、これ等を國家の出資卽ち國家資本として事業に參加せしめ、これを中央政權と共に地方政權に於ても、その株を取得せしむる方法を講じ、利潤でもあれば、それをその地の再建或は治安に充當することは、治安工作の點から云つても、最も適當なる手段と考へるのである、また私人企業をも買收し、これを自己の手に於て經營しようとするが如きは、日本の爲替問題も考へぬ馬鹿の骨頂とも云ふべきだらう。資金的餘裕の少い國の資本なるものは、企業の獨占經營によつて、投資利潤のみでなく、企業利潤をも直ちに取得したい欲望を有つことは明かであるが、然し治安工作を前提とし、またそのことが確實なる利潤の源泉たることを知れば、ある程度は我慢すべきであり、また今はその時代だらうと考へる。

この資本は北支開發にとつての第二の問題である。支那の土着資本に就ての扱方は以上の如きものとして、現在緊要の問題は、建設資材を如何にして入手するかの問題であつて、出來得る限り、日本より持來ることは當然のことであるが、然し日本の現狀よりして、矢張りこれを多く海外に仰がなくてはならない。この場合材料借款もまたバーター制も考へ得られるのであるが、之に就ては之に就ての基礎と組織とを必要とする。海外に於ても漸く不景氣局面に轉回しつゝある折でもあるので、爲替管理の如き障碍がなく、商品代價或は投資元利が、確實に償還され、相手方そのものの確實性即ち財政の確立或は事業自體の擔保力があれば、寧ろ放任しておいても、海外より資本なり或は資材は流入してくるだらう。ただ現在に於ては、作戰行動中でもあるのであるから、かゝる條件は一つとしてないわけであるから、外資は殆んど問題にならない。だから、後方治安の確立と事業の性格と基礎とを明瞭にして、特殊關係國との特殊の方法によつて、海外より資材を導くことを求めると共に、更に外貨資金の獲得の方面にも、適當なる手段を講じなくてはならぬ。

その例として適當なるものであるか否かは別として、舊支那に於ては中央信託局なるものがあつた。これは中央銀行の子會社で、信託業務を行ふものであるが、この信託業務よりも本來の仕事は、鐵道其他建設資材を政府に代つて購入することにあつたし、それがための資金收拾の機關でもあつた。しかも外貨吸收のためには、事變勃發前に於ては、廣汎に落花生とか桐油等の買占を行ひ、これを海外に輸出してゐる。また農本局なるものがあつた。これは中央信託局が中央銀行一行の完全なる子會社であるのに對し、半官半民のもので、農村融資と農産買附及びこれに作ふ倉庫業を營むものであつた。たゞ支那各地に支店を設けるところ迄行つたが、實質の營業を開始するに至らない中に事變となつて了つたものである。農本局に於てもその取扱ふ農産品は九種位に定めてゐたが、その何れも輸出品として重要なものであつたから、これも同じく海外輸出と外貨獲得を目的としたものと考へられる。

だから、北支に於ても海外よりの資本並に資材の導入を圖る他の色々なる方法があるとしても、かゝる方法もその一助として考究すべきでなからうかと思ふ。たゞその方法に於て注意しなくてはならぬことは、事業の性質並に統制と云つた方面からして、これを官營にすることをも考へられるのであるが、然しこれもまた治安工作と云ふ點からすると、穩當を缺くところがあることである。前述の信託局は完全なる官營と云つてよいものであるが、これの全面的な活動は、それだけ他の銀行の業務分野を艦縮することになり、既に可成りの非難があつた。それがためとも思はれるが、農本局は政府と銀行の半官半民の組織となつたのである。北支に於てこれを官營にすることは、殘された商業資本の分野を艦縮するになるから、これに對しては反對せざるを得ない。然し銀行資本と政府との、共同經營にしても、それは同様の結果を來すものであり、且つ現在に於てかゝる銀行資本があるとも考へられない。だから日本及び支那政府並に、あれば支那一般資本を加へたものを以てこれを組織し、北支各地に對して買附並に融資を行ふものとするが、この際各沿線諸都市に於て既述の如き新たに組織されたる商會或は公會に對し、これを支店的な聯繫を有たらしめるやうに工夫すべきだらう。即ちこれが最も現狀に即したものであるのみならず、外貨獲得と共に治安工作自體に大きな貢獻をなすからである。

最後に第三の經營の問題となるが、これも治安工作を考慮する必要もあらうと考へる。工業立地は恐らく地理的要素のみを問題とするものではなく、絶えずまた社會的政治的要素をも指摘するものだらう。現在その治安工作が沿線都市を中心とし、それより漸次深く政治的經濟的に奥地及び農村に浸潤してゆくものとすれば、各企業が各地に散在するよりはこれを集中せしむることの方法が、經濟的にも社會的にもその效果が多い。即ちかゝる企業なるも、企業自體の效果は當然求めらるべきであるが、副次的にはこれを基礎としての社會的安定とこれによる治安工作の進展が求めらるべきであるし、治安と企業との聯關は、少くとも今の支那に於ては、その集中に於てこの效果を大きくする。然しこの集中は相關なき別個の企業を強ひて集中せしめようと意味するものではなく、ある地に於けるある企業への資本と技術の集中により、この企業の生産を高め、且つ生産品の有機的多角化を求めるものである。しかもかゝるコンツェルン化はある意味に於てはより一層外資導入を效果的にするだらう。

以上は大體治安工作を中心として財政・資金及び經營から北支の開發を見たものであるが、治安なるものに就ては廣い立場から一層熟視すべき必要は充分あらうと思ふ。

㊿室生犀星「曠野集（詩）―帆、大連、馬、海市、黄土、ひこばえ、荒野の王者、山なきところ、星ふる、道外、中央大街裏、ニコライエフスキイ寺院、南京豆、朝鮮―」（『新潮』一九三九年一〇月）

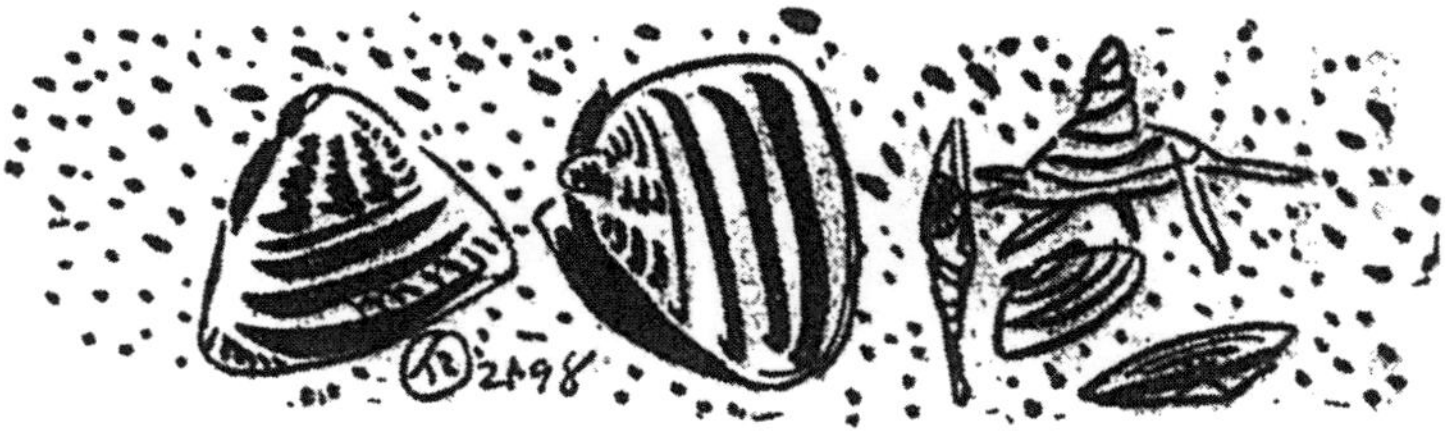

曠野集

室生犀星

帆

帆のある船は二つ見え
一つは大きく
一つは小さく
卵のごとく小さく
相ならびて黄海の沖に消えゆけり。
かかるさびしき眺めの

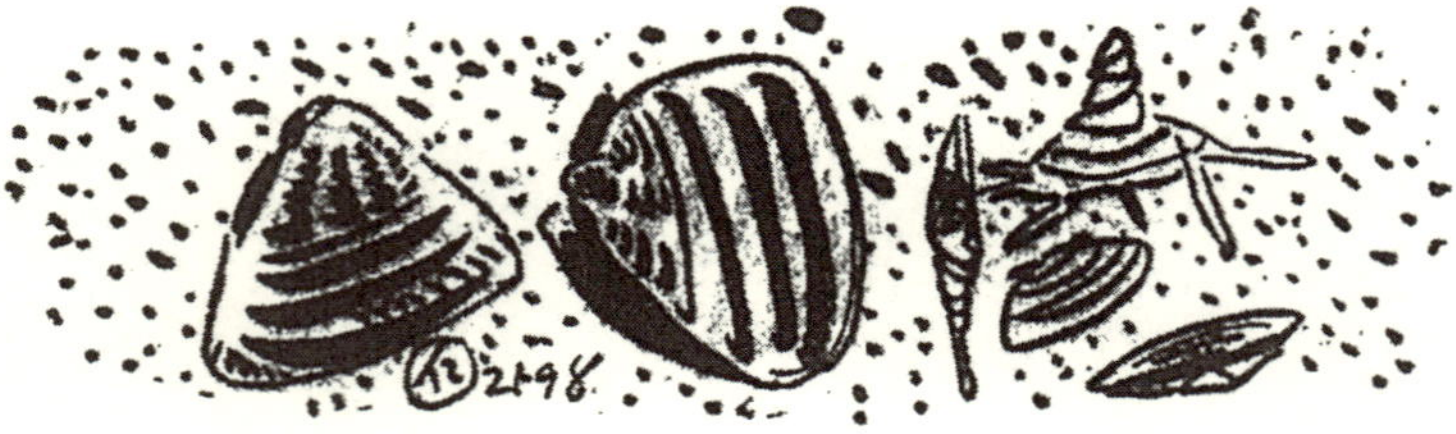

何をか我にかかはらんとするや
何をか我にもの思はしめんとするや
けふも終日
船は海の上にありて
海はその果てるところを知らざるなり。

大《ダル》連《ニー》

わが船はダルニーの港に着けり
我は船を下り
ダルニーの街を行き
日暮れて乏しき飯を食べけるに
はや葱とにんにくのにほひ走りて
表には支那人らの口々に呪文のごとく
あわあわわと喋べれり

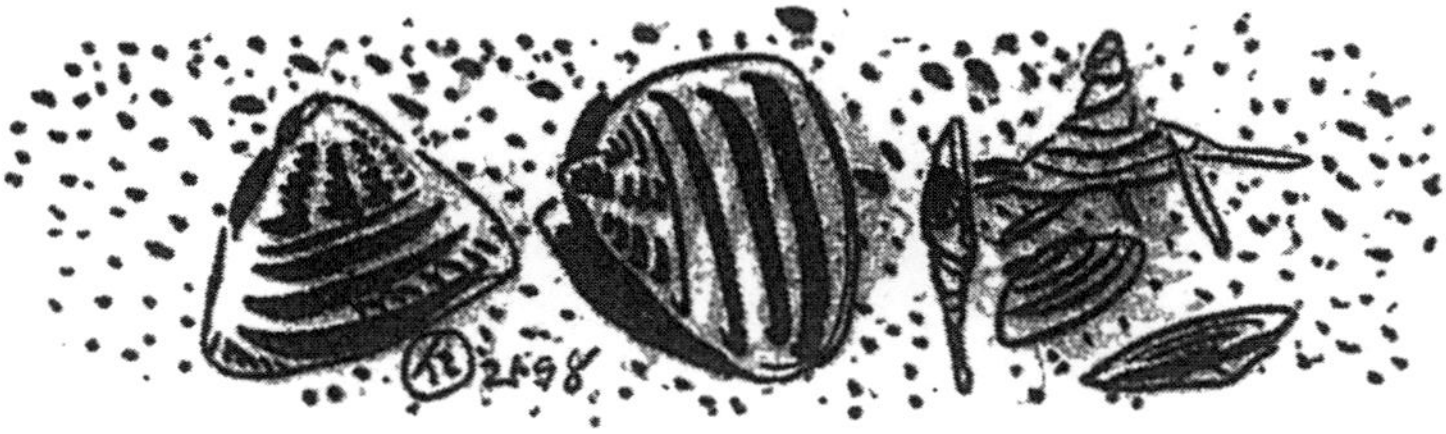

何の意味かは知らず
風吹けどもその色なく
ダルニーとはかかる町かや
もろもろの旗立てる船ならび
みな汽笛鳴らして
あさ夕となく往きかよふなり。

馬

馬の毛はみな刈られ
だんだらの波をつくり
馬の鼻はひらきて
その首はみな垂れゐたり。
されどその心はやさしく
疲れを知らざるなり

終日ひつぱたかれ
終日居睡りながら走れり

馬の毛は古木綿のごとく汗を搔けども
馬の心は人をうたがはざるなり。

海市

一毛錢《いまちえん》を投げすてて
われけふも洋馬車《やんちやう》に打ち乘り
奉天の街中に出で往けり
日は魚のごとくみどりにけぶり
洋車夫《やんちやふ》の叫びごゑ高くひびき
その鞭に海市《にじ》のごとき輪をゑがけり。
洋馬車《やんちやう》はげにポンチ輪に似たるかな

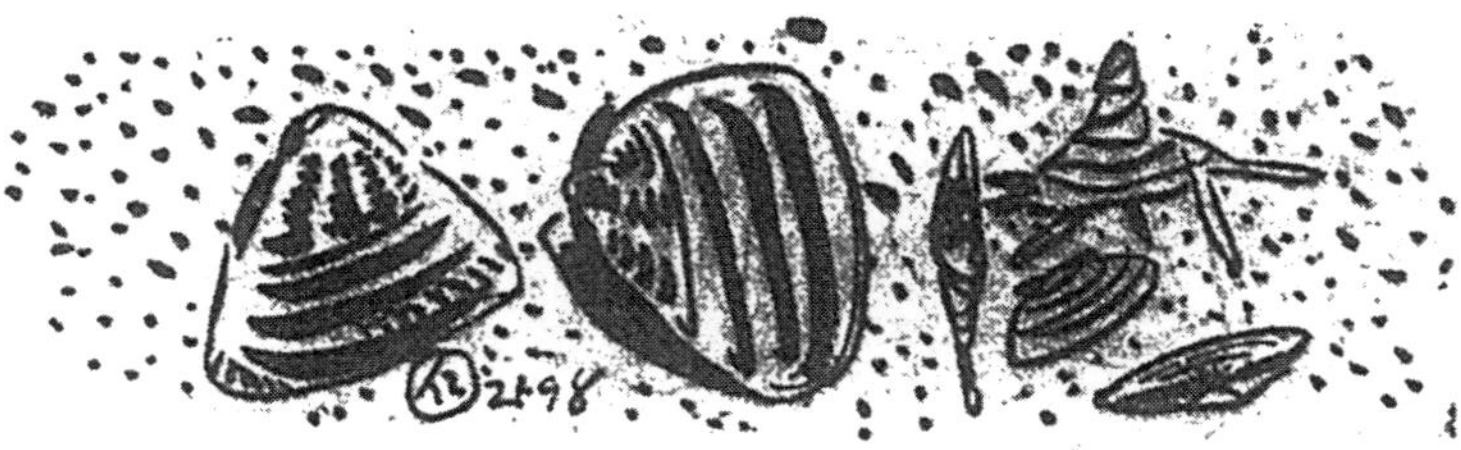

噯《あい》！
噯《あい》！
洋車夫《やんちやふ》は印度王のごとく叫びつづけり。
洋馬車《やんちやつ》は街から天にのぼりゆけり。
噯《あい》！
噯《あい》！

黄土

満洲にも優しき蟲のゐて
きりきりす・ちよ・きりぎりすとは
鳴くものか
いづくの草むらなりや
姿は見えざれど聲はあり、
花のすぎたる草分けてさがせども

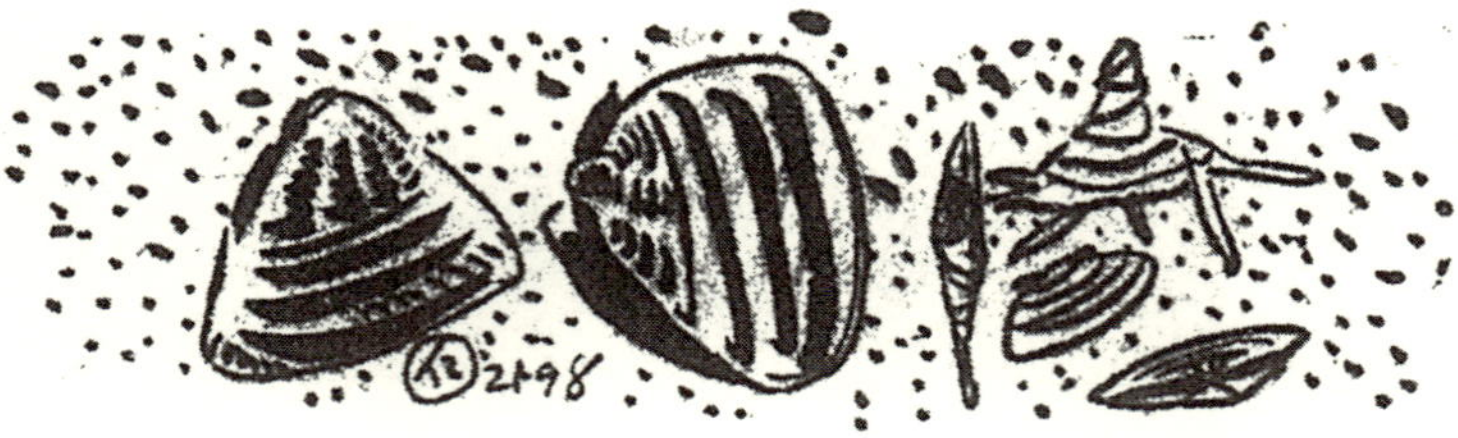

黄土は烟り
蟲は逃がれぬ
ここに來てあはれぞも
きりぎりすの鳴く聲に逢はむとは
誰がおもふべき。

ひこばえ

この花は何といへるにや
山々の春も深きに
支那語のごとく點々として
黄土をつづる花は何といへるにや。

荒野の王者

荒野の果に

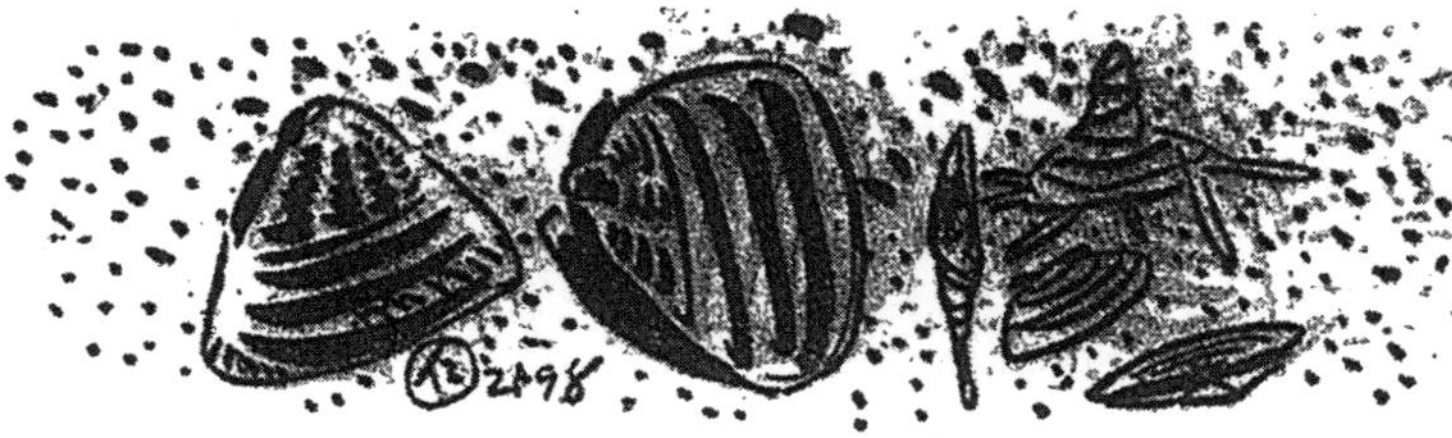

砂けむり立てつつ
熊のごとき豚のあゆめり
毛は赭く荒々しく
爪は鎌のごとく光れり
あはれ豚とは云ふなかれ
ひもすがら荒野の果に遊びゐて
時刻《とき》をも知らざるの豚なり
終日鳴くことなき豚なり。

山なきところ

褪せたる藁のごとき土の色、
土の色は荒野の色、
楊柳は扇のごとく枯れ
行くところ山を見ざるなり、

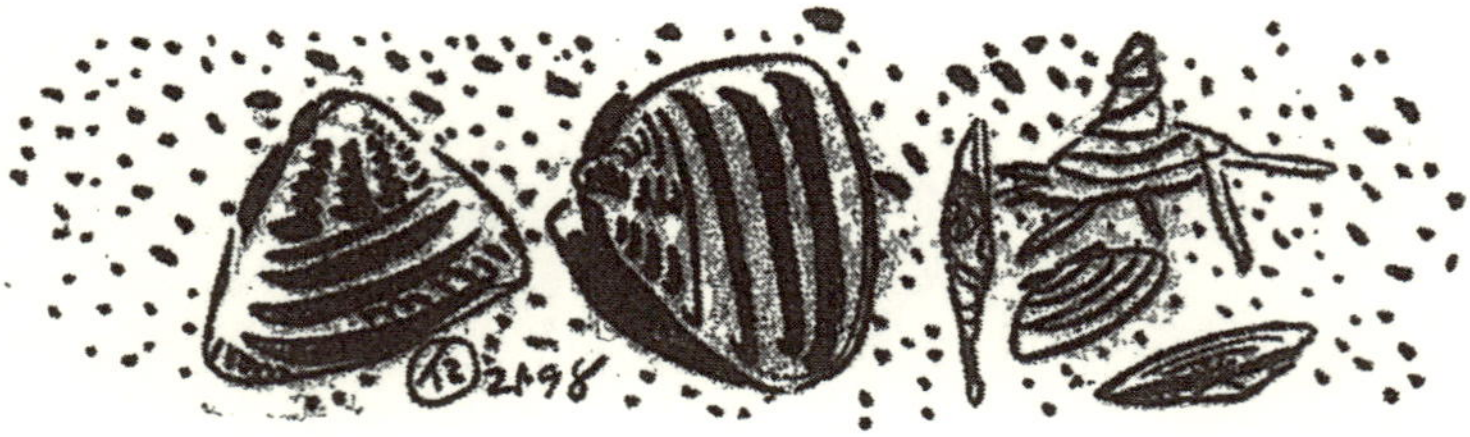

山を見ざる荒野のありや、
あはれ山を見ざる荒野は比處なり、
きみにも見せたや、
行くところ山を見ず
百萬年寝ころびしままの荒野なり。

星ふる

星さへ乾きて
攫かむとするは美しきかな
北滿の野に風死して聲なく
星のみ燦として降れり
危なくて通れないぢやないか。

道《だう》外《ぐわい》

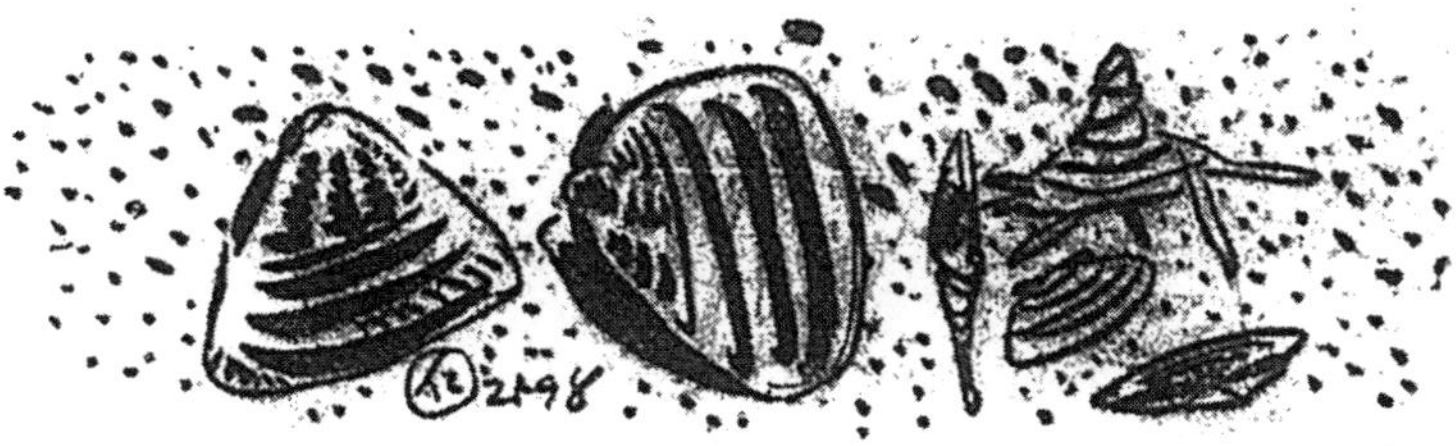

この街は古く
獨逸紙幣のごとく
ほそながくちぢれて
甃石はすりきれ
歳月《とし》の古きより續きたり、
往き交ふ人に國籍なく
かざすべき旗もあらざるなり
馬車の窓《まど》々に花を見ず
人は憂へてしづまれり。
我はまた旅びと
なにをか語らはん。

中央大街裏《キタイスカヤのうら》

ことばは分ちがたけれども

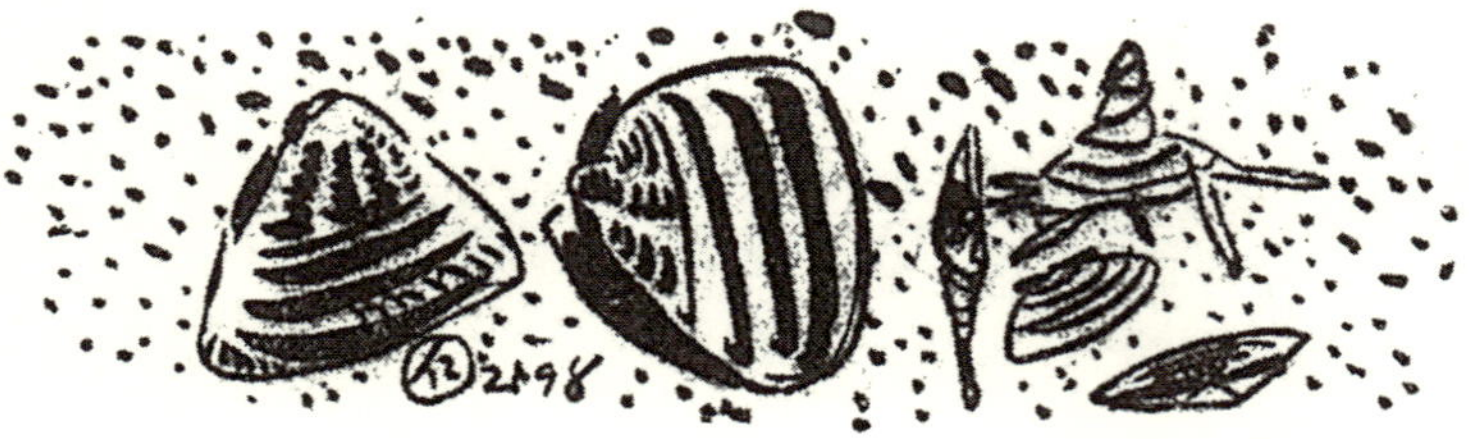

肌さしのべ見よといふならん、
おのが肌のうつくしきをいふならん、
さらばいま少し寄りたまへ、
大なる膝すすめたまへ
いかなる驚きのあるならん

ニコライエフスキイ寺院

此處に來てまた何をかいのらむ
きみが上《へ》か
わがさちか
猫柳の花つける小枝をささげ
われもまた額づきて
何をかいのらんとす。
きみが上か

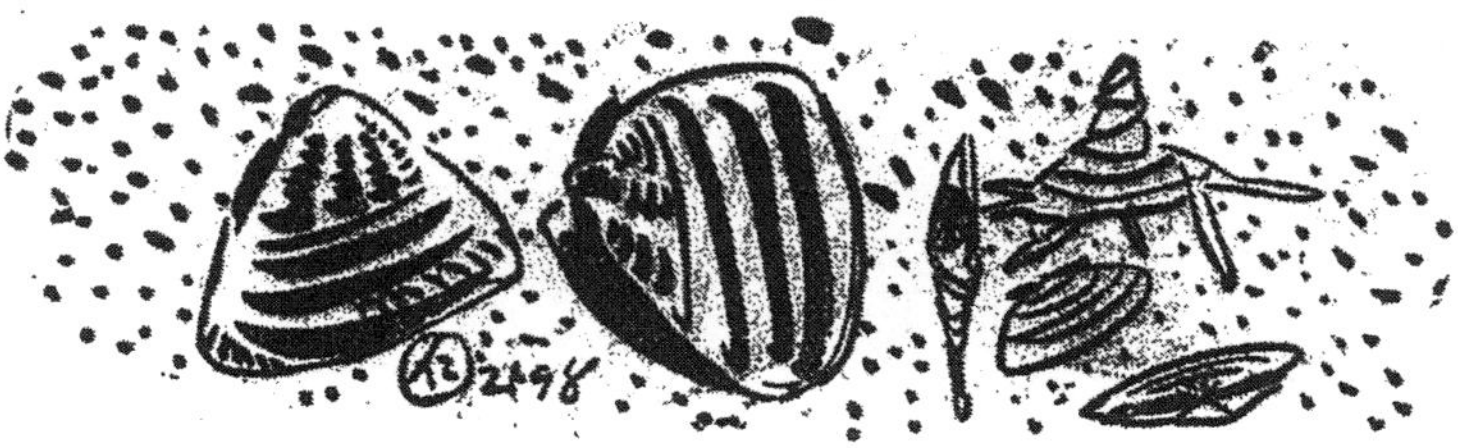

わがさちか
仄ぐらきなかにありて
胡弓のごとき聲をあぐるは
露西亜のおとめご、
えにしあらば亦逢《あ》ひもすらむに。

南京豆

一疊の土間
一疊の床
女ありて深く睡れり
南京豆は嚙みくだかれ
色のつける紙は土間に、
ここは世界の果、
世界の果に女ひとり睡りて

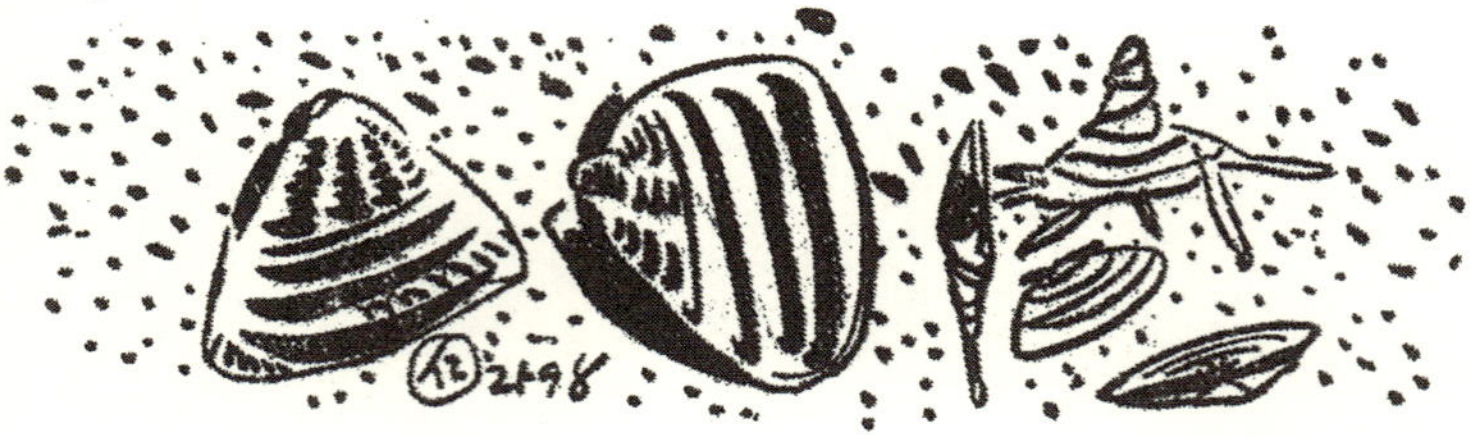

その顔うごかざるなり、
うごかば鬼のごとく見ゆ、
うごかば恐ろしきなり

朝鮮

わが汽車は朝鮮に入り
夜はほのぼのと明けたり。
楚に鳩立ち
河ありて船もやがれ
たけ高き人等らつどひて
材木をはこべり、
かかる景色はすでに疲れて
油繪のごとく動かざるなり

51 田中克己「軍艦茉莉に於ける安西冬衛」（『四季』一九三八年一一月）

「軍艦茉莉」に就いて

――現代の詩集研究VI――

軍艦茉莉に於ける安西冬衛

田中克己

「軍艦茉莉」は我が少年の日以來の最愛讀書の一つである。否この書は僕のみならず、日本の少年で「雨月物語」や蕪村の俳句や「今昔物語」や芥川龍之助などの一系列を愛するものすべてに愛されるべき運命をもつて生れ出でた書である。

日本文學のこの系列は正統ではないかも知れぬが、しかし少くともその一性格を形成する傳統であることにまちがひはない。敍事詩の形をとつた抒情詩である。焦點は物語になくして、背景をなしてゐる。舞臺にあるのはアトモスフェアだけである。氣分の文學、心情の文學である。

しかしながら安西冬衛の「軍艦茉莉」はその多くの追隨者には敍事や風景の文學と思ひ誤られた。成程彼はアジア大陸、特にその門戸をなす大連やその中軸をなす蒙古や伊犂の高原、そんな多くの土地の風土の記述に類したものや、物集茉莉《もづめまり》なる一性格や、多くの象形文字についての說文的解釋、さうしたものがこの詩集の根幹をなしてゐるやうに思ひこますが、實は冬衞はそんなものをねらつてはゐなかつた。

彼はそれらの題材を自由に驅使して一つの安西風な雰圍氣のみを造り上げてゐたのである。この雰圍氣の美しさ水蒸氣の少い大陸的な鮮やかさ、は最も著しい此詩集の特徵である。(此詩集以後になると冬衞が雰圍氣といふことを意識しすぎて、その詩を却つて材料ばかりの堆積にしてしまつてゐる、といふことがやはりこの一の證據である。)

日本の若い詩壇は一時この詩集の雰圍氣の爲に攪亂されてしまつた。アジア大陸を見るのに今でも詩人達は安西冬衞風な角度から見てゐるのではないかと思はれるふしが屢々ある。この力強い影響も無視してはならぬものだ。

　　牛馬は絡繹と月の出の府を流れてゐた。　(役)

この府は現實の洛陽府でも開封府でもないのだ。しかし何と美しい象形文字の花綵《はなづな》であらう。

　　藁におりて冬蝶は、もうそれとみわけられぬ
　　藤波は夙く眠り、家畜達も今は寒を避けてゐる　(眞冬の書)

この二行ほど澁い上品な色彩の詩を知らない。これは物集茉莉の豫示である。僕は安西冬衞をこれらの行から愛しはじめたから、口吟んで人に勸めずにはをれないが、しかしここにどんな敍事があるか。冬蝶と藤波とを隣の行に置いたこの情緒が詩人の天禀を示してゐるばかりである。

兎も角、この詩集は今も讀まれねばならない。しかし眞似てはならぬ詩のあることを知らねばならない。一時安西冬衞風といふことばが流行つたやうなことがまたあつてはならない。それは却つてこの詩集を引き墮すことにな

るだらう。

例へば「軍艦茉莉」の詩の中にある大陸の背徳性、これは他の人はもう決して歌つてはならぬものだ。「閹人猶氏」に表はされた大陸の惨虐性、これも眞似てはならないものだ。

この詩人は此等の煙霧の蔭にかくれて安全でゐる。彼は誰にも侵されない領分をもつてゐることを知つてゐる。

勿論この詩集にも缺點はある。

王様ノ黒子ハ主ニ面白イ　（Khan）

これなどは悪い傾向だから讀者は眼をつぶつて通るべきだ。しかし鞍山站と戰役とを歌つた詩「騎兵」などその才能に於て比べもののない彼の面目を表し出してゐる。平家物語の一節を現代化したやうな倦怠感にみちた軍物語がひろげられてゐる。

騎兵は飾られた肋骨を張つて――小太鼓の音につれて大部隊の移動を開始した

騎兵は飾られた肋骨を張つて――すでに落日の部落へ蝗のやうに潛入した

その夜

騎兵は飾られた肋骨を張つて――華やかな洋燈の下に古風な圓卓を圍んだといふ。

それにしてもこの詩の中にも何かいはば不健康な、瘴氣のやうなものがあるやうに思はれるのは如何いふわけだらう。僕自身などが會つた安西冬衛氏は健康な明るい穩やかな紳士であるのに。

それは恐らく此詩集のつくられた大陸のせいであるにちがひない。實際に彼はあの大連の市に「住み古りた」（澄

める　しかし今は凶鄕泉州堺の町に歸り住んでゐる。堺は南蠻貿易の行はれた昔時の世界有數の都市であつた。町ぢう藥の香と潮の香がする。やはり一癖も二癖もある市である。

私はやがて三十に近く、私の存在は相變らず松の花よりも乏しい　（松の花）

ことばを見つけることにある詩人の特性がどの詩にも表はれてゐる。こんな一寸した行を見ても「松の花」とは云ひあてたな、と感じさされる。それにしてもこの詩集の聰明な眼を未だにもちつづけて、松の花よりも乏しかつたといふ時代をすぎた冬衞の詩情はどんな雰圍氣を發散することだらう。

⑫北川冬彦「滿洲の思ひ出」（『シナリオ研究』一九三九年四月）

168

滿洲の思ひ出

北川冬彦

びしよびしよ降りはじめた雨
凍りつき
街といふ街が
一夜に
スケート場と化したことがある

169

われら欣喜雀躍
表通りから
裏どほり
スゥー　スゥー　スゥーと
縦横に辷り
馳けめぐる

空はカーンと碧く
身には翼が生えたやう

あゝ失はれし幼き日よ
せめて
しばしその思ひに耽らう

㊸寺崎浩「続・満洲通信―大連―」（『文学者』一九三九年六月）

續・滿洲通信

大連

寺崎浩

大連は滿人と邦人の生活が劃然としてゐる所である。それは埠頭と工場都市であるためだ。苦力と勞働者は滿人、知識階級資本家商人は日本人といふやうに大別出來る。市街も西崗子全部、寺兒溝、千代田町附近、奥町監部通りあたりといふ自然に滿人の集團部落が出來てゐる。滿人に接觸しまいと思へば接觸しずに暮せるのである。

滿人も三泰油房の事務員や千代田町の商店街の商人など、實に服裝も綺麗だつたし、顏も近代的な神經質な顏をしてゐた。滿洲のどこの滿人より美しく洗練されてゐた。

大連が一番都會であつて、あとはどことなしに泥臭く垢拔けのしてゐない所がある、滿洲特有のにんにくの臭さや馬糞らしい何とも云へないかびたやうな胸のむかつく匂ひは大連が一番尠い。碧山莊の苦力でも他のよりは綺麗である。

露西亞町も落ち着いたいゝ所である。灰色の煉瓦づくりの同じやうな家がかなりな庭を取つて並んでゐる。木立と鈍い頑固な家は非常にしつとりと落ちついてゐる。ゆるい坂もある。デリカな味のある通りである。

スラヴの文化の一端はこゝでも分るし、非常に民族的でありかなり洗練されたものである。しかし大連の最近の建築である赤や桃色の煉瓦で作つた、外からも明るい輕い感じのする建物の方がいゝと思ふ。箱のやうな重苦しい感じを與へる露西亞風は南滿では不必要である。

西崗子の露天市場へ行つて見たのであるが、雪の降つた日だつたので店の品が藁で包まれて轉つてゐた。細い露地にはソーセーヂを數拾本ぶら下げた飲食店や銀色のぴかぴか光つた鍋や食器を見せた飲食店が並んでゐた。

その内の一軒へ入つて、細い佛樣の花いけのやうなお銚子の酒を飲んだ。ジンみたいな酒で高粱酒だといつてゐた。ソーセーヂや肉の天ぷらみたいなものだつたがうまかつた。

細長い板に足をつけたやうな椅子と簡素な卓子だけである。

硝子窓から裏通りが見えた。壞れかゝつた赤煉瓦にはさまざまな紙が貼りつけてあつて、ゆつたりと人が歩いて行つた。時々すつきりした女が通つたが書館の女なのであらうか。

外へ出ると着飾つた綠衣の女が一人、一米ほどの綠色の棒をはいて、竹馬よりもゆつたりと歩いて行つた。その後から黑い長衣の滿人たちがちよこちよこ群つてついて行つた。

——高脚踊のあれですね。

と僕が云つたら、

——滿人は舊正月で、しかも今だに正月氣分でゐるんですよと案內の宮永君が話してくれた。

露西亞波止場の美しさは今だに忘れがたい。伊豆の三津や靜浦あたりよりも美しい。柿の實の色をした戎克《ジャンク》の帆が重なつて港一杯に擴がつてゐ、北海道の海のやうに碧い深い海が帆と帆の間からぢつと動かずに眺めてゐた。背景の山も美しい。

——あゝ、いゝな。

と云つたきり立ちすくんでしまつたのを覺えてゐる。

波止場の石疊の上には油粕の丸い黄色い車輪みたいなのが、銅貨を崩したやうに放り出されてあつたり、島田の女がぽつねんと海の面に眺め入つてゐたり、人力車夫が自分の車に腰を下して煙草をふかしてゐたり、馬車《マアチョ》が漠然とそつぽを向いて人を待つてゐたりした。廣々としてゐる癖に雜然としてゐて、それでゐてどこか伸び伸びと屈托なげであつた。

町の中から白雲山を見た風景もいゝ。地下室で飲んで、外へ出ると日が當つてゐる侘びしさもなつかしい。

東京などよりづつと物資も豐富である。詩の都會である。いはゞ神戸のすぐ隣りの街である。

滿洲文話會の人たち

文和會の人たちとかなり逢つた。大連は內地依存を捨てゝ、新しい滿洲文學の發生を企てゝゐるやうに見えた。

新京は新鋭綠川貢君の元氣さに引きかへ、文學が趣味であることに嘆きを感じ、未完成の國に些か虛無的になつてゐるやうに見えた。文學の生長、文化の發展にむしろ諦めてゐるものゝやうであつた。

哈爾濱は內地依存もいゝといふ氣構へがあつた。內地の文藝雜誌を利用した方がいゝといふ僕の意見に、素直に受け容れてくれるなら利用してもいゝといふ態度だつた。

が、槪して、文壇の一種の空氣に怖れと警戒と諦めとを持つてゐるやうだつた。また眞に滿洲に好意と興味とを感じてゐるか疑つてゐるところがあつた。もし本腰を入れる作家ならどんな助力も惜しまないといふ風だつた。

大連の吉野治夫氏は早大の佛文で、僕なんかより少し後の人らしい純粋な感じを受けた。「作文」といふ滿洲の同人雜誌に書いた「膝を交へた五人の作家」といふ隨筆は立派なものだし、あれほどよく人を見てゐるものもない。つまり白紙だからだと思ふ。滿洲の小林秀雄だ、といふ批評もなほどとるうなづかれる作品も病的なほど冴えた肌理の細かいものである。文壇へそのまゝ持つて來ても立派な存在となる人である。

竹内正一氏とは哈爾濱で逢つた。淺見淵氏などと同級で佛文出である。「氷花」一卷を讀んだが實力を出しきつてゐない。手法なども完成されきつたものだし、人間の穩やかさも優しさも作品のまゝである。東京の激しさの中にくればどういふ變化を示すだらうかなどと思つた。

日向伸夫君は技術はまだ生だが伸びてゆく人であり、滿鐵現業員として有利だから大いに響くといゝと思つた。

大連では藝術座といふ滿洲の劇團の人に逢つた。人のゐないこと、藝の不足、經濟的援助の尠なさ、稽古の出來なさを嘆じて、內地依據の氣持を出してゐた。新らしく作り上げるべきだと僕は思つたが、それをやりぬく自信はないものゝやうであつた。

土地の劇團を育て上げるといふよりは輕蔑し去るやうな傾きがあり、東京の新劇にたゞ憬れてゐる所が見えた。その傾きに劇團自身が捲き込まれてゐた。

滿鐵社員會から出てゐる「協和」へ每號のやうに書いてゐる甲斐巳八郎氏には感心してゐる、繪もうまいが、文章もその色感や雰圍氣や習俗などを鋭く捉へてゐて實に立派である。またこの人くらゐ、滿人の生活の中へ割り込んで行つて、鋭利な觀察眼を働かしてゐる人はちよつとない。

隨筆家の隨筆は一つの型があるが、甲斐氏の紀行は畫家らしい隨筆で、よく分る點隨一である。また隨分へんぴな所へ行つて繪と文で紹介してくれるのに每號驚嘆してゐる。

ファンタジア

ハルビンのキヤバレである。女は白系露人ばかり、ボーイは露語のうまい滿人や露人。ソコロフ・オーケストラと云つてゐるが上海から來てゐるのだといふ。

プログラムは英語と露語とで書いてある。終りに日本語で書いてある。

一、東方ダンス
二、椅子ニヨル三人滑稽
三、異變ダンス
四、獨　唱

五、小歌劇ノ一部
六、フオツクストロツト
七、カウボーイダンス（レビユ　バレツト）
八、獨　唱
九、マヅルカ（デリバ氏作曲レビユバレツト）
十、獨　唱
十一蝶々ダンス
　教師　フエオクチストフ

　これがその日のプログラムの全部である。僕が見たのは三、までで、三までの間に五六回以上、社交ダンスのタイムがはいる。

　僕の、といつても案内者は滿鐵福祉係長梅田滿洲雄氏でありその部下の山崎靜男氏と三人の卓子のことであるが、僕の卓子へ來た年增の露人と三人變る變る踊つた。梅田大人が暫くからひいきにしてゐる女であるといふ。

　卓子の上には珈琲ポツトとキユラソオ。キユラソオは口へ入れるとぱつと擴るやうなアルコールの强いものだつた。巴里製か何かで辛うじて殘つてゐる内の一本だといふ。どうやらそれらしいものだ。そしてそこにゐる滿人のボーイが肥つてゐて、映畫の中にでも出て來さうな惡の匂ひがする男だつた。キユラソオは珈琲を呑みながらでないと强すぎて腰を拔かすといふ。流石の僕も銀座ならぬ知らぬ土地のこと故醉つ拂ふ譯にはいかぬ。

　東方ダンスに出たステーヂの女の子を呼ばうといふので、呼ぶと間もなく來た。十八くらゐの美しい子である。明るくて無邪氣で、全くの子供である。肢體も美しかつたが、踊りもセンスがある。梅田大人はしきりに話してゐた。分らなくなると山崎君に通譯を賴むのだ。僕は面倒臭かつたので默つてゐた。

　露人の女は十七八くらゐは綺麗だがそれを過ぎるとみんな汚くなる。山崎君は肉食の關係ぢやないかと云つてゐた。十七八には恐ろしく美しいのがゐる。けれども一度も性的魅力のやうなものを感じなかつた。民族の差からくるのだと思ふ。

　スパイ・ルートは哈爾濱新京東京だといはれ、哈爾濱はその根據地ださうだ。このキヤバレには「あれは軍人で中佐だよ」と梅田大人がいふやうな人も來てゐたらしいが、向ふのスパイもゐるだらうし、滿人になりすました日本人が逆スパイでゐるかも知れない。さうなると映畫か大衆小說にはなる面白さはこんな所にあるのだらう。

×　　×

㊹阪口涯子「大連駅にて」（『セルパン』一九三九年七月）

大連驛にて

阪口涯子

苦力の子　母の肩なる荷をなぐさめ
巻ぶとん並べ税吏の指を怖れ
巻ぶとんの古きからくさ目にしみる
満洲紙幣あつし一枚の切符買はれ
苦力群れ曠原北に乾燥せり

⑮ 近藤東「詩人・満洲ニ行ク――Cendrars 風ニ」（『新領土』一九三九年一一月）

詩人・満洲ニ行ク

――Cendrars 風ニ――

眼鏡ヲカケテキル
ソノ上複眼ダ
詩人ハ一匹ノ蝶ニナル

海峡ヲ渡ル

乳色ノ河ヲ遡航スル

国際列車ノ窓ヲ閉メル

電報ヲウツ

高粱ノ穂ヲ見ル

花卉・果実ノ貧困ニツイテ

日本人ノ犯罪ニツイテ

馬車《マアチヨ》ドライラツク

苦力

氷砂糖

G・P・U

滿鐵職員ニロシア語ガ流行スル
ニツケデ犬ニアイスクリイムヲ喫ベサセル女ハ僕ノ妹デス（新
京）
アメリカ人ハ言フ〈滿洲ハアメリカダ〉
ロシア人ハ言フ〈滿洲ハロシアダ〉
　關東軍
　協和會
シカシ
ドニエプルヲ笑フモノガ出來ナイトハ言ヘヌ
トルクシブニ對抗スルモノガ出來ナイトハ言ヘヌ
詩人ハ眼鏡ヲ拭フ

コダツクヲ**ホテル**ニ忘レル
北方ノ林業ハ**スムウズ**デアルカ
サウダツタラ何故デセウ
サウデナカツタラ何故デセウ
南方ノ豆粕集散ハ**スムウズ**デアルカ
サウデナカツタラ何故デセウ
サウダツタラ何故デセウ
サウデナカツタラ何故デセウ

㊻八木橋雄次郎「満洲詩壇の現状」（『蠟人形』一九四〇年九月）

滿洲詩壇の現状

八木橋　雄次郎

先日、大連の西原茂氏の二番目のお孃さんが急に亡くなられ、大社教でお葬式があるといふので、私は旅順から出かけて參りましたこの詩人は大へん星が好きで、特製の原稿紙に星を刷込み、作品に星を歌ふ。（私が新京に行つてゐた時でした。ラヂオで滿洲文藝の夕といふのがあり、滿洲各地の放送局から夫々の趣向を盛つた放送があつて、大連からは詩の朗讀がありました。私は文藝座談會をするといふ新京の方達と一しよに中央放送局に同行し、應接室でそれを聞いたのです。西原氏の番になると、はてしない波路、はてしない波路……おーいお前はア……擬音と音樂に交つて氏の立派な聲が流れ出しました。かねてから、朗讀や放送のための詩は、讀むための詩から別個に新しく書かなければならないと言はれ、種々研究をされてゐたことゝて、技術も周到で、深刻な作品の內容がそのまゝ聽く人の胸に深い感動を與へずにおきませんでした。……それにしても何といふチグハグなことだ、私はじつと帆柱に摑つてゐる……星が呼んでゐるやうな氣がする……西原氏はやつぱり最後には星を歌つたのでした）亡くなられたお孃さんの名もたしか星子さんといつたと思ひます。

星の美を愛する詩人は、實に悲しい星を叩き落したのでした。その夜は、雨雲で星の姿も仰がれませんでした。神なる愛孃の遺骨に玉串を捧げる氏の敬虔な姿を見て私はほろりとしました。「鵲」の同人に代つて私も玉串を捧げました。「鵲」とは私達の發行してゐる詩の同人雜誌で、滿洲では最も有力な雜誌とされてゐるのです。玉串を捧げてから二禮二拍すべきでしたが、私は二禮するのを忘れたのでした。少し慌ててゐたのでせうか。それにしても、なぜ私はこんな事をくどくど書かなければいけないのでせう。實は、こんな事が、こんなチグハグな事が滿洲の文學や詩の現状だからなのです。

もつと說明しませう。出雲の祭神を信仰する大社教は、大連の中央市場や三越やピヤホールの裏手（この附近を吉野治夫氏といふ滿洲の作家が奇術の街と呼んだほど原つぱに急造されたビルディング街）の原つぱの端、アカシヤの森を前にして、キリスト教の教會堂とにらめつこしながら建つてゐるのです。アカシヤの森の中にはプールと自動車道路と植物園と野球場と料亭とテニスコートと兒童遊園地とあつて、その丘の上に忠靈塔が聳えてゐるのです。この忠靈塔には日淸日露の戰爭の時の蓋平以南の戰死者が祭られてゐるのです。その裏手は高い岩の山で頂には日の丸の旗臺があります。

第二期超現實主義と題し、古典呪文精神を提唱して注目されてゐる西原茂氏、といふよりは、一般には女學生詩集「順送球」の編者西原氏が、かうした風景の中の大社教の神前に悲痛な玉串を捧げねばならなかつたのですどんなに大きな望遠鏡でも、波の彼方に日本の島を覗くことの出來ない此の土地で、星の輝きを歌ふ詩人、そして令孃星子さんを失つた詩人、そして滿洲の空は日本のどこで仰ぐ空よりも廣く、空氣がかはいてゐるので星はきら〳〵と永久に美しいのです。

令孃の病氣は疫痢でした。だから一日で亡くなられたのでした。今大連は眞性コレラが出て海水使用禁止です。ハルビンからの便りでは七百名餘の腸チブスの流行ださうです。困つた流行です。「困つた流行」の中に立つて滿洲の詩人達は毅然と、實に毅然と仕事をつゞけてゐるのです。

私は西原氏の事ばかり詳しく書いてゐるやうですが、それは一例にしたのでした、かういふ事は觀覺を轉ずればどの詩人にも例をとることが出來ますし、その詳細な描寫が直ちに滿洲の文學や詩の説明に非常に役立つばかりでなく、むしろ深くさへ讀んで戴けるならば其れ以上の説明が無駄になるのではないかと思はれるほど有効だと考へられたのでこんな事を書いてみたのです。

超現實主義と大社教、ドライヴウエイと忠靈塔、困つた流行と詩人、それは對立してゐるのでせうか、同じなのでせうか、あたりまへなのでせうか、非常なのでせうか。それは私には分りません。しかし、急行列車に苦力が乘り（乘つて惡いことはありません）大學生が鍬をかつぎ、原野をアスフアルトの大道路が這ひ、支那料理屋からオケサ節が聞え、キタイスカヤ街を浴衣がけの旅人が散歩してゐるのが滿洲の現實なのです。それは過度期に於ける特殊の現象だといふ人もあります。けれども私の考へでは、この現象はいつまでも特殊であるだらうと思はれるのです。

日本人が特殊にし、特殊になつてゐるやうに、滿洲人やその他の民族もこの土地では特殊になりつゝあるのです。この現象を建設途上と呼ぶ人が多いのですが、天壤無窮に發展する私達にとつては、建設途上でない時代はないのですから、私はこの言葉にあまり共鳴はしません。特殊と言つたところで、いつまで經つても特殊でなくてはならないのですから、日本から見ればチグハグな滿洲の姿をも私達滿洲に生涯を終へやうとする者からは極めて當然な姿としか見えないのです。又見ないわけにはいかないのです。

したがつて、特殊な場所、特殊な時代に在るから特殊な作品（あくまで日本内地のあなた達から見て）になるかと申しますと、一概にさうは言はれないだらうと思はれます。なぜなら、場所と時代の摩擦熱によつてのみ作品が生れるとは限らないからです。竹内てるよ氏の「靜かなる愛」のどこに場所や時代があるといふのです？立派な藝術作品は場所や時代を超越するのではないでせうか。竹内さんの人生の眞實の美しさそのまゝがあれらの作品になつたのだとも言ひ得ませう。勿論詩人の人生たりとも、場所や時代を離れて存在し得ないではないかと逆襲されるなら、其の範圍内で頷くことは一向差支へないのですけれども。

私達滿洲の詩人は特殊な場所と時代にあるが故に、特殊な詩作をし、特殊な詩境を形成してゐるのではないかと想像されるなら、それは大變お氣の毒なことであり、私達にとつては迷惑な事だといふことが分つて戴けるでせうか。さういふ單なる外的條件でなく、内的な條件、例へば特殊な場所と時代の上に置かれてゐるが故の私達滿洲在住者の少しばかり特異な人生或は生活内容、又は私達の思想、さういふ意味からならならば、勿論日本の詩人達とは幾分かは違つた空氣を織り出してゐることは事實でせう。

滿洲の詩人達の中には、私の考へ方と全く違つてゐる人もないではありません。我々は滿洲に住んでゐる、我々は故郷喪失者である、我々は新時代の建設人である、我々は原野の上に跣足で立つてゐる〃といふわけて、無理にも意識的に氣勢を上げ、日本の詩人達との間にどうにかしてでも一線を引かずにゐられないとする急造のホイツトマンもゐないではありません。だが、詩が藝術上如何なる位置をしむべきものであるか、詩は何から生れるものであるか、新體詩から所謂純粹詩の發展が、果して場所を異にしたが故の發展であつたか。詩は他の藝術と其の節操の上にどういふ相違があるものかを知つてゐる思慮深い詩人達は、あんまり騒ぎ立てずに靜かに仕事をつゞけてゐるやうです。

さういふ詩人達はどこでもさうでせうが、無理な主義主張をしないものです。だから、作品の傾向が幾ら違つてゐても寄集つて同人雜誌を發行するのにも一向差支へないものです。私達の「鵲」といふものがその一つです。同人は、瀧口武士、井上麟二、小池亮夫、松畑優人、西原茂、三好弘光、宮下秀雄、棚木一良、一戸洋一、吉田武夫、加藤正之助、氏等と私です。村野四郎氏の言を借りるならば「荒々しい棘のあるイメージ、暗黒で巨大なモンゴール風の、これら有力な詩人がたえず誘によつて中央に新しき一筋の源流を流してゐることは事實」（去年の文藝汎論三月）ださうですから、詳しい紹介は手まへミソになりますし、この言葉で代へさせて戴きませう。たゞ、近頃次第に荒々しさと暗黒さはうすれていつてゐるやうです。

同人雜誌で外に「作文」といふのがあります。小説や評論と一しよになつてゐる所謂文藝雜誌で、小杉茂樹、高木恭造、落合一郎、古川賢一郎、古屋重芳、坂井艶司氏等の詩人が同誌に寄つてゐます。いづれも滿洲では古い詩歴を持つた有力な詩人達です。小杉氏の處女詩集「麥の花」は第一回G氏賞（滿洲ではじめての文學賞）を貰ひ、高木氏の詩集「鴉の窗」は今回文話會賞（滿洲文藝人全體の會）を貰つてゐます。

滿洲の文學は詩人達によつて草分けされ、詩人が常に重要な位置を占めつゞけてゐることは日本の文壇と違つてゐる所で、若いからと言へばそれまでかも知れませんが、一國の文藝を正常な姿に於て育てて行くためにいつまでもさうあつてほしいと念つてゐる次第です。これを機會に、北川冬彦、安西冬衞、瀧口武士氏等が、日本の詩の歴史上どんな役割を果した人達であり、それが滿洲の生むべくして生んだ詩人達であつたことなど書くとよいのですが、いつかの日にゆづらねばなりません。

その外「二〇三高地」といふ同人誌があつて、島崎曙海、川島豊敏氏等が、荒々しい生々しい詩作をつゞけてゐます。撫順の「斷層」や大連の「大陸文陣」その他方々から若い同人雜誌が發行されて、滿洲の詩壇は（果して詩壇といふべきかどうかは別として）まことに賑々たるもので大に期待してゐるところです。藤原定氏も健在で諸雜誌に作品を發表されてゐますし、逸見猶吉氏も元氣です。岩本修藏氏が、滿洲國の龍江省に移住されたといふ通知をずつと以前貰つたのでしたが其の消息が分りません。藤原、逸見、岩本氏等の日本有力な詩人達を迎へて、私達は嬉しく力強く思つてはゐるのですが、どうもまだ積極的な仕事は見られないやうです。

安達義信、城小碓、横澤宏氏などまだ〳〵有力な詩人がゐますが、數年來殆んど沈默をつゞけられてゐることは殘念なことです。しかし、所謂現役にある詩人達は、或は作品を放送したり、大連座といふ演劇の會を指導してゐる絲山貞家氏等が朗讀の研究をして其れを發表したり、詩集が文學賞を獲得したり次ゝに詩集が發行されたり、ともかく諸文化に先行しつゝ華かな活動がつゞけられてゐるといふ事が出來ませう。たゞ、日本のあなた達からごらんになりましたら、拙い私の文章のやうに、ずゐぶんチグハグなことでありませうけれども。

作品の傾向などに就ても引例したりして書くとよいのですけれど、それもいつの日にかゆづりませう。若し、發表される作品によく注意されてゐられる方でしたら、昨年セルパンが滿洲の詩人達の作品を特輯された際によくお分りになつてゐる事と思ひます。それにつけても「鵲」の三千號の時、高村光太郎氏をはじめとして、日本の一流の詩人達が十數名ずらりと寄稿して下さつた事などと思ひ合はして、日本と滿洲の詩壇がお互に作品を交親する機會が澤山あるといゝなあ。などと考へてゐる次第です。

57 川島豊敏「在満詩人として」（『蠟人形』一九四〇年一二月）

在滿詩人として

川島豊敏

日本詩五十年の性格を、島崎藤村に初まるリリシズムを主流とするものとすれば、在滿邦人の築いた既成滿洲詩なるもののそれは、北川冬彦のサンボリズムと安西冬衞のフオルマリズムに始まる二十年であるとも見られるであらう。即ち、大正末期から昭和の初めにかけての北川、安西、瀧口一派の輝かしい「亞」の時代を滿洲詩の一高潮期とすれば、現在は種々の相貌を呈しての、轉換期と言ふか、推移期と言ふか、とも角、興味の深い時期に逢着してをり、次の一つの高潮期へと方向づけられてゐるのは事實である。

この事は、現代詩の緻密な思考の上では、お伽話のやうな一新時代を劃するやうな機會は望めないが、滿洲詩壇はまだ日本詩壇の上に重要なる座席を有するといふ、八木橋雄次郎の「亞」時代への郷愁とも見られる言葉があつたり、嘗ての詩誌「亞」の日本詩壇に一時代を劃したその夢を再現しやうと努めたり、或はそれへの郷愁は疑問を產むのである。何故ならば今日の日本詩壇の現狀を考へる時に、如何に不要の構へであるかゞ分るのだ。寧ろわれわれは滿洲詩壇の獨自性を檢討してゆかねばならぬと主張する坂井艶司があり、更に三好弘光は、滿洲詩の背景であり、棲家であるところの、大陸滿洲の、政治的社會的獨自性に對しても、滿洲詩は最も鋭い逞しいエスプリをふりかざし滿洲文學の最前線に立て、と一歩進めてゐる現狀である。

外に、バーバリズムを大上段に、建前以前の不敵な詩の破壞を敢行した島崎曙海や、主義主張でいい作品が書けるものでない、詩人としては結局いい詩の作品を產み出すより外滿洲詩も獨自性もあるものでない、かく内的世界に沈潛しやうと叫ぶ一群もある。眞の批評家を強く求めてゐるのもある。

ともあれ、「亞」時代への再現、郷愁は否定され、新しい滿洲詩と言ふものは、まだ判然とはしないが、滿洲と言ふ政治性に密接なつながりを特に强く保ち、日本人であると言ふところの、一つの大きな國民的信念の上に立つたある方向ではあるまいかと思ふ。

在滿日系詩作家に就いては、「滿洲浪漫」第五輯の三好弘光「滿洲詩論」を讀んで識ければ比較的歪められない理解と紹介の役に立ち得るであらう。

こゝで一言したいのは、滿洲詩壇に於ては、二、三の有力な詩人を除けば、殆んど悉くがまだ少壯中堅詩人の階級であつて現役的役割を持たされ、これからの部類に屬する詩人であると言ふことである。

從つて時として獨善的な、排他的な急斜面を見せたりする爲に、詩壇の全貌は理解され難かつたりするのである。

少し前に戻るが、我々が滿洲詩壇と今まで呼稱してきてゐるものは、解體してみればその多くは二三の有力な同人雜誌とそれを繞る詩人の漠然たるアトモスフエヤーであつて、詩壇と言ふものゝ核心に相當するものは見當らなかつた。

之等の同人誌を、ぐつとはみ出してゐる逸見猶吉、藤原定、岩本修藏等のゐる今日、當然それは異つたものとなるべきであり、その兆も見えぬこともない。

現在、詩の同人誌としては、「鵲」と「二〇三高地」の二册である。外に文藝誌「作文」や「斷層」「大陸文陣」其他である。

重複するが、以下これ等に據る詩人の名を擧げると「鵲」に瀧口武士、八木橋雄次郎、井上麟二、三好弘光、松畑優人、西原茂、小池亮夫、宮下秀雄、桃木一良、一戸洋一、吉田武夫「二〇三高地」には島崎曙海、舟木由紋、松島巖、山本雄、植田義雄、宮添正博、山田穎依、深町敏雄、青木郁子、岩本修藏、と筆者である。

「作文」には古川賢一郎、高木恭造、落合郁郎、小杉茂樹、古屋重芳、坂井艶司、安達義信。「斷層」と「大陸文陣」は今、手許にないが、母里山正夫、松本亞士、市來一郎、村上勵が前者に屬し、後者は一寸思ひ出せないのは殘念である。長谷川四郎、杉山眞澄、本池祐二、牧章造、阿南隆、丹羽綾夫、藍川千富其他筆者の眼の屆かぬ處に詩人の勉强がある。

最近、沈默の詩人に城小碓がある。この人に就いては多くを言ふを要さぬ。大連詩書俱樂部と言へば、塞外詩集を想ひ、城小碓を思ひあはすのである。もう一度、起つて貰はねばならない。

「亞」の嗣子であると、事毎にその傳統を誇つてゐる「鵲」も、その爲にか、すつかり詩に馴れすぎてしまつて、最近の鵲自體としてはその光榮を繼承し更に建設をしてゆくに足る積極性はない樣に見受けられる。

「作文」の詩人は主義、主張を表面に出さずに、常に默々として作品に心血を注いでゐるらしく、堅實な之等の詩人は滿洲では可成り長い詩歷を持つてゐる。最近に至る迄の滿洲詩壇を代表したものは實にこの二つの上に立つてゐたのである。

「二〇三高地」はかくして生れた。こゝには全く無名の新人が多く、それだけに逞しい滿洲詩の建設的役割を持たされてゐる。從來の二つの潮流に注ぎこまれるこのグループは、往々にしてバーバリズム呼ばはりを受けてゐるが、岩本修藏を迎へての新しい滿洲詩を想ふ時、意義深いものがある。(前記の通り筆者は二〇三高地に屬するのであるが、この事は決して自讃でも自卑でもない。)

目を轉じて滿系の詩人に就いて、どうしても書いてゆかねばならぬが、滿洲に於ける小說陣に見る樣な日滿作品の交流はない樣である。それにはジヤンルによる種々の困難さが横たはつてゐるとも想はれるが、筆者の勉强の足りないせいもあると思ふ。之に就いては次の二つの斷面を覗いて戴けるだけである。滿洲文話會通信の二十九號の「新春漫談會」と題する「藝文志」同人の座談會の速記がそれで、滿人作家古丁は「今日の文苑を見ると、詩苑は一番寂しい氣がするが、詩は散文と比較して見て何だか、敗北してゐるやうに見受けられるが、詩は文學の主流だらうが、今日の詩の零落をどういふに救つて行つたら良いのか、さういつたやうなことに就いて一つ詩作者の外文から……」との注文に應じ、外文

「この問題に就いて僕は短文を一つ書いて見たが、今の詩人を見ると、或るものは憤怒した、或るものは悲觀した、或るものは足を洗つた、これは要するに詩は文學的範圍の中で輕視、冷淡、嘲笑を受けたからさうなつたと思ふが、この輕視、冷淡、嘲笑に打ち克つ爲には、先づ詩人自ら努力しないと駄目だと思ふ」以下少し長文になるが續けて書き寫すと

「今の詩人は先づ（詩とは何ぞや）から勉强しないと駄目だと思ふね。……略……歎いものになると、散文とちつとも區別が付かんし、堅いものになると、譯が分らんといふ現狀だからね。……略……滿洲の文壇に於ける詩の地位を高めやうと思ふのなら、先づ詩歌講義の第一章から着手すべきだと思ふよ。新文學に於ては、小說は既に章回小說に代つてゐるし、新劇は既に舊劇に代つてゐる。たゞ新詩だけはまだ五言七言に代ることが出來ない。』

と答へ更に、小松は「僕は今日詩作品が少なくなつてゐることは寧ろ喜ぶ可き現象ではないかと思ふね。五年前のことを回顧して見るとそれが分るよ。五年前には猫も杓子も、ペンを持つものは兎に角皆詩を書いて居つたが、皆書き易いと思ふから、さういふ風に作つて居つたのだ。」と言ひ、古丁は又「僕は詩は成長し得ない運命を持つてゐるやうに思ふがね、支那でも新詩の成績は散文のそれと比較して見て相對的にあまり良くなかつたと思ふが、かういふ詩の敗北的宿命は詩人に依つて打ち克たなければならんと思ふ。」と、其外に、爵青、共鳴、等も眞劍に談じてゐるが、これは昭和十五年一月で、同四月の通信三十二號には遂に次の如き廣告が見られた。

「詩季」出刊

爲挽回滿洲新詩運動之頽廢、小說家山丁氏奮起組織「詩季社」、將發刊新雜誌「詩季」於四月中旬問世、體裁——菊版活頁、約六十四頁。定價——三角。等

以上を以つてこの一文を終るのであるが、編輯者の求めたものは、主張、抗議、提議とあつたのに、筆者は敢へて右の如きものを書いた。之は、本誌九月號に八木橋雄次郎の「滿洲詩壇の現狀」を讀んで痛憤してゐたので、在滿詩人の一人として、書かねばならぬことを書いたまでであり、個人として主張したい事をも控へ、飽く迄も全貌を報告するにとゞめた。而し乍ら前稿のものとの重複を除けやうとし、各詩人の作品に就いても種々の都合で遠慮した結果、こんなものとなつたが對照比較して讀まれん事を望んでゐる。

この外、滿洲詩壇の研究なされる方は、近く滿洲文話會の發行になる「作品年鑑」とか「滿洲詩論」を掲載する「滿洲浪漫」第五輯「作文」第四十三輯の詩人特輯號、或は各同人誌を手にしていたゞければこの上もない。最後に最近滿洲から出版された詩集を紹介して終らう。

詩集※「麥の花」（昭和十一年）小杉茂樹著　大連詩集倶樂部發行
詩集※「鴉の裔」（昭和十四年）高木恭造著　作文發行所
詩集※「崖つぷちの歌」（昭和十四年）坂井艶司著、作文發行所
詩集※「地貌」（昭和十四年）島崎曙海著、二〇三高地發行所
詩集※「巡禮の歌」（昭和十四年）廿地滿著　第一北方詩社
詩集※「譚」（昭和十四年）薑川千章著、滿洲文學同人
詩集※「青の祝禱歌」（昭和十五年）阿南隆著、第一北方詩社

（筆者「二〇三高地」同人）

⑱ 飯島正「春山行夫氏の『満洲風物誌』を読む」（『新領土』一九四一年二月）

⑲ 饒正太郎「ユリシイズ的『満洲風物誌』」（『新領土』一九四一年二月）

春山行夫氏の『滿洲風物誌』を讀む

飯島　正

旅行記は隨分おほく出版されてゐるけれども、自分の氣もちにぴつたりあつた旅行記といふのはわりあひにすくない。「自分の氣もちにぴつたりあつた」といつても、僕はさう偏狹ではないつもりである。いはば、文化的な見かたで書かれた具體的な旅行記で、書くひとがらがはつきり出たものがすくない、といふ意味である。ことに、滿洲や支那について書かれたものに、そのうらみがおほい。支那はともかく、滿洲に關するものについていふと、西洋人の本にも、さういいものは非常にすくない。その意味からいつて、今度春山行夫氏が發表された『滿洲風物誌』は、獨特なスタイルと見かたにみちたすぐれた旅行記であるといふことが出來る。いままでに出た滿洲の旅行記のなかでは、長與善郎氏の『滿支ところどころ』や、島木健作氏の『滿洲紀行』三人の考古學者の書いた『北滿風土記』米内山庸夫氏の『蒙古風土記』などとともに——またそれらとはちがつた意味で——特殊な地位をしむべき著作であらう。

僕は、『セルパン』に連載されてゐた當時から、この旅行記を愛讀した。さらに完成された書物も、一氣に通讀した。なによりも、この旅行記が、他の旅行記とことなつてゐる點は、觀察したあらゆるものをのがすまいとしたカメラ・アイ的な克明さである。ほかのひとだつたら、單に街上風景として見のがすやうなちひさな物品やそのありどころを、そのときそのままにうつしてゐる態度は、一見、なにものをものこらずうつしとるカメラのごとき非人間的な性質から來てゐるかのやうに見えるが、實は、詩人であり文化批評家である著者の批判によつて、歷史的に——といふのは文化的に考へられてゐる結果として生じたものであると、僕は感じてゐる。詩人の目によつて選擇された風物は、詩を生む文化人によつて、さらに掘りさげられてゐる。資料が生きてくるのは、そのためである。おそらくは、文化の歷史性が、他日、それらの一見なにごともないやうな具體的風物を、意味あるものとなすにちがひないであらう。なにげなしに書いた觀察の結果であるむかしの旅行記が、どれだけ後年文化の研究に役立つかを考へるならば、この旅行記の生命が、どれだけながいものであらうかは、たやすく想像がつくとおもふ。もちろん、これを讀む現在の僕たちが、すでに歷史をうみつつある滿洲國の文化に對して、この書物からおほくの指示をうけとることはいふまでもない。

滿洲國の文化について、抽象的なことは、おほくいはれてゐるが、抽象的なことは、現實から遊離しやすく、またいつの時代にも通用する便利さのもつ不確かさを、そのなかにふくみがちである。本當は、現在その具體化が、どういふありかたをしてゐるか、といふ事實を知ることが、抽象論の基礎になるべきであつて、これは特に、現地をはなれたひとの考へかたにとつて、大切であるとおもはれる。現地のひとの抽象論は、現地のひとにとつては現實であるかも知れないが、一旦書葉となれば、どこにでも通用し、現地のひとの意味するところとはちがつたものとなりかねない。そこをひきしめる役目を、この書物は帶びてゐるともいへるのである。

その場にゐて、日常生活を觀察することは、かへつてむづかしい。これは、旅行者にとつても、かなりおなじ程度にむづかしいのである。それを客觀化し、選擇し、選擇した結果を具體化することは、文化の觀念をもつた詩人のみがよくするところであるといはなければなるまい。その意味で、春山氏のこの本は、獨歩の地位をしめるものであると信ずる。しかも、氏は、自然のものに對する愛と文化的な觀察眼をもつてゐる。したがつて、その對象の選擇方法に、滿洲に課せられた歷史を限定するものの考察がくはへられてゐる。これも、この書物のひとつの特徵である。ひとのつくるものと、自然のつくるものとの交錯が、ここにひとつのまとまりをもつたものとして、登場してゐるのである。この本は、主として、都合地の觀察をのべてゐるが、その場合にこそ、いまいつたふたつの「もの」が、もつともちからづよくあらはされてゐるのだともいへるであらう。

この本を讀んで、僕は、旅行記が、いままでの旅行記とはちがつた文學のひとつのジャンルたりうることを、つくづく感じた。この種のものは、西洋にもあまり類がないとおもふ。個人的であつて個人的でないものが、紙のうへからわき出してくる。かういふ旅行記が、今後さかんに書かれることは、まことにのぞましいことである。ことに、春山氏は、この本につづいて、熱河・北京・大同について旅行記をものされる希望をもつてゐられるさうであるが、一日もはやく、それを完成されるやう、僕はいのつてやまない。

ユリシイズ的『滿洲風物誌』

鶴　正太郎

今日我々が文化を語る時、それは日本の文化を語ることよりも新しい東亜の文化を建設すべき日本の文化を語ることが大切である。新しい日本の文化を創造することは、新しい東亜の文化を建設することであり、また日本文化の大陸化なくしては日本文化の發展はあり得ないのである。このやうな意味で最近春山行夫氏が『滿洲風物誌』を公にされたことを我々文化人はよろこばねばならない。今日まで我國には滿洲國の政治や經濟を取扱つた本は數多いが『滿洲風物誌』の如く滿洲國の文化環境をつぶさに報告したものは一つもなかつたと云つていい。

春山氏の『滿洲風物誌』は決して單なる旅行記ではない。氏があとがきに示してゐる如く、これは旅行記であると同時に調査報告であり、又印象記であると同時に文化史的風物誌である。私はこの『滿洲風物誌』が優れた文化史的風物誌である理由を、三つの項目に分けて考へてみたい。

1　春山行夫氏が滿洲國へ出掛けるに當つて滿洲國に關するあらゆる内外の資料、文獻を參考にし、又『滿洲風物誌』を書くために約一年間かかり、その間多くの調査を通じ、統計をも示し、正確を期したことは調査報告としても、すでに貫錄を示してゐるし、又新京に於ける多くの會談は殘らずノオトしてゐることなど、すべて春山氏の文化的エネルギーが遺憾なく發揮されてゐる。

　春山氏が日本に於けるラルウス的存在であることはすでに有名である。しかし春山氏は決して卓上に於ける單なる一册のラルウス百科全書ではない。春山氏は絶えずなにかを發見し、創造しようと努めてゐる優れた文化の建設者である。『滿洲風物誌』は滿洲國をあらゆる角度から、滿洲國のありとあらゆる物を觀察し分析してゐる。滿洲國の文化施設、政治機構、風俗、地理、歴史、昆蟲、地質、動物、植物、物理化學、雨量、鳥類、家畜、蒸發、水產、鑛物等々が綿々と限りなく記されてゐる。一口に云へば文學者、畫家、哲學者、科學者、詩人、天文學者、植物學者等が同時に滿洲國に出掛けて行つて書いた報告書のやうに面白い。つまり滿洲國に對するあらゆる疑問は一應この『滿洲風物誌』で解決出來る仕組になつてゐる。滿洲國を決して感性や感覺のみでみることをしないで、飽くまで科學者の態度で觀察し分析してゐる。ジョルジュ・デュアメル流に言へば、この『滿洲風物誌』はデカルト的文明とベーコン的文明に滿々てゐる。

2　春山氏が詩人であると云ふことは『滿洲風物誌』を一層面白くしてゐる。詩人と云つても、春山氏の場合、決して毎月十行や二十行の詩を書いて樂んでゐるが如き文化の享樂者を意味するものではない。詩人が優れた觀察力や批判力や分析力を持たなければならないと同時に、思考力に獨自なメカニズムや聯想的な創造性を持たなければならないことは、すでに春山氏が詩論の中でしばしば語つてゐる。『滿洲風物誌』がユリシイズ的スタイルで書かれてゐることは仲々興味がある。旅行記を意識の流れ風に記述したことは、正しく春山氏の新發見である。意識の流れ風に記述したのは春山氏が約一ケ月と云ふ僅かな時間で滿洲國と北支をスピイド・アップで見學したと云ふ理由ではなく、春山氏が本質的に詩人であると云ふことによるのである。春山氏は今後共決して詩人を廢棄しないであらう。なんとなれば、詩人であることが春山氏を益々意欲的な文化建設者として活躍させるからである。文化の擔當者としての詩人こそ、それは詩人の名に價する。文化から離れた詩人たちは、それは亡びつつある詩人たちである。

3　春山氏が滿洲國を單に朝鮮や支那の隣組としてではなく、即ち東洋に於ける滿洲國よりも、世界に於ける滿洲國としてあらゆる角度から世界的に觀察してゐることを特筆しなければならない。春山氏は『滿洲風物誌』の中で次のやうに書いてゐる。「北支は傳統が傳統以外のなにものをも受けいれないやうな世界であるが、滿洲國は一切が實驗である。傳統と實驗といふ二つの言葉が、同時に今日の世界の國家群を二分する。」（八頁）「私は滿洲國の文化を、支那文化の自然發生的な延長であるのでなく、むしろ現代文化によつて第一歩を踏みださうとする新國家の文化であると考へたい。その意味では、アメリカが建國當時の十九世紀の近代文化から伸上つた點と、內容的にではなく、生成的に類似すると見るのである。」（十頁）滿洲國が單に東洋の實驗室ではなく、世界の實驗室でなければならないと云ふことである。

　春山氏はあとがきの中に「私は一人の觀察ずきな案内者として、讀者に氣輕に本書を手にとつて貰ひ、一人でも多くの讀者を滿洲國の自然と文化と生活に結びつけることが出來れば倖であると考へてゐる。」と書いてゐる。ともあれ滿洲國へ旅する人々は先づ『滿洲風物誌』を手に入れなければならないし、滿洲國へ出掛ける機會のない人々は一層一讀する必要がある。なんとなれば、我々文化人は、我々の生活から一日も大陸の文化をゆるがせにしてはならないからである。（生活社刊、二圓四十錢）

(60)藤原定「大連通信」（『歴程』一九四一年四月）

鬼區

大連通信

藤原定

大連は靜かでおつとりとした町である。僕の「大連通信」から、何か大陸らしい、荒々しい、活氣のあるニュースを聞かうと思つたら大間違ひである。最近の大連はそんなところではない。曾て、と言つても支那事變迄は、滿洲には新京イデオロギーと大連イデオロギーといふものがあり、兩者は對立的であつた。つまり新京は言ふ迄もなく滿洲帝國政府と協和會本部があり、いはゆる王道樂土の建設のために粉骨するの士が氣焔をあげてゐた。大連は、租借地關東州の一部であり、自由港であり、滿洲の玄關口であつた滿洲國の玄關であつて國に屬さない大連は、日本產業資本家階級の滿洲國に對する好個の據點であつたわけである。ここを足場にして滿洲國に働きかければ、協和會服の人達に對して自由が保てたわけである。現在でも、大連は滿洲國でもなければ、完全に日本でもあるわけではない。大連の政治的規定は依然として變らない。が、その意義、特權が次第に凋落してきたのだ。それは當然なことである。

だから今日では、大連イデオロギーなどといふものは全く口にする人がない。そんなものが曾てあつたかと思はれる位である。だが、自由主義的空氣だけは殘つてゐる。曾ては滿洲や協和會運動に對して批判的であつた大連の自由主義は、今日では置いてけぼりを食つた者がぼんやり見送つてゐるやうな恰好の自由主義になつた。大連にゐた頃、藝術以外のことは談じなかつたやうな若い詩人某君が新京へ移轉して二年目ぐらゐでひよつこり大連へやつて來た。「大連の連中と話してどう感じるかね」といふ僕の問ひに對して彼曰く、

「此方が何かむきになつて話をすると、大法螺を吹いてゐるやうに聞えるらしいね。調子があはん。」

だから僕も潔くかういふ話では新京逸見、南京草野にシャッポを脱ぐことにして、せめて風俗のことでも書くとしよう。大連は右に述べたごとく落ち目であることは確かだが、その大連は誰かが旨く言つたやうに、未だに「パイプの出口」らしいところはある。街を歩いてもこの國家の一大轉換期に際して、どの顔も營養のよささうな、のんびりした、稍々間のびのしたやうな顔付をしてゐるやうである。どの娘を見ても大體榮養がよろしい。精神や健康的で明るくその代り、ひどく迫力があるといふやう

な人間は餘りゐさうにもない。いつたいに風俗はハデである。婦人は好んで原色を着る。それも年齢に比して大柄である。此方が正視できない程度のものもたまにはあるが、そしてよく非難されるのだが、小生は、さういふ柄や色彩は環境に自然に合致してゐるのではないかとも考へてゐる。大連は至るところ小山があり、その山は内地のやうに欝蒼とした樹木に掩はれた、深さ、神祕めかしさなどのある山ではない。春から秋にはただ緑の草で掩はれた、明るい撫でまはしてもいいやうな小山である。濕度がまるでちがふ。雨は殆ど降らず、大連では傘を有つてゐる人間よりももつてゐない人間の方がはるかに多い。別に統計をとつたわけではないが。住宅は洋館風で赤い屋根、青い屋根である。こんな土地で澁さなどといふものが通用するわけはない。イキさへもどうだらうか。ともかく日本の傳統的な美はここではしつくりしない。最もおかしい風景は興亞報公日などに馬車《マーチヨ》に乘つた藝者達である。衣食住ともかく日本の傳統はここへ持つてくると不合理になる。僕は逸見その他をさそつて、ともかく滿洲生活合理化運動をやるべきだとも思つた。合理的なものこそうつくしい、といふ建前において。

大連近傍の海はすばらしい。大連の町が右に述べたやうだから、町へ出る興味は殆どない。春から夏にかけて、僕を釣りだけが外へ誘ふのだ。大連の土地に手材した僕の詩は殆どすべて海だ。釣りとフロイドやその他釣りについて書きたいと思つてゐるがまだ果たさない。どうも大連通信といふとそのへんになりさうだ。三ッ村君、大連通信はもう止さう。この次ぎから僕は大連などといふものに掣肘されないものを書かう。

(61) 井上麟三「遼東半島」（『文化組織』一九四一年四月）

遼東半島

井上麟二

赫土の曠野の末に
黄いばんだ海が見え
電柱のつきるあたり
ひつそりと土の城が遺つてゐる
土のほぐれた城壁に
小さな花が咲いてゐる
はげしい時代の風は
この邊鄙な野末の邑の

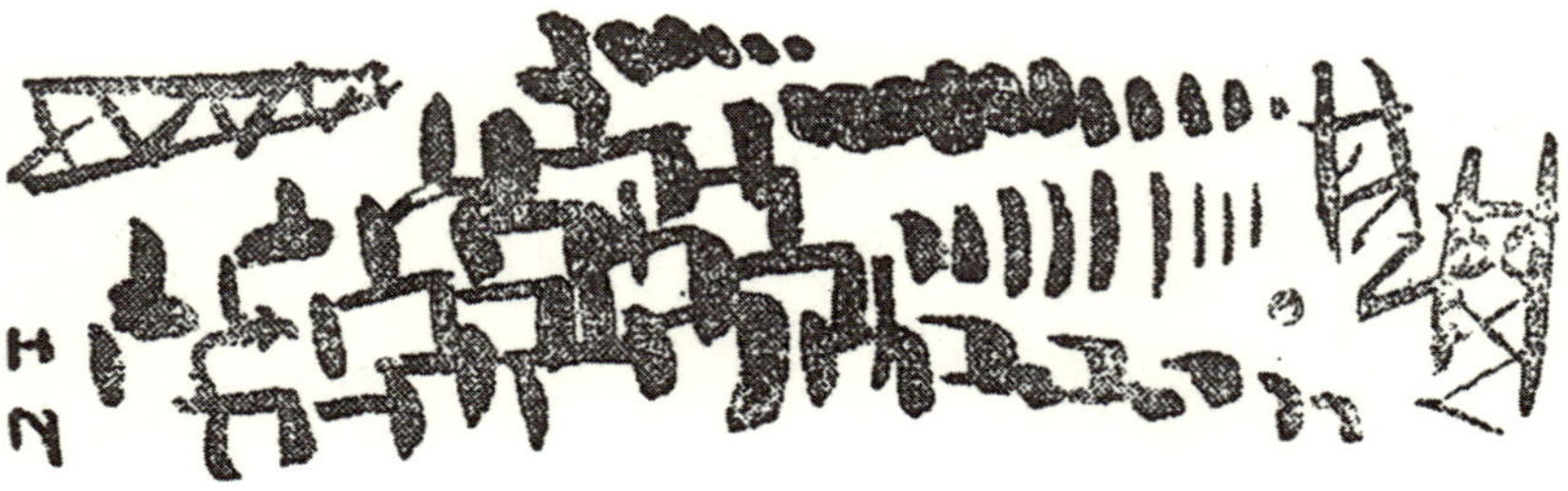

驢馬の鬣を逆さに吹いて
遠きそのかみの遼の治世を思はせはするが
赤い招牌の蔭には
肉の燒ける臭ひが籠つて
のどかな食慾をそゝつてゐる。

蒼空の大時計は
子午線を南に傾いてゐる
黄いばんだ海の向ふには
始皇帝のはかない夢が
今も蜒々と西へ連なつてゐる
その南では
一つの目安がたつまでは
おさめることの出來ない干戈が
破壞と　建設と

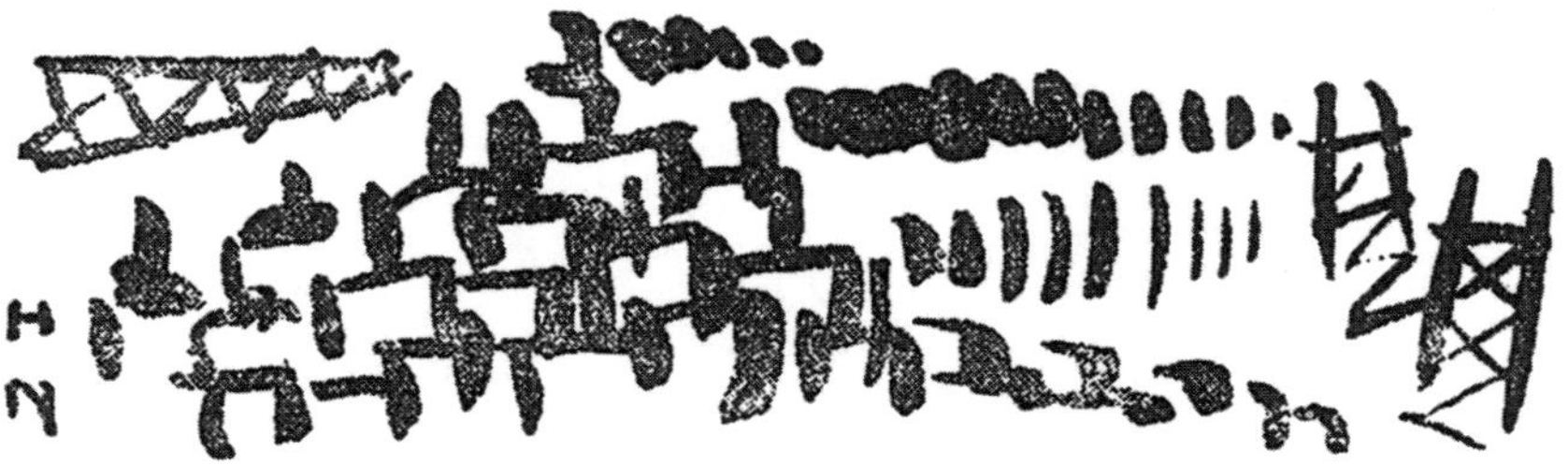

平和と　戰爭と
地球全體に糸を牽いて
大らかに繰展げられてゐる

みいくさは五年となり
みづき　草むす屍の數々を積んだ
詩人はありたけの言葉を綴つたが
うつろの響きのみ徒らにしげく
いまだ一人の
防人の末裔らしき人も産まれて來ない。

62近藤東「『満洲風物誌』――春山行夫著」（『新領土』一九四一年五月）

『満洲風物誌』

春山行夫著

近藤　東

詩人であり、批評家である、春山行夫氏が満洲國を旅して『満洲風物誌』を書いたといふことは、私個人にとつても非常に興味があるが、本になつて讀んで見ると更に面白い。面白いのは單に個人的なものではない。

氏は、『詩人の心と批評家の眼』といふ從來の詩人旅行家の採用した方法とは逆に、『批評家の心と詩人の眼』といふ恐らく著者の謂ふ『一種のスタイル』を實驗した。それ故、隨所に外國製の文房具を買ひ集めたり、行はれてゐる煙草を採集したりして、我々がエキセントリックだとして見逃すやうなものにまで、詩人的な着眼と熱心を示してゐる。が、それらを單に印象や趣味のままに放置しないで、或は系統づけ、或は分類づけて、一定の知的處理をしてゐるところに氏の獨自なものが見うけられる。カフエの名前に百科全書をひくといふ究明さを備へてゐる。

氏は、この本を出版する迄に、實に夥しい旅行その他に關する參考書を調べてゐる。創造的な氏に於ては、或はそれによつて得たところの想像だけで一册の『満洲風物誌』が書けたかも知れない。しかし、このことは決して單に直感による獨斷を廃れただけではなくて、旅行記の常套たる『印象の堆積による結論抽出』手段とは、まるで反對なものを心掛けたからであるに違ひない。それ故、氏は言つてゐる。旅行は、『いままでに概念として憶えこんだ事柄に、はつきりしたイメイジと炎』を與へるものであると。これは全く、普通の旅行家とは異つた態度であると言ひ度い。結果的に見ても、氏が夥しい參考書を讀んだといふ事實は、却つて、それの多くが陥るあらゆるマナリズムを避け得たことにもなつてゐる。

氏の主知的な話術は、定評のあるところで、一つの事物を捉へて、奔流のやうに續出する知的聯想は、讀者を飽食的滿足に導いて、猶餘りがある。例へば、恐らく堅苦しいものであらうところの大陸科學院の叙述でも、氏の舌にかかると知識慾的な魅力を具現し、我々に「智惡する者の悦び」といつたやうな不思議なものを感じさせる。しかも氏は、最初に、ガラスの破片の投り込まれた屑箱を點出させ、後に到つてその正體を說明するといつたやうな、ドラマツルギイの伏線的・使用法をまで驅使して、讀者の持つよい意味での好奇心を挑發する。

氏は詩人の眼を持つてゐる。しかし、それは世俗でいふ詩人らしさとは概念を異にする。むしろ、氏は、多くの人が考へてゐるやうな『詩人は觀察よりも直感を重要視する』とか、『詩人は事物を故意に變形する』とか言つた種類の謬見に一種の抗議を提示してゐる。例へば、満洲國が蝶の形に似てゐるといふ形容に對して、不必要な程嚴格な修正を行つてゐる。このことは決して、氏の蝶に關する術學を意味するものではなくて、現代詩人と稱せられる文學者の一様に所有する特色であつて、それ故にこそ前代の詩人と劃然たるものがあるところの性格である。このイメイジの適正を追求する嚴格さは、むしろ科學者に近いかも知れない。

由來、二十世紀自身の持つ文學的ジャンルとして、ルポルタアジュがあることは既に定説となつてゐて、その實證的産物として報告文學がとりあげられ、我が國では戰爭文學なる絶好の特長を得て、今日では、その方面では、長足の發展をとげてゐる。しかし、それはルポルタアジュの垂直的部面であつて、主として事件と時間に關係する。事物と場所に於ける分野は、未だ開拓されてゐるとは言へない。これを解決するものは紀行文學でなければならぬ。春山行夫氏の『滿洲風物誌』は、因よりその課題を考慮に入れられたのではないが、將來に一つの示唆を與へるには充分であると思ふ。

この書は『百聞、一見に如かず』ではなくて、『百聞、一見を得て正し』といふ格言を證明してゐる點、一讀をすすめるに吝かでない。四五〇頁のうちに躍動する滿洲國は、侍てない文化的彩づけを得て、讀者を飽かしめないであらう。

（『文學者』三月號より）

⑥③島崎曙海「大連詩集大広場、対岸、老虎灘、蛇島」（『文化組織』一九四一年七月）

大連詩集

島崎曙海

大廣場

やはりあるべきものがその座を占めると、まはりに落著きがみちてくる、連翹やライラックや、どちらかといふと原色に近い大陸の野花がもりあがり、その四周を滿人や支那人や白系露人や朝鮮人やフィンランド人や内地人や、たまには馬來人などが、街の中央のこの廣場に集つてくるが、
　何もかも見降せる所に、
初代關東都督陸軍大將大島義昌閣下の銅像が立つてゐる。

對岸

かつては帝政露西亜が建設した大連灣。その一部分、青海苔くさい漁村も今は昔。山

肌は掘り割られ、海はせばめられ、見違へるやうな風景が對岸を蔽ひ、日本を進める重工業地帯がここにもある。

老虎灘

隱蔽砲はどこにかくされてゐるといふのか。赫々と太陽は宇宙に全光度をひらき、ぎらぎら。遙か芝罘沖を雄然と迂廻する黄海暖流はここまでのしかかつて來、褐色鰐背の岩背に打ちあたり、飛沫はそこで砲聲をあげてゐる。

蛇島

旅順老鐵山沖はるか海上にある無人孤島。ラッワル・スネークと稱する毒蛇が幾十萬匹ともなく棲息してゐるので蛇島と通稱されてゐる。植物も繁茂し、その種類も百三十五に及び、昆蟲も多く、それを食餌として小鳥が群つて來るが、又一面滿洲より支那大陸に往來する候鳥はこの孤島を休憩所にも使用する。小島の群を待つてゐるのは樹上のラッワル・スネーク毒蛇群である。この蛇はとぐろをまかず樹上を好んで棲家としてゐて、憩ふ小鳥をしめ殺し食餌とする。蛇は小鳥をくらひ、その蛇を食餌にしようと青空の熊鷹が狙つてゐる。蛇の犠牲になる小鳥は半ケ年に六十餘萬羽に及ぶといはれる

漢帝末流の蛇族。何時から、何處からともなくここに棲息して幾世紀。渤海の無人孤島、方一里。四十五萬匹の毒蛇群。波浪に削られた硅岩や雲母片岩。樹木瘠せ、その梢にまつはり、空飛び疲れ果てて休む候鳥を終身待つといふラッワル・スネーク。

⑭岩本修蔵「北満雑記」（『蠟人形』一九四一年一〇月）

北滿雜記

岩本修藏

楡の林に秋の雨が降つてゐる。ことしの春齊々哈爾に移り住んでから、はじめての雨である。先月あたりは夕立も數度來たが、けふの樣に淡々と秋雨の雰圍氣にひたれることはなかつた。滿洲では、殊に北滿では八月が初秋で、息が白いゆげになつて見える氣候が眞夏と隣り合つてゐるのである。だから滿洲に古くから住んでゐる日本人は浴衣と丹前しか持つてゐないものが多い。部屋着としては、まつたくこれだけしか要らないといふことが私にもわかつて來た。もつとも、滿洲といつても北と南とでは全然ちがふ。奉天以南は日本內地とさほど氣候なども距りはないが、新京以北ではすつかり北國の感がふかい。十九世紀のロシアの小說の中に描寫されてゐる、あの憂鬱な吹雪や退屈な長い冬を私はすでに二度送つて來た。坦々として何ものもない平野が、只一色に塗りつぶされてゐる約半年にわたる嚴寒の季節を、二重窓の家のペチカのそばで過すのである。私は少年時代に、故鄕の山河をながめながら、アンドレエフの小說を讀んだことがあつたが、その中にも薄暗い冬の風景が長々と描かれてゐるのにすつかり參つてしまつて、早く人物が出て來て會話をはじめないものかな、と思つたものである。ところが、北滿に住む身の上になつてからは、その冬の退屈さがたまらなくなつかしいものとなつて來るのであつた。

まもなく、チエホフのやうな溫容な冬が來るだらう。彼のシベリヤ紀行などを、いく度となく讀みかへしながら。

十月から嚴寒が押し寄せてくる。すると、北滿では海のやうに大きな河の流域で淡水漁業がはじまる。海岸の尠い滿洲では海の魚よりも河の魚が大きい產額を示して食料に供せられてゐる。この漁業は冬に限つて行はれるわけではないが、明水期（氷のとけてゐる期間）と結氷期との產額を比較すると、三對七の割合で、氷上漁業がもの凄い活氣を呈するのである。嫩江、松花江の流域には有名な漁場が無數にあつて、漁民の數は恐らく十萬を下らないであらう。

河魚といつても、日本内地では想像もつかない程種類も多く粒も大きい。六尺餘の魚は決してめづらしい方ではない。私は先日、次のやうな話を人から敎へられた。

ところは札蘭屯といふ、齊々哈爾よりすこしばかり北方の興安嶺にちかい山紫水明の街である。その附近には嫩江の上流が流れてゐて、魚釣りと温泉とで有名なところである。そこで、最近一人の苦力が河岸を歩いてゐたが帽子を吹きとばされたので、河の中へはいつてそれを拾はうとしたところ、忽ち大きい魚群に攻め寄せられて遂に深みに引きずりこまれ、餌食になつてしまつたといふことである。

これは本當にあつた話である。大體、私の經驗からいつても、滿洲の魚どもはあまり人間の偉大さを知つてゐない。人間が河岸へ迫つて來ても、自らの生命には何の關はりもないものと思つてゐるらしい。餌をつけなくても針にひつかかつて釣れてくることがめづらしくないのである。針を二つつければ二尾づつ釣れてくる、三つつければ三尾づつ釣れてくるといふ工合なので、私は釣をするときには先づ釣竿の耐久力を調査してから針の數をきめることにしてゐる。私の前住地である大賚城といふ街が淡水漁業で有名な所だつたので釣り好きの賀官貴一氏に、是非一度味はつて貰ひたいと、自慢も半分手傳つて勸誘してみたが來てくれなかつたことを甚だ殘念に思つてゐる。今、私がこんな話をしても、東京あたりでは證人もないことであるし、恐らく半分は法螺あつかひにされてしまふことだらう。

大賚城の附近は全滿第一の漁業地と稱されてゐるが、そこで私の見て來た氷上漁業を簡單に書きとめて置かう。氷の上に孔をあけてそこから大きい網を入れて別の孔から引き揚げる作業であるが、忽ち三尺四尺程度の魚が無數に氷上に投げ出されるのはまことに壯觀である。魚は氷の上に出ると二三度元氣よく跳ねたかと思ふ瞬間、直立不動の姿勢をとつて凍魚になつてしまふ。それを木製のスコップで麻袋につめて、全滿の各都市に搬出するのである。石の様に堅く凍つた魚を滿洲の犬は氷の上にねそべつて悠々と食べてゐるのをよく見かける。滿洲の犬が猫の様に生魚を、噛るありさまを、はじめは非常にめづらしいと思つたものであつたが、魚の交易場（市場）では一箇所で年々三千圓餘の魚が野良犬の盗難にあつてゐるのを誰も大して氣にかける様子もなく、極めて當り前の様に考へられてゐるところなど、いかにも大陸的である。「大陸」とか「大陸的」とかいふ言葉はいま至る所で、例へば「非常時」といふ言葉と同じやうに、輕卒に使はれてゐる。これらの言葉は時流に生れいでたまま人々に甘やかされて生氣を失つてしまつたかの樣である。「大陸的」といふ言葉などは、「寛仁」なといふ意味に用ひられるよりも、「うすのろ」とか、滿洲語の「漫々的《マンマンデ》」とかの意味に用ひられることが多い。言はば、茶化した樣な意味を多分にもつた言葉として、日本内地でもこの國でも同じ樣に使はれてゐるのである。斯うした現象は、見方によつては國民文化の水準を測る尺度とされないこともない。意味が高度化される言葉と低度化される言葉とを多く集めて研究すると、一國民の志向性などがはつきりと判つて來るのではないかと思つたりしながら、私は滿洲で使はれてゐる日本語を、渡滿したときから氣にしてゐるのである。

一口にいへば在滿日本人の言葉は關西系である。殊にアクセントに於いてさうである。方言としては九州辯が偉大な勢力を占めてゐるが、これは地理的關係の然らしむるところであらう。九州の中學校などでは、東京へ修學旅行をするよりも奉天あたりへ出かける方が多いときいてゐる。九州人は滿洲を遠隔の地とは思つてゐないらしく、この國で活躍してゐる日本人の大部分は九州産であることが九州辯の天下をつくつてしまつたのであるといふことは疑ふ餘地もない。

私は九州の方言について、さほど詳しく知つてゐる者ではないから斷言は出來かねるが、滿洲産の常用日本語らしいものを二三紹介したいと思ふ。一たい、誰が何時頃から使ひ出して廣めたものか「眼もあてられん」といふ言葉をたえずあらゆる人々からきかされるのである。それから「優秀」といふ言葉。恐らくこの口ぐせ用の熟語は、滿語の「頂好」(一番いい)に對抗的に使用されたものではないだらうかと思つてゐるが、本當のところは私には判らない。もう一つ、耳よりな言葉に、電話用語として「アノですね」といふのがある。「モシモシ」の次に必ずつけ足す前置きの言葉である。この國では長距離電話が盛に使用される。日本でいへば東京大阪間程度の遠距離は、國土の廣い關係等から極く普通に電話を利用するのである。斯うした場合、近距離電話と比べて相手方の音聲が聞きとり難いことが多いことから、「アノ」とか、「アノね」が餘計になり、その上「アノですね」と、如何にも相手に聞えるか聞えないか、念を押す樣な前置きが用ひられる樣になつたものであらうと思ふ。まつたくぎこちない言葉だと、はじめの中は私も嫌な氣持がしたが、何時の間にか時々使つてみて割に便利を感じたりするのである。

氣候、風土、文化等の關係から、滿洲では政治も一本調子の方法では滲透しないと謂はれてゐるのであるが、私のこの手帳が北滿のすがたの九牛の一毛だに傳へることが出來なかつたことを恥かしく思ふ。日本内地の人々が滿洲國を訪れてくると、殆んどきまつた樣に奉天、新京、哈爾濱を見物して引き揚げてしまふこともこの意味では無理からぬことであらう。

例へば日本の全貌をあまり苦勞しないで短時日に見ようとする外國人は、東京、京都、奈良、大阪だけを廻れば足りるであらうが、滿洲ではこの定石がまつたく役にたたないといふことを特記したい。私が見聞した限りでは、滿洲視察談や滿洲旅行記等は認識不足なものばかりで、田舍見物ばなしといふ程度の無責任な雜談としか受けとれないのである。眞實の滿洲を語るためには都會でなく農村に入らなければならないと叫ばれてゐるのは、滿洲の都會なるものが出來上るまでの動機や過程が、日本の都會と趣を異にしてゐるのみならず、滿洲國内の各都市が夫々特殊事情のもとに現在の姿にまでなつたのであつて、それらの特殊事情は親しく旅行者が農村に入り其處で一時たりとも生活しない限りは認識出來ない類のものだからである。

さて、どうも話が抽象的になつてしまつていけない。朝から降りつづいてゐる雨は夕方になつてから少しばかり風をともなつて來た樣である。楡の梢がやさしくゆれて見えてくる。林の中からレインコートを着た若い女が出て來て、足速に私のゐる窓のそばを通り過ぎて行つた。理智的な、すこしの隙もない顔の女であつた。大體に於いて、この北滿、東滿方面に住んでゐる日本の女は皆うつくしい。その美しさが單なる顔形のうつくしさではなくて文化人らしい知的美が溢れてゐるのである。昨年の秋、東部國境を旅行したときにも私は美人の多いことに驚いて、琵琶湖の詩人井上多喜三郎氏に宛てた繪葉書に「美人論」の一席を書きなぐつたことがあつた。國境に住むといふ悲壯な緊張感が女の表情を磨いてくれるのである。漸々哈爾にゐる日本人は一萬有餘、その中の幾千人かの騎士的精神を除いた殘りはこれらの美しい女性である。

斯うしたうつくしい人びとの住まふ街を、ヘルマン・ヘッセの樣な顔つきをして旅してゆくことはどんなに愉しいことか知れない。

エッセイ・解題
関連年表・主要参考文献

郭　勇

大連——幻と不確かな街としての空間

郭　勇

はじめに

大連は都市としての歴史がごく浅く、わずか百三十年くらいに過ぎない。日清戦争後、ロシア、ドイツ及びフランスによるいわゆる三国干渉の結果、遼東半島が返還されることとなった。一八九八年にその三国干渉の見返りとして、旅順を含む遼東半島先端部がロシアに租借され、関東州が設立された。当時まだ小さな漁村で、「青泥窪」と呼ばれた処は「ダーリニー」と名づけられたのである。その頃から、サハロフの主導のもとで、パリをモデルとして大規模な都市建設が始まった。そして、シベリア鉄道と連絡させ、港の整備も開始された。遅くとも一九〇三年までに、市役所や市長官邸などを始めとして、主要な建物が相次いで出来上がり、都市化が相当な規模で進んでいった。

日露戦争後、日本はロシアから当地の租借権を受け取り、そのまま「関東州」という行政名称を踏襲し、ダーリニーは大連と改称された。日本の統治下に入った関東州は、一時軍政が布かれていたが、その軍事的な色彩を隠すため、一九〇六年九月に民政機構としての関東都督府を設置した。さらに、関東都督府は一九一九年四月に関東庁に改組されたのである。

一方、一八九八年にロシアが遼東半島南部の租借権と東清鉄道の敷設権を獲得すると、直ちに大規模な港湾都市の建設に乗り出した。日露戦争終結の時点では、鉄道の建設が終わったばかりで、港は整備中だったのである。ロシアに代わった日本は、ロシアの政策を踏襲し、南満洲鉄道株式会社の本社を置くなどして、インフラの整備を続行させ、港湾施設を拡張し、この地を日本の満洲経営の要とした。一九二〇年代末頃、大連は既に北東アジアで最もモダンな植民地都市まで発展してきたのである。

満洲経営の橋頭堡として、大連は大いに日本の近代史に関わっている。日露戦後から太平洋戦争の終戦までの四十年間に、数多くの日本人は様々な目的と動機で大連という植民地に集って、それぞれの足跡を残していった。本稿はそれらの日本人が残した諸々の言説に基づいて、歴史の奥底に沈殿した大連に関する生々しい表象の一齣を明るみにしていきたいと思っている。

一、モダン都市大連をめぐる言説

一八九八年、ロシアは関東州を清国から租借して、すかさずその地方の建設に取り掛かった。そもそもロシアは旅順に軍港を作ることを第一の目的としており、それに合わせて、旅順の近くにある大連を商業都市として発展させようとしたのである。東清鉄道と結びつき、大連をロシアの東洋進出の一大拠点とする狙いがあったことは言を待たない。旅順軍港の建設はともかくとして、ダーリニーの市街建設及び港湾整備の大任が任されたのは、東清鉄道会社のサハロフという造港技師長であった。サハロフはパリ及びオデッサをモデルにその街づくりの青写真を描いたのである。そのことについて、次のような記録がある。

まず、第一期工事として一八九九年（明治三十二年）から四ヵ年計画で、一〇〇〇〇トン級の汽船二五隻同時着岸可能の港湾設備の建設と並行して商都の建設を行ったのである。この都市構造の根幹として、市の中心に直径七〇〇フィート（二一三．五メートル）のニコスライスカヤ広場（当時の皇帝ニコライ二世を記念して命名したもので、日本統治時代は大広場と改名）を設置、この広場から放射状に十本の道路を通すもので、パリの都市構造を模したものであった。(1)

しかし、サハロフが主導したダーリニー港及び市のインフラ建設事業は、日露戦争が勃発したことで中止を余儀なくされた。一九〇四年五月二六日、日本軍の南下を防いでいた南山要塞が陥落するとダーリニーのロシア人はパニック状態に陥り、サハロフ市長に率いられて慌ただしく旅順へと逃げ去った。こうして、ダーリニーの都市計画は未完のまま放棄されるに至った。清岡卓行は『サハロフ幻想』というエッセイ風の小説の中で、ダーリニーを後にしたサハロフの未練さに思いを馳せ、次のように感傷的に記している。

大気のすがすがしいダリーニの初夏をいっそう魅惑的にしているアカシヤは、きみの好みがもとになって植えられたものだ。——パリの初夏、きみの青春の一時期。その時の印象が、きみの生涯の大仕事になんと深い影響をあたえることになったのだろう。ロシアの知識人にパリの賛美者は多かったが、きみの場合、賛美は極東における都市計画に生かされ、現実の肉体をもつことになったのである。七つの円形の広場とそこから放射状に発するいくつもの道路、そしてそれらの均衡の取れた組合せ。これは市街を構成する基本の骨組みとなった。アカシヤの並木といくつもの緑の公園。これはもちろん市街を特徴付ける植物の選択となった。きみはそれらをいずれもパリに学んだのであった。(2)

ともあれ、ロシア人が撤退するまでに、当初の構想を実現できたのは北部の行政市街だけであり、その他の街区では街路の整備は進んでいたものの、未開発の地が大部分を占める状態だった。ロシアにとって変わり、二代目の主人となった日本は、当然ながら、ロシアが残した「遺産」をそのまま受け継いだ。かつてサハロフが手塩にかけた広大な市庁舎は、それぞれ南満州鉄道株式会社（以下・満鉄）、ヤマトホテル、満蒙資源館などとして転用された。(3) 日本はサハロフが残していった建設地図をもとにして、莫大な資金を注入し、さらに市街と港湾の整備を進めた。数多くの公園と広場が次々と作られていった。そのうち、ロシア時代から大連の中心地だったニコライフスカヤ広場が大広場と改名され、その周辺には、大連民政署、市役所、ヤマトホテル、朝鮮銀行、逓信局、正金銀行などゴシック建築やルネサンス建築を基調とした欧風建築群が建てられ、輝かしく広場を彩ったのである。

一方、一九〇九年、満鉄が市内で電気遊園を建設した。それは日本内地にはない大型の複合的娯楽施設であった。また同じ年に、大連市の南西部で海水浴も楽しめる巨大な総合リゾート地としての「星ヶ浦公園」が出来上がった。一九二〇年代には現在の大連駅及び駅前一帯が整備され、中心市街がほぼ現在の形になった。

『作文』の同人で、大連で少女時代を過ごした作家・松原一枝は、以下のように大連での生活の記憶を綴っている。

街（大連）の中央に直径七百呎（約二百メートル）の広場（大広場と呼ばれた）をつくり、この広場から放射状に十筋の大通りを設けた。夕暮れになると、広場の中央を囲んでいるガス灯の青白い灯がともされて、神秘的な雰囲気が漂った。街路樹は既にロシアがシベリアから運んでいたアカシアである。五月になると、アカシアの甘い薫りが大連の街を包み、白い花房のゆれる下を人々が往来した。住宅は石造りもあるが、主として煉瓦造り。建築様式はイギリス風で、庭は表にはなく、家の後にあった。赤、緑、青、灰色等の屋根瓦が、家々を美しく彩っていた。道はどこまでもアスファルトで舗装されている。アスファルトの道を補修するときのコールタールの刺激的な匂いを嗅ぐと、私は今でも大連への郷愁が蘇る。(4)

このように、西洋風の建築群に取り囲まれた大広場は、エキゾチックな雰囲気を醸し出し、日本帝国の「栄光」及び植民地としての大連の繁盛ぶりを集中的に浮き彫りにしていたのである。植民地の新たなシンボルである大広場の光景は、その後も異なるヴァリエーションで繰り返され、再生産されている。例えば、大連生まれ育ちのある日本人は、次のようにやや自慢げに大広場の光景を回想している。

民政署、市役所、地方法院、警察署、朝鮮銀行支店、中国銀行支店、逓信局、英国領事館とそれぞれ独自の風格を持った建物群、さらには多くの話題を持ち、ひときわ西欧文化の香り高い建物であった満鉄経営のヤマトホテル、これらのそれぞれ特色ある建築物に取り囲まれているのが大広場である。ここは大連の臍ともいうべき場所で、ここから十本の大きな道路が、放射状に延びていた。この広場の直径は七百フィートで、対向する建物間の距離は二百五十メートル前後であった。広場の中はヨーロッパ風の庭園式になっており、シンメトリーに東西南北に道が通じ、灌木の植込みがあった。ここの道はちょっとした散歩にも適しており、石造りのベンチなども配置され、ガス灯風の街灯が手際よく配置されていた。都市の中心に準備された小規模ながらも、憩いと緑の場所とも言うべきものであった。それを囲んでいる建物群は都市機能を営むうえでの重要機関であった。(5)

遅くとも、一九二〇年代まで、大連は北東アジアで屈指のモダン都市に変貌していった。例えば一九四二年から一九四七年まで、大連で少女時代を過ごした或るフリーライターの目に映った植民地時代の大連は、宗主国の子民にとって天国以外の何ものでもなかった。彼女は次のように嘗て大連で過ごした洗練されたモダンな日々を振り返っている。

白いアカシアの花陰を、帽子に正装した美しい婦人をのせた馬車が、蹄の音を残し、浪速町や伊勢町に消えていく。そこには日本には見られない、コティ、ミツコ、ダンヒル、ロンジンなど、世界の逸品が豊富に並んでいた。白塗りのグランドピアノのある豪華な喫茶店エミや、レストラン・ビクトリアまで足を伸ばして一服、時には大和ホテルで白服のボーイにかじつかれての昼食。帰りには輸入食品「宅の店」や、バイジス商会に立ち寄る――。大連の日本人の生活水準は日本よりはるかに高く、のびやかであった。上・下水道は完備、家屋はレンガや鉄筋の洋風建築で、暖房設備は整い、ほとんどの家庭にガスがあった。なかにはすでに洗濯機や撮影・映写機のある家もあった。(6)

海の彼方にある天国さながらの大連は、たちまち憧れの地となって、日本内地の者を魅了してしまった。数多くの若者が、大陸雄飛の夢を抱え、海を渡って大連の地に足を踏んだのである。

二、大陸雄飛の迷夢――夏目漱石と大連

詩誌『亞』の第19号（一九二六年五月）に、安西冬衛の「てふてふが一匹間宮海峡を渡って行った　軍艦北門ノ砲頭ニテ」という一行詩が掲載されている。三年後の一九二九年、安西は彼の第一詩集『軍艦茉莉』にこの詩を収録するとき、「間宮海峡」を「韃靼海峡」に改め、「軍艦北門の砲塔にて」という詞書きは削られ、よく知られた次のような形になった。

てふてふが一匹韃靼海峡を渡って行った

このような改稿の理由はともかくとして、論者が指摘しているように、「〈間宮海峡〉と蝶のとり合わせとは位相の異なるスケールの大きさ、エキゾチシズムを引き出し、巨視的なものと微視的なものとを同時に取り込んだテクストの構成をより効果的なものにしていることはたしかである」[7]。一匹の蝶々があえて荒涼たる海を渡ろうとする意気込みには、当時大陸雄飛の日本人の憧憬と不安の念がそのまま重ね合わされているのである。

安西冬衛（一八九八―一九六五）は、父親が満鉄に就職したため、一九一九年に大連に渡り、以後一五年間大陸で暮らしていた。一九二四年一一月ごろ、安西冬衛は北川冬彦ら同人と詩誌『亞』を創刊し、一九二七年一二月まで発刊していた。言うまでもなく、安西も大陸雄飛の夢に駆り立てられて、早くも大連に流れ込んできた一員であった。前掲の詩は当時彼が住んでいた大連で書いたのである。周知の通り、この短詩は日本現代詩の出発点を画するものである。「日本のモダニズム詩は、大陸の一角、植民地都市としての大連で生まれた。あるいは、さらにいうと、大連であったからこそ『亞』という詩誌が生まれ、そこから日本のモダニズム詩が、さなぎから蝶となって飛び立ったのである」[8]。このように、植民地大連が現代詩の発端の触媒になったといってもよかろう。これは決して偶然でもない。モダン大連という植民地の空間には、日本の他のところと比べて、モダニズム文学を発破できる数多くの導火線が引かれているからにほかならない。そのうちの一つは、電光と洋式建築を表象した大連のモダン＝西洋化である。無論、そのモダンを支えたのは、植民地大連にあった経済の好景気である。こういった虚しい好景気に惑わされて、数多くの帝国の民がバラ色の夢を持ち、遥かに韃靼海峡を渡ってきた一匹の弱々しい蝶のように、冒険の挙句、幻の大地にたどり着いた。

安西冬衛が、大連で北川冬彦等同人と詩誌『亞』を出した翌年の一九二五年一〇月に、五〇歳にもなる一人の男が、関東庁立大連第二中学校に教諭として赴任した。彼は中島田人といって、作家中島敦の父親である。田人は一介の中学校の漢学教員として、日本国内を転々したあと、ようやく京城の龍山中学校に落ち着いたが、五年後にまた、大連に転勤した。その動機は、やはり当時声高に喧伝されていた「大陸雄飛」というフレーズに求められるだろう。当時、すでに「内鮮一体化」した朝鮮より、植民地大連での収入のほうが遥かに高かったのは、田人を転勤させた重要な理由の一つであった。

安西冬衛、中島田人などより、もっと早く大連に足を踏み入れた代表者の一人は夏目漱石である。夏目漱石は、一九〇九年九月二日から一〇月一四日まで、大学予備門予科時代以来の旧友で、満鉄総裁だった中村是公の招きで満洲、朝鮮を旅行した。その旅行の結晶が、紀行文『満韓ところどころ』（春陽堂、一九一〇）である。漱石は、九月二八日に鴨緑江を渡って朝鮮に入るまで、およそ二十五日間を大連で過ごした。その間に、嘗ての書生だった満鉄職員の股野義郎の案内で、大連の造船所や工場などを見学した。

このように、漱石は満鉄の多大な援助を得て、満洲と朝鮮を旅したわけであるが、その背景には従業員が三〇万人以上、関連会社も五〇社を擁する半官半民の巨大な国策会社である[9]「南満洲鉄道会社」の存在がある。無論、漱石が旅した満洲とは、ただ、大連、旅順、奉天などを中心とした満鉄沿線の付属地に限られた地方でしかない。漱石が、満洲で何を見たかはともかく、この満韓旅行が一つの契機となり、それ以後、漱石の小説の中には、大連を始めとする「満洲」の大地を活動の場とする登場人物が増えていくこととなる。

『門』（春陽堂、一九一一）では、親友である安井を裏切った宗助・お米夫婦は罪悪感から救いを求めながらひっそりとした生活を送っている。両親がなくなったあと、宗助は弟小六を引き取り、ともに暮らしているが、大学の卒業を控える小六は、日露戦後の不景気のため、不透明な未来に対して不安を募り、活路を大陸のほうに求めようとして、「もし駄目なら、僕は学校を已めて、一層今のうち、満洲か朝鮮へでも行かうかと思つてるんです」と思い切って言う。小森陽一が指摘しているとおり、「満洲」は、「〈大日本帝国〉の国内におけるエリートコースからドロップアウトしたものが寄り集まる植民地」[10]であり、「失業を植民地行きで解決しようとする傾向は、『門』からも見てとることが可能である」[11]としている。

物騒な地でありながら、成功の機会も潜めた冒険の楽園である満洲に活路を打開しようとする者は後を絶たない。『門』の二年後に書いた小説『彼岸過迄』（春陽堂、一九一二）では、大連で新天地を見つけた森本という人物を登場させた。日露戦後の不況な時代に、下宿代さえ払えない森本は、生活苦を逃れるため、渡満者の一員になった。満洲に流入した森本は、大連で満鉄付属の電気遊園の娯楽係の職にありついた。

研究者が指摘しているように、電気遊園とは、「〈満鉄〉関係者の家族が、子ども連れで週末や休日を過ごすための、電気仕掛けの遊園地であり、まだ内地にも存在していなかったブルジョア的、ないしは中産階級的ライフスタイルを享楽するためのまったく新しい施設だった」のである。[12]大連で勤め口を見つけた森本は、嘗ての友人で、帝国大学の卒業生でありながら、就職難で悩んでいる敬太郎にこのようなアドバイスを与えている。

　満洲ことに大連は甚だ好い所です。貴方の様な有為の青年が発展すべき所は当分外に無いでせう。思ひ切つて是非入らつしやいませんか。僕は此方へ来て以来満鉄の方にも大分知人が出来たから、もし貴方が本当に来る気なら、相当の御世話は出来る積です。[13]

ここには、奇妙な反転がある。森本のような者が、大学を出た敬太郎に口を糊する活路を示唆するのは、どう見ても皮肉以外のなにものでもない。この反転は確かに、「植民地居住者と宗主国居住者との間における階級的転倒」だと言っても過言ではないだろう。[14]さらに、森本が敬太郎に満鉄の知人を紹介することで、それ相応の対応ができるだろうとする物言いに、満鉄という国策企業の勢力が感じ取れる。「満蒙開拓」の生命線と見なされた満鉄は、無限の就職の機会を提供できる企業であった。また、日露戦争が終結した一九〇五年には、大連などの「満洲」地方にいる日本人数は六、二七〇人であったが、漱石が満韓旅行を終えた翌年の一九一〇年には、一気に三九、六六五人までになっていた。(15)

三　揺らぎの故郷と不確かな存在

清岡卓行は、小説『アカシヤの大連』で、次のように述懐している。

　しかし、五月にはいると、一、二回の雨のあとで、空は眼を洗いたくなるほど濃い青に澄み切り、風は爽やかで、気温は肌に快い暖かさになったのであった。特に、彼の心を激しく打ったのは、久しく忘れていたアカシアの花の甘く香ばしい薫りである。五月の半ばを過ぎた頃、南山麓の歩道のあちこちに沢山植えられている並木のアカシアは、一斉に花を開いた。すると、町全体に、あの悩ましく甘美な匂い、あの純潔のうちに疼く欲望のような、あるいは、逸楽のうちに回想される清らか夢のような、どこかしら寂しげな匂いが、いっぱいに溢れたのであった。(16)

ここで、抒情的な筆致で訴えられたのは、遊子がマザーランドに抱いたホームシックに近い感情である。しかし、ここには、異郷を故郷と見間違える錯覚がある。無論、こうした錯覚には、自己同一の危機が孕まれている。常に故郷と異郷との間で揺らぐことで、自我が宙吊りにされ、観念だけが空回りするからである。『アカシヤの大連』は、清岡卓行本人と思しき「彼」を主人公とする私小説風の作品である。「彼」は大連の生まれ育ちで、敗戦後、日本に引き揚げるまでの二十数年間、大連で青春時代を過ごしたのである。こういった生の在り処の危うさは、「彼」のアイデンティティーをぐらつかせるとともに、植民地空間にありがちな歪みを浮上させてくる。その歪みとは、入植者が現地の人間を隷属的に扱うといった、暴力性が伴う階級の傾斜である。こうした傾斜は入植者の階級的な優位性をせり上げると同時に、その根拠の正当性にも罅《ひび》を走らせる。まさに、入植者が味わわされた分裂感及び不安は、こうした根拠の欠如に由来するものである。しかし、支配と被支配の関係で結ばれた植民地の世界では、宗主国の民たちは、あたかも自分を襲った分裂と不安を忘れたかのように、モダンな生活の享受者として、ともするとこの世界を美化して感傷的になりやすいのである。が、陰画として意識の深層に澱んだ不安の残滓が、媒介なしで蘇ってくる。

清岡卓行の東京帝国大学の先輩で、『山月記』や『李陵』などの傑作によって知られる中島敦は、大連にゆかりの深い一人である。前述したように、中島敦の父、田人は一九二五年九月に、朝鮮から大連第二中学校に転勤した。そのため、その後、中島敦はよく朝鮮か日本本土から大連に帰省していた。一九二七年の夏、中島敦が大連に帰省中、肋膜炎にかかり、満鉄病院に二ヶ月ほど入院していた。中島敦が残した断片の中には、この時の入院生活を下敷きにした回想がある。

> 病院は一寸高い丘の上にあるので、そこからは大連の町が一目に見渡された。街のまんなかの大広場にある誰かの石像だの、それをかこむ銀行、英国領事館、会社だの、それ等を中心にしてアスファルトを舗いた白い道が四方に流れ出して居た。町の隅々にある支那町をのぞいては、大抵は洋館ばかりがそろって居た。其の間々から、紅獅子と赤くかいた支那煙草の広告だの、所々の公園の木立だの、稀にある日本の寺院だのが覗いて居た。それらの家々の向こうには、静かにないだ港が秋の陽の中に白々と光って居た。真っ白にぬりたてた外国船が黒

い煙を吐きながら、防波堤から出て行くのも見られた。そしてその狭い海の一つ向こうには対岸の大和尚の連山が、すっきりと深んだ大気の下に、突兀として、其の紫色の山肌を浮き立たせて居るのである。私はそのえぐられたような山ひだを見ながら、もう十一月に近い気節の推移を思ったりした。(17)

これは、中島敦が大連について記した最初のものである。重要なのは、この断片に表れる、日本的風情と中国的な元素を複眼で捕らえる眼差しである。「紅獅子」の赤は従来のロマン化されやすい植民地の心象風景に楔を打ち込んでいるかのようである。

一九三〇年一月に、「一高」卒業直前の中島敦は、『D市七月叙景』を、同校の『校友会雑誌』第325号に発表した。これは彼が意識的に大連を作品化した最初の試みである。この小説の物語の時間は一九二九年七月の末に設定され、執筆時間とほぼ一致している。

『D市七月叙景』は、モンタージュの手法が施され、それぞれ独立した三つの小話からなっている。各章の主要人物は、ぞれぞれM社の総裁、M社の社員、中国人苦力である。M社とは、言うまでもなく大連にある「満鉄」のことである。満鉄総裁→満鉄社員→苦力というヒエラルキーの重層構造を縦に並べることによって、人物たちが銘々立たされた立場や心の据え方などの接点を炙り出すのは、この小説の眼目である。

「満鉄」は、植民地略奪を担う、いわゆる「国策」企業である。そのピラミッドのトップに立つ満鉄総裁は、日本帝国の植民政策に加担したものにほかならない。「満洲の王様」とまで呼ばれるこの人物は、小さな「シャックリ」という障害に翻弄され、七転八倒している。こうした劇画と揶揄によって、この「王様」の地位が転倒され、相対化されるのである。この人物は日本帝国の寓意であるとすれば、彼を襲った不安感が、そのまま日本帝国の未来像に二重写しされていると言いうる。言い換えれば、そのメタファーから作者の日本帝国に対する批判意識が明らかに見て取れる。

第二章に登場する満鉄の社員は、内地の日本人より遥かに裕福な暮らしをしている。しかし、それは必ずしも、彼が持っている特別な能力による成果ではなかったのである。彼が専門学校を出た時点、世の中の不景気で就職できず、「大陸雄飛」の夢を抱えて、「満洲」で糊口の道にありついたのである。言い換えれば、この凡庸な社員は、植民主義の時流に便乗して初めてこの快適な家庭生活を手に入れたわけである。ただし、彼はこうした幸福を正当化できないままでいるばかりではなく、「そんな幸福にほんとに自分が値するかどうかを臆病そうに疑って見る」(18)。彼は常にこの不安感に苛まれ続けている。

満鉄総裁や社員らが味わわされた存在の不確かさと裏腹に、仕事にあぶれた二人の中国人苦力は、無銭飲食のため、店の料理番から叩き出され、高粱酒に酔いつぶれ、「白い埃と彼ら自身の顔から流れて居る血の匂いとを嗅ぎながら、ひどく好い気持ちで、重なり合ったまま、昏々眠りに落ちていた」(19)。

一方は、不安に怯える二人の植民者で、他方は充実した安心感を覚える二人の被植民者である。こういった対照的なズレに、植民地空間の歪みが明るみにされている。無論、そのズレから作者の批判意識も覗き見ることが出来る。ところで、前述したとおり、入植者の一員として君臨したM社の社員はモダンな生活を暮らしているが、ここで彼の日常の一コマを見てみよう。

湯殿のすぐ外では、子供達が隣家のロシア人の男の子と一緒に石を蹴ってでも遊んで居るらしい笑声が聞こえた。台所では妻が忙しげに支那人のボーイを使って夕食の支度をして居る様子であった。彼には、こうした夕暮時の、家庭的な騒音が好もしかった。彼は湯に浸かって、じっとしたまま、しばらく外の様子に耳をすました。(20)

現に、当時、大連在住の殆どの日本人家庭で「支那人のボーイ」を使っていたという事実は、例えば、次のような日本人の書いた記録から裏付けられる。

中国人との関わり合いは、日常生活のあらゆる面にわたって濃厚なものであった。最も身近な例として「お手伝いさん」がある。当時の大連の日本人家庭では、「ボーイ」と称して、十五、六歳から二十歳前後の中国人青少年を家庭使用人としている例が非常に多かった。時には少女の場合もあるが、この方は少数であった。[21]

炎天下の路傍で「ひどく好い気持ちで」、「昏々眠りに落ちていた」苦力たち。「湯に浸かって、じっとしたまま」で微睡むM社社員。いずれも良い気持ちでいるが、その機嫌の良さの内実は似ても似つかわしくない。社員の享受する片時の喜悦が、「支那人のボーイ」の労働を搾取することによって成り立ったからである。その異質性から大連という植民地空間にある不条理を読み取ることができる。

従来、大連をめぐる言説が、専らそのモダンな一面に集中する形で、郷愁などのセンチメンタルな感情を交えつつ、大連の虚像を構築してきたのである。今から九十数年前の一九二九年に、まだ高校生だった中島敦は、敏感に大連という植民地空間に漂う他者性に気づいて、そのネガティブな面に眼を向け、その不毛性を映し出したのである。その意味で言えば、中島敦はいち早く大連という植民地認識に楔を打ち込んで、新たなアプローチの可能性を浮き彫りにしたといっても決して過言ではないだろう。こうしたダイナミックなパースペクティブを持つ『D市七月叙景』は、「プロレタリアの小説」と位置づけられるであろう。[22]

おわりに

エリス俊子は、大連で安西冬衛によって創刊された詩誌『亞』を考察して、「『亞』に現れる大連の風景は色が悪い。「青ざめた」「くすんだ」「汚れた」「埃っぽい」「曇日の」といった形容詞が繰り返し用いられており、街の表象には一貫してマイナスのイメージ付きまとう」とし、さらに、「日露戦争の「戦利品」であり、近代日本の発展と拡張を象徴する街として、そして日本の大陸進出の拠点となるべき街としてめざましいスピードで建設されていった植民地都市大連のあるべきイメージと、『亞』のテクストから読み取れる大連の風景との間には大きな懸隔がある」と指摘している。[23] 無論、それは、この論者が大連という植民地空間に存する歪みに気づいての発言である。氏が正しく指摘したこうした心理的な「懸隔」が、深いところで中島敦が『D市七月叙景』に開示した存在の不確かさと不条理と通底している。無論、そういった懸隔や不条理を打破する力が植民地空間には孕まれていることを看過してはいけない。それは、被支配者としての民衆の中に存している。例えば、夏目漱石が『満韓ところどころ』で、大連の豆油工場で働く苦力たちの姿を「クーリーは大人しくて、丈夫で力があって、よく働いて、ただ見物するのでさえ心持が好い」と捉え、[24] 苦力たちが持っているパワーへの感嘆が表されている。未来志向の漱石は、彼等の体に盛り込まれた旺盛な生命力が、いつか革命の原動力になることをいち早く予言している。その意味で言えば、植民地都市大連は、また革命の都市でもあろう。

注記

（1）鈴木正次『大連回想』（河出書房新社、一九八五年二月、八八―八九頁）
（2）清岡卓行「サハロフ幻想」（『大連小景集』講談社、一九八三年八月、一二四―一二五頁）
（3）川村湊『異郷の昭和文学』（岩波新書、一九九〇年一〇月、六八頁）

（4）松原一枝『幻の大連』（新潮選書、二〇〇八年三月、五頁）
（5）鈴木正次（前掲書　九四―九五頁）
（6）富永孝子『大連　空白の六百日』（新評論、一九八六年七月、三四頁）
（7）エリス俊子「畳まれる風景と滞る眼差し――『亜』を支える空白の力学について」（『立命館言語文化研究』第二三巻第四号、二〇一一年三月、立命館大学、一一九頁）
（8）川村湊（前掲書　六四―六五頁）
（9）春田哲吉『日本の海外植民地統治の終焉』（原書房、一九九九年八月、六六頁）
（10）小森陽一『ポストコロニアル』（岩波書店、二〇〇一年四月、六六頁）
（11）西原大輔「漱石文学と植民地――大陸へ行く冒険者像――」（『比較文学研究』第六六号、東大比較文学会、一九九五年二月、七四頁）
（12）小森陽一（前掲書　七九頁）
（13）夏目漱石『漱石全集』（第七巻、岩波書店、一九九四年六月、三六頁）
（14）小森陽一（前掲書　七九頁）
（15）岡部牧夫『海を渡った日本人』（山川出版社、二〇〇二年三月、一六頁）
（16）清岡卓行『アカシヤの大連』（講談社、一九七一年一一月、一四二―一四三頁）
（17）中島敦「病気になったときのこと」（『中島敦全集』第三巻、筑摩書房、二〇〇二年二月、三一一頁）
（18）中島敦『D市七月叙景（一）』（『中島敦全集』第二巻、筑摩書房、二〇〇一年一二月、九五頁）
（19）中島敦『D市七月叙景（一）』（前掲書、一〇四頁）
（20）中島敦『D市七月叙景（一）』（前掲書、九四頁）

（21）鈴木正次（前掲書　一三四—一三五頁）
（22）鷺只雄『中島敦論——「狼疾」の方法』（有精堂、一九九〇年五月、七四頁）
（23）エリス俊子（前掲書）
（24）夏目漱石『満韓ところどころ』（『漱石全集』第十二巻、岩波書店、一九九四年一二月、二六六頁）

解題

郭勇

・大連民政署編『大連事情』（小林又七支店、一九一五年八月）

大連民政署編『大連事情』は、大正四（一九一五）年に出版された公式の国策調査書で、二二〇頁にも及ぶボリュームのなかで、大連を漏れなく紹介している。全体は18章に分かれており、沿革、地理、商業などから、工業、教育、衛生を経て司法制度、農業、新聞などに至るまで、全面的に大連の風土山川、人文歴史などをつぶさに押さえたガイドブックとしての役割を果たしている。

無論、例えば、この本より先に出された浅野虎三郎の『大連要覧』（大連要覧発行所、一九一五年）などがある。このような国策的な調査がともなう書籍の編集は、「満鉄調査部」のような民間機構によっても可能なはずであるが、関東都督府に属する民政署によって本書が出版された背景には、同年に日本が中国に強いた所謂「対華二十一カ条」の存在が大きいことを見過ごすことはできない。

・『大連アルバム』（日華堂出版部、一九二五年四月）

このアルバムには、大連各地で撮った写真が三十四枚収録されている。その内訳として、大連埠頭、広場、公園、大通り、満鉄本社や大和ホテルなどモダンなビルディング、大連電気公園などが数えられる。いずれも最も大連を代表する場所である。そのうち、大連埠頭関係のものが七枚もあり、ほぼ五割を占めて、アルバムのなかでとても目立っている。この数字からも分かるように、本アルバムの製作者は大連埠頭に強い関心を持ち、意識的にその重要性を訴えようとしていることが見て取られる。現に、大連港の第一、第二埠頭の建設は既に、ロシア統治期に建設が始まっている。一九二〇年に第三埠頭が完成、二万トン級の船舶の接岸が可能となり、一九二三年には第二埠頭の改修により三万トン級の巨大船舶が入港可能となった。さらに、このアルバムが出版される前の一九二四年一月に、大連埠頭の附属施設として、大連埠頭待合所が竣工した。この待合室も整備され、中には販売部、食堂、喫茶店、理髪店、球戯室、新聞雑誌閲覧所、売店、婦人待合室、貴賓室などがあり、収容人数は五、〇〇〇人であったといわれ、文字通り大陸への玄関口であった。このアルバムに大連埠頭が最も多く特権化された所以である。

・『定期航空案内』（逓信省・日本航空輸送、一九三四年一〇月）

この『定期空港案内』は、逓信省・日本航空輸送会社が一九三四年一〇月に発行した、大衆向けのパンフレットである。このパンフレットには、航空券発売所、飛行機の機種、航路、旅客賃金・距離などさまざまな情報が詳しく記入されている。飛行機の利用客にとっては、かなり便利な案内書である。

日本航空輸送株式会社は、一九二八年一〇月に逓信省航空局所管の航空会社として発足したのであるが、実際に旅客の輸送業務を始めたのは、翌年の四月であった。同年の七月には東京―大阪―福岡間で、九月には福岡―蔚山―京城―平壌―大連間の航路が開通した。「満洲事変」以後、特に「満洲国」が建てられた後、大陸における日本の勢力圏が拡大するに従って、内地と大陸の間の輸送需要は急増し、「満洲国」や中国各地に向かう路線が新設された。当該「定期空港案内」は、こうした内外の情勢を踏まえてのものである。

・楯田五六『満鮮周遊』(一九三五年一〇月)

本書は一九三五年一〇月に山口県で出版された非売品で、出版元は不明である。作者の楯田五六についてもあまり詳しくないが、山口県の出身で、戦後山口県議会の議員、議長を務めた人物である。一九三二年三月に、「満洲国」が成立し、一九三五年四月に、満洲国の皇帝・溥儀が日本を訪問する。作者は満鮮訪問の動機を、冒頭のところで「新興の満洲国＝最近皇帝陛下の御渡日以来、特に素晴らしき躍動の満洲国、其の産業の情勢視察せよ、との官命」によるものとする。一九三五年五月二八日に、四千トン級の最新最美の連絡船「昌慶丸」に乗って、下関を発ち、六月一八日に、下関に帰着するまで、「日を費やす二十有三、行程実に五千数百粁。思出多き汗漫の遊であった」という。一九一一年一〇月に鴨緑江大橋が完工され、それによって、朝鮮半島を縦貫する京義線と、満鉄の経営する安奉線が接続された。在来の関釜連絡船に加わって、「満鮮」鉄道の連結が実現したため、日本本土から「満鮮」を周遊することが現実化されたのである。

作者一行の目的は「満洲国」の「産業の情勢視察」というからには、目的地は当然満洲である。そのため、朝鮮での逗留時間は限られており、往路の時は、釜山、京城、平壌、新義市、帰路の時は雄基港、羅津、清津、元山、金剛山という順で、朝鮮半島を通っていったが、作者は朝鮮の美しい風景を絶賛すると同時に、民族独立運動が沈静化した後の朝鮮の繁盛ぶりを歌い上げている。満洲地方の中心である大連のことを記録するため、本書では三つの章立てを設けて、最も力を入れている。ただし、作者は満鉄がバックボーンとなった植民地大連の好景気に驚嘆を発するが、旅順で日露戦跡に訪れた時、戦死した「英霊」たちに強い敬意を表している。このような戦死した日本兵士を偲ぶ作者の敬意は、全旅程を通して一貫している。大連から北上する途上、作者一行は前後して奉天、営口、撫順、チチハル、ハルビン、吉林、図門などを歴遊する。広漠たる北満の景色を満喫する時、日本の開拓民の業績や馬賊の暴行などについて悲喜こもごもの長広舌を振るい、満洲国建国の正当性を強調する。こうした立場と連動して、作者の「東北民衆抗日救国軍」への侮蔑や、張学良をはじめとした中国人の抗日活動に対する罵詈雑言も行間に散見される。

一九二五年から一九四〇年にかけては，鮮満旅行記のようなものが数多く出されていたが、本書はそのなかの一つである。総じて言えば、この本は、イデオロギー的なトーンを除けば、美文とも言える紀行文の一種に数えられる。私家版であるため、あまり世人に知られなかったのであるが、当時の民間の「満洲国」に対する意識を知るには、貴重な資料であるといえよう。

・増田貞次郎『旅順と大連　写真帖』（一九四三年三月、東京堂）

日露戦後、日本はロシアに取って代わり、旅順と大連を中心とした遼東半島南部を租借して、「関東州」という植民地を作った。日露戦争の時、旅順は日本とロシアの激戦地となったため、多くの戦跡が残っている。一方、大連は短期間の間に、一躍して北東アジア屈指一の国際貿易港に脱皮し、経済の中心地になった。戦勝の誇りと植民地の繁盛ぶりを内外に誇示するために、戦争が終わった直後に、旅順や大連などは中学生の修学旅行の指定コースとなったばかりではなく、旅順及び大連を可視化する写真集の出版が時流となった。一九四三年に出版された増田貞次郎のこのアルバムは、むしろかなり遅いものだったのである。その前に、例えば、『大連旅順金州名勝風景写真帖』(天野満書堂、一九一三年)、『満洲土産　写真帖』(満洲日日新聞社、一九一四年)、『満洲大観　記念写真帖　』(東京堂、一九二一年)、『大連旅順名所写真帖』(三船写真館出版部、一九二四年)、『南満洲写真帖』(中日文化協会、一九二九年)等のものが挙げられている。増田氏の著は、それらの諸本と比べれば、特に鮮明な特徴や新資料などはほとんど見当たらない。一言で言えば、旅順にある最も代表的な日露戦跡や大連の繁華街を漏れなく写真集に収めただけである。ただし、大連の部分では、作者が意識的にカメラを中国人の生活区域に向けて、被支配者の市井光景を記録する。こうした視界の越境は植民地空間に存する歪みを立体的に捉えていると言える。

・雑誌掲載記事

① 神田乃武「VISITS OF A JAPANESE NAVAL OFFICER TO AN AMERICAN AND A FRENCH MAN-OF WAR IN TALIEN BAY.(大連港なる米仏の軍隊を訪ふ)」(『太陽』一八九五年三月)　443ページ

本記事が一八九五年三月版の『太陽』に掲載された時点で、一八九五年三月上旬まで、日本陸軍は、遼東半島をほぼ占領し、戦争は日本に軍配が上がった。一八九五年三月二〇日から日清両国の間に早くも講和交渉が始まった。英語で書かれた本記事はこういった背景に基づく産物である。作者の神田乃武は、かつて東京外国語学校の校長を務めた人物で、英語の達人でもあった。本記事は、日清戦争で活躍した某将校がそれぞれアメリカ人とフランス人との対話を通して、当時まだ進行中の戦争の状況などを個人の感想を交えながら語っている二コマからなっている。日本軍人の長広舌には、日本軍人の勇猛さを誇るものと、清国を貶す言説が満ちている。一方、聞き手としての米人とフランス人は、ともに「偉大な国」になりつつある日本へ敬意を示すと言っている。こうしたでっち上げ話から、作者の立場をうかがい知ることができるだろう。

② 無署名「(軍事)〔時事〕」(旅順口及び大連湾の防備)(『太陽』一八九六年三月) 444ページ

一八九五年四月一七日に、「日清講和条約」の調印で日清戦争は終結した。しかし、三国干渉によって日本に割譲されることになった遼東半島が召し上げられた。戦争が終焉した一年後も、日本のマスメディアは依然として戦後の遼東半島の動向に強い関心を持っていた。『太陽』の第五号の軍事・時事コラムに載っている本記事は、日本勢力が撤退したあと、四川提督宋慶及びその属下の馬三元がそれぞれ部隊を連れて大連に引き返したということを報道している。その数行目の短い記事に、当時の日本国民の遼東半島に対する未練が読み取れる。ちなみに、本記事にある「宗慶」という人名は、「宋慶」の誤記である。

③ 無署名「(時事評論)政治界」(英国と大連湾問題)(『太陽』一八九八年二月) 445ページ

日清戦争後、日本はロシア、フランス、ドイツによる所謂三国干渉のため、遼東半島を還付させられた。それらの三カ国は、清に対して干渉の見返りを求めた。一八九八年にロシアは旅順・大連の租借権を得て、フランスは広州湾の租借権を延長させ、ドイツは膠州湾の租借権を得た。ただし、本記事が発表された一八九八年二月までの時点では、イギリスの態度はとても曖昧で、逡巡していた。イギリスの支持を得ようとする日本は、イギリスの遼東半島に対する本意を知ろうとして、その動向に一喜一憂している。

④ 無署名「(時事評論)政治界」(大連湾の開放)(『太陽』一八九九年九月) 446ページ

三国干渉後、大連は租借の名義でロシアの手に入った。これは一八九八年に起きた中国分割の先駆けとなった。日本は干渉を主導したロシアへの復讐心を抱き、局面を左右できるイギリスの出方に格別な関心を抱くようになった。結局、イギリスは一八九八年清国に威海衛と九竜半島の租借を認めさせた。ロシアもその見返りとして、手に入った大連港を各国通称のために開放すると決定した。『太陽』を始めとした日本のジャーナリズムは、ロシアの英国贔屓の態度に対して、日本国民の覚えていた複雑な心情を過剰に照射している。

⑤　無署名「(時事評論)経済界」(大連灣の開放)(『太陽』一八九九年九月)　447ページ

本記事は、前の記事と同じタイトルで、同じく一八九九年九月号の『太陽』に掲載されている。ただ前者は「政治界」欄、後者は「経済界」欄に別々に分かれている。この記事が登載される約二ヶ月前の七月三〇日に、ロシアでは、「ダーリニーの都市建設と自由港の権利下賜」の勅書が発布され、「全シベリア鉄道の太平洋への出口」である新自由港ダーリニーの建設を始めた。この過程に、ロシアの租借地にも自由貿易を適用したいイギリスの外圧が大きく作用していた。それがゆえに、英国に対する不満が本記事のなかを貫かれる一方、「然れども大連湾は一旦我が版図にさえ帰したる所、其の開放を利用し、他国に先って之を利用し、鉄道に連絡する海運の如き、之を我が手に収むるを得ば、不利を轉じ利と為すの手段、未だ必ずしも無しとせず，此所我が国民の一大奮発無るべからざる所とす」と結ばれ、臥薪嘗胆の敵愾心が表明されている。それは、数年後起きる日露戦争を予言したもののようである。

⑥　無署名「(時事評論)」(大連湾附近掃海と宮古沈没)(『太陽』一九〇四年六月)　449ページ

日露戦争の時、史上初の機雷戦・対機雷戦が行われ、世界的な注目を集めた。旅順口攻撃・旅順港閉塞作戦において、日本とロシアの海軍はともに係維式の触発機雷を敷設したことから、これを警戒するため、掃海を行う必要があった。一九〇四年五月五日から日本の陸軍第二軍が遼東半島の塩大澳に上陸を開始したが、遠浅のため上陸に不便であることから、連合艦隊の東郷司令長官は上陸地点の変更を考えていた。そのため、東郷は第三艦隊司令長官に、大連湾の掃海および測量を命令した。五月一二日、第三艦隊掩護の下に旅順港外において、敵機雷の掃海作業中の四十八号艇は敵の機雷に触れて爆沈した。二日後の一四日、大連湾で掃海隊の援護中の通報艦「宮古」は触雷して轟沈した。本記事によれば、「死傷者廿四名を出し、艦躰も亦廿三分時の後に沈没せり」ということであるが、実は、死者二名、負傷者十七名を出したのである。

⑦　無署名「（第三篇　満洲）第三章　露国の満洲侵入」（第四節　旅順口大連湾の租借）＊特集「満韓大観」（『太陽』一九〇四年六月』）　452ページ

本記事はタイトル通りに、事後的に日本帝国と関わらせながら満洲の由来を紹介する特集である。この記事が『太陽』に掲載された一九〇四年六月の時点で、日露戦争が白熱化し、要塞攻略を要務とする第三軍の編成が既に成立し、乃木希典大将が第三軍の司令官に任命された。本記事では、旅順口及び大連湾の租借経緯をかいつまんで紹介した上に、さらに一八九六年六月三日、露清両国の間に締結された秘密条約「露清密約」に触れながら、一八九八年ドイツが膠州湾の租借権を得たことをきっかけに、同年にロシアが旅順・大連の租借権を認められ、フランスも広州湾の租借権を延長させたことなどの経緯が記述され、清国で高まりつつある民族独立運動に憂慮が示されている。

⑧　無署名「（時事評論）」（大連湾の掃海）（『太陽』一九〇四年七月）　454ページ

一九〇四年五月二六日に南山の役で日本軍は圧勝を収めたが、海面には、ロシアの敷設した水雷があった。そのため、大連湾の掃海は、日本軍にとって死活にかかわる事業であったが、この任務に当たったのは、片岡第三艦隊であった。日本海軍は、五月一四日に通報艦「宮古」が触雷したような惨事を避けるため、用心深く捜査活動を行った。

六月四日以来、次々に敵の仕掛けた機械水雷を撃沈した。とくに、六月八日に、東郷第三艦隊の勝ち進んだ様子を誇らしげに記していることが印象的である。日露戦争以来本格化された機雷戦の残酷さを余すところなく示している。

⑨ 無署名「(本紀)第二十八章　大連湾の掃海」＊特集「日露海戦史」(『太陽』一九〇四年一一月) 455ページ

一九〇四年五月二六日、日本軍は南山役で快勝を収め、大連一帯の陸地を制圧したものの、渺渺たる大連湾には、ロシア兵の敷設した水雷が数多く海底にあり、危険性が依然として高かったため、水雷除去目的の掃海活動は焦眉の急になった。その任に当たったのは、片岡第三艦隊であった。六月三日から九日までの一週間に、敵の機械水雷を七八個破壊したという戦果が報じられた。ただし、ロシア兵は撤退時に、飲用の貯水池を壊したり、水源に毒を投じたりするという情報が入ってきたので、掃海には相当の困難があった。しかし、それについては支那人が「露人を誣いて此虚構を敢えてし、以て我軍の該飲料水を使用せしめざらんとしたる者の如しともいへり。支那人の猾悪にして、往々人を欺くは、最も不快の感に堪えず」と締めくくられている。本記事が掲載された一九〇四年一一月は、まさに旅順攻略戦が膠着状態にあった。このような朗報を報じることによって、士気を鼓舞する狙いも明らかである。

⑩ 無署名「大連風景」＊写真(『太陽』一九〇五年六月) 459ページ

本記事はただ三枚の写真からなっている。それぞれ「旧青泥窪ホテル」、「旧露国劇場」、「市内より眺めたる港湾の一部」というタイトルである。この記事が発表された一九〇五年六月には、まず九日にアメリカのセオドア・ルーズベルト大統領は、正式に日露両国へ講和の勧告を出した、三日後の一二日に、ロシアは講和勧告を正式に受諾した。しかし、戦争の終結を告げる「ポーツマス条約」の調印まで時期尚早であるが、わかず三枚の写真の中に、「旧〜」というタイトルがつけられたものが二枚もある。このような呼称からも分かるように、当時の日本人から見れば、ロシア人の時代がもはや過ぎ去ったという自惚れが十分に読み取れる。

⑪　小松緑「(雑纂) 大連及営口の将来」(『太陽』一九〇五年一一月)　460ページ

周知のとおり、一九〇五年九月に、日露両国はアメリカ合衆国政府の斡旋の下で、講和条約としてポーツマス条約を締結した。日本はこの条約によって遼東半島の租借権などを得た。それを背景にして、民間では、大連港の運命が戦後声高に噂されるようになった。特に、戦後大連港は軍港としての使命が終わり、近いうちに、遼河を控えて水運の利便を有する営口に取って代わられるか、という声が高まってきた。確かに、そのような輿論にも一理があった。一八五八年に、「天津条約」が締結され、指定された条約港牛荘が土砂の堆積で使用できなくなったため、一八六四年に営口が条約港に変わり、遼東湾地方唯一の港として満洲の大豆などの対欧輸出港となった。しかし、南満洲鉄道によって、大連港が隆盛したため、対日及び対欧州取引が縮小し、営口港は衰退して、単なる沿岸貿易港のみへと格下げとなった。一方大連港の荒廃で、営口港は新たな転機を迎えてくるではないかという議論も再燃していた。しかし、本記事の作者は、折衷的な態度で、やや客観的に両港の相乗的な関係をかなり論理的に分析している。しかも、両港両立の重要性と可能性を力説し、「由来営口と大連と兩立すべからずして、其の一方興らば、他の一方は必ず仆れざるべからずと断定すること大なる誤りなれ」と短絡的な視点を批判して、「両港相補援して更に双方の発達に資すべきや必せり」という結論を出した。ただし、本記事の結論として、「顧みれば、我が実業家は蝸牛角上の追逐に汲々として、未だ海外数歩の遺利に着眼するもの稀なり。今や国威隆々として域外に輝き、国民の責任も亦随ふて重且大を加えんとす。是れ最も覚醒すべきの秋にあらずや」という点に帰着させているのは、かなり突飛であると言わざるを得ない。

⑫　無署名「旅順口及び大連」(大連の全景)＊写真(『太陽』一九〇六年六月)　464ページ

当記事の内容は、ただ二枚の写真だけである。一枚目は「旅順の市街風景」というタイトルで、右上に「関東総督大嶋大将」という写真肖像が配されている。これに対して、二枚目の写真は「大連の全景」という題名であるが、その左上に「旅順口鎮守府司令長官柴山（矢八）大将」の半身像が付されている。このように、写真記事としてもやや貧弱なようであるが、二人の大将の写真を付ける発想に何にかの深意があることが察せられる。つまり、一九〇五年九月に締結されたポーツマス条約によって、日本は確かに遼東半島の租借権などの権限を得たものの、予想された領土や戦争賠償金などが得られなかったため、民間人の不満も様々な形で噴出されていた。帝国としては、既に、ロシアから取ってきた旅順や大連を民衆に見せびらかすために、その二箇所の風景及び関連人物の肖像を国民の脳裏に焼付けようとしていたのではないか。

⑬　無署名「（戦後経営）大連民政署十年計画」（『太陽』一九〇六年六月）465ページ

日露戦後、一九〇五年のポーツマス条約により遼東半島先端部の租借権はロシアから日本に移った。ロシア時代のダーリニーは「大連」と改称された。この租借地の名称は「関東州」であり、当初は軍政が布かれていたが、一九〇六年九月に民政に移管され、関東都督府が設置された。この記事が載せられた一九〇六年六月の時点では、日本はロシアの「遺産」を受け継いだものの、どうやって大連を建設すべきかという現実的な問題に突き当たっていた。日露戦争を遂行するため、日本は既に莫大な戦費を捻出したので、国の財政が底をついた有様であった。当然、新しく租借地となった大連の発展に資金を注入する余地はもはやどこにもなかった。民間からの借金計画を立てたのはこういった事情によるものだっただろう。

⑭　無署名「大連民政署三十八年度繰超総収入高」（『太陽』一九〇六年六月）　465ページ

この記事は「関東州」の民政署が統計した一九〇五年財政年度の繰越高である。統計の分野は二十種類にわたっている。内訳は様々であるが、総計額は七八億円程度である。戦時下のことであるから、これだけの繰越金があってもまだ足りないということを示している。事実、同誌の一九〇六年六月付けの「（戦後経営）大連民政署十年計画」によれば、大連市政を運営するに、民間からの借金が必要であるということを裏付けるため、素直にこの財政収入の公にしたという目的が明らかである。

⑮　無署名「（清国時文欄）」（大連税関組織）（『太陽』一九〇七年三月）　465ページ

本記事は、ちょっとぎこちない中国語で書かれたものである。日露戦争の結果、日本はロシアから関東州租借地を継承した。しかも、租借地全体を関税自由地区とする措置をとった。つまり、関東州以外からの輸入品に輸入税が課せられず、その再輸出や輸入原料品による製造品の輸出に対しても輸出税が課せられないということになった。その背景としては、ロシアの措置の踏襲、諸列強の門戸開放要求に加え、中継貿易の活発化により大連を満洲貿易の中心地化するという狙いがあった。しかし当時、清国の洋関総税務司を務めたイギリス人サー・ロバート・ハート（Robert Hart）や税務大臣唐紹儀などから強く反発され、話がまとまるまでかなり長引くことになった。

⑯　無署名「（清国時文欄）」（大連税関協約）（『太陽』一九〇七年三月）　465ページ

租借地関東州で一日も早く税関を設立しようとする日本は、清国に大連税関の設置を強く要求した。一九〇七年五月三〇日、清政府総税務局のハードと駐中国公使の林権助氏が、中日両政府を代表して北京で「大連関及び内水汽船航行の確立に関する協定」に署名するという風聞は、一九〇七年の始め頃から取りざたされていた。『太陽』誌はそれを早くも三月号で予想していた。事後的に見れば、本記事の予告は見事に的中した。

⑰ 無署名「殖民地政庁」（〔大連民政署庁舎〕）＊写真（『太陽』一九一〇年一一月）466ページ

日露戦後の一九〇五年九月に、日露両国はポーツマス条約を結んだ。それによって、清朝からの関東州租借地の権利をロシアから日本が引き継ぐことになった。当初は軍政が敷かれていたが、一九〇六年九月一日に民政に移管され、関東都督府が設置された。大連民政署は関東都督府民政部の下で大連を管轄した行政機関である。大連民政署の庁舎は日本統治下の大連で最初に建てられた官庁建築でもある。一九〇七年八月に着工、翌年三月に竣工。設計は、大連に渡った関東都督府技師・建築家の前田松韻である。ドイツ・ハンブルク市庁舎やベルギー・ゲントのタウンホール建築を参考に、中央正面に時計塔を設け、左右対称の形としたようであるが、植民地における帝国の初のモダン建築の白眉として脚光を浴びた。ちなみに、この建物は一九二二年より大連警察署の庁舎となった。

⑱ 無署名「殖民地市街の今昔」（〔大連〕）＊写真（『太陽』一九一〇年一一月）467ページ

日露戦争中、日本軍は大連を占領したあと、軍政を敷いた。一九〇五年四月に、軍政署がすでに「大連専管区設定規則」を公布し、都市計画の実施を始めたが。関東州民政署が設立されたあと、本格的な都市建設が始まった。日本政府は、関東都督府と南満洲鉄道にインフラの整備を続行させ、港湾施設を拡張した。またロシアの作成した都市計画を踏襲して西洋風の建築物が立ち並ぶ街路と市電を建設した。この記事の写真が撮られた一九一〇年秋頃、大連のシンボルだった大広場の周辺に、すでに大連民政署、市役所、ヤマトホテル、朝鮮銀行、逓信局、正金銀行などの洋風建築群が次々に出来上がりつつあった。無論、大連がモダン都市へ脱皮するまでには、さらに十年間ほど待たねばならなかったのである。

⑲　無署名「大連市街の美観」＊写真（『太陽』一九一〇年一二月）　468ページ

関東都督府ではダーリニー時代の道路計画を受け継いで、道路を広さによって特別一等、一等、二等、三等に分類し、特別一等や一等道路の主幹道路から建設を始めた。大通りなどは日露戦で活躍した陸海将軍名で命名され、他の道路は日本の地方名に因んで名付けられた。有名な大通りは、例えば、監部通、児玉通、大山通、乃木通、東郷通、美濃町などがある。本記事が発表されたのは、日韓併合から四ヶ月後のことであった。大連で有数の繁華街（児玉町）と大通り（監部通り）の様子を見せることによって、日本帝国の経営している植民地はいかに繁栄しているかという「偉業」を内外に伝えようとする目的だろう。

⑳　無署名「最近南満洲通信」（〈大連関東都督府民政署〉）＊写真（『太陽』一九一一年一月）　469ページ

日露戦後の一九〇六年九月一日に、関東都督府が設立され、大連民政署はそれに属する重要な機関であった。大連における地方行政・殖産・土木・警察・衛生・租税に関する事務を管掌した部署。関東庁統治期管轄下においても大連民政署は引き続き行政を担っていた。同年一一月に、半官半民の国策企業「満鉄」も創業された。大連民政署の主導の下で、満鉄は東清鉄道南満洲支線の沿線で様々な開発を行ってきた。現に、この記事で示さている七枚の写真のうち、石炭炭鉱についてのものが圧倒的である。それもまさに「帝国」が植民地で収めた大きな「業績」である、天下に告知しても当たり前のことであろう。

ちなみに、写真に写っている大連民政署は大広場に面して建てられた最初の建物である。一九〇七年八月一日に着工し、翌三月二五日に竣工したものである。設計者の前田松韻がドイツ・ハンブルク市庁舎やベルギー・ゲントのタウンホール建築を参考にした建物である。

㉑　無署名「満蒙雑景」＊写真（『太陽』一九一三年一一月）　470ページ

この記事は二〇枚の写真による報道である、内容から見れば、大正二年頃の満蒙各地の教育、工業、貿易、自然など様々な分野にわたり豊富であるが、その背景には、満蒙問題の先鋭化などがある。日露戦争に勝利した日本は、ポーツマス条約で長春以南の鉄道及び付属利権などを手にして、満蒙に突入する条件を整えた。それ以来、日本はロシアと四回も協議を重ねて、日露協約を締結し、それぞれの満洲及び内蒙古における勢力範囲を定めた。満蒙経営の業績を誇示するために、この記事を組んだのも明らかである。

㉒　無署名「日清戦争　日露戦争」＊写真（『太陽』一九一七年六月）　472ページ

第一次世界大戦が白熱化している一九一七年六月号の『太陽』に、日清戦争と日露戦争に縁のある人物や事象をテーマにして、報道されたのはまさに意味深長なことである。特に、日清戦争が終結した十二年後の時点で、台湾関係の事柄を写真の形で蘇らせるのは、過ぎ去った栄光を思い出すとともに、当面の行き詰まりを紛らわせようとする意図が明らかである。一方日清戦争に対して、つい最近幕を下ろした大きな物語である日露戦争後収めた各領域の業績を明示することによって、帝国の破れない神話をあらためて国民に吹き込もうとしている。

㉓　三郎「大連所見」＊挿画（『太陽』一九一八年四月）　474ページ

この挿絵の構図は簡潔明瞭で、線条に張り詰めた緊張感がある。内容は、文字通りに大連で所見した被支配者の生活光景である。中国人の靴修理屋が一生懸命に仕事をしているところである。画の署名は三郎であるが、右下の方「くどう」という落款が見える。それによって、この挿絵の作者が工藤三郎であることが判明する。工藤三郎（一八八八～一九三二）は北海道小樽の出身で、一九一二年東京美術学校を卒業した。一九一三年にサンフランシスコ博覧会に出品した。一九一八年から中国に遊学。一九二〇年にフランスに留学し、一九二三年に帰国した。大阪三越で滞欧記念展を開催していた。『北海道美術史』には、彼のことについて「素朴で親しみやすい人柄が後進の信望をあつめ、また、その詩情湛えた写実の画風を後進に伝える」と紹介されている。

㉔　無署名「〔新刊紹介〕」（露西亜時代の大連　上田恭輔著）（『太陽』一九一九年三月）　474ページ

上田恭輔（一八七一～一九五一）は、夏目漱石の知人として有名である。比較言語学者で、植民地政策の専門家として台湾総督府嘱託及び台湾総督児玉源太郎の秘書を努め、『大阪毎日新聞』社の東亜部に勤務していた。上田には、本書の他に、『支那料理の話』、『満蒙の善後策を日華両国民に語る』、『清朝時代の満洲より現状まで』、『趣味の支那叢談』、『国語中の梵語の研究』などがある。本書は、この記事に紹介される通りに、「時の大本営參謀長の命を受けて大連の事情加取調べたりし著者が、當時の材料を骨子として加ふるに露西亜側の記録と著者の実地目睹せる所を以てして編述せるもの、小冊なれども當時の事情を知るに於て好參考たるを失にず」ものである。本書は一九一八年に慶應義塾大学で出されたのである。

㉕　木村荘八「大連にて」（『中央公論』一九二〇年一二月）　475ページ

木村荘八（一八九三～一九五八）は洋画家、随筆家、版画家である。一九一五年、木村荘八は岸田劉生たちと共に「草土社」を結成し、一九二二年まで毎回出品した。同時に、二科展や日本美術院主催の「院展」洋画部にも出品を重ね、一九一八年に院展出品作『二本灌木』で高山樗牛賞を受賞した。一方、木下杢太郎は、一九一六年から一九二〇年まで、奉天の満鉄付属地の南満医学堂教授兼奉天医院皮膚科部長を勤めていた。この間に、彼は大陸の古典美術に強い興味を持っていた。一九二〇年九月、木下杢太郎が木村荘八を満洲まで誘って、二人でさらに大同雲岡石窟、太原などを見学旅行した。この旅行の成果として、両人共著の『大同石仏寺』を出版した。「大連にて」という紀行文は、その中国旅行の付属品である。ちなみに、木村の当紀行文を掲載した『中央公論』は、大正期には吉野作造の政治評論をはじめ、自由主義的な論文を多く掲載し、大正デモクラシー時代の言論をリードした。この雑誌に作品が掲載されることは、人気作家の仲間入りと見なされたのである。十五節からなる本記事は、「大連にて」というタイトルをつけながら、大連に関する内容は少ない、むしろ大半の頁が朝鮮に割かれている。文中で作者が素直に「朝鮮について多くを書いた」と認めたうえ、さらに「何故なら満州の支那人については又それと無形に於ては同じだからだ」と自問自答している。つまり、朝鮮にしても、満洲にしても大差がなく、朝鮮の描写から大連や「満洲」あたりの様子も類推できるという作者の論理である。初めて大連に赴いた木村荘八の目に映ったのは次のような衛生の悪さである。「一歩郊外へ出ると砂塵がセメンのように舞うている。その臭い苦しい赤はだかの大地の中では，支那人達が天幕を張つて、野天バクチをしている。蠅だらけのパンを食つている。又はモヒ中毒で往來にゴロゴロねくたれている」。無論、こうした嫌悪感は、作者が朝鮮でも同じく覚えていた。しかし、この紀行文の中には、作者の植民地主義などに対する不満ないし批判も透けて見えている。例えば、「広場の一隅に、見ると日本軍人の銅像がうしろ向きで立つてみる。前へまわって見ると大島とか云う人の像である。……銅像は外套をカンカチになびかせて剣をつき、豪然と遠く向うを見ている例の姿である。全くこう云う人間がよってたかって此の地を取ったと云う露骨の感がある。自分は同じ日本人で少しこの白日の前に、気が引けた」。このような発言は当時としてはかなり大胆であった。さらに、彼は満洲生まれ育ちの子供を、「生まれるとすぐに二つの人種を見、二つの道路を知り、その人種の中一は二を全く圧倒している不自然を露骨に見る。この地の子供は車夫や苦力の日本人でないことを知っている。同時に故に人間でないと思っていないと誰に云えよう。少なくとも対象がそう思わせ、大人がその感をあおり、子供心に染み込む。〈あの人間は人間でない〉と」と憂慮している。それらの批判意識は、大正デモクラシーの時代の中を青年期を過ごした作者の芸術家としての知的な良心の反映と見なしてもいい。

㉖　堀口九万一「大連スナップ」（『近代生活』一九二九年一二月）　492ページ

日露戦後以来、二十五年間ぐらいの経営で、植民地大連の相貌が大きく変わり、北東アジアで屈指のモダン都市としての地位が確立された。が、本記事が出された一九二九年頃、世界的な経済のパニックで、大連も大きな衝撃を受けていた、植民地経済の発展も行き詰まっていた。官僚や文人による植民地大連への賛歌は、逆に当時の大連の衰微状況が一通りならぬことを浮き彫りにしている。本記事は作者と大連で邂逅したフランス人の口を借りて大連への賛辞を捧げるという形を取っている。この記事の作者である堀口九万一は、詩人・堀口大学の実父で、外交官として世界各地で活躍していた、一九二五年三月末に、依願免官、それ以降執筆活動に専念していたのである。

㉗　一戸務「統一しない統一の大連港」（『新科學的文藝』一九三〇年九月）　498ページ

『統一しない統一の大連港』とは、一戸務（一九〇四〜一九七七）が若い頃書いた実験的な掌編小説である。この小説は大連を舞台にしている。筆者の管見では、この小説は、中島敦『D市七月叙景』に次いで二番目に早い「大連物語」であるようだ。作品には、「支那」の大道芸人が登場性している。踊りや服装の飾りから見れば、明らかに大陸的な風景であるとはいえ、夕暮れの中に浮かび上がらされているのは、モダンな西洋風の建築群及び大和式の神社などである。語り手が恍惚としている一方、ある種の分裂感が強いられている。作品の終盤に、「AでAでない処と、そう云ったなら、大連で、大連でない処に、大連の真情が、あるとすれば日本のもので、日本のものじや、ないと云ったって……案外，そんなところに、変わった刺激の大連が現出してくるかも知れない。とまれ、「世界の港」にしちゃ、海港文学なぞ、生れ相もないエセ・モダンな、古風、新味の中途半端な、においのない市街」というような締めくくりがされている。無論、こうした筆致の背後には、一九三〇年代の「プロレタリア文学」からの影響があることは否めないだろう。

㉘　蔣希曾／淺見昇（訳）「遼東」（『詩・現實』一九三一年三月）　501ページ

『詩・現実』は、詩誌『詩と詩論』の現実離れの傾向に不満を抱いた詩人たちが、一九三〇年五月に創刊したのである。その中心的なメンバーに、淀野隆三、北川冬彦、三好達治などがいる。創刊号には、ピエエル・ナヴィル「文学とインテリゲンチャ」（北川冬彦、淀野隆三訳）が掲載され、ナヴィルの唱えたブルジョア文化に対抗する革命的な「超現実主義」が記されている。「遼東」という詩では、詩人が帝国主義の侵略と資本主義の搾取に喘ぐ中国民衆の反抗及び世界各国のプロレタリアートの連合を呼びかけている。現に、詩の作者・蔣希曾（一八九九～一九七一）は、若い頃中国の革命運動に投身した左翼詩人であった。『詩・現実』がこのような左寄りの訳詩を掲載することは、その時代日本を席巻していたプロレタリア文学運動と切り離しては考えられないことであろう。

㉙　××《〔ママ〕》三治「工場カラ農村カラ　大連から」（『ナップ』一九三一年一一月）　503ページ

『ナップ』は、一九三〇年九月に発行された「全日本無産者芸術連盟」（ナップ）というプロレタリア文学・芸術運動の組織の機関紙であり、プロレタリア文学の作品発表舞台としての役目を果たした。しかし、「日本プロレタリア文化連盟」（コップ）の結成に伴い、ナップの使命も終わり、その機関紙としての『ナップ』も、一九三一年一一月号で終刊を迎えてきた。署名三治の本記事は終刊に掲載されたものである。それは、文学作品というより、「満鉄」で文学サークルを作ろうという広告のような宣伝文章である。ただし、その末尾は、「今満鉄傍系会社の整理に、戦々兢々たる者あり、抵抗する術を知らず、満鉄の社會ファシズム化を論じられ、益々其御用団体たるを暴露す、然し傭員階級にて之を意識するもの何人ぞ」と結ばれている。これはいかにも「ナップ」らしいイデオロギーである。

㉚　西條八十「満洲娘」（『蠟人形』一九三二年二月）　504ページ

『蠟人形』は西条八十が創刊した詩誌である。一九三〇年から一九四四年にかけて、十四年余も続いた月刊誌であり、詩を中心とした文芸総合誌としての価値も大きい。雑誌の主宰者西條八十（一八九二〜一九七〇）は、童謡や歌謡曲の作詞を多く手がけたほか、抒情に富んだ象徴詩も数多く創作した。「満洲娘」は「満洲事変」を挟んで「満洲国」の成立を一ヵ月前に控えた頃の作品である。このやや童謡風の短詩は、異国情緒に満ちた満洲大地の風物、例えば、大雪、高粱などを活かしながら、故郷を失った哀れな満洲娘の境遇を、想像的に詠嘆している。無論、「満洲娘」は、あくまでも作者の悲情を満たすための装置のような存在であることを看過してはならないだろう。

㉛　坂井艶司「満洲小唄」（『蠟人形』一九三五年七月）　505ページ

小唄とは、俗謡のことである。つまり、郷土の匂いを凝縮した庶民の抒情である。青年時代の左翼詩人坂井艶司は、一般庶民に目を向けて、彼らの喜怒哀楽を詩的な抒情で捉えている。この詩の背後に大陸雄飛の夢を抱いて郷土を後にした所謂「満蒙開拓移民」の辛酸が存している。一九二九年に起き、世界を震撼させた経済恐慌の影響で、国内の矛盾を転嫁するため、農村更生の一環として、満洲への移民が実施された。沢山の生計の手段を失った農民や都市庶民は一斉に満洲大陸に流れ込んで、帝国の武力による優遇政策を享受できたにも関わらず、故国を去る苦痛が払拭できず、ホームシックに悩まされることも一通りではなかった。

㉜　坂井艶司「満洲おけさ」（『蠟人形』一九三五年一〇月）　506ページ

詩人、坂井艶司の十七才頃の作品で、その天才ぶりが遺憾無く発揮されたものである。その年に故郷佐賀県を後にして、「満鉄」所属の大連図書館で口を糊する職にあり付いた。多感な年齢の少年少女が故郷が恋しく思うことは当たり前だが、この詩の特別なところは、そのホームシックの上に「満洲国」への虚しさが混ざっていることである。本詩は、「アー満洲／満洲恋しや五色の空に／春は杏の花吹雪」から始まり、「アー五色／五色いろます楽土の空は／祖国日本の生命線」で結ばれている。このように、詩の中で繰り返し変奏されている「五色」とは、紛れもなく「満洲国」の国旗を指しており、こうした寓意性が詩の奥行をさらに深めている。

㉝　坂井艶司「満洲三人娘」（『蠟人形』一九三六年二月）　507ページ

本詩は、日本娘、満洲娘に加わり、ロシア娘が満洲という「五族協和」の楽土に併置させることによって、一九三六年頃の「満洲」における政治の複雑を過不足もなく呈している。詩人の、「娘」という花ざかりの生命が遭遇した過酷な運命の虚しさをノスタルジックに詠い上げることが印象的である。

㉞　坂井艶司「満洲追分」（『蠟人形』一九三六年六月）　508ページ

題目通り、哀愁を帯びる緩やかなリズムで心中の蟠りを融かすため歌われた小唄である。詩人は、馬蘭花・柳絮などによって表される手弱女ぶりと、赭土・苦力・高粱酒・胡砂・戎克などで象徴されるますらおぶりを併置することによって、その間の不自然さを際立たせている。その不自然さは、作者が植民地で本能的に感じた違和感にほかならない。

㉟　坂井艶司「満洲旅すりや（小唄）」（『蠟人形』一九三六年一〇月）　509ページ

故国を去り広大な「満洲」大地を彷徨う旅人の寂しさが、小唄特有のメロディによって詩を底流している。この胸を突くほどの旅愁に、淡々たる満洲娘に抱える恋情が重なり、旅情のシンフォニーが奏でられている。春雨・柳絮・馬蘭花・秋風・蒙古風と、詩情が時間の経過に従って、刻々と高まっていく。

㊱　坂井艶司「満洲しぐれ（小唄）」（『蠟人形』一九三六年一一月）　510ページ

坂井艶司は、一九三五年七月から、日中全面戦争が勃発した直前の一九三七年六月までの二年間に、潮が打ち寄せるの如く勢で詩情が噴出して、矢継ぎ早に十数篇の短詩を詩誌『蠟人形』に載せた。そこには、作者の作詩能力のほか、『蠟人形』を主宰した西條八十の詩人としての特異性も関わっている。西條八十は象徴派詩人であるが、童謡や歌謡曲の作詞者でもある。それがゆえに、『蠟人形』は詩だけでなく、短歌、民謡、歌謡曲、小唄、童謡、小曲などの投稿欄が雑誌総頁数の半分近くなる。まだ十代の若手詩人・坂井艶司が一気に数多くの俗謡風の詩を公にできたのは、西条の慧眼が重要な一因だったと言ってよい。

㊲　深町敏雄「大連支部――季秋ピクニツク報告」（『蠟人形』一九三六年一二月）　511ページ

『蠟人形』は、詩の同人誌というより投稿誌であり、各地に支部もあって結社誌的でもある。満洲には、大連を拠点とした、大連支部が置かれていた。本記事の内容は、タイトル通り、大連支部の同人たちが参加したピクニックについての報告であるが、それを通して、一九三六年前後の大連詩壇の様子を垣間見ることが出来る。本記事によれば、当日、ピクニックに出た者には、甘地滿、西町虹二、巖岫躁、今村義夫、井上秋吉、深町敏雄等の顔ぶれが揃っている。しかも、文中には、「万丈の氣を吐いてをられる大連の麒麟児坂井艷司兄が止むを得ぬ事情のため參加し得られなかつたことは殘念でした」とあるように、人気詩人である坂井艶司の活躍ぶりが示唆されている。

㊳ 坂井艶司「満洲夜曲」（『蠟人形』一九三七年一月）512ページ

年が改まって一九三七年に入っても、坂井艶司は健筆を振るい、その旺盛な活躍ぶりを続けていた。その年の『蠟人形』の一月号に発表された「満洲夜曲」が詩業の新たな出発を声高に宣告している。この詩は、依然として小唄のような緩やかな調子で、詩人の「満洲哀愁」を吐露している。本詩は、真っ赤な落日の中を、「主のお墓に」泣いている「満洲娘」に同情的な一瞥を投げかけ、宥めようとしているが、夕日の消え去るとともに、次第に遠ざかった「満洲娘」を見送りながら、取り残された詩人は淡い「恋ごころ」を噛みしめている。そのような「満洲」大地の晩秋風景をバックにしたシルエットに、詩人の愛用した夕日、高粱、夜霧、草露などが多重写しにされている。ただし、この詩の底を流れている虚しさは、「満洲建国」の神話に託される雄々しさと明らかに異質的なもので、むしろ後者を相対化する意識の表出として読むこともできるだろう。ちなみに、三年後、西条八十が作詞した「蘇州夜曲」は、この「満洲夜曲」にヒントを得て作られたのではなかろうか。

㊴ 坂井艶司「満洲花嫁」（『蠟人形』一九三七年二月）513ページ

「満洲娘」が豊富なバリエーションで、坂井艶司の「満洲詩」に姿を現し、大いに詩人の旅愁を癒した存在である。本詩の場合、作者は「満洲娘」が花轎に乗って花嫁に行く様子を、複雑な気持ちを交えながら描いている。詩の末尾に付されている注釈からも分かるように、この詩は満洲の風習の一齣がかなりリアルに描かれている一方、それを最後にする「満洲娘」への決別のような心情も込めたものである。詩人が恋情を寄せ旅愁を大いに慰めてくれた「満洲娘」が嫁に行ったという設定自体は、詩人人格の独立を意味すると同時に、青春時代への訣別でもある。確かに、これより以後、すでに一人前になった詩人は「満洲娘」を詩に取り入れなくなった。

㊵　坂井艶司「大連支部新年例会の記」（『蠟人形』一九三七年三月）514ページ

本記事が掲載される二か月前に、「蠟人形」大連支部で新年の例会を催した報告が、当時「満洲」詩壇の売れっ子だった坂井艶司によってまとめられた。短い報告であるものの、情報量がかなり豊富である。まず、新年会の場所は、一九二九年に開業した東洋一の商店街と呼ばれた「連鎖街」にある「マルキタ」という有名な喫茶店であった。話題は、新人の秋野サチ子、瀧川巖、辻村朝子、波々部武を中心にしていたようである。事後的に見れば、他の三人は、早くも文壇から忘れられたが、秋野サチ子だけは、ずっと詩壇で活躍していた。彼女は、『蠟人形』に縁深い者で、早くも一九三〇年に『蠟人形』発行の通知を受けた一人であり、一九四六年に復刊後の『蠟人形』同人の一人でもあった。ただし、本記事の終わりのところに、今年度新年会の参加者の名前が挙がっているが、出席者は、わずか九名しかなかった。このデータから当時大連を中心とした満洲詩壇の寂寥ぶりが思い知らされる。

㊶　田中欽弌「満洲ざくら」（『蠟人形』一九三七年四月）515ページ

一九三二年三月に、日本の傀儡国家・「満洲国」が建国され、その年に満洲への集団移民が始まった。入植者と「満洲人」との衝突は日増しに深刻になる一方であった。当時、満洲には、日本人に「匪賊」と蔑視された抗日武装集団が散在していた。数多くの軍人が満洲まで派遣され、匪賊の掃滅に当てられた。本記事の詩の遠景には、こういった事情が据えられている。「大和魂」と「桜」を結びつける常套で、母親＝「大和」のために手柄を立てようという意気込み。無論、このような好戦的で芸術性の低い詩作が『蠟人形』に掲載可能になったのは、主宰者西条八十の植民地認識に契合したからである。事実、日中戦争が始まると、西条八十は中国に渡り、南京や漢口などの戦地に赴いた。また、彼は日本文学報国会詩部会幹事長として戦争協力を行った。

㊷　岫巌躁「大連支部報告」（『蠟人形』一九三七年四月）516ページ

本記事の冒頭に「二月六日。大連の中心広場にスマートなメカニズムを誇る東拓ビル地下室三葉ホールにて第十回例会を開催致しました」という内容が書いてある。意外なことは、開会の場所の変更である。連鎖街の喫茶店「マルキタ」は、大連支部活動の古巣であったが、場所変更の理由は不明である。ともあれ、『蠟人形』大連支部は、一九三六年五月に設立された。当初のメンバーは九人であったが、ほぼ二年後の時点では、メンバーの数は、二十人を下回っていたと推測できる。現に、本記事の付録に挙がっている当日参加者の人数が13人だけであった。小規模でありながら、「意義ある例会を盛会裡終わることの出来ました」と言われている。本記事の記録から分かるように、今度の例会は決して単に同人たちがコーヒーを楽しむ懇親会ではなく、同人たちの作品の優劣などをめぐって、「鼻息荒く真面目な批評と激論に皆紅潮した顔に」なったのである。しかも、「坂井の『満洲花嫁』は議論百出」というような記載からも会場の並々ならぬ雰囲気を感じることができる。

㊸　水城雅男「大連支部三月例会報告」（『蠟人形』一九三七年五月）517ページ

月一回の例会であるが、今までは、夜の時間を利用して行われたのに、今回は、なにかの事情で午後一時から例の「マルキタ」で開催された。報告者水城雅夫がまとめた本報告によると、「新しい方の出席がなく一寸寂しい感じであった」が、会議はやはり通常通りに進んでいった。例会の常設欄として、詩、小曲、小唄などの新しい動向が紹介された上、それぞれの作品の善し悪しについても参加者の間で熱烈に討論されたと言われている。参加者には、柳子や、白城恆夫などの新しい顔ぶれがある。

㊹　坂井艶司「満洲恋しと（小唄）」（『蠟人形』一九三七年六月）　518ページ

歌代は、そもそも歌の代わりの土地という意味で、佐渡に流された天皇のために和歌を読み、気に入ってもらえると褒美として土地をもらえたそうであるが、この詩の場合、詩との関連性で、美しい妙齢の女性の名前として使われている。確かに、歌代は、自分の恋い慕う「様」のために、波の高い玄界灘を越えて、はるばる「満洲」の地に来たが、「様」はただ、旅がらすのような不安定な存在である。三年の月日が経ち、娘が「様」との愛も破綻して、異国情緒が濃い「満洲」の夕日の中に泣くばかりである。「様」のいい加減さや恋の破滅の主題に作者の「満洲国」に対する疑問が潜んでいるのは言を待たないだろう。

㊺　廿地「大連支部六月例会報告」（『蠟人形』一九三七年八月）　519ページ

大連支部の例会は毎月の始めの日曜日に開催されることになるから推測すれば、その年の六月の会議は6日に催されたことになる。しかし、廿地満によって書かれたこの報告には、会議の日時さえ省かれている。しかも、廿地の記録によれば、六月会議に出席したのはわずか四名しかいなかった、参加人数の最小記録を刷新した。本記事の内容も随分粗末で、例の新作についての討論なども皆無である。その慌しさがどう考えても不自然である。ちなみに、今回の報告者である廿地満は、名前の発音通りに二十歳の若さで自殺した薄幸の詩人である。もっともこの記事が実際に掲載されたのは、一九三七年八月なので、編集者によって廿地の書いたものを削減した可能性もあるだろう。

㊻　古城「大連支部七月例会報告」（『蠟人形』一九三七年九月）　519ページ

七月の例会が行なわれたのは、日中全面戦争が起きて四日後のことであった。当然、穏やかな雰囲気の中に、いつもと同じように詩のことなどを話す余裕はどこにもなかった。現に、報告者古城毒を含めてわずか五名の参加者であった。大連支部の主要メンバー、例えば、坂井艶司、廿地満、松島巌、深町敏雄、西町虹二らは、その姿を晦ました。さらに、報告書の最後にある「大連在住の諸兄姉、蠟誌の愛讀者としての諸兄姉、僕等の會は決して取つて食べろやうな人達ぢやありません。怖くありまんから遠慮なしに御出席下さい」という一句には、報告者の何かに対する憤懣が含まれることが読み取られる。

㊼ 無署名「大連支部八月例会報告」(『蠟人形』一九三七年一〇月) 520ページ

八月の例会は、特に戦事に影響されなかったようである。それは、報告書に記されている「下駄をはいたのが二人、上着を着てこなかったのが二人、水泳帰り一人」というかなり呑気な記録からも察知できる。要するに、今度の会議は、予定通りに八月七日に開催された。参加者は、わかず六人だけであったが、「四時間の放談」で、読者からの寄稿を真剣に批評し、傑作を選出したという。しかも、六人の参加者のうち、その前に二回も連続して欠席した大黒柱のような存在である坂井艶司の名前が出ていた。それは、非常時の大連支部に大きな自信をもたらしたことは言うまでもない。

㊽ 萩原恭次郎「北支方面」(『蠟人形』一九三八年一月) 521ページ

萩原恭次郎(一八九九〜一九三八)は大正、昭和前期の詩壇では、リーダー格の存在であった。萩原は元来ダダイストとしてその詩業を開始したが、後にアナーキズムや社会主義に傾倒していった。初期の詩において、「天」や「神」ような超越的な存在に、さらに女性美への賛美が加わり、アバンギャルトな傾向を示しつつあった。それと連動して、結局『死刑宣告』にみられるような自我高揚の作風へと発展していった。このように、純粋な前衛芸術の旗手とも仰がれたこの詩人が、一気に戦争謳歌のパイオニアに豹変したのは、不思議というしかない。ちなみに、この詩は萩原が絶命する十ヶ月前に書いたもので、詩の中には「大陸　北支の少年よ　日本語を学び給へ　そしてわれらと共に更に世界を学び給へ」というような内容からも分かるように、彼は戦争の加担者に堕落してしまった。むしろ、十ヶ月後に訪れてきた死は、彼の芸術派詩人としての名誉を保ったとも言える。

㊾　土井章「北支建設問題と治安工作」（『中央公論』一九三八年八月）　523ページ

「満洲国」が出来てから、日本は「北支自治運動」及び「華北分離工作」を推し進めた。一九三五年六月以後、相次いで所謂「梅津・何応欽協定」、「土肥原・秦徳純協定」などの不平等な条約を中国政府に強いた。さらに、「北支自治政権」を建設する計画を立てた。しかし、中国国民の強い反発で、日本の策動した「華北分離」の陰謀が流産してしまった。日中全面戦争が起きて、華北地方は最も早く日本軍に占領された。いかに手に入れた広大な華北地方を治めるべきか、という「帝国」の死活に関わる問題が浮上してきた。本文はまさにこの難問に答えるための一つの提言である。作者の土井章（一九〇五～一九九九）は、文章の冒頭に、「北支建設の根本問題は、北支那自体に於ける環境と資金並に経営方法の三つであろうと考えられる」と主張している。ここで言われた「環境」は、作者の表現を借りて言えば「治安状態と財政の問題である」。本文は、当時入手できる国・共双方の資料や米人新聞記者エドガー・スノーの書いた関係報道を援用しながら、軍事と財政両面から、その「安全性」を説いている。とくに、共産党が指導していた八路軍の力を「過小に評価することは危険である」という指摘は的確であった。戦後、本記事の作者である土井章は、大東文化大学で研究者として活躍して、一九七二年から一九七八年まで、当校の東洋研究所の所長を勤めていた。

㊿ 室生犀星「曠野集（詩）―帆、大連、馬、海市、黄土、ひこばえ、荒野の王者、山なきところ、星ふる、道外、中央大街裏、ニコライエフスキイ寺院、南京豆、朝鮮―」（『新潮』一九三八年一〇月） 531ページ

日中戦争が勃発する三ヶ月前の一九三七年四月中旬から五月初旬にかけて、室生犀星は朝日新聞社の依嘱により、初めて国外に赴き、満洲を訪れハルピンまで足を伸ばした。大連、奉天、ハルピンなどを一回りして、朝鮮を経て帰国したのである。「荒野集」という総題のもとにまとめられた、一連の満洲を題材とした詩は、この時の満洲漫遊をベースにして詠まれたものである。大連から一路北上して奉天やハルピン各地での見聞をスケッチした数珠のような即興詩であるが、それらの詩を貫いている基調は、エキゾチックな満洲風物との隔絶感である。このような「満洲」に対して抱えた違和感は過不足なく、時局に即応できない室生の苦悩を滲ませている。

(51) 田中克己「軍艦茉莉に於ける安西冬衛」（『四季』一九三八年一一月） 543ページ

安西冬衛（一八九八～一九六五）は、一九一九年に大連に渡り、そこで十五年間も暮らした。一九二四年、安西冬衛は北川冬彦らと詩誌『亜』を創刊し、一九二八年には『詩と詩論』創刊同人となった。一九二九年、安西は初の詩集『軍艦茉莉』を出し、卓抜な感覚と構想力で現代詩の出発点を画する作品として高い評価を受けた。一方、詩誌『四季』もその出発時から詩という芸術の純粋性を保持することを宣言し、昭和十年代の叙情詩復興の気運を大いに推進した存在となった。そのため、『四季』の編集に携わった田中克巳ほど安西冬衛の詩を評価するに適当な者はないだろう。田中は、「彼はそれらの題材を自由に驅使して一つの安西風な雰囲気のみを造り上げていたのである。この雰囲気の美しさ水蒸気の少い大陸的な鮮やかさ、は最も著しい此詩集の特徴である」と言って、見事にこの詩集の特質を掴み取っている。

㊾ 北川冬彦「満洲の思ひ出」（『シナリオ研究』一九三九年四月）　547ページ

周知のように、北川冬彦は「満洲」に縁の深い詩人である。一九一三年四月、北川は数え年十三歳の時、父親の仕事の関係で「満洲」に渡り、旅順中学校に入学した。一九一九年三月、北川が日本の第三高等学校に入るまで、大連や旅順地方で六年間ほど青少年時代を送った。一九二三年の夏休みの頃、大連に帰省したとき、安西冬衛と知り合い、翌年に二人で詩誌『亜』を創刊した。彼が植民地での生活体験を活かしながら、日本帝国の植民地拡張行為に鋭く対峙して、大量の左翼的な詩を書いた、一九二九年一〇月に刊行した『戦争』という詩集は、植民主義を批判する檄文である。一九三〇年代ごろから、北川冬彦はシナリオ文学を唱え、彼を中心とした「シナリオ研究十人会」が結成され、機関誌として『シナリオ研究』が刊行された。この「満洲の思い出」という詩は、彼の理念を実践した作として読んでよかろう。この詩はごく単純に作者を彷彿とさせる語り手が、真冬日に凍りついた「満洲」大地をスケート場として飛ぶような愉楽の日々を思い出している。臨場感の溢れんばかりの写実的なシナリオである。懐かしい青少年時代の追憶によって、険悪になりつつある時局に逆らう姿勢が大きくせり上がっている。

㊿ 寺崎浩「続・満洲通信―大連―」（『文学者』一九三九年六月）　549ページ

寺崎浩（一九〇四～一九八〇）は、早年火野葦平らと同人誌『街』を創刊した。そして、西條八十、横光利一に師事していた。西条八十は、「日本文学報国会」詩部会幹事長として戦争協力をしていたが、一方、横光利一は、戦時協力したため、敗戦後「文壇の戦犯」と名指しされた。寺崎浩の政治的な立場は、この二人の師とあまり変わらいだろう。現に、『文学者』に掲載された本記事には、例えば、「大連が一番都会であつて、あとはどことなしに泥臭く垢抜けのしていない所がある、満洲特有のにんにくの臭さや馬糞らしい何とも云へないかびたやうな胸のむかつく匂ひは大連が一番尠い」というようなあからさまな「満洲人」蔑視の内容がある。本記事が載せられた『文学者』は、尾崎士郎を中心として発行された文芸同人誌で、一九三九年一月に創刊したが、一九四一年三月終刊を迎え、わずか二年間ほどの存命だったのである。この尾崎士郎は、早くに右傾し、日本文学報国会に参加して軍国主義鼓吹の小説や著作を多く書いたため、戦後公職追放となった人物である。これも、寺崎が書いた「満洲通信」がこの雑誌に掲載できた一因だろう。

㊹　阪口涯子「大連駅にて」（『セルパン』一九三九年七月）　553ページ

わずか五行からなるこの短詩は、「満洲」の苦力の辛酸を言い尽くした。この詩が執筆された一九三〇年代の終わり頃、山東省から毎年数十万の出稼ぎ労働者が大連や他の「満洲」の街に流れ込んでくる。彼らは「山東苦力」と呼ばれた。大連埠頭では、一万四千人ぐらいの苦力が荷役や豆粕の積込みなどの重労働を強いられていた。「汚らしい」苦力に露骨な嫌悪を覚えた文豪夏目漱石と違って、本詩の作者は、途方にくれた苦力に同情的な一瞥を投げかけている。本詩の作者・阪口涯子（一九〇一～一九八九）は、長崎出身の俳人、精神科医であり、大連遞信医院で長く勤務し医院長を勤めていた。この短詩を登載した『セルパン』は、一九三一年五月に創刊された総合雑誌（一九四一年四月、『新文化』と改名）であった。注意すべきなのは、本記事が載った一九三九年七月号の次の八月号では、全冊のうち七割をヒットラーの『我が闘争』の翻訳を収録していることである。それを境目に、文学色は薄くなり、欧米列強の動向への関心を表明するようになった。そして太平洋戦争の勃発とともに、東亜新秩序の建設に関係のある記事のみを掲載するようになった。

㊺　近藤東「詩人・満洲ニ行ク――Cendrars風ニ」（『新領土』一九三九年一一月）　554ページ

近藤東（一九〇四～一九六八）は、グローバルな視野を持った詩人である。一九二七年、近藤は上海で外遊していた。翌年の一九二八年に雑誌『詩と詩論』の創刊に編集同人として参加していた。その後、『新領土』などを陣地にしてモダニズム詩運動の中心として活躍。新感覚派などのモダニズム文学を意識しながら、「魔都」上海を始めとして仮想の都市を舞台とし、近代市民のシニカルな視点をカタカナ書きで表現した。日中戦争勃発の直前に、近藤東は一九三七年五月に、春山行夫らと詩誌『新領土』を創刊した。詩と政治の緊張関係を国際的同時性において考察したり、超現実主義詩論を実践したりしていた。一九三九年五月から同年九月にかけてノモンハン事件があった。それは、ソビエト軍と日本帝国陸軍との間に行われた戦争であった。本詩は、カタカナ書きでソビエトを想起しやすい多くの事象が詩の行間に散らばっている。特に、看過できないのは、本詩が「眼鏡ヲカケテイル／ソノ上複眼ダ／詩人ハ一匹ノ蝶ニナル／海峡ヲ渡ル」という句から始まっていることである。それは、安西冬衛の「春」という一行詩のパロディーにほかならないが、本詩にある「花卉、果実の貧困ニツイテ／日本人の犯罪ニツイテ／馬車とライラック」という対照的なイメージによって召喚された二律背反的な言説が、見事に植民地空間としての満洲の真実をさらけ出している。

㊻　八木橋雄次郎「満洲詩壇の現状」(『蠟人形』一九四〇年九月)　558ページ

本記事で、八木橋雄次郎はまず、感傷的に友人の西原茂の次女の死という個別的な出来事を長々と語っている。記事の終盤に近づくところで、ようやく肝心の一九四〇年代の満洲詩壇の現状及びその成り行きなどの事情を、作者も加わった『鵲』や満鉄社員を中心とした『作文』及び『二零三高地』などの例を挙げながら、ごく大雑把に概観している。その内容の貧弱さは、その時代の満洲詩壇の不毛の反映にほかならない。

㊼　川島豊敏「在満詩人として」(『蠟人形』一九四〇年一二月)　565ページ

本記事は、『蠟人形』一九四〇年九月号に載せられた八木橋雄次郎「満洲詩壇の現状」という文章の姉妹篇として読んでもよかろう。影響力のあった詩誌『蠟人形』において、立て続けに満洲詩壇全体の様子や動向などについての論説が出されたことは、まさに時代からの要請であった。一九四〇年代に入ってから、日本が軍国主義化するにつれて、文壇への圧制も日増しに厳しくなる一方であった。海の彼方にある「満洲文学」も帝国のイデオロギーの一環として機能することを要求された。現に、太平洋戦争を前に詩誌は『満洲詩人』一誌に統一させられ、川島豊敏はその編集者として満洲詩壇の中心的な存在となっていた。まさに、本記事の作者川島豊敏が言っているように、「大正末期から昭和の初めにかけての北川、安西、瀧口一派の輝かしい『亞』の時代を満洲詩の一高潮期とすれば、現在は種々の相貌を呈しての、轉換期と言うか推移期と言うか、とも角、興味の深い時期に逢着しており、次の一つの高潮期へと方向づけられている」。ただし、ここで言われている「興味深い時期」とは、文字通り興味深い含みのある言い回しである。

㊽ 飯島正「春山行夫氏の『満洲風物誌』を読む」(『新領土』一九四一年二月) 566ページ

春山行夫(一九〇二~一九九四)は、一九二四年に第一詩集『月の出る町』を発表し、象徴主義からの影響が色濃かった。その後はしだいにモダニズムの影響を受け、『詩と詩論』や『新領土』などで最先端のモダニズム詩人として活動した。春山は、日本の初期現代詩運動の中心人物として大きな影響力を持っていた。一方、本記事の作者である飯島正(一九〇二~一九九六)は、一九二八年に春山行夫の誘いで詩誌『詩と詩論』の同人となり、その後モダニズムの詩人としても活躍した。春山行夫の『満洲風物誌』は雑誌『セルパン』に連載され、一九四〇年一一月、生活社から刊行されたのである。ともあれ、この書評は飯島が友人の新著のために書いたものであるから、褒め言葉が行間に十分に埋もれている。が、飯島正はまず、『満洲風物誌』の価値を肯定して、「今度春山行夫氏が発表された『満洲風物誌』は、独特なスタイルと見かたにみちたすぐれた旅行記であるということが出来」、「すでに歴史をうみつつある満洲国の文化に對して、この書物からおおくの指示をうけとることはいうまでもない」と褒め称えている。そのような基調を踏まえて、さらに、「しかも、氏は、自然のものに對する愛と文化的な観察眼をもっている。したがって、その對象の選択方法に満洲に課せられた歴史を限定するものの考察がくわえられている。これも、この書物のひとつの特徴である」と、やや具体的に本書の特色を指摘している。本記事の最後のところに「ことに、春山氏は、この本につづいて、熱河・北京・大同について旅行記をものされる希望をもっていられるそうであるが、一日もはやく、それを完成されるよう、僕はいのってやまない」という記述がある、これによって分かるように、春山行夫の中国巡礼は、一九〇二年から一九一四年まで続いた大谷探険隊の活動や一九〇七年から一九四二年まで行われた同文書院の学生達の中国調査旅行の延長線に立つものでしかなかった。いずれも帝国の植民地支配に加担した胡散臭さが残っている。

㊾　饒正太郎「ユリシイズ的『満洲風物誌』」（『新領土』一九四一年二月）　566ページ

春山行夫の新著『満洲風物誌』を宣伝するため、詩誌『新領土』は、一九四一年二月号に、飯島正「春山行夫氏の『満洲風物誌』を読む」と饒正太郎「ユリシイズ的『満洲風物誌』」という二つの論評を掲載した。前者において、評者の飯島正は、同人の立場に立って、ただ通り一遍に当作品の素晴らしさなどを語っていて、態度はかなり曖昧であるのに対して、後者の場合、評者の饒正太郎は、『満洲風物誌』への好感を隠さず、「春山氏の『満洲風物誌』は決して単なる旅行記ではない。氏があとがきに示している如く、これは旅行記であると同時に調査報告であり、又印象記であると同時に文化史的風物誌である」と持ち上げている。このように、春山行夫の『満洲風物誌』は、旅行記というより文化の晴れ着をまとった国策奉仕目的の「調査報告書」にほかならない。ちなみに、本記事の執筆者・饒正太郎（一九一二〜一九四一）は、台湾出身の詩人、官僚である。彼が「新しい東亜の文化を建設すべき日本の文化を語ることが大切である」と声高に叫んでも、特に可笑しくはないだろう。

⑹ 藤原定「大連通信」（『歴程』一九四一年四月）569ページ

この記事の筆者・藤原定は、一九三六年に草野心平に誘われ詩誌『歴程』の同人となった。本記事とほぼ同時期に、『近代支那思想』（東亜新書、一九四一年）という本を出した所謂「支那通」であった。本記事は「大連通信」というタイトルなのであるが、大連に関する具体的な情報はほぼ捨象され、ただ、本人が大連で感じた違和感のような情緒を述べているにとどまる。藤原定は、「ともかく日本の伝統的な美はここではしっくりしない。……衣食住ともかく日本の伝統はここへ持ってくると不合理になる。僕は逸見その他をさそつて、ともかく満洲生活合理化運動をやるべきだとも思つた」と言っている。むろん、こうした不満の気持ちは、帝国が強力で推し進めている「日本伝統」の「満洲」への定着化という「協和」運動に対する疑いと背中合わせになっている。

⑹ 井上麟二「遼東半島」（『文化組織』一九四一年四月）571ページ

一九四〇年代入ってから、日中戦争の長期化とアメリカやイギリスの対日経済封鎖の強化によって、日本の南方進出はますます難しくなる一方であった。一九四一年一月に、東条英機陸軍相が、「生きて虜囚の辱めを受けず」を含む「戦陣訓」を全軍に通達した。当月に、近衛文麿内閣の閣議決定が成立して、大東亜共栄圏の建設を国策として推し進めていていった。北方の満洲と比べて、南方の情勢の方が緊迫していた。井上麟二の詩は、まさにこのような状況のもとに出来たものである。この詩を貫く基調は、詩中の「激しい時代の風」が暗示している日本の存亡を決める一九四一年ごろの南方の情勢の荒々しさに照らし合うものである。倦怠感が蔓延っている北方満洲より、むしろ南方で波立つ時流に巻き込まれてほしいという意気込みがこの詩の行間に漲っている。一方、この詩を掲載した『文化組織』は、一九四〇年一月から一九四三年一〇月までの三年あまり刊行がつづいた「文化再出発の会」の機関誌であるが、戦後の前衛文学を準備した雑誌であるとともに、戦争に協力した雑誌でもあるという複雑な性格を合わせ持つことを忘れてはいけない。

㉜　近藤東「『満洲風物誌』――春山行夫著」（『新領土』一九四一年五月）　574ページ

春山行夫の『満洲風物誌』は、最初『セルパン』に連載され、一九四〇年一一月に生活社から、単行本として刊行された。この本が出版されると、たちまち大きなセンセーションを巻き起こして好評を得た。そのため、詩誌『新領土』は一九四一年二月号に、同時に飯島正の「春山行夫氏の『満洲風物誌』を読む」及び饒正太郎の「ユリシイズ的『満洲風物誌』という批評を出したが、三ヶ月あまりの時間がが経っても、『満洲風物誌』は、依然として話題として取り上げられていた、その好調に乗って、『新領土』ではさらに同年の五月号に近藤東が『文学者』に発表した本論評を転載した。近藤東は、一九二八年に『詩と詩論』創刊時に同人として加わり、その後も『文学』や『新領土』などの詩誌を活動の場にして、熱心にモダニズム詩の運動に携わっていた。本記事において、近藤東は春山行夫が、満洲での見聞を「単に印象や趣味のままに放置しないで、或は系統づけ、或は分類づけて、一定の知的処理をしているところに氏の独自なものが見うけられる」と指摘しているが、これは間違っていないにしても、やや図式的な観念論に留まると言わざるを得ない。

㉝　島崎曙海「大連詩集　大広場、対岸、老虎灘、蛇島」（『文化組織』一九四一年七月）　576ページ

島崎曙海（一九〇七～一九六三）は、一九三五年高知県から渡満し、「南満洲鉄道株式会社」に入社した。同郷人

の後輩である川島豊敏とともに「露西亜墓地」を発行した。一九三九年に詩誌『二〇三高地』を創刊して、初の詩集『地貌』を刊行。一九四一年「満洲詩人会」に参加し、雑誌『満洲詩人』を創刊。一九四二年に、詩集『十億一体』を刊行した。同年に、宣撫隊員としてビルマ、マレーなどに派遣された。このような経歴からも分かるように、島崎は国家体制に依った詩人であった。「大連詩集」という総題目に収まった四つの短詩は、いずれも大連の小景を写実的に素描したもので、イデオロギー的な色彩は薄い。これらの詩を載せた『文化組織』という詩誌は、一九四〇年に発足した「文化再出発の会」の機関誌であり、弾圧の時代の中、総合雑誌として戦時中約四年間にわたり命脈が保たれていた。純粋文学を標榜しながら、戦争協力の言葉や詩文をちりばめている。このような複雑な性格を持つ雑誌なので、島崎曙海の詩を掲載しても不思議でもない。

㊿ 岩本修蔵「北満雑記」(『蠟人形』一九四一年一〇月)　578ページ

岩本修蔵は、一九三九年から一九四七年まで満洲で過ごしていた。渡満する前にすでに『MADAME BLANCHE』などの同人誌を刊行し、モダニズム詩人として活躍していた。ほかに童話集や随筆集もある。本文は作者が北満のチチハル、札蘭屯、大賚城などでの生活体験をもとに、いくつかのエピソードを交えながら、満洲の気候、風物、言語などについて興味深く述べているエッセイである。しかし、いかにして本当の「満洲国」を認識すべきかということに関して、作者は「私が見聞した限りでは、満洲視察談や満洲旅行記等は認識不足なものばかりで、田舎見物ばなしという程度の無責任な雑談としか受けとれないのである。真実の満洲を語るためには都会でなく農村に入らなければならない」と直言している。本文が発表された一九四一年一〇月は、満洲国建国十周年を控える直前である。それを記念するために、「王道楽土」への賛美が文人に要請されたのである。本記事は多分こうした「紀念文」の中の一つであろう。それは本文を掲載した『蠟人形』の性格からも推測できる。

関連年表

〈凡例〉
・本年表は大連と日本との関係を中心に構成した。
・各年代の歴史的事項の後に、中国および大連に関する出版物の情報を付した。●は単行本、◆は雑誌記事である。

一八九五（明治28）年

一月、博文館は雑誌『太陽』を創刊（6日）、大本営政府連合御前会議で、日清講和条件決定（27日）、伊藤博文首相及び陸奥宗光外相が日清講和交渉の日本全権に任命される（31日）。**二月**、北洋艦隊主力艦「定遠」号が日本海軍の攻撃を受け沈没（5日）。**三月**、牛荘作戦（4日）、日本軍は営口を占領（7日）。**四月**、金州に占領地総督部設置（11日）、下関の春帆楼で日清講和条約調印、朝鮮の独立、遼東半島・台湾・澎湖諸島の割譲、賠償金支払などを約定（17日）、独仏露三国公使が、遼東半島還附を勧告（23日）。**五月**、日本政府は遼東半島放棄を三国政府に通告（5日）。**一二月**、日本海軍旅順口の引渡し開始（8日）、日本軍遼東半島引渡し完了（21日）。

●**一月**、陸地測量部撮影『日清戦争写真帖：旅順』（陸地測量部）。**三月**、今井七郎『日清開戦録――旅順陥落威海占領』（今井七郎）。

◆**三月**、神田乃武「VISITS OF A JAPANESE NAVAL OFFICER TO AN AMERICAN AND A FRENCH MAN-OF WAR IN TALIEN BAY」（『太陽』）。**四月**、正岡子規「陣中日記」（『日本』）。**五月**、三宅雪嶺「嘗胆臥薪」（『日本』）。

一八九六（明治29）年

四月、広島大本営が解散（1日）、李鴻章はロシアペテルブルグに到着（30日）。**五月**、李鴻章とウィッテ蔵相が中東鉄道敷設権問題に関して交渉開始（3日）。**五月**、清国派遣留学生13名来日、嘉納治五郎が東京神田三崎町に塾を開き、留学教育にあたる。**六月**、李鴻章とロバノフ外相、ウィッテ蔵相とモスクワで露清密約に調印（3日）。

◆**三月**、無署名「旅順口及び大連湾の防備」（『太陽』）。

一八九七（明治30）年

六月、牛荘に日本領事館設置（30日）。**一二月**、露艦隊が

旅順口に入る（15日）、露公使は西徳二郎外相に露艦隊の旅順碇泊につき通告（17日）。
●五月、古城貞吉『支那文学史』（経済雑誌社）。

一八九八（明治31）年
三月、清露間に旅順口及び大連湾租借条約調印。ロシア帝国が関東州を清から租借、租借期限25年（27日）。六月、光緒帝が戊戌変法の勅令を発す（11日）、光緒帝が康有為に「日本変政考」の提出を命ずる（16日）。七月、光緒帝が京師大学堂の設立を命ずる（3日）、清露間で中東鉄道南満支線に関して契約調印（6日）。九月、戊戌変法が失敗して譚嗣同ら六君子が処刑される（28日）。一一月、東亜同文会設立（2日）。一二月、梁啓超が横浜で『清議報』創刊（23日）、北京で京師大学堂開学（31日）。
◆一月、『太陽』（近衛篤麿「同人種同盟・附支那問題研究の必要」）。八月、『太陽』（上田万年「清国留学生に就きて」）。一二月、『太陽』（無署名「英国と大連湾問題」）。

一八九九（明治32）年
三月、康有為・梁啓超・王照の日本出国及び『清議報』発行停止等につき、清国政府の要望を外相青木周蔵に報告（11日）。九月、内藤湖南が清国へ向け神戸出帆（5日）。一〇月、嘉納治五郎が留学生のための塾の学舎を新設し、「亦楽書院」と名付ける（7日）。一〇月、日本郵船会社社長近藤廉平がウラジオストク・大連から上海着（10日）。
◆九月、無署名「大連湾の開放」〈時事評論．政治界〉、無署名「大連湾の開放」〈時事評論．経済界〉（『太陽』）。

一九〇〇（明治33）年
一月、横浜正金銀行が牛荘支店を開設（4日）。五月、北京駐在の十一ヵ国公使団会議で清国に対し義和団の速やかな鎮撫を決議（20日）、英米仏露日など各国兵三五六名、天津より北京着（31日）。六月、清が日本など八ヵ国に宣戦布告（21日）。八月、ロシア軍はハルピンを占領（3日）、連合軍が北京総攻撃開始（14日）、北京陥落（15日）。一〇月、ロシア軍奉天を制圧。一一月、第二次露清密約締結、ロシアがハルピン—旅順間の鉄道敷設権と満洲占領地域の独占的権益を得る（11日）。
●四月、井上円了『漢字不可廃論』（井上円了）。六月、内藤湖南『支那漫遊燕山楚水』（博文館）。一二月、服部宇之吉『北京籠城日記』（博文館）。

一九〇一（明治34）年

二月、加藤高明外相が清国公使に対し露清交渉に関してロシアに特殊権益与える条約を結ばぬよう警告（13日）。**四月、**ロシアは満洲に関する交渉の中止を通告（5日）。**五月、**北京公使団が義和団事件に関する賠償要求は総額四億五〇〇〇万テールとなる旨を清国に通告（7日）。**七月、**近衛篤麿が清韓視察に出発、陸羯南同行。天津・北京・旅順・大連などを訪れ、李鴻章・恭親王・慶親王らに面会（12日）。

●**一月、**水田栄雄『北京籠城』（博文館）。

一九〇二（明治35）年

一月、日英同盟協約調印（30日）。**四月、**東三省返還に関する露清条約調印（8日）、嘉納治五郎が、清国からの留学生のため東京牛込に弘文学院設立（12日）。**五月、**内田康哉公使が露清間の吉林省採鉱協定に抗議申入れ（28日）。**六月、**天津で『大公報』創刊（17日）。**八月、**高田早苗『日清戦役外交史』が安寧秩序妨害のかどで発禁（11日）、日英独仏伊露は天津の各国都統衙門を解消、袁世凱が正式に接収（15日）。

●**一〇月、**呉汝綸『東遊叢録』（三省堂）。

一九〇三（明治36）年

四月、ロシアが東三省からの撤兵の条件として7項の新要求提出（18日）、小村寿太郎外相が清国政府にロシアの新要求に対する拒絶を勧告するよう内田康哉公使に訓令（20日）、清国がロシアの要求を拒絶し返還に関する条約の履行を要請（27日）、清国留学生が東京で集会を開き、拒俄義勇軍を結成（29日）。**六月、**戸水寛人ら七名の東京帝国大学法科大学教授が、満洲問題につき内閣に意見書を提出（10日）。**七月、**東清鉄道全線開通（1日）。**八月、**ロシアが旅順に極東総督府設置、総督はアレクセーエフ。**一〇月、**内村鑑三、幸徳秋水、堺利彦等が日露開戦論に転じた万朝報社を去る（12日）。**一二月、**連合艦隊編成、司令長官は東郷平八郎（28日）。

一九〇四（明治37）年

二月、御前会議で対露交渉打切り開戦を決定（4日）、日本陸軍部隊仁川上陸、連合艦隊が旅順港外のロシア艦隊を砲撃し事実上の日露戦争開戦（8日）、日本とロシアが相互に宣戦布告（10日）、清国が日露に対し中立を宣言（12日）、第一次旅順港閉塞作戦実施（24日）。**三月**、第二次旅順港閉塞作戦実施（27日）。**五月**、第三次旅順港閉塞作戦実施（2日）、日本軍金州占領（26日）、日本軍大連占領（30日）。**六月**、満洲軍総司令部を編成、総司令官は大山巌参謀総長（20日）。**八月**、黄海海戦でロシア艦隊旅順に敗走（10日）、日本軍による第一回旅順総攻撃（19日）、ロシアがバルチック艦隊の太平洋派遣を決定（24日）。**九月**、日本軍遼陽占領（4日）。**一〇月**、日本軍による第二回旅順総攻撃（26日）。**一一月**、日本軍による第三回旅順総攻撃（26日）。**一二月**、日本軍が二〇三高地を占領（5日）。

●**三月**、東川徳治『日露戦史第一編（旅順仁川海戦詳記）』（戦報社）。**四月**、村上浪六『日露戦争　仁川旅順の巻』（村上信）、旭堂小南陵講演、山田都一郎速記『旅順大海戦――講談速記日露実戦記』（柏原奎文堂）。

◆**六月**、無署名「大連湾附近掃海と宮古沈没」、無署名「旅順口大連湾の租借」（『太陽』）。**七月**、無署名「大連湾の掃海」（『太陽』）。**九月**、与謝野晶子「君死に給ふこと勿れ」（『明星』）。**一一月**、無署名「大連湾の掃海」（『太陽』）。

一九〇五（明治38）年

一月、旅順港のロシア軍降伏し、旅順開城（1日）、大阪・大連航路開設（14日）。**二月**、日本軍がダーリニーを大連と改称（11日）。**三月**、日本軍奉天占領（10日）。**五月**、大連に関東州民政署設置、民政長官が石塚英蔵（19日）。5日本海海戦で連合艦隊が露バルチック艦隊を破る（27日）。**八月**、第二次日英同盟が調印（12日）。**九月**、ポーツマスで日露講和条約調印（5日）。**一一月**、遼陽に関東総督府設置、大島義昌が初代の総督（1日）、第二次日韓協約調印、日本による韓国外交権の掌握、漢城に統監設置（17日）。

●**一月**、田山花袋『第二軍従征日記』（博文館）。**二月**、旗野桜坪著、渡辺森蔵曲『旅順陥落祝捷歌』（同文館楽器校具店）。**五月**、光村写真部撮影『日露戦争旅順口要塞戦写真帖』（光村写真部）。

◆**六月**、無署名「大連風景」（『太陽』＊写真）。**一一月**、無署名「（大連及営口の将来」（『太陽』）

一九〇六（明治39）年

三月、伊藤博文が韓国統監府の初代統監に就任（3日）、関東州で日本人のための小学校規則と清国人のための公学堂規則とを公布（31日）。四月、大阪商船長崎・大連航路開始（1日）、日本内閣会議で外国人及び外国船に大連を開放することを決定（2日）、駐米代理大使日置益は米国務長官に日本が満洲の門戸開放を尊重する旨を通告（12日）、西園寺首相、満洲視察に出発（14日）。五月、関東総督府が遼陽より旅順へ移転（6日）。七月、文部省で今夏学生の満韓旅行に便宜供与と通達（1日）。九月、関東都督に陸軍中将大島義昌任命される（1日）、関東都督府は大連・旅順・金州に民政署設置（1日）、旅順に鎮守府設置の勅令発布（25日）。一〇月、横浜正金銀行が関東州で銀行券発行開始（15日）。一一月、南満洲鉄道設立、後藤新平が総裁兼関東都督府顧問に任命される（26日）。

●四月、児玉定『旅順案内』（遼東新報支局）。六月、遅塚麗水・内藤昌樹『露軍将校旅順籠城実談』（博文館）。

◆六月、無署名「旅順口及び大連：大連の全景＊写真」、無署名「大連民政署十年計画」、無署名「大連民政署三十八年度繰超総収入高」（『太陽』）。

一九〇七（明治40）年

三月、ハルピン総領事館開設（3日）、満鉄の本社を東京から大連へ移す勅令が出される（5日）、満洲興業会社創立総会（30日）。四月、南満洲鉄道が大連本社で営業開始（1日）、満鉄調査部設置（23日）。五月、日清間大連海関設置及び内水汽船航行に関する協定調印（30日）。六月、日仏協約調印、清の独立・領土保全が約束され、両国の勢力範囲が確認される（10日）。七月、大連海関開関（1日）、第三次日韓協約締結（24日）、第一次日露協約調印（30日）。八月、満鉄所属の大連ヤマトホテル開業（1日）。一一月、星野錫が大連で『満洲日日新聞』創刊（3日）。一二月、営口で『満洲新報』創刊（11日）

●六月、山路愛山『支那思想史・日漢文明異同論』（金尾文淵堂）。

◆三月、（無署名「大連税関組織」、無署名「大連税関協約」（『太陽』）。

一九〇八（明治41）年

四月、満洲における領事裁判に関する法律公布（14日）。五月、南満洲鉄道全線で広軌列車開通（30日）。八月、満

鉄が大連・上海間に定期航路開設（10日）。一〇月、南満
洲鉄道・京奉鉄道連結協約調印（5日）、布施勝治がハル
ピンで新聞『北満洲』創刊（5日）、東亜同文会会長鍋島
直大が清国訪問に出発（5日）、チチハル領事館開設（29
日）。一一月、金子平吉が大連で中国語紙『泰東日報』を
創刊（3日）、芝罘・関東州間海底電信線の運用に関する
取極及び在満洲日清電信線の運用に関する取極調印（7
日）。一二月、奉天で『南満日報』創刊（1日）、愛新覚羅
溥儀が清の皇帝に即位（2日）、中村是公が満鉄総裁に就
任（19日）。

●六月、内藤虎次郎編・大里武八郎撮影『満洲写真帖』
（東陽堂）。一一月、国木田独歩『愛弟通信』（左久良書
房）。

一九〇九（明治42）年
二月、伊集院彦吉公使が外務部に満洲懸案覚書を提出（6
日）。五月、旅順工科学堂官制を公布（11日）。六月、韓国
統監伊藤博文が辞任、曽禰荒助を統監に任命（14日）。七
月、閣議で韓国併合の方針を決定（6日）、伊集院公使が
中断した満洲に関する諸懸案の交渉を開始（26日）。九月、

満洲及び間島に関する日清協約調印（4日）、夏目漱石が
満鉄総裁中村是公の招待により満韓旅行に大連着（6日）。
一〇月、相生由太郎が大連に福昌公司を設立し、満鉄大連
埠頭の労働者供給を請負う（2日）、伊藤博文がハルピン
駅で安重根に暗殺される（26日）、満鉄により大連・蘇家
屯間複線開通（27日）。一一月、吉林省龍井に間島総領事
館開設（2日）。

◆一〇月、夏目漱石「満韓ところどころ」（『東京朝日新
聞』10月21日～12月30日）。

一九一〇（明治43）年
一月、日露両国が米国提案の南満洲鉄道中立化案を拒否
（21日）。二月、旅順地方法院が伊藤博文暗殺の安重根に
死刑判決（14日）。四月、日清間鴨緑江架橋に関する覚書
調印（4日）。五月、宮下太吉が爆発物製造容疑で逮捕さ
れることをきっかけに、大逆事件検挙開始（25日）、韓国
統監に寺内正毅任命（30日）。六月、幸徳秋水が逮捕され
る（1日）。七月、旅順口開放につき勅令公布（1日）、第
二次日露協約調印、満洲における両国の勢力圏を画定（4
日）、八月、韓国併合に関する日韓条約調印（22日）、日

韓併合（29日）。**一〇月、**初代朝鮮総督に寺内正毅を任命（1日）、満鉄が営口に埠頭事務所支所設置（1日）。
◆**一一月、**無署名「殖民地政庁　大連民政署庁舎＊写真」、無署名「殖民地市街の今昔　大連＊写真」（『太陽』）。**一二月、**無署名「大連市街の美観＊写真」（『太陽』）。

一九一一（明治44）年

一月、大審院で幸徳秋水ら大逆事件被告二四名に死刑判決（18日）。**二月、**日米通商航海条約が調印され、日本の関税自主権が回復される（21日）、関東都督府と東三省間に肺ペスト対策で日清共同防疫会議始まる（28日）。**四月、**日英通商航海条約調印（3日）。**五月、**満鉄が大連に南満洲工業学校設立（20日）。**六月、**大連に北清輪船公司を設立し、満洲と華北沿岸間の運航を始める（1日）、満鉄が奉天の満鉄附属地に南満医学堂を設立し学堂長が河西建次（15日）、日独通商航海条約調印（24日）。**七月、**第三次日英同盟協約調印（13日）。**八月、**満鉄が鉄道院管轄から拓殖局所管となる（24日）。**九月、**京奉鉄道延長に関する協約調印（2日）。**一〇月、**武昌新軍蜂起、辛亥革命が始まる（10日）、日本閣議で「満洲」の現状を維持するという対清国方針を決定（24日）。**一二月、**外蒙古王公会議で清国からの独立を決定し大蒙古国と称する（1日）。
●**六月、**鳥居龍蔵『蒙古旅行』（博文館）。**一一月、**池亨吉『支那革命実見記』（金尾文淵堂）、小林愛雄『支那印象記』（敬文館）。
◆**一月、**無署名「最近南満洲通信――大連関東都督府民政署＊写真」（『太陽』）。

一九一二（明治45・大正元）年

一月、孫文が南京で中華民国の成立を宣言し、臨時大総統に就任（1日）、山県有朋が満洲に二個師団を出兵させ、秩序紊乱を予防する好機と述べる（14日）、日本閣議で満洲における日露勢力分界線の延長補足の件及び内外蒙古勢力範囲につきロシアと交渉開始を承認（16日）、満洲における居留民保護のため、第十二師団に動員命令（23日）。**二月、**愛新覚羅・溥儀が清朝皇帝を退位、清朝滅亡（12日）、関東都督大島義昌が遼東半島力中立地帯であるとして、清軍・革命軍双方に撤兵要求（13日）、孫文が参議院に臨時大総統の辞表提出し、後任に袁世凱を推薦（13日）。**三月、**内田康哉外相が、議会において南満洲の租借地及び鉄道附属地での治安案乱は許さずと演説（7日）、日本政府は南満洲における日本の権利を留保して、四国借款団の参加を英仏独伊四ヵ国政府に申入れる（18日）。**四月**、福島安正が関東都督に任ぜられる（26日）。**六月**、奉天・釜山間に直通列車運行を開始（15日）。**七月**、第三次日露協約調印、東西内蒙古における各勢力範囲を承認（8日）。**八月**、満鉄が大連で『Manchuria Daily News』を創刊（5日）。

●**二月**、宇野哲人『支那文明記』（大同館書店）。**三月**、志賀重昂『旅順攻囲軍』（地理調査会）。**一〇月**、中島端『支那分割の運命』（政教社）。

一九一三（大正2）年

一月、駐英大使加藤高明が、英外相グレーに関東州租借年限延長要求の意図を表明（3日）。**二月**、南満洲鉄道株式会社編『満洲旧慣調査報告書』第一冊が出版され、一九一五年七月までに全十二冊を刊行（1日）。**四月**、満鉄が公主嶺産業試験場設置（1日）、鉄道院・満鉄・朝鮮総督府鉄道局等、日中旅客連絡運輸を契約（14日）。**五月**、日本綿花株式会社が大連出張所開設（14日）。**七月**、大連で『満洲重要物産商況日報』創刊（28日）。**八月**、朝鮮銀行、大連出張所開設（20日）。**九月**、大連で日中記者大会開催（23日）。**一〇月**、日本は中華民国政府を承認（6日）。

●**七月**、酒巻貞一郎『支那分割論附　袁世凱』（啓成社）。**九月**、白鳥庫吉監修『満洲歴史地理調査報告　第1巻』（南満洲鉄道株式会社）。**一〇月**、内田良平『支那観』（黒龍会）。

◆**一一月**、無署名「満蒙雑景其二　大連埠頭の豆及豆槽、大連埠頭の荷揚」（『太陽』）。

一九一四（大正3）年

一月、日満貨物連絡運輸開始（1日）。**三月**、朝鮮総督府による大規模な自治体の統廃合（1日）、旅順要港部条例公示、旅順鎮守府廃止（14日）。**六月**、日本政府が英資本家の南満洲及び東部内蒙古における鉄道計画につき声明発表（13日）。**七月**、満鉄総裁に中村雄次郎任命される（15日）、オーストリアがセルビアに宣戦布告、第一次世界大戦始まる（28日）。**八月**、袁世凱が欧州大戦に中国の局外中立を宣言（6日）、日本がドイツに宣戦布告（23日）、日

本海軍第二艦隊が膠州湾封鎖（27日）。**九月**、日本軍が山東省龍口より上陸開始（2日）。**一〇月**、日本海軍が赤道以北の独領南洋諸島占領（14日）。**一一月**、日本軍が膠州湾・青島占領、独軍投降（7日）。

●**三月**、内藤湖南『支那論』（文会堂書店）。

◆**二月**、内田良平「満蒙問題と国民の覚悟」（『愛媛新聞』）。

一九一五（大正4）年

一月、日本が中華民国の袁世凱政権に対華二十一カ条を要求する（18日）、駐英大使井上勝之助が英外相に二十一カ条要求を通告（22日）。**二月**、大連汽船会社が設立、満鉄が全額出資（1日）、東京神田青年会館で中国人留学生全体学生大会開催、二十一カ要求に反対、中華民国留日学生総会結成（11日）、イギリスが日本の対華二十一カ条要求に関し英の既得権益及び中国の独立尊重を希望（22日）。**三月**、在日中国人留学生が「全国の同胞に泣いて告げる書」を発表し二十一カ条要求の拒絶を訴える（1日）、日本閣議で満洲・華北駐屯の兵力増強を決議（10日）。**五月**、満洲日本軍駐屯部隊に動員令（6日）、満鉄経営の小学校で少年義勇軍を組織、訓練の計画作成（7日）、袁世凱政権が日本の二十一カ要求を受諾（9日）、第一次世界大戦勃発（23日）。**六月**、関東都督府が中国人の初等教育機関として関東州普通学堂規則公布（3日）。**七月**、満鉄が撫順図書館設置（1日）。**一〇月**、関東都督府令により大連に市政施行（1日）。**一二月**、袁世凱が中華帝国の皇帝を宣し元号を「洪憲」とする（12日）。

●**六月**、吉野作造『日支交渉論』（警醒社）、大村西崖『支那美術史・彫塑篇』（仏書刊行会）。**八月**、大連民政署編『大連事情』（大連民政署）。

◆**一月**、吉野作造「支那問題の解決とは何ぞや」（『中央公論』）。

一九一六（大正5）年

一月、袁世凱が洪憲元年を宣し、総統府を新華宮と改称（1日）、満鉄が長春商品陳列所開設（15日）。**二月**、関東都督府が大連重要物産取引所規程公布（8日）。**三月**、関東都督府が長春取引所規程公布（18日）、袁世凱が帝制取消しを宣言（22日）、吉野作造が満洲・朝鮮へ調査に赴く（27日）。**五月**、大連油脂工業会社設立（1日）、孫文が第二次討袁宣言発表（9日）。**六月**、大連汽船が青島出張所開設（1日）、大総統袁世凱病没（6日）。**七月、**第四次日露協約調印（3日）、東京女子高等師範学校学生十一名朝鮮・南満洲旅行へ東京出発（11日）。**八月、**露大使が中国の参戦に関し再度日本の援助を要望（12日）、鄭家屯駐在の日本軍が奉天軍と衝突、日本軍戦死者11名（13日）。**一〇月、**林権助公使が、南満洲及び東部内蒙古に警察官駐在所の設置を要求する文書を外交部に提出（18日）。**一一月、**犬養毅・頭山満・原敬ら日支協会創立（14日）。
◆**一二月、**吉野作造「支那革命史論」（『東方時論』）。

一九一七（大正6）年

一月、日本閣議で中国の内政上の紛争に不干渉、満蒙における特殊権益の拡充及び山東の旧独権益を日本へ譲渡させるなどの方針を決定（9日）、満鉄経営の撫順炭礦大山坑で炭塵爆発、九一七名の死者を出す（11日）。**二月、**日本政府が中国にドイツ・オーストリアとの国交断絶を勧告（12日）、寺内内閣が日本艦隊の欧州派遣を閣議決定（10日）。**三月、**ロシア二月革命勃発（12日）、ロシア臨時政府樹立してニコライ二世が皇帝を退位（15日）。**四月、**関東都督府満蒙物産館が旅順に開設（1日）、日本がロシアの臨時政府を承認（4日）。**五月、**大連に満洲製麻会社設立（22日）。**七月、**元皇帝・愛新覚羅溥儀が安徽督軍張勲を後ろ盾にして復辟を宣言（1日）。**八月、**中華民国がドイツに宣戦布告（14日）。**九月、**中華民国で孫文が広東軍政府を樹立（10日）、広東軍政府対独宣戦（26日）。**一〇月、**満鉄・中国政府間に改定吉長鉄道借款契約成立（12日）、ロシアが日露通商航海条約の廃棄を通告（24日）。**一一月、**ロシアで十月革命が起こりソビエト政権が樹立される（7日）。
●**八月、**吉野作造『支那革命小史』（万朶書房）。
◆**六月、**無署名「大連ヤマトホテル＊写真」（『太陽』）。

一九一八（大正7）年

一月、居留民保護のため、日本がウラジオストクに軍艦二隻派遣（12日）、満鉄大連図書館開設（15日）、満鉄沙河口工場の労働者サボタージュ（25日）。**三月、**イギリス・フランスなどが対ソ干渉戦争を開始（5日）。**五月、**満鉄が鞍山製鉄所を設立（15日）。**八月、**日本が英米仏軍と共にシベリア出兵をすることを宣言（2日）、富山県で米騒動が起き各地に広がる（3日）、日本のシベリア派遣軍がウラジオストクに上陸開始（12日）。**一一月**、連合国とドイツが休戦協定に調印し、第一次世界大戦が終結（11日）。

●**六月**、金尾文淵堂編『新日本見物――台湾・樺太・朝鮮・満洲・青島之巻』（金尾文淵堂）。**一〇月**、大連商業会議所編『大連港ト支那沿岸貿易』（大連商業会議所）。**一一月**、有賀長雄『支那正観』（外交時報社）。

◆**四月**、三郎「大連所見＊挿画」（『太陽』）。

一九一九（大正8）年

一月、パリ講和会議開会（18日）、講和会議で中国代表顧維鈞が、山東旧独権益の中国への直接還附を要求（28日）。**三月**、朝鮮半島で三・一独立運動勃発、朝鮮全土に拡大（1日）、コミンテルン創立大会がモスクワで開催、日本より片山潜参加（2日）。**四月**、山本実彦が『改造』を創刊（3日）、関東都督府を廃止、関東庁と関東軍設置（12日）、堺利彦と山川均らが『社会主義研究』を創刊（21日）、パリ講和会議で中国山東省のドイツ利権に関する日本の要求を承認（29日）。**五月**、東京・大連間に直通電信線開通（1日）、中国で五・四運動が起こる（4日）、パリ講和会議で赤道以北の旧ドイツ領を日本が委任統治することに決定（7日）。**六月**、上海の労働者・店員が北京の学生を支援してストを行う（5日）、中国代表ヴェルサイユ講和約に調印せず（28日）。**八月**、関東庁が大連・旅順・金州に民政署設置（18日）。**一〇月**、孫文が中華革命党を中国国民党に改組し総理に就任（10日）。**一二月**、満鉄が『調査時報』を創刊（30日）。

●**一〇月**、河東碧梧桐『支那に遊びて』（大阪屋号書店）。

◆**三月**、無署名「新刊紹介〈上田恭輔著　露西亜時代の大連〉」（『太陽』）。**八月**、戴季陶「我が日本観」（『建設』）、吉野作造「日支国民的親善確立の曙光」（『解放』）。**一〇月**、郭沫若「同文同種弁」（『黒潮』）。

一九二〇（大正9）年

一月、大島濤明ら大連で川柳雑誌『娘々廟』発行（1日）、国際連盟成立（10日）、天津学生五千人余り、山東問題の日中直接交渉反対のデモを行い、軍警の鎮圧で負傷者多数出る（29日）。**二月**、大連株式商品取引所創立総会開催（5日）、岡内半造が大連語学校設立（13日）。**三月**、『大連新聞』（日本語）創刊（11日）。**四月**、満鉄が撫順公学堂を設置（1日）。**五月**、日本図書館協会の第十五回全国書館大会が大連・奉天・京城で開催（25日）。**六月**、日本が国際連盟に加入（29日）。**七月**、大連に満蒙文化協会成立（1日）、直皖戦争始まる（14日）。**一〇月**、三井物産船舶部が大連出張員を置く（22日）。**一二月**、満洲で雑穀輸出禁止を実施、日本人貿易業者に大打撃（20日）。

●**一〇月**、松山珵三編『大連神社創立誌』（大連神社社務所）。

一九二一（大正10）年

一月、関東軍司令官に河合操陸軍中将を任命（6日）、吉林省延吉・黒龍江省など五県代表が日本軍の暴状を総統府に提訴し、対日抗議及び損害賠償などを要請（15日）。**四月**、大連に日満通信社創設（24日）。**五月**、孫文が広州で非常大総統に就任（5日）、日本閣議で満蒙に対する政策を決定（13日）、東方会議開催、参加者に首相原敬、朝鮮総督斎藤実・関東長官山県伊三郎・関東軍司令官河合操らがいる（16日）。**六月**、台湾銀行が大連に駐在員を置く（4日）、モスクワでコミンテルン第三回大会開催（22日）。**七月**、モンコル人民共和国政府成立（10日）、上海で中国共産党の創立大会が開催される（23日）。**八月**、日本が大連で極東共和国との交渉開始（26日）。**九月**、満鉄・中東鉄道連絡運輸会議が長春で開催（26日）。**一二月**、ワシントンで山東問題につき日中会談開始（1日）。

●**二月**、吉野作造『第三革命後の支那』（内外出版）。**三月**、丸山昏迷『北京』（丸山幸一郎）。**五月**、旅順中学校編『旅順中学校一覧――大正十年』（旅順中学校）。**八月**、細尾茂市編『蒙古写真帖』（蒙古協会出版部）。**一二月**、日華堂書店編『大連写真帖――満蒙開発之策源地』（日華堂書店）

◆**八月**、芥川龍之介「上海游記」（『大阪毎日新聞』17日〜9月12日）。

一九二二（大正11）年

一月、『哈爾浜日日新聞』創刊（12日）、ワシントン会議で、中国全権王寵恵が二十一カ条要求の取消を求める陳述書発表（13日）、**二月**、日中両国全権代表がワシントンで、山東懸案解決に関する条約及び附属書に調印（4日）、ワシントン会議終了、海軍軍縮条約・九カ国条約調印（6日）、満鉄が大連に南満洲工業専門学校設立（18日）。**三月**、満鉄が中国人を対象に遼陽商業学校設立（11日）。**四**

月、旅順工科学堂を昇格、旅順工科大学設立（1日）。**五月**、孫文が陸海軍大元帥名義で北伐開始を命令（4日）、張作霖が東三省の独立を宣言（12日）。**六月**、満洲里に日本領事館設置（17日）。**七月**、堺利彦・山川均ら日本共産党結成（15日）。**一〇月**、旅順要港部廃止し旅順防備隊令公布（10日）、満鉄社長に川村竹治任命（24日）。**一一月**、留日学生総会が旅順・大連の回収を要求する檄を送付（11日）。**一二月**、ソビエト社会主義共和国連邦成立（30日）。
●**一〇月**、婦人文化研究会編『長春会議』（婦人文化研究会）。

一九二三（大正12）年

一月、満鉄が長春高等女学校・安東高女学校設置（12日）。**二月**、中国奉天省議会、日中合弁の鴨緑江採木公司の回収を決議（7日）。北京政府が、二十一カ条条約の廃棄を宣言し日本への通告を決定（21日）。**三月**、駐日代理公使廖恩燾が、内田康哉外相に二十一カ条要求の廃棄を通告、併せて旅順・大連の返還を要求（10日）、在東京中国人留学生が、神田で二十一カ条要求取消し及び旅順、大連返還を要求して集会（20日）、二十一カ条要求廃棄、旅順、大連回収を要求して上海でデモ、各地に広がる（25日）。**四月**、満鉄全額出資による満洲船渠が大連に設立（1日）。**五月**、全国各地で「五・九国恥紀念日」のデモが行われ、二十一カ条要求廃棄・旅順大連回収対日経済絶交を要求（9日）。**六月**、長沙の反日運動に対し、日本海軍陸戦隊上陸、衝突し双方に死傷者が出る（1日）。**八月**、大連に満洲銀行設立（1日）。**九月**、関東大震災発生（1日）。
●**五月**、北一輝『日本改造法案大綱』（改造社）、鶴見祐輔『偶像破壊期の支那』（鉄道時報局）。**六月**、橘樸『土匪』（京津日日新聞社）。**八月**、南満洲鉄道株式会社『鉄道輸送数量上より見たる大連港背後地の範囲』（南満洲鉄道庶務部調査課）。**一〇月**、矢野仁一『近代支那論』（弘文堂）。

一九二四（大正13）年

一月、直奉戦争で奉派軍閥張作霖が直隷派を破る（3日）、中国国民党全国代表大会開催、第一次国共合作が成立（20日）、大連商業会議所が満蒙開発策を建議（28日）。**三月**、関東州阿片令公布（27日）。**五月**、奉天省教育庁長が、満鉄附属地における教育施設を中国側で運営したい旨を船津辰一郎総領事に申入れ（2日）。**六月**、中東鉄道・満鉄連絡運賃に関し新協定成立（3日）。**九月**、孫文が大本営を韶関に移し北伐を指揮（12日）。**一〇月**、橘樸が大連に「支那研究会」を設立（1日）。**一二月**、日本閣議で旅順工科大学存続の大綱決定（18日）。

●**七月**、大西守一『大連名勝写真帖』（東京堂）、村松梢風『魔都』（小西書店）。**九月**、加藤鎌三郎『北京風俗問答』（大阪屋号書店）、内藤湖南『新支那論』（博文堂）。

一九二五（大正14）年

二月、愛親覚羅溥儀が日本公使館を出て天津日本租界へ転居（23日）。**三月**、孫文死去（12日）、大阪商船が大連・香港・広東直行航路開設（24日）。**四月**、満鉄大連図書館が『書香』創刊（1日）。**五月**、満鉄蒙古調査隊第1班大連を出発（16日）、海共同租界をデモ行進の中国人に工部局警官隊が発砲、死傷者を多く出し、五・三〇事件を起こす（30日）。**六月**、関東州特恵関税公布（18日）。**七月**、広東に国民政府が成立（1日）。**八月**、井上剣花坊が大連川柳会の招きで、大連・奉天などで川柳会を開催（10日）、北京政府が満鉄附属地の日本郵便局の撤退を要求（28日）。**一一月**、満鉄が『盛京時報』を買収、新社長は佐原篤介（1日）、大倉組が関東州に金福鉄路公司を設立（10日）。**一二月**、大連から帰着の山本悌二郎政友会顧問が満洲出兵の必要を力説（14日）、閣議で満洲への派兵を決定（15日）。

●**四月**、土屋清見編『大連アルバム』（日華堂出版部）。**九月**、大連勧業博覧会『大連勧業博覧会記念写真帖』（大連勧業博覧会出品協会）。**一一月**、芥川龍之介『支那遊記』（改造社）。

一九二六（大正15・昭和元）年

四月、大阪商船が高雄・大連航路を開設（1日）、大連の福島紡績の労働者が、待遇改善要求のストライキ開始（27日）。**六月**、大連に南満洲電気設立（1日）。**七月**、蔣介石が国民革命軍総司令に就任、北伐開始（9日）、東京・大連間に無線電信回線を開設（15日）。**八月**、国際運輸会社が大連に設立（1日）。**九月**、日本航空が大阪・大連間に定期航空便を開始（13日）。**一〇月**、大連に満蒙研究会成立（10日）、満鉄が大連に満蒙物資参考館開設（10日）、大連に福昌華工設立（21日）。**一二月**、大正天皇崩御、昭和と改元（25日）。

●一月、木下杢太郎『支那南北記』（改造社）。三月、大連市編『大連勧業博覧会誌』（大連勧業博覧会協賛会）。五月、藤田元春『西湖から包頭まで』（博多成象堂）。

◆一二月、魯迅「藤野先生」（『莽原』）。

一九二七（昭和2）年

四月、漢口で排日運動が起こり、日本海軍陸戦隊上陸し日本租界で民衆と衝突（3日）、蔣介石が上海で反共クーデターを起こす（12日）、南京国民政府成立、武漢国民政府に対抗（18日）。**五月**、日本第一次山東出兵、山東省に陸海軍を派遣（28日）。**七月**、満鉄社長に山本条太郎、副社長に松岡洋右を任命（19日）。**八月**、森恪が満洲へ実情調査に赴く（11日）、森外務政務次官が、児玉秀雄関東長官・武藤関東軍司令官・吉田奉天総領事を旅順に招集、満洲問題につき協議（15日）、芳沢公使、張作霖と満蒙問題につき交渉開始（24日）。**九月**、ハルピンの日本人商人が大連に満洲輸入組合設立（2日）、全満日本人大会奉天で開催（10日）。**一〇月**、山本条太郎満鉄社長が張作霖と会談（11日）、『遼東新報』と『満洲日日新聞』が合併し『満洲日報』となる（31日）。**一一月**、南京で日本の満蒙侵略反対大会催され十万人余参加（15日）。

●二月、佐々木到一『支那陸軍改造論』（行地社出版）。四月、村松梢風『上海』（騒人社）。九月、大連商業会議所編『大連港と沿岸貿易』（大連商業会議所）。一一月、後藤朝太郎『支那行脚記』（万里閣書房）。

◆七月、吉野作造「支那出兵に就て」（『中央公論』）。

一九二八（昭和3）年

四月、日満連絡運輸第七回会議、ハルピンで開催（26日）。**五月**、三菱銀行が大連に出張員を置く（1日）、済南で日本の山東出兵軍と北伐途次の国民革命軍衝突、済南事件起こり（3日）、与謝野寛・晶子が満蒙旅行へ出発（5日）。**六月**、張作霖爆殺事件（4日）。**七月**、三井銀行が大連出張所開設（1日）、張学良が東三省保安総司令に就任（4日）、中華民国国民政府が日華通商条約の廃棄を通告（19日）。**一〇月**、蔣介石、国民政府主席に就任（10日）。**一一月**、大連新聞社主催の第二回満洲青年議会開会（11日）。**一二月**、田中首相が張作霖爆殺事件に日本軍人が関係しており調査中と天皇に上奏（24日）。

●二月、鳥居龍蔵『満蒙の探査』(万里閣書房)。五月、村松梢風『支那漫談』(騒人社書局)。
◆一一月、横光利一「上海」を連載開始(『改造』)。

一九二九(昭和4)年

三月、日中間済南事件解決に関する文書調印(28日)。四月、大連農事会社設立(15日)、日本全国で共産党員検挙(16日)。五月、陸軍大佐板垣征四郎が関東軍高級参謀に就任(14日)、高浜虚子が日本を去り、大連・奉天・長春・ハルピンなどを旅行(14日)、陸軍中堅将校により一夕会を結成、満蒙問題の解決を申合せ(19日)。六月、拓務省官制公布、台湾総督府・関東庁などに関する事務を統轄、満鉄などの業務を監督(10日)、日本航空輸送会社が日本国内・京城・大連定期航空便開設(21日)。七月、日本政府が張作霖爆殺事件の責任者処分を発表、河本大作大佐を停職、関東軍司令官村岡長太郎中将を予備役とする(1日)。九月、大連に満洲金融組合連合会が設立(5日)。一〇月、ニューヨーク株式市場大暴落をきっかけで、世界的大恐慌が始まる(24日)。一一月、ジャパン・ツーリスト・ピューロー大連支部で月刊誌『満洲・支那汽車時間表』を創刊(27日)。一二月、里見弴と志賀直哉が中国旅行へ向かい、満洲各地・北平・天津を歴訪(21日)。
●一月、天津排貨対策実行会『天津に於ける排日運動の真相』(天津排貨対策実行会)、四月、犬養健『南京六月祭』(改造社)、五月、村松梢風『新支那訪問記』(騒人社)。
◆一二月、堀口九万一「大連スナップ」(『近代生活』)。

一九三〇(昭和5)年

一月、英ロンドンで海軍軍縮会議開催(21日)。二月、日本で共産党関係者を全国的大検挙(26日)。五月、蔣介石が閻錫山・馮玉祥への総攻撃を命ず、中原大戦が始まる(11日)。六月、国民政府が張学良を陸海空軍副司令に任命(21日)。九月、菊池寛や横光利一ら、満鉄の招待で満洲旅行(13日)、張学良が和平統一・国民政府中央擁護を通電(18日)。一〇月、中東鉄道に関する中ソ会議がモスクワで開催(11日)。
●七月、プロレタリア科学研究所編『支那問題講話』(プロレタリア科学研究所)。八月、大連海務協会編『大連海務協会二十年史』(大連海務協会)。一二月、プロレタ

リア科学研究所『支那大革命』（共生閣）、吉野作造『対支問題』（日本評論社）。

◆**四月**、山上正義「支那を震せた三日間」（『劇場文化』）。**九月**、一戸務「統一しない統一の大連港」（『新科学的文芸』）。

一九三一（昭和6）年

一月、満鉄理事木村鋭市と張学良、満蒙鉄道交渉開始（22日）。**八月**、東京上野・日比谷で対満蒙強硬策を主張する国民大会開催（5日）、橘樸と野田蘭蔵が大連で『満洲評論』創刊（15日）。**九月**、関東軍参謀らが奉天郊外柳条湖で満鉄線路を爆破、満洲事変始まる（18日）、関東軍奉天城占領（19日）、関東軍「満蒙問題解決案」決定（22日）、南京市民二十余万人反日救国大会開催（23日）、満洲青年連盟派遣の遊説隊十四名大連出発、日本各地で講演（28日）。**一〇月**、関東軍の飛行隊が張学良治下の錦州を爆撃（8日）、日本陸軍中央部が関東軍の独走抑止のため、白川義則大将の満洲派遣を決定（18日）。**一一月**、愛親覚羅・溥儀が日本軍の手により天津を脱出、大連に向かう（10日）、日本閣議で満洲へ軍隊増派を決定（18日）、関東軍がチチハル占領（19日）。

●**五月**、南満洲鉄道編『哈爾浜案内』（南満洲鉄道旅客課）、沢村幸夫『上海風土記』（上海日報社）。**一一月**、橘樸編『満洲と日本』（改造社）、鈴江言一『孫文伝』（改造社）。

◆**三月**、蒋希曾／淺見昇（訳）「遼東」（『詩・現實』）。**一一月**、三治「工場カラ農村カラ　大連から」（『ナップ』）。

一九三二（昭和7）年

一月、関東軍錦州を占領（3日）、満鉄に経済調査会設置（26日）、日本海軍陸戦隊が中国軍と衝突、第一次上海事変おこり（28日）。**二月**、関東軍ハルピンを占領（5日）。**三月**、「満洲国」建国宣言（1日）、愛親覚羅・溥儀が「満洲国」執政に就任（9日）、ハルピンで『哈爾浜新聞』創刊、発行人が大河原厚仁（29日）。**四月**、日本閣議で「満蒙新国家に対する具体的援助と指導に関する件」を可決（12日）。**五月**、拓務省が満洲への武装移民計画を発表（9日）。**九月**、新京で日満議定書調印、日本が満洲国を承認（15日）。**一〇月**、リットン調査団が日中両国及び国際連盟加盟国に報告書を提出（1日）、関東軍司令部が「満洲に於ける移民に関する要綱」を決定（1日）。**一一月**、大連汽船会社が大連・台湾間航路を開設（9日）。

●四月、朝日新聞社編『満洲、上海事変全記』（朝日新聞社）、大阪毎日新聞特派員撮影『満洲建国と上海事件』（大阪毎日新聞社）。六月、群司次郎正『ハルピン女』（雄文閣）。七月、南満洲鉄道『長春事情』（南満洲鉄道長春地方事務所）。横光利一『上海』（改造社）。一二月、片倉衷『天業・満洲国の建設』（満洲評論社）。

◆二月、西條八十「満洲娘」（『蠟人形』）。

一九三三（昭和八）年

一月、日本陸軍が山海関で中華民国軍と衝突（1日）、ドイツでヒトラーが首相に就任（30日）。二月、関東軍司令部が「熱河攻略計画」を決定（9日）、満洲への第一次武装移民が三江省依蘭県永豊鎮に入植（11日）、張学良ら二七名将領が抗日通電（18日）、関東軍司令官武藤信義が熱河進攻を声明（25日）。三月、日本軍が熱河省城承徳を占領（4日）、日本軍が長城線に達し喜峰口で宋哲元軍と激戦（7日）、日本が国際連盟脱退を通告（27日）。四月、関東軍が長城線を越え関内に侵入開始（10日）、旅順要港部新設、司令官は津田静枝海軍少将（20日）。五月、日本郵船会社が根室・青島・大連航路開設（16日）、大連汽船会社が大連・裏日本航路開設（26日）、日中両国が塘沽停戦協定に調印、関東軍の長城線以北への撤退（31日）。一〇月、国民党軍が中央ソビエト区に対する第五次包囲討伐戦開始（17日）、関東軍司令部が満洲国産業統制計画作成（21日）。

●二月、駒井徳三『大満洲国建設録』（中央公論社）、四月、満洲経済事情案内所編『国都·新京経済事情』（満洲文化協会）。五月、大連市役所編『風薫る大連と満洲大博覧会』（満洲大博覧会協賛会）。七月、満洲大博覧会協賛会編『経済都市大連』（満洲大博覧会協賛会）。

一九三四（昭和9）年

二月、『新京日報』と『大満蒙』が合併し『大新京日報』と改題、社長が中尾龍夫（1日）。三月、執政愛親覚羅·溥儀が「満洲国」皇帝に即位、年号を康徳に改元（1日）、工藤忠が満洲国国内府侍衛官長に任命される（1日）、日本閣議で日満経済統制方策要綱を決定（30日）。四月、拓務省が昭和9年度満洲自衛移民実施要領発表（5日）。八月、板垣征四郎が満洲国軍事最高顧問に就任（1日）。九月、満鉄が大連・新京間の複線工事完成（26日）。一〇月、中国工農紅軍が瑞金を脱出し長征を開始（15日）、大連に陸軍特務機関設置、責任者が土肥原賢二（19日）。**一一月、**満鉄が大連・新京間に特急あじあ号運転開始（11日）。

●**二月、**内田百閒『旅順入城式』（岩波書店）。**三月、**満洲産業建設学徒研究団編『満洲踏査記念写真帖』（満洲産業建設学徒研究団至誠会本部）。**一〇月、**逓信省日本航空輸送株式会社『定期航空案内』（逓信省日本航空輸送株式会社）。

◆**八月、**橘樸「私の方向転換」（『満洲評論』）。

一九三五（昭和10）年

一月、国際連盟が日本の南洋委任統治継続を承認（10日）、関東軍首脳部が大連で会議、華北進出を協議（14日）、撫順炭礦で労働者が日本人による殴打に抗議してスト（16日）。**二月、**関東軍・満鉄・関東局・満洲国政府の各首脳部が、関東軍司令部で対満政策を協議（18日）**四月、**満洲国皇帝溥儀が日本へ訪問出発（2日）、満洲特別移民団がハルピンへ出発（30日）。**五月、**拓務省が「満洲農業移民根本方策に関する件」を決定（7日）。**六月、**土肥原・秦徳純協定が成立（27日）。**八月、**中国共産党が抗日救国統一戦線を提唱（1日）、『大連新聞』『満洲日報』が合併し『満洲日日新聞』に改題（7日）。**一一月、**大阪商船が那覇・大連航路を開始（9日）。**一二月、**北平で学生数千人抗日救国のデモ（9日）、冀察政務委員会が北平で成立、委員長が宋哲元（18日）。

●**三月、**横光利一『上海』（書物展望社）。**九月、**室伏高信『支那遊記』（日本評論社）。**五月、**中川整編『大連港勢一斑昭和九年版』（南満洲鉄道株式会社鉄道部貨物課）。**一〇月、**楯田五六『満鮮周遊』（楯田五六）。

◆**七月、**坂井艶司「満洲小唄」（『蠟人形』）。**一〇月、**坂井艶司「満洲おけさ」（『蠟人形』）。

一九三六（昭和11）年

一月、広田弘毅外相が議会で、日中提携・中国の満洲国承認・共同防共の三原則を発表（広田三原則、21日）、上海各界救国連合会成立（28日）。**二月、**皇道派陸軍青年将校が挙兵、国家改造を要求、クーデターを起こす（26日）。**三月、**関東軍司令官兼駐満洲国大使に植田謙吉を任命（6日）。**六月、**日満工業所有権相互保護に関する協定署名（29日）。**九月、**大阪実業連合会満洲産業視察団が大連着

（23日）、三井物産船舶部が、横浜・大連・営口直行航路開始（30日）。**一〇月、**台湾銀行が大連出張所開設（1日）。**一二月、**張学良軍・楊虎城軍が西安で蔣介石を拘禁し、内戦停止・抗日の通電して西安事変を起こす（12日）。

●**六月、**尾崎秀実『現地に支那を視る』（東京朝日新聞発行所）、橘樸『支那社会研究』（日本評論社）。**八月、**橘樸『支那思想研究』（日本評論社）、有沢広巳編『支那工業論』（改造社）。

◆**二月、**坂井艶司「満洲三人娘」（『蠟人形』）。**六月、**坂井艶司「満洲追分」（『蠟人形』）。**一〇月、**坂井艶司「満洲旅すりや（小唄）」（『蠟人形』）。**一一月、**坂井艶司「満洲しぐれ（小唄）」（『蠟人形』）。**一二月、**深町敏雄「大連支部——季秋ピクニツク報告」（『蠟人形』）。

一九三七（昭和12）年

一月、西安で一〇万人が内戦反対のデモ（9日）。**三月、**東京・大連間に直通無線電話開通（5日）。**四月、**満洲国第一次産業開発五カ年計画実施（1日）。**六月、**関東州庁が旅順より大連へ移転（1日）、日本空輸と恵通公司による東京・大連・天津間航空路開業（1日）。**七月、**盧溝橋事件が起こり中日全面戦争が勃発（7日）、満鉄社員が華北の軍事鉄道業務に従事開始（12日）。**八月、**第二次上海事変が起きる（13日）、満洲映画協会が新京に設立（21日）。**一一月、**国民政府が南京より重慶へ遷都（20日）。**一二月、**満鉄附属地行政権を満洲国に移譲（1日）、日本軍が南京占領、非戦闘員を含む約三〇万人の中国人虐殺（13日）。

●**九月、**尾崎秀実『嵐に立つ支那』（亜里書店）。**一一月、**榊山潤『上海戦線』（砂子屋書房）。**一二月、**朝日新聞社『支那事変写真全輯』（朝日新聞社）、吉屋信子『戰禍の北支上海を行く』（新潮社）。

◆**一月、**坂井艶司「満洲夜曲」（『蠟人形』）。**二月、**坂井艶司「満洲花嫁」（『蠟人形』）。**三月、**坂井艶司「大連支部新年例会の記」（『蠟人形』）。**四月、**田中欽弐「満洲ざくら」、岫巖躁「大連支部報告」（『蠟人形』）。**五月、**水城「大連支部三月例会報告」（『蠟人形』）。**六月、**坂井艶司「満洲恋しと小唄」（『蠟人形』）。

一九三八（昭和13）年

一月、第一次近衛声明で「国民政府を対手とせず」との発表（16日）、国民政府は、いかなる犠牲を払っても領土と主権を維持すると声明（18日）。**三月**、中華全国文芸界抗敵協会が漢口に成立（27日）。**四月**、満鉄は産業部を調査部に改編し、農事試験場・地質調査所を満洲国に委譲（1日）。**九月**、臨時・維新両政府代表及び日本が大連で中華民国連合委員会樹立につき協議（9日）。**一〇月**、日本軍が武漢三鎮を占領（27日）。**一一月**、第二次近衛声明で東亜新秩序建設を唱え（3日）。**一二月**、日本軍が重慶爆撃開始（4日）、第三次近衛声明で善隣友好・共同防共・経済提携という三原則を提出（22日）。

●**四月**、阿部知二『北京』（第一書房）、衛藤利夫『韃靼』（満鉄社員会）。**五月**、長与善郎『少年満洲読本』（新潮社）。**七月**、大谷光瑞『大陸に立つ』（有光社）。**八月**、陸軍省新聞班編『支那事変戦跡の栞　上巻』（陸軍恤兵部）。**一一月**、白井喬二『従軍作家より国民へ捧ぐ』（平凡社）。**一二月**、ジャパン・ツーリスト・ビューロー編『満洲旅行年鑑』（ジャパン・ツーリスト・ビューロー）。

◆**一月**、萩原恭次郎「北支方面」（『蠟人形』）。**一〇月**、室生犀星「曠野集」（『新潮』）。**一一月**、田中克己「軍艦茉莉に於ける安西冬衛」（『四季』）。

一九三九（昭和14）年

二月、拓務省が昭和一四年度一万戸の満洲移民計画決定（12日）。**三月**、島木健作が満洲旅行に出発（22日）、満鉄が調査部を拡充（28日）。**四月**、関東軍が「満ソ国境紛争処理要綱」を示す（25日）、田村泰次郎・伊藤整ら大陸開拓国策ペン部隊第一回派遣隊として満洲へ出発（25日）。**五月**、満蒙国境で日本・ソビエト連邦両軍が衝突、ノモンハン事件が起きる（12日）。**一二月**、大阪商船会社が高雄・大連航路を開通（12日）。

●**二月**、佐藤春夫『戦線詩集』（新潮社）、奥野他見男『支那街の一夜　ハルピン夜話』（大洋社出版部）。**五月**、岸田国士『従軍五十日』（創元社）、尾崎秀実『現代支那論』（岩波書店）。**一〇月**、高浜虚子選『支那事変句集』（三省堂）。

◆**四月**、北川冬彦「満洲の思ひ出」（『シナリオ研究』）。**六月**、寺崎浩「続・満洲通信―大連―」（『文学者』）。**七月**、阪口涅子「大連駅にて」（『セルパン』）。

一九四〇（昭和15）年

一月、拓務省が満洲開拓団員のための花嫁一万人募集（6

日）。**三月**、戦争政策批判により衆議院が斎藤隆夫を除名処分（7日）、汪兆銘が南京で親日の中華民国国民政府を樹立（30日）。**五月**、日本軍による重慶大空襲（18日）。**六月**、満洲国皇帝愛親覚羅．溥儀が日本訪問出発。**七月**、中日文化協会が南京で成立大会（28日）。**八月**、八路軍が華北で日本軍に対して大規模な進攻を行い、百団大戦が始まる（20日）。**一一月**、南京で日満華共同宣言調印（30日）。
●**四月**、島木健作『満洲紀行』（創元社）。**五月**、浅見淵編『廟会　満洲作家八人集』（竹村書房）。**六月**、朝日新聞社『写真集　満洲国』（朝日新聞社）。**一一月**、春山行夫『満洲風物誌』（生活社）。**一二月**、水平譲『写真集　海南島』（光画荘）、山田清三郎編『日満露在満作家短篇選集』（春陽堂書店）。
◆**九月**、八木橋雄次郎「満洲詩壇の現状」（『蠟人形』）。**一二月**、川島豊敏「在満詩人として」（『蠟人形』）。

一九四一（昭和16）年

一月、東條陸相が「生きて虜囚の辱を受けず」との戦陣訓を示達（8日）。**四月**、日ソ中立条約モスクワで調印（13日）。**五月**、大連で詩誌『満洲詩人』創刊（1日）、第八回日満実業協会総会が大連で開催（9日）。**六月**、ドイツがソビエト連邦攻撃、独ソ戦が始まる（22日）。**九月**、日本の文壇使節団が関東軍報道部の招きで満洲へ出発（6日）、日本軍が湖南省長沙占領（27日）。**一〇月**、関東軍が熱河省掃討作戦開始（21日）。**一二月**、日本軍がハワイ真珠湾を空襲、太平洋戦争が始まる、中国国民政府対日独伊宣戦布告（9日）、日本軍第二次長沙作戦開始（24日）、日本軍が香港占領（25日）、満洲各地で反満抗日分子の大規模検挙（30日）。
●**三月**、小田嶽夫『魯迅伝』（筑摩書房）。**一二月**、村松梢風『支那風物誌』（河原書店）、12月、東亜同文会編『続対支回顧録』（大日本教化図書）。
◆**二月**、飯島正「春山行夫氏の『満洲風物誌』を読む」、饒正太郎「ユリシイズ的『満洲風物誌』」（『新領土』）。**四月**、藤原定「大連通信」（『歴程』）、井上麟三「遼東半島」（『文化組織』）。**五月**、近藤東「『満洲風物誌』―春山行夫著」（『新領土』）。**七月**、島崎曙海「大連詩集」（『文化組織』）。**一〇月**、岩本修蔵「北満雑記」（『蠟人形』）。

一九四二（昭和17）年

一月、日本軍がマニラ占領（2日）、日本閣議で満洲開拓第二期五カ年計画要綱決定（6日）。二月、日本軍が山西省の抗日根拠地に掃討作戦を開始（3日）、日本軍がシンガポール占領、中国系住民を多数虐殺（15日）、翼賛政治体制協議会成立（23日）。三月、汪兆銘が日本の大東亜戦争に協力すると談話発表（12日）。四月、満洲国で第二次産業開発五カ年計画実施（1日）、米軍艦載機が東京・名古屋・神戸などを初空襲（18日）。五月、日本軍が冀中抗日根拠地に掃討作戦開始、「三光作戦」実施（1日）、日本文学報国会設立、会長が徳富蘇峰（26日）。六月、ミッドウェー海戦開始、日本連合艦隊の主力を失う（5日）。一一月、第一回大東亜文学者大会、東京で開会（3日）。

●四月、鑓田研一『満洲建国記第一部』（新潮社）。六月、山田清三郎ら編『満洲国各民族創作選集Ⅰ』（創元社）。九月、鑓田研一『満洲建国記第二部』（新潮社）。一〇月、福田清人『大陸開拓と文学』（満洲移住協会）。

◆七月、島崎曙海「大連詩集」（『満洲詩人』）。

一九四三（昭和18）年

一月、大和紡績会社が大連支店設置（14日）、満鉄が南方調査のため東亜経済調査局を拡充（22日）。二月、日本軍がガダルカナル島から撤退開始（1日）、満鉄本社が大連から新京へ移転（23日）。三月、東条首相が満洲国訪問へ東京を立つ（31日）。四月、中日文化協会第二次全国代表大会南京で開催（1日）、中日文化協会座談会が南京で開催、林房雄・草野心平ら出席（9日）。八月、第〃回大東亜文学者決戦大会が東京で開催（25日）。九月、イタリアのバドリオ政権連合国に無条件降伏（8日）。一一月、大東亜会議が東京で開催（15日）。

●二月、藤井金十郎『哈爾浜と風俗――現地写真集』（日信洋行）。三月、増田貞次郎『旅順と大連』（東京堂）、八月、鑓田研一『満洲建国記第三部』（新潮社）。九月、宮下忠雄『支那戦時通貨問題一斑』（日本評論社）。

◆八月、葉山嘉樹「満洲開拓体験記」（『読売報知』）。

一九四四（昭和19）年

一月、『中央公論』と『改造』の編集者が検挙される（29

日)。**二月、**大本営が在満二個師団にサイバン島などへの移動命令(10日)、第二回満洲開拓全体会議が新京で開催(17日)。**三月、**日本軍がインパール作戦を開始(8日)。**四月、**新京で『満洲日報』創刊(1日)、日本軍が大陸打通作戦を開始(17日)。**五月、**中国遠征軍ビルマ入り日本軍に反撃開始(11日)。**六月、**マリアナ沖海戦で日本航空母艦壊滅(19日)。**七月、**サイパン島で日本軍が全滅(7日)、在中国米軍機が鞍山・大連を爆撃(29日)。**一〇月、**レイテ沖海戦始まる(24日)、神風特攻隊出動、日本連合艦隊壊滅状態に陥る(25日)。**一一月、**第三回大東亜文学者大会が南京で開催(12日)。

●**九月、**山口誓子『満洲征旅』(満洲雑誌社)、手塚正夫『支那重工業発達史』(大雅堂)。**一二月、**竹内好『魯迅』(日本評論社)。

一九四五(昭和20)年

一月、アメリカ軍がフィリピンのルソン島に上陸(9日)、ソ連軍がワルシャワ占領(17日)。**二月、**ヤルタ会談開催、米英ソ三カ国の指導者が対日本戦について協議する(4日)。**三月、**米軍がマニラ占領(3日)、米軍による初の東京大空襲(9日)。**四月、**米軍が沖縄本島に上陸(1日)。**五月、**ドイツが連合国の無条件降伏文書に署名(7日)。**七月、**米英中三国が対日ポツダム宣言発表、日本に降伏を要求する(26日)。**八月、**天皇が戦争終結の詔書を放送(15日)、南京国民政府解散宣言(16日)、満洲国解散宣言(20日)、ソ連軍が旅順・大連占領(22日)。**九月、**『大連日日新聞』がソ連軍により停刊(3日)。**一〇月、**ソ連軍が大連市長別宮秀夫に解任通告(30日)。

●**八月、**火野葦平『陸軍』(朝日新聞社)。**九月、**太宰治『惜別』(朝日新聞社)。

◆**一一月、**巽聖歌「冬の満洲開拓地」(『日本詩』)。

(郭勇＝編)

主要参考文献

小川勝『開心大連』（幻冬舎、二〇二二年一二月）
和田博文・王志松・高潔 編『中国の都市の歴史的記憶　一九世紀後半～二〇世紀前半の日本語表象』（勉誠出版、二〇二二年九月）
劉建輝「大連の近代都市空間形成とその文化生産」（『北東アジア研究』別冊第六号、二〇二一年三月）
栄元『租借地大連における日本語新聞の事業活動――満洲日日新聞を中心に』（晃洋書房、二〇二一年二月）
渡邊佳泰『遥かなる異郷 大連』（幻冬舎、二〇二〇年七月）
加藤聖文「満鉄全史『国策会社』の全貌」（講談社学術文庫、二〇一九年七月）
木之内誠・平石淑子・大久保明男・橋本雄一『大連・旅順　歴史ガイドマップ』（大修館書店、二〇一九年四月）
孫安石 監修『近代中国都市案内集成・大連編　第41編』（大修館書店、二〇一九年四月）
秦源治・劉建輝・仲万美子『大連ところどころ』（晃洋書房、二〇一八年三月）
西原和海『満州引き上げ文化人資料　第4巻』（金沢文圃閣、二〇一五年一二月）
小林英夫『満鉄調査部』（講談社学術文庫、二〇一五年四月）
西澤泰彦「図説 満鉄――『満洲』の巨人」（河出書房新社、二〇一五年四月）
和田博文・黄翠娥 編『〈異郷〉としての大連上海台北』（勉誠出版、二〇一五年三月）
鈴木スミ『大連での悲しい思い出』（文芸社、二〇一四年六月）
エリス俊子「畳まれる風景と滞る眼差し――『亜』を支える空白の力学について」（『言語文化研究』巻四号、立命館大学、二〇一一年三月）
前田澄子『私の中の大連と父』（鶴書院、二〇一〇年九月）
太平洋戦争研究会編『日露戦争と明治の群像』（世界文化社、二〇〇九年一〇月）
川村湊『狼疾正伝――中島敦の文学と生涯』（河出書房新社、二〇〇九年六月）

松原一枝『幻の大連』（新潮社、二〇〇八年三月）
竹中憲一『大連歴史散歩』（皓星社、二〇〇七年一二月）
竹中憲一『大連　アカシアの学窓』（明石書店、二〇〇三年三月）
井上ひさし『井上ひさしの大連――写真と地図で見る満州』（小学館、二〇〇二年一二月）
小森陽一『ポストコロニアル』（岩波書店、二〇〇一年四月）
西澤泰彦『図説大連都市物語』（河出書房新社、一九九九年八月）
柳沢遊『日本人の植民地経験――大連日本人商工業者の歴史』（青木書店、一九九九年五月）
旅順探訪刊行会編『最新旅順大連探訪：百年の歴史を刻んだセピアの世界』（近代消防社、一九九九年五月）
川村湊『文学から見る〈満洲〉』（吉川弘文館、一九九八年一二月）
松原一枝『大連ダンスホールの夜』（中央公論新社、一九九八年五月）
小森陽一『漱石を読み直す』（筑摩書房、一九九五年六月）
宇田博『大連・旅順はいま』（六法出版社、一九九二年一一月）
小峰和夫『満州――起源・植民・覇権』（お茶の水書房、一九九一年一一月）
江口圭一『十五年戦争小史』（青木書店、一九九一年五月）
川村湊『異郷の昭和文学』（岩波書店、一九九〇年一〇月）
小松茂朗『さらば大連』（図書出版社、一九八八年一〇月）
石沢　英太郎『さらば大連』（光文社文庫、一九八八年八月）
富永孝子『大連・空白の六百日』（新評論、一九八六年七月）
鈴木正次『実録大連回想』（河出書房新社、一九八五年二月）
清岡卓行『大連小景』（講談社、一九八三年八月）
時実弘『幻影の大連―関東局中国語通訳生の記録』（大湊書房、一九七八年二月）
寺村謙一 編『回想の旅順・大連』（大連市史刊行会、一九七四年一月）
清岡卓行『アカシヤの大連四部作』（講談社、一九七一

年一一月）
木村遼次『ふるさと大連』（謙光社、一九七〇年一月）

【中国語文献】
戚其章『甲午戦争史』（上海人民出版社、二〇二四年五月）
徐成芳、斉紅深 編『「関東州」歴史記憶』（人民出版社、二〇二二年九月）
大連市近代史研究所．旅順日俄監獄旧址博物館『大連近代史研究　第15巻』（遼寧人民出版社、二〇一八年一一月）
大久保明男、岡田英樹．代珂 編『偽満洲国文学研究在日本』（北方文芸出版社、二〇一七年一月）
単援朝『漂洋過海的日本文学――偽満植民地文学文化研究』（社会科学文献出版社、二〇一六年七月）
柴紅梅『二十世紀日本文学与大連』（人民出版社、二〇一五年六月）
大連市中共党史研究会編『甲午大連之殤――紀念甲午戦争120周年』（大連出版社、二〇一四年一一月）
張暁剛、国宇 編『羽珠集　大連研究論文集第一輯』（世界図書出版公司、二〇一四年五月）
大連晩報社棒棰島週刊 編『静像．大連老建築』（大連出版社、二〇一三年一月）
嵇汝広『記憶．大連老街』（大連出版社、二〇一二年九月）
大連晩報社週刊部『印象．大連老地児』（大連出版社、二〇一二年九月）
哲夫 等編著『旅大旧影』（山東画報出版社、二〇〇九年五月）
郭鉄桩、関捷『日本植民統治大連四十年史』（社会科学文献出版社、二〇〇八年五月）
孫宝田 編『旅大文献征存』（大連出版社、二〇〇八年一月）

編者紹介
郭 勇（かく・ゆう）
1967年、重慶市万州生まれ。四川外国語大学日本語学部にて学士号、東京外国語大学大学院にて修士号、北京大学中国言語文学部にて文学博士号を取得。上海師範大学外国語学院教授。近現代日本文学、日中比較文学を専攻。近著に『中島敦研究——“越境”的文学』（上海交通大学出版社、2020年）、『中島敦文学的比較研究』（北京大学出版社、2011年）、『他者的表象——日本近代文学研究』（上海交通大学出版社、2009年）。

コレクション・近代日本の中国都市体験
第5巻　大連

2025年3月15日　印刷
2025年3月25日　第1版第1刷発行

[編集]　郭 勇
[監修]　東京女子大学比較文化研究所・上海外国語大学日本研究センター
[全体編集]　和田博文・高潔

[発行者]　鈴木一行
[発行所]　株式会社ゆまに書房
〒101-0047　東京都千代田区内神田2-7-6
tel. 03-5296-0491 / fax. 03-5296-0493
https://www.yumani.co.jp

[印刷]　株式会社平河工業社
[製本]　東和製本株式会社

定価：本体25,000円＋税　ISBN978-4-8433-6712-4 C3325